Sichelschmidt · Lessing

Gotthold Ephraim Lessing.
Gemälde von Anton Graff, 1771

Gustav Sichelschmidt

LESSING

Der Mann und sein Werk

Droste Verlag

Abbildungsnachweis
Archiv für Kunst und Geschichte Seite 24, 31, 99, 106
Herzog-August-Bibliothek, Wolfenbüttel Seite 280
Historia-Photo Seite 43
Museum für Hamburger Geschichte, Bildarchiv Seite 191, 228
Ullstein Bilderdienst Seite 285, 367 und
Zeitgenössisches Archiv Seite 2, 21, 78, 92, 103, 115, 122, 127, 144, 148, 171, 202, 219, 265, 305, 346, 365

CIP-Titelaufnahme der Deutschen Bibliothek

Sichelschmidt, Gustav:
Lessing: Der Mann und sein Werk / Gustav Sichelschmidt. –
Düsseldorf: Droste, 1989
ISBN 3-7700-0790-5

Schutzumschlagfotos: Archiv für Kunst und Geschichte (Vorderseite)
und Zeitgenössisches Archiv (Rückseite)
Gesamtherstellung: Clausen & Bosse, Leck
ISBN 3-7700-0790-5

Inhalt

Prolog

Die Gestalt Gotthold Ephraim Lessings, der die von lauter Mittelmäßigkeit beherrschte literarische Szene seiner Zeit wie ein Monolith überragte, hat bereits ihren Zeitgenossen einen nicht alltäglichen Respekt abgefordert. Fünf Tage nach seinem Tode konnte daher beispielsweise Goethe an Charlotte vom Stein schreiben: »Mir hätte nicht leicht etwas Fataleres begegnen können, als daß Lessing gestorben ist. Keine Viertelstunde vorher, ehe die Nachricht kam, machte ich einen Plan, ihn zu besuchen. Wir verlieren viel, viel an ihm, mehr als wir glauben.«

In jedem Fall hat dieser Lessing seinen Zeitgenossen und übrigens auch der Nachwelt vorgelebt, wieviel ein echter Mann auch in dürftigen Zeiten bewirken kann, wenn er keiner anderen Instanz als der Stimme seines Gewissens folgt. Die geistigen Schlachten, die dieser unentwegte Streiter schlug, der keinen Augenblick darauf verzichten konnte und mochte, »die Wahrheit bis in ihre letzten Schlupfwinkel zu verfolgen«, haben ihre Spuren in unserer Geistesgeschichte hinterlassen.

Lessings konstitutionell bedingte Reizbarkeit, seine monomanische Lust am Widerspruch machten ihn zum bedeutendsten Polemiker unserer Literatur. Als der Einzelgänger, der er nun einmal war, stand er immer gegen seine Zeit und schlug auf alles Anmaßende und Niederträchtige, das ihm begegnete, erbarmungslos ein. Dummheit und Arroganz pflegten ihn bis ins Mark zu treffen. Daher verschwendete er zuweilen seine geistige Kraft und seine knapp bemessene Lebenszeit auch an unwürdige Geistespygmäen, die seinen geistigen Exaltationen in keiner Weise gewachsen waren, die aber durch die von Lessing gegen sie gerichteten Prankenhiebe in unsere kleine literarische Unsterblichkeit eingegangen sind.

Letztes Verständnis hat die trotzige Männlichkeit Lessings zu seinen Lebzeiten bei nur wenigen gefunden. Das focht ihn weiter nicht an. Keinen Augenblick zeigte er sich vielmehr bereit, sich vor konformen Meinungen zu beugen. Wenn irgendeiner unter unseren Geistesheroen den ach so raren Männerstolz vor Fürstenthronen bewies, so war er es ganz gewiß, obwohl ihn die Spuren des Kampfes merklich zeichneten und es sein Leben vergiftete, wenn er zähneknirschend zusehen mußte, wie mittelmäßige Geister ihm vorgezogen wurden. Da er unentwegt für die Rechte der Vernunft kämpfte, hatte er für diesen geistigen Luxus in diesem Lande mit Verleumdung, Verfolgung, Geldnot und einer totalen Vereinsamung zu zahlen. Im Grunde hatte auch dieses Genie das Schicksal zu tragen, eine Frühgeburt gewesen zu sein. Er hatte diese Welt offenbar mit dem Auftrag betreten, Pionierdienste zu leisten und anderen den Weg zu bahnen. In der Tat riß er erstaunliche Perspektiven auf, aber sein Volk folgte ihm nur zögernd.

Alles in allem war dieser Lessing der wohl entschiedenste Nonkonformist unserer Literatur, obwohl er ganz gewiß niemals vorsätzlich oder mutwillig wider den Stachel auslaufender geistiger Entwicklungen löckte. In vielem war er sogar ein Mann des Ausgleiches und der Mitte, immer darum bemüht, verketzerte Geister zu rehabilitieren und bereits geschlagene Wunden zu heilen. Wie jeder, der der Vernunft und nur der Vernunft eine Chance einräumt, hatte er von vornherein in weiser Voraussicht kommender Ereignisse den Mut zur Unpopularität mit in sein Lebenskonzept eingeplant. Nur so konnte er es überhaupt wagen, auch dem »vornehmen Hofpöbel« die Wahrheit um die Ohren zu schlagen.

Mit Sicherheit war er sich darüber im klaren, daß dieser Hofpöbel – Zeiten hin, Zeiten her – jeder Generation als wahre Landplage zu ertragen auferlegt war. Aber er frönte nun einmal der gefährlichen Leidenschaft, »den Vorurteilen die Stirn zu bieten«, wo immer er ihnen begegnete. Um in jedem Fall sicherzugehen und nicht unter dem Hohngelächter anderer die Arena geistiger Kontroversen wieder verlassen zu müssen, zog er bei solchen Gelegenheiten alle Register seiner virtuosen Sprachkünste, die schon seine Zeitgenossen in helles Entzükken versetzten.

Nein, zahm und friedfertig um jeden Preis war dieser Sohn eines zornmütigen Vaters nun ganz gewiß nicht. Immer da, wo er Mittelmäßigkeit und Inkompetenz gepaart mit Anmaßung am schlimmen Werke sah, trat er resolut aus der Reserve hervor und scheute sich nicht, gnadenlos auf seine Opfer einzuschlagen. Bei einem so furiosen Temperament zeigte sich schon bald, daß er als Polemiker eigentlich unschlagbar war. Wer sich der Wirkung seiner polemischen Breitseiten ahnungslos aussetzte, war am Ende ein erledigter Mann.

Da ihm die fatale Gabe des Unterscheidens verliehen war, konnte er eigentlich nie seinen Frieden mit dieser Welt machen, die irgendwo immer aus dem Lot war. Daher erwies er sich schon früh als ein Kritiker par excellence, mit einem divinatorischen Sinn für Tageserscheinungen ausgestattet, die mit Recht seine Aufmerksamkeit verdienten, und insofern auch als der bedeutendste Journalist unter den deutschen Dichtern bis hin zu Heinrich Heine. Obwohl die meisten Anlässe seiner Kritik heute längst vergessen sind, kann man ihm das nicht gering einzuschätzende Verdienst nicht absprechen, die deutsche Kritik zumindest als Institution geschaffen zu haben. Aber eben dieses ihm wie ein Fluch auferlegte Kritikeramt rieb allmählich seine geistigen und körperlichen Reserven auf. Erschöpft, aber keineswegs geschlagen, mußte er daher schon vergleichsweise frühzeitig das Kampffeld räumen, auf dem er stets brilliert und sich am Ende behauptet hatte.

Obwohl Lessing als der wohl bedeutendste Vertreter der deutschen Aufklärung gilt, handelte es sich eigentlich für ihn nie darum, durch bloße Anhäufung von immer neuen Erkenntnissen, auf die seine Zeit so versessen war, zu imponieren. Was er sich in den Kopf gesetzt hatte, war der Wunsch, unter Zuhilfenahme der menschlichen Vernunft, die eben zu sich erwacht war, diese Menschenwelt durch das Medium seines Wortes fundamental zu verändern. Das konnte aber für ihn immer nur heißen: sie zu verbessern und in einem vollkommeneren Zustand zu verlassen, als er sie bei seiner Geburt vorgefunden hatte.

Darum brannte er darauf, auch andere zum Gebrauch ihres Denkvermögens und ihres kritischen Bewußtseins zu bewegen. Mit Recht mochte es daher vielen seiner Freunde scheinen, er wäre auf dieser fragwürdigen Erde erschienen, um das Licht der Vernunft auch in das letzte Halbdunkel der geistigen Provinzen hineinleuchten zu lassen. Und wirklich: die turbulente Zeit, in die er hineingeboren wurde, wartete förmlich auf einen Mann, der bereit war, nichts als »Fermenta cognitionis« in der Welt zu verbreiten.

Ausgiebig hat Lessing von diesem Gottesgeschenk der Vernunft Gebrauch gemacht. Oft genug mußten seine dichterischen Projekte hinter dem zwingenden Bedürfnis, den Leuten den Star zu stechen und ihnen die Augen für die neuen geistigen Wirklichkeiten zu öffnen, zurückstehen. Diese lagen auch damals keineswegs auf der Straße. Es gab schon zu seiner Zeit genügend Dunkelmänner, die sie mit bösem Vorsatz vernebelten. Immer lohnte es sich daher, irgendwo die Feder anzusetzen, um der Wahrheit eine Gasse zu bahnen.

Gewiß, die meisten Probleme, mit denen sich Lessing damals rechtschaffen herumzuschlagen hatte, erscheinen heute von einer entwaffnenden Belanglosigkeit. Wen kümmern noch groß die Nebensächlichkeiten, die zu seinen furiosen Auseinandersetzungen und Waffengängen mit durchaus auswechselbaren Kontrahenten wie Lange, Klotz oder Goeze führten? Im Grunde waren sie die eher zufälligen Objekte, an denen er sein cholerisches Temperament, das allzu oft Gift und Galle spucken konnte, abreagierte. Es ist ihm darum zuletzt auch nicht besser als anderen seiner streitbaren Zeitgenossen ergangen: Wo sie sich allzu hautnah an höchst ephemere Zeitfragen herantrauten, um sie zu analysieren und zu entzaubern, wirkte auch ihre Polemik bereits nach einer oder zwei Generationen hoffnungslos veraltet und uninteressant. Was zählt, ist allein noch der Stil und die geistige Verve, mit der Lessing diese geistigen Renkontres austrug und meist zu seinen Gunsten entschied.

Auf seinem ureigenen Feld ist Lessing eigentlich immer unschlagbar geblieben. Hier konnte ihm keiner das Wasser reichen. Was ihn ganz besonders auszeichnet, ist die Tatsache, daß die Form, in die er seine Inhalte zu verpacken pflegte, den Zerreißproben der Zeit bisher standgehalten hat. In diesen literarischen Rundumschlägen, das spürt man noch heute, war ein Mann am Werke, der überspringende Funken noch aus den geringfügigsten Tagesereignissen schlagen konnte. Das war seit den Tagen, als Luther seine fulminanten Flugschriften unter die Leute brachte, in diesem Lande nicht mehr der Fall gewesen. Immer, wenn es Lessing in den Sinn kam, seinen Kampfeseifer an irgendeiner Affäre zu entzünden, konnte man damit rechnen, daß er wahre Donnerwetter entfesselte, bis den Betroffenen Hören und Sehen verging. Dann zog er allerdings auch alle Register seiner variationsreichen Sprache. Gute Umgangsformen waren damals nicht sonderlich gefragt, wenn man einen Gegner ins Visier genommen hatte. Grobianismus erschien den meisten durchaus legitim, wenn man sich damit nur seiner Haut erwehren konnte.

Die heillosesten Eruptionen dieses lutherischen Temperaments wirken heute noch nach. Sie lassen sich sogar seismographisch registrieren, sobald man nur in den geistigen Umkreis Lessings gerät. Seine Zeitgenossen, die sich mit ihm anlegten, müssen sich schon an der magischen Kraft seiner Sprache messen lassen. Unsere Literaturgeschichte ist nicht gerade reich gesegnet mit Charakteren, die das Schwert des Geistes so virtuos zu handhaben verstanden wie gerade er. In der Regel haben sich auf unserer literarischen Szene vorwiegend Opportunisten getummelt. Daran hat sich übrigens bis heute so gut wie nichts geändert.

Die verwegenen Vorstöße und Exkursionen ins Reich des Geistes hinderten selbst seine sonst verläßlichsten Kampfgefährten daran, mehr als nur ein Wegstück mit ihm gemeinsam zu gehen. Dieser Einzelgänger war für sie nie so recht berechenbar. Immer wieder brach er vehement aus den ihnen angemessenen und gewohnten Denkschablonen heraus. Schließlich landete er sogar bei atemberaubenden Vorstößen in bis dahin noch unerschlossene geistige Dimensionen, wohin ihm ohnedies niemand seiner Generationsgenossen folgen konnte. Vor allem die Tatsache, daß er in jeder Situation das männliche Prinzip in einem tintenklecksenden Jahrhundert von empfindsamen Schwächlingen voll auslebte, macht seinen singulären Rang aus. Eben das empfand auch Goethe bei einer Überprüfung des Phänomens Lessing. Gegenüber Eckermann fiel daher dann auch das bekannte Wort: »Ein Mann wie Lessing täte uns not. Denn wodurch ist dieser groß als durch seinen Charakter, durch sein Festhalten! So kluge, so gebildete Menschen gibt es viele, aber wo ist ein solcher Charakter?«

Ein Charakter wie dieser Lessing, der es sich sauer werden ließ, der Wahrheit und nichts als der Wahrheit auf die Spur zu kommen, die sich meist in einem Dschungel menschlicher Unvollkommenheiten verliert, mußte selbstverständlich von vornherein auf verlorenem Posten stehen. Trotzdem war er, vor die Wahl zwischen der absoluten Wahrheit und dem »einzigen immer regen Trieb nach Wahrheit« gestellt, ohne Zögern bereit, für die ewige Wahrheitssuche zu optieren. Der Pfarrerssohn aus dem oberlausitzischen Kamenz wußte auf Grund bitterer Erfahrungen unumstößlicher als so viele andere, daß der Besitz der Wahrheit lahm und träge macht. Jedenfalls jagte er ein ganzes Menschenleben lang seiner Idealvorstellung von Wahrheit hinterdrein, keiner weltlichen oder geistigen Autorität sich beugend und nie auf ausgetretenen Pfaden wandelnd. Nie in seinem Leben hat er behauptet, im Besitz der alleinigen Wahrheit zu sein. Lebte er heutzutage, wäre er mit Sicherheit kein Mann der griffigen Ideologien oder der vorherrschenden Trends, die man nur nachzuplappern braucht, um sich auf der Höhe der Zeit zu bewegen. »Sieh überall mit deinen Augen!« so lautet sein kategorischer Imperativ, dem er sein Leben unterstellt hatte und dem er traumwandlerisch folgte. »Veranstalte nichts. Wie die Folgerungen fließen, so lasse sie fließen! Hemme ihren Strom nicht, lenke ihn nicht!«

Es kann kaum überraschen, daß mit fortschreitenden Jahren immer mehr die religiösen Fragen ins Zentrum von Lessings Denken rückten. Er verfügte durchaus auch über ein geschärftes Empfangsorgan für spirituelle Strömungen, die andere erst gar nicht erreichten. Für ihn waren sie lebendige Phänomene, die er voll in sein Bewußtsein aufnahm. Gerade deshalb war er kein Freund theologischer Rabulistik und konnte es nicht sein. Haarspaltereien waren seine Sache so ganz und gar nicht. Als er jedoch gegen Ende seines Lebens noch in die theologischen Querelen seiner Zeit verstrickt wurde, focht er tapfer für eine vermeintlich gute Sache. Es scherte ihn dabei nicht, daß er immer mit dem Rücken an der Wand und ganz allein auf sich gestellt sich seiner Haut zu erwehren hatte. Mit Sekundanten konnte er jedenfalls nicht rechnen.

Zum höchsten intellektuellen Vergnügen der Freunde seiner geschliffenen Sprachartistik bediente er sich des leichten Floretts im Kampf gegen fanatisierte lutherische Orthodoxe, die sich mit ihm anlegten, weil er sie aus ihrem dogmatischen Schlummer aufgeschreckt hatte. Es zeigte sich dann auch schon bald, daß ihre geistige Grundausstattung für dieses Kampfgeschehen einfach nicht ausreichte. Die Niveauunterschiede waren in der Tat zu gravierend, als daß sie sich hätten Hoffnung machen können. Damals gewann Lessing durch die männliche Entschiedenheit seiner Kampfführung immer neue Bewunderer. Matthias Claudius zum Beispiel gehörte zu diesen. Was damals viele empfanden, sprach er sicher zutreffend aus, als er in einem fingierten Brief an seinen Sohn diesem riet: »Wenn Dir Lessing begegnet, kannst Du den Hut vor ihm abnehmen.«

Sobald Lessing witterte, dem wahren Geist des Christentums drohe abermals Gefahr, vom Buchstaben erschlagen zu werden, beschwor er den Schatten des Reformators, der durchaus sein Mann war. Leider sah er dessen Werk in den unerprobten und schwachen Händen von Epigonen kläglich verkümmern.

Angesichts der Verfallserscheinungen des Protestantismus, mit dem er durch seine Familientradition eng verbunden war, hielt er sehnsüchtig Ausschau nach einem »Luther von itzt«. Wahrscheinlich war er diese Traumfigur, die er herbeiwünschte, selbst. Sicher brachte er die meisten Voraussetzungen dazu mit, in die ungewöhnliche geistige Statur des Reformators hineinzuwachsen.

Zumindest stimmten beide, Luther wie Lessing, in der Überzeugung überein, daß der Geist um jeden Preis vor dem Buchstaben zu rangieren habe. »Großer verkannter Mann!« beschwor er jenen Luther, auf dessen Wegen er sich bewegte. »Du hast uns vom Joche der Tradition erlöst, aber wer erlöst uns von dem unerträglichen Joche des Buchstabens? Wer bringt uns endlich ein Christentum, wie Du es itzt lehren würdest, wie es Christus selbst lehren würde?« Es war ihm fatal, daß der lebendige schöpferische Geist des Christentums durch das Dareinreden engstirniger Theologen vom Buchstaben erschlagen werden sollte.

Er beschwor daher den Geist des Reformators selbst gegenüber einem in die Dekadenz geratenen Luthertum. Für ihn ging es letztlich darum, das Christentum dem veränderten Geist einer neuen Zeit anzupassen, um es vor seinen Verehrern zu schützen. Mit dieser so löblichen Absicht mußte er natürlich im protestantischen Lager eine heillose Unruhe stiften, als er mit gutem Vorbedacht die »Fragmente eines Unbekannten« vorlegte, um die Wandlungsfähigkeit eingefleischter theologischer Traditionalisten zu testen. In seinem letzten Renkontre mit dem Hamburger Hauptpastor Goeze, dessen Format man nicht leichtfertig herunterspielen sollte, wuchs Lessing als Polemiker und Bekenner noch einmal über sich selbst hinaus.

Dieser engagierte Wahrheitssucher, der damals bereits als Kritiker als europäische Autorität anerkannt war, war der unumstößlichen Meinung, man müsse Alarm schlagen, wenn man Sterilität und geistige Borniertheit Terrain gewinnen sieht. Er säte daher zuerst Wind und später sogar Sturm, um die stagnierenden Gewässer des Glaubens wieder neu zu beleben.

Wie hoch Lessings Denken dann doch noch den Rationalismus seiner Zeit, der schließlich zum bloßen Skelett abmagerte, überragte, konnte seinen hellsichtigeren Zeitgenossen trotz des undurchdringlichen Kampfgetöses nicht verborgen bleiben. Bevor er diese Erde wieder verlassen mußte, die er trotz allem so sehr geliebt hatte, trat er in seine mystische Phase ein, die seinen aufklärerischen Anfänge Lügen zu strafen schien. Kein Wunder, daß ihm selbst seine Bewunderer auf dieser letzten Wegstrecke, die sie als Höhenflüge fehlinterpretierten, nicht mehr folgen konnten.

Lessing mochte augenscheinlich einfach nicht sang- und klanglos von der Bühne dieses Lebens abtreten, ohne noch einmal den Blick auch nach oben gerichtet zu haben. In seinem letzten Essay, in der »Erziehung des Menschengeschlechts«, überraschte er noch mit einem Plädoyer für die Unsterblichkeit der Menschenseele, vor allem aber mit seinen Vorstellungen von einer Seelenwanderung, die dem Menschen die Chance einer Wiedergutmachung begangener Sünden und Fehler bietet und ihn durch wiederholte Neuansätze seiner eigentlichen Bestimmung und Vollendung entgegenführt. Von diesem Lessing der sublimen metaphysischen Erkenntnisse, der sich immer mehr dem Irrationalen näherte, ist heute verlegen und nur am Rande noch die Rede. Aber wie er zuletzt war, möchte man sagen, so war er wirklich.

Auch seine Verdienste um die Entstehung eines nationalen Selbstbewußtseins in diesem Lande läßt man heute natürlich allzu gern unter den Tisch fallen. Gewiß beschränkte sich der Nationalismus im Zeitalter der Aufklärung auf die Anerkennung einer deutschen Kulturnation, in der Lessing zweifellos eine zentrale Stellung bezogen hatte. Nach Lage der Dinge konnte sein Kampf um eine deutsche Bühne eher tragische als heroische Züge annehmen. Der Beifall für diese eminent nationale Tat kam dann auch aus der richtigen Ecke. Goethe beispielsweise bescheinigte Lessings »Minna von Barnhelm«, diesem immer noch unbestritten besten Lustspiel der Deutschen, einen »vollkommen nordischen Nationalgehalt«. Andere gingen sogar noch einen Schritt weiter und entdeckten in diesem intimen Freund des preußischen Soldaten und Dichters Ewald von Kleist eine unübersehbare Komponente besten Preußentums, das ihn wiederum in die Nähe von Immanuel Kant rückte.

Was man auch immer mit herbeigesuchten Argumenten gegen Lessings Bekenntnis zum deutschen Geist vorzubringen versucht: Auf jeden Fall stellte er das nationale Prinzip hoch über den in allen Deutschen virulenten Provinzialismus und versuchte mit seiner ganzen nicht unerheblichen Überredungskraft den nur beschaulichen und einengenden heimatlichen Gemütswinkel abzubauen. Um unserer erwachenden Literatur einen abgesicherten Platz in der Weltliteratur zu garantieren, versuchte er dem deutschen Geist eine Aura von Welthaltigkeit zu verleihen. Diese bemerkenswerte Variante von Patriotismus hätte er nun ganz gewiß nicht mit dem Verdikt einer »heroischen Schwachheit« belegt.

Lessings Meriten für dieses Land sollte man entgegen den Usancen neudeutscher Germanisten nicht mit leichter Hand beiseite schieben. Man sollte vielmehr in sein Bewußtsein aufnehmen, daß mit Lessing unsere Literatur eigentlich erst begann. Kein Zweifel: Er hat das deutsche Lustspiel »erfunden« und den Bürger hierzulande erst dramenfähig gemacht. Damit hat er aber auch entscheidend zu dessen Emanzipation beigetragen; aber das braucht nicht unbedingt ein gesellschaftspolitischer Pluspunkt für ihn gewesen zu sein. Immerhin hat er Entscheidendes zur Ablösung der feudalen Klasse geleistet. Und da wir gerade beim Aufzählen von Lessings geistigen Taten sind: Er hat nicht nur die literarische Kritik in Deutschland kommentfähig gemacht, sondern auch durch seine »Hamburgische Dramaturgie«, die kaum noch ein Mensch liest, weil sie sich mit den geistigen Emanationen von heute längst verschollenen Dramatikern herumschlägt, die Theaterkritik in Deutschland inauguriert. Dieser bedeutende Journalist war gegenwartsoffen wie wenige, stets im Heute beheimatet und mit all seinen Sinnen hungrig nach immer neuer Welterfahrung.

Mit zunehmenden Jahren hatte Lessing dann sehr bewußt die Wendung zum Volk hin vollzogen und dadurch die Kluft zwischen einer hauchdünnen Bildungsschicht und der vorliterarischen Masse zu überbrücken geholfen. Der entschiedene Zivilist und zeitweilige Bohemien hat sogar sein Herz für das Ethos des preußischen Soldatentums erwärmen können. In seinen Berliner, vor allem aber in seinen Breslauer Jahren wußte er die volkspädagogische Komponente des Preußentums nicht nur zu schätzen, sondern geradezu zu bewundern. Er verfügte eben über ein noch intaktes Staatsverständnis.

Die Tatsache, daß man sich heute vorwiegend darauf verständigt hat, dem Humanisten und Toleranzapostel Lessing die Krone zu reichen, sollte nicht darüber hinwegtäuschen, daß es auch noch andere wichtige Facetten seines vielschichtigen Wesens gibt, die man nicht ignorieren darf, will man den ganzen Lessing in unser Zeitbewußtsein rücken.

Inzwischen scheint sogar der Augenblick gekommen zu sein, in dem man diesen überinterpretierten Lessing vor seinen falschen Freunden in Schutz nehmen muß. Die anrüchige Leidenschaft, alles und jedes um jeden Preis heute zu demontieren, hat auch ihn nicht verschont. Man hat ihn mit changierenden ideologischen Etiketten und mit marxistischen Gütesiegeln versehen und ihn dadurch in luftleere und lebensfeindliche Reservate eingesperrt. Der Mann war größer, als eine ideologisch verklemmte Nachhut, die ihn auf ihre emanzipatorischen Errungenschaften festnageln möchte, es wahrhaben will. Er war zuerst und vor allem ganz simpel um die Durchsetzung des gesunden Menschenverstandes bemüht, der es in diesem Lande schon immer schwerhatte, sich überzeugend zu artikulieren. Der Appell an die Aktivierung des menschlichen Verstandes durchzieht sein gesamtes Oeuvre. Ein Leben lang hat er daher auch auf die Durchsetzungskraft der von jedem Doktrinarismus befreiten menschlichen Vernunft gesetzt.

Goethe, der in Lessing nicht mehr oder weniger als den »höchsten Verstand« erblickte, wußte, daß die mit ideologischen Scheuklappen ausgestatteten Durchschnittsgeister nicht eben viel von einem so scharf argumentierenden Kämpfer profitieren könnten. »Dem Halbvermögen war er gefährlich«, warnte er zurückblickend Neugierige. Lessing läßt sich nun einmal nicht auf das bequeme Taschenformat seiner Epigonen reduzieren.

Wahrscheinlich kam Wilhelm Scherer dem Geheimnis der Sphinx Lessing am nächsten, wenn er ihn in die Nähe des zu allem entschlossenen Volksmannes Ulrich von Hutten rückte. Auch dieser überragte seine turbulente Zeit wie ein Gigant, an dem sich die Wellen der Meinungen und Gegenmeinungen brachen. Vielleicht war Lessing sogar um eine Nuance milder und versöhnlicher als der letzte Ritter unserer Literatur.

Bei einer eingehenden Sondierung des Lessingschen Lebenswerkes läßt sich das Fazit ziehen, daß er immer noch einige ansehnliche Provinzen im Weltreich des deutschen Geistes beherrscht. Wer nach einem verläßlichen Idol männlichen Kämpfertums sucht, kommt an seiner überragenden Gestalt einfach nicht vorbei. Er hat exemplarisch vorgelebt, wie ein Mann seine Mission der Wahrheitsfindung allen Widerständen zum Trotz erfüllen kann. Wie jeder, der die Partei des gesunden Menschenverstandes vertritt, hatte auch er ein Leben lang gegen menschliche Dummheit anzukämpfen. Am Ende fand er sich deshalb in einer mörderischen Isolation wieder. Um seine männliche, gänzlich unsentimentale Humanität, die sich so wohltuend von der heutigen Humanitätsduselei unterscheidet, durchzusetzen, hatte er einen dornigen Weg zu beschreiten. Die Vorbereitung der deutschen literarischen Klassik, die letztlich sein Werk war, bedeutete schon ein gutes Stück Sisyphusarbeit.

Unser mutigster und zugleich schlagkräftigster Kritiker, von der Natur geradezu verschwenderisch mit der hierzulande so bitter raren heiligen Nüchternheit ausgestattet, führte die Deutschen, die sich über Generationen hin in theologischen Querelen zerfleischt hatten, während die anderen die Welt unter sich teilten, ein gutes Stück weiter zu sich selbst. Er machte uns vor, welcher geistigen Waffen man sich zu bedienen habe, um das eigene Wesen in einer keineswegs friedvollen Welt zu behaupten. Er galt bereits Goethe als Vorbild eines freien Mannes, der niemandes Herr noch Knecht war. Nur so konnte er die unpopuläre Rolle des ersten freien Schriftstellers auf deutschem Boden bis zum bitteren Ende durchhalten.

Nur ein Mann von seiner exzeptionellen geistigen Statur konnte als Befreier des deutschen Geistes in einer von geistigen Geburtswehen erschütterten Zeit mit Anstand bestehen. Lessing erfüllte diesen säkularen Auftrag mit der Konzessionslosigkeit eines Mannes, den Herder schon als »Wahrheitssucher, Wahrheitskenner und Wahrheitsverfechter« zu schätzen wußte. Es ehrt ihn ungemein, daß er nie von sich behauptet hat, im Besitz der alleinigen Wahrheit zu sein. Im Gegenteil wußte er, daß deren Besitz nur ruhig, träge und stolz macht. Dieser Gefahr ist er weiß Gott nie erlegen.

Das Beste, was wir und alle Welt von Lessing lernen können, kann daher nur sein: Charakter haben und Charakter beweisen. Seine Wahrheitsliebe besitzt viel von der Überzeugungskraft eines individuellen religiösen Bekenntnisses. Unter den heutigen kritischen Umständen sollte man daher nicht nachlassen, um einen Lessing von innen zu bitten. Der geistigen Führung eines solchen Charakters sich bedingungslos anzuvertrauen, gehört ganz gewiß zu den Gnadengeschenken auch dieser Zeit.

Kamenz

Kurios zu sehen eigentlich, wie ein mäßig talentierter Provinzmaler auf die extravagant anmutende Idee verfallen konnte, den erst fünfjährigen Sohn seines Pfarrherrn mit einem ansehnlichen Sortiment von Büchern und Folianten zu porträtieren. Die Lessing-Legende will sogar wissen, Gotthold Ephraim habe sich diese Bildstaffage ausdrücklich selbst ausbedungen und sich damit bereits frühzeitig als Schriftsteller in spe ausweisen wollen. Jedenfalls versieht der Maler den Knirps mit einem veritablen Charakterkopf. Man kann sogar eine unbestreitbare Ähnlichkeit mit der späteren Physiognomie des ausgewachsenen Lessing konstruieren. Natürlich sucht man in diesem Konterfei eines jungen Gelehrten mit auffallend pfiffigen Augen vergebens nach einem Anflug von Kindlichkeit. Den jüngeren Bruder Theophilus hat man wenigstens in Gesellschaft mit einem Lämmchen voll ins Bild gebracht. Das deutet zumindest auf die uralte Tradition der Theologenfamilie Lessing hin.

Der unbekannte Maler hat offenbar einen gewissen intellektuellen »Touch« in der noch kindlichen Erscheinung Lessings nicht übersehen können. Der künftige Homme de lettres regte sich offenbar schon. Kein Wunder übrigens: schließlich war dieser Gotthold Ephraim der Sohn eines hochgelehrten Vaters, dem man zumindest einen gewissen schriftstellerischen Bieneneifer nicht absprechen konnte. Bei allem Berserkerfleiß hat er es in den langen Jahren seines Lebens doch nicht zu schriftstellerischen Lorbeeren bringen können. Immerhin hat er dem ältesten Sohn seine Passion für das gestaltete Wort vererbt. Mit diesem verstand Lessing, zu Jahren gekommen, souverän wie mit einer gefürchteten Waffe umzugehen.

Lessing mit seinem Bruder Theophilus

Die eigentliche Stärke des Vaters lag auf einem anderen Gebiet. Dieser Johann Gottfried Lessing muß eine echte Natur gewesen sein. Er mühte sich ein Leben lang rechtschaffen, von seiner Kanzel irgendwo in der sächsischen Hinterwelt seine Gemeinde in der Zucht des Herrn zu erhalten. Gelegentliche Rückschläge nahm er offenbar gelassen in Kauf. Er kannte die Welt, und er verstand sich vor allem auf die Menschen, mit denen er zu tun hatte. Am Ende war er weit über die Peripherie seines Städtchens hinaus so etwas wie eine integre moralische Instanz geworden, an der man sich orientieren konnte.

Sicher haben wir uns diesen Johann Gottfried Lessing als den Prototyp eines protestantischen Geistlichen in der direkten Nachfolge Luthers vorzustellen. Leuten dieses Schlages hat unsere Geistesgeschichte viele ihrer wesentlichen Impulse zu verdanken. Dieser Vater einer Schar von zwölf Kindern kannte sich nicht nur im Leben aus, er war auch ein bemerkenswerter Bürger im Reich des Geistes. Zeit seines Lebens haben Bücher nicht nur seine nicht unerhebliche intellektuelle Neugier erregt, er hat sich auch mit edlem Bemühen als Schriftsteller und Publizist betätigt. Daher erscheint er auch in den Schriftstellerlexika seiner Zeit neben seinem berühmten Sohn als bemühter Autor mit einer ansehnlichen Kolumne selbstverfertigter Schriften und Aufsätze, vorwiegend theologischen Inhalts. Wahrscheinlich steht das Verzeichnis seiner Opera dem imposanten Lebenswerk seines genialischen Sohnes an Quantität kaum nach. Heute bewegen sie die Gemüter natürlich längst nicht mehr.

Eine exemplarische deutsche Gelehrtenexistenz also? Gewiß, dieser Lessing hat ein Leben lang mit deutscher Gründlichkeit geforscht und so lange mit dem Geist in seiner stillen Studierstube seine Kämpfe ausgetragen, bis dieser ihn doch noch segnete.

Seinen Vater hatte es aus dem Umkreis von Leipzig in die Oberlausitz verschlagen, wo er in dem Ackerstädtchen Kamenz zunächst als Aktuarius, später dann bis zu seinem Tode im Jahre 1735 als Gemeindepatriarch wirkte. Der Sohn hatte dann wiederum die alte Familientradition aufgegriffen und in Leipzig Theologie studiert. Aber er muß von Anfang an ein etwas ungewöhnlicher Student gewesen sein. Seine wissenschaftlichen Ambitionen überschritten bald die enggesteckten Grenzen seiner Fakultät. Seine heimliche Passion sollen Sprachen gewesen sein. Sogar einige orientalische Idiome müssen sein Interesse erweckt haben. Insgeheim besaß dieser junge Mann aus der tiefsten sächsischen Provinz den Ehrgeiz, nicht etwa als ein Pfarrherr neben unzähligen anderen irgendwo in der Provinz zu versauern, sondern auf irgendeiner Universität einen Lehrstuhl zu beziehen. Natürlich brachte er einige Dispositionen für ein solches Amt mit. Daß er dann aber angesichts einer harten Lebenspraxis doch noch zurückstecken mußte, hat später seinen nicht unerheblichen geistigen Elan nicht gerade beflügelt.

Kaum hatte er nämlich im Jahre 1717 aus Anlaß der 200. Wiederkehr der Reformation eine »Rettung« der reinen Lehre Luthers »gegen einige Vorurteile von Neuerern« verfertigt und sich damit als ein strenggläubiger orthodoxer Lutheraner ausgewiesen, horchte man in seiner Vaterstadt auf. Man wollte sich diesen standpunkttreuen lutherischen Bekenner nicht entgehen lassen. Der Prophet schien in seinem Vaterland einiges zu gelten. So berief man ihn dann als Pfarrer an die Kamenzer Hauptkirche, ohne daß er sich um dieses Amt beworben hatte. Seine hochfliegenden Pläne von einer steilen wissenschaftlichen Karriere wurden damit begraben. Was nun noch folgen konnte, war ein Amt, dessen Notwendigkeiten er sich halb widerstrebend fügte, selbst auf die Gefahr hin, unter lauter anspruchslosen Ackerbürgern auf die Dauer selbst zu verbauern.

So spult sich das Leben des Johann Gottfried Lessing fast wie von selbst ab. Er heiratet beizeiten die Tochter seines Primarius Feller mit dem wohlklingenden Namen Justine Salome, die eigentlich an der Seite ihres dominierenden Mannes immer ein etwas unbeschriebenes Blatt bleibt. Das Ehepaar wird mit zwölf Kindern gesegnet, von denen allerdings fünf schon früh sterben werden. Man fällt auch damit nicht aus dem Standard der üblichen protestantischen Pfarrersfamilien. Gotthold Ephraim ist der zweite in dieser stattlichen Reihe von Söhnen und Töchtern, von denen einige dann noch in der Biographie des Dichters eine mehr oder weniger positive Rolle spielen werden.

Die Pfarrersfamilie lebt in einem Ort von knapp dreitausend Seelen. Sie arrangiert sich recht und schlecht mit lauter Kleinbürgern, die geistig kaum erreichbar sind. Der Aktionsraum der Pfarrerskinder bleibt im wesentlichen auf den Umkreis des Hauses beschränkt. Über die Stadtmauer der langsam zerbröckelnden Stadt dringt man kaum hinaus. Erst 1707 war Kamenz bis auf die Mauern niedergebrannt. Dieses Malheur hatte die Stadt weit zurückgeworfen. Nur langsam hatte sie sich wieder aus den Ruinen erhoben. Jedenfalls galt sie noch lange als die ärmste unter den sechs Städten, die sich zu einem Lausitzer Städtebund zusammengeschlossen hatten.

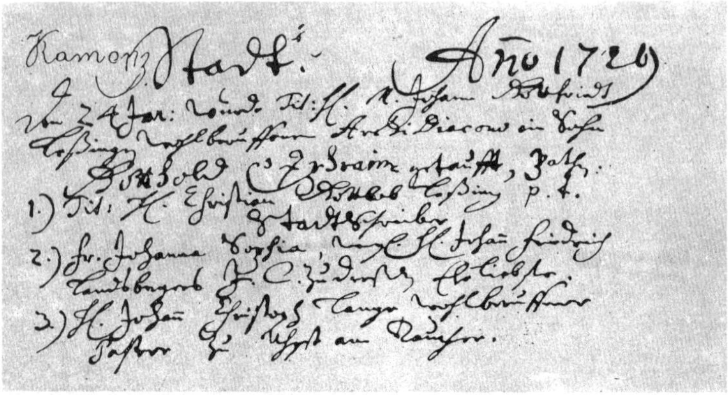

Taufeintragung im Kamenzer Kirchenbuch

Auf besondere Sensationen sind die Kamenzer sonst nicht erpicht. Hin und wieder gibt es schon einmal einen Eklat in der Stadt, so zum Beispiel, als man mit dem Schulrektor Heinitz kurzen Prozeß macht, weil er durch überzogene pädagogische Experimente bei den Bürgern von Kamenz auf Granit stößt. Damals müssen die Wogen der Empörung hochgeschlagen sein. Der Rationalismus, dem dieser avantgardistische Schulmann verfallen war, konnte sich keine Chancen in der Oberlausitz ausrechnen. Als er keine Skrupel besaß, die Errichtung einer Bühne in die eigene Hand zu nehmen und dafür selbst Schäferspiele im anrüchigen Stil der Zeit zu schreiben begann, war die Langmut der Kamenzer an ein Ende gelangt. Der noch jugendliche Pfarrer erhob seine Kanzel zum Tribunal und predigte wie ein neuer Savonarola gegen diesen Komödien-Spuk, der nun auch das friedliche Kamenz nicht aussparen wollte. Denn daß es sich dabei um Teufelskram handelte, der mit Pech und Schwefel ausgetilgt werden mußte, stand für ihn außer Frage.

Heinitz zog natürlich den kürzeren. 1743 machte er sich klammheimlich aus dem Staube. Aber damit war die Angelegenheit noch nicht aus der Welt geschafft. Sie hatte noch insofern ein publizistisches Nachspiel, als der Neffe des Pfarrers, Christlob Mylius, gerade damals als Hilfslehrer in Kamenz fungierte und sich bei diesem ersten Skandal seines Lebens als Hecht im Karpfenteich herausstellen sollte.

Es fiel dem gewitzten Mylius offenbar schwer, keine Satire über diesen Sturm im Wasserglas, der alle Gemüter bewegte, zu schreiben. So reimte er dann auch munter drauflos, um den Beteiligten an dieser Spießerkomödie eins auszuwischen. Dabei blieb natürlich auch der Pfarrer, der die Stimmung gegen den potentiellen Komödienschreiber geschürt hatte, nicht unverschont. Bald konnte er über sich lesen:

»Und kamen in ein Haus, wo tausend fromme Mienen
und soviel Heuchler auch uns auf einmal erschienen.
Ein schwarz und weißer Mann stand da erhöht und schrie.
Er preßte Wort auf Wort mit ungemeiner Müh,
Mit laut und klarem Ton aus angestrengter Lunge;
Der rohen Jugend Herz – schrie er – ist lastervoll!
Sie hört nicht Gottes Wort! weil der sie lehren soll,
Sie durch ein Leben selbst in aller Bosheit stärket!
Ach, meine Lieben, das werde ja vermerket!«

Für die streitbare Skandalnudel Mylius war die Affäre damit noch keineswegs ausgestanden. Er hatte den Zorn der Kamenzer bis zur Weißglut entfacht, als er am 25. April 1743 mehr als hundert Exemplare dieses Poems verteilen ließ und dafür eine Zeitlang in Haft genommen wurde. Erst als er Abbitte leistete, ließ man diesen lustigen Galgenvogel wieder auf freien Fuß.

Zweifellos war Lessings Vater ungemein hitzig, ein Choleriker, wie er im Buche steht, der keine Gelegenheit ausließ, von seiner Kanzel herunter zu donnern, wenn ihn sein lutherischer Zorn packte. Daß unser Lessing später in dieser Hinsicht nur allzu oft in die Fußstapfen seines Vaters geriet, machte ihm den Umgang mit Menschen nicht gerade leichter. Doch besaß er wenigstens ein Gespür dafür, an welchem Punkt sein oft berechtigter Zorn in pure Lächerlichkeit umzuschlagen pflegte.

»Gut, alter Knabe, gut!« führte er dann seinen stillen Dialog mit dem Vater. »Ich verstehe Dich. Du warst ein so guter Mann. Wie oft hast Du es mir selbst geklagt, mit einer männlichen Träne in dem Auge geklagt, daß Du so leicht Dich erhitzest, so leicht in der Hitze Dich übereiltest! Wie oft sagtest Du mir: Gotthold, ich bitte Dich, nimm ein Exempel an mir; sei auf Deiner Hut! Denn ich fürchte, ich fürchte – und ich möchte mich doch wenigstens in Dir gebessert haben. Ja wohl, Alter, ja wohl. Ich fühle es noch oft genug.«

Selbst der sonst so zurückhaltende Kamenzer Rat zeigte sich zuweilen aufgebracht, wenn der Pfarrer seinen »auffallenden Affekten und Gemütsneigungen« die Zügel schießen ließ. Oft aber mußte dieser sich heroisch auf die Lippen beißen, um seiner »Irascibilität« keine Chance über sich einzuräumen.

»Das war nämlich seine Gewohnheit«, erinnert sich Lessing später an solche Situationen, wenn es in seinem Vater zu brodeln begann. »So oft ich ihn mir einmal recht lebhaft vorstellen will, darf ich mir nur auf die nämlich Art die Unterlippe beißen. So wie, wenn ich mir ihn auf Veranlassung eines anderen Dinges recht lebhaft denke, ich gewiß sein kann, daß die Zähne sogleich auf meiner Lippe sitzen.«

Aber dieser Vater eines Genies konnte auch entschieden moderatere Töne anschlagen. Das geschah etwa immer dann, wenn er gerührt in die Leier griff und Kirchenlieder und Gedichte anstimmte, die zwar von der rechten Gesinnung, aber auch von den Grenzen seiner lyrischen Begabung zeugten. Ein inspirierter Dichter war dieser ältere Lessing nun ganz gewiß nicht, aber es dauerte eine gute Weile, ehe er es so recht begriffen hatte.

In seinem eigentlichen geistigen Element war dieser Johann Gottfried Lessing aber immer dann, wenn er seine Sprachstudien betreiben konnte und theologische Schriften aus dem Französischen oder Englischen ins Deutsche zu übertragen versuchte. Daneben setzte er seinen erprobten kritischen Verstand durchaus nutzbringend für Rezensionen von theologischer Fachliteratur ein, wobei er streng auf die moralischen

Prinzipien seines Luthertums zu achten pflegte. Voller Temperament aber müssen seine Sonntagspredigten gewesen sein, in denen er selbstgefälligen Pfahlbürgern seines Sprengels die Leviten las.

Einmal schlägt unser Lessing sogar betont feministische Töne an, als er eine Schrift mit dem geradezu herausfordernden Titel »Ernste und mutige Vorstellung von bitteren und grimmigen Ehemännern« schrieb. Hier bricht er in der Tat eine Lanze für die im üblichen familiären Patriarchat entrechteten Ehefrauen. Er mochte über die Tyrannei des Mannes in seinen vier Wänden mitreden können. Dabei schüttete er aber das Kind keineswegs mit dem Bade aus. Er konzedierte seinen Geschlechtsgenossen durchaus das Recht einer »mäßigen Züchtigung« widerspenstiger Frauen, nur eben keine »henkersmäßigen Leibesstrafen«. Kommende Geschlechter von gestandenen Suffragetten hätten also an dem Kamenzer Pfarrer ihre helle Freude empfinden können.

Im übrigen brachte seine fleißige und geschwinde Feder vorwiegend Erbauliches ganz im Stile der Zeit zuwege. Hin und wieder erwachte auch der Polemiker in ihm, der es sich nicht verkneifen konnte, sich mit Gott und der Welt anzulegen. Meist handelte es sich dabei um die Erhaltung der reinen lutherischen Lehre. Aber auch die naseweise nachwachsende Theologengeneration bekam einige unpopuläre Wahrheiten von ihm zu hören. Er testierte ihr »ungemessene Freiheit und unverschämte Frechheit, von göttlichen Dingen zu reden und zu schreiben«.

Dieser dezidierte Konservative, der wissen mochte, wie schnell man die Fundamente des Evangeliums einreißen konnte, sah sich aus ehrlichem Herzen heraus auch zu mancher Philippika gegen seine Amtsbrüder aufgerufen. Natürlich mußte er sich auf die Dauer auch mit dem Sohn anlegen. Er fürchtete in der freien Luft der Aufklärung, in der dieser sich bewegte, um dessen Seelenheil.

Zweifellos hatte unser Lessing seinem Vater viel zu verdanken. Moralische Integrität verstand sich für beide von selbst.

Im übrigen hat er das geistige Erbe des protestantischen Pfarrhauses, dem auch er entstammte, nie unterschätzt und redlich versucht, Kapital daraus zu schlagen. Obwohl er später nicht selten gegen die dringendste Not anzukämpfen hatte und er trotz seiner ungewöhnlichen schriftstellerischen Produktivität nie recht auf einen grünen Zweig kam und für seine Freunde so etwas wie ein dauernder Sozialfall war, um den man sich kümmern mußte, hat er seine Eltern immer wieder unterstützt. Die kinderreichen Pfarrer waren angesichts ihrer geringen Besoldung eigentlich nie frei von Not. »Das Herz blutet mir, wenn ich an meine Eltern denke«, so lautete der Stoßseufzer, der sich oft genug aus Lessings bedrückter Seele losrang. Wenn seine Kasse einmal kein Defizit aufwies, zeigte er sich ihnen gegenüber außerordentlich spendabel. Aber das Leben eines freien Schriftstellers war damals eben durchaus ein Vabanquespiel, auf das sich nur Narren oder Genies einließen.

Meißen

Die Lessings waren Sachsen, also Bürger eines Landes, das damals die zahlreichen deutschen Duodezfürstentümer in einem grandiosen Aufstieg weit hinter sich gelassen hatte. Bis zum Jahre 1733 war das Kurfürstentum von August dem Starken regiert worden. Er hatte dem Land ein unverwechselbares Air von Weltläufigkeit verliehen. 1697 war er dann nach seinem Übertritt zum Katholizismus zum polnischen König gekrönt worden. Sein Sohn, Friedrich August II., stand dem Vater an barocker Prachtentfaltung kaum nach. Er überließ das unpopuläre Handwerk des Regierens seinem allmächtigen Minister, dem Grafen Brühl. Gleichwohl konnte er sich als Mäzen der schönen Künste unvergeßliche Meriten erwerben. Er förderte Musik und Malerei, holte die italienische Oper nach Dresden und erwarb jene Gemälde, die der Dresdener Galerie bis heute einen internationalen Ruf verschafft haben.

Das Volk sonnte sich im Glanz, der von seiner Hauptstadt ausstrahlte. Die Kurfürsten hatten nämlich ein Stück Versailles nach Sachsen verpflanzt. Man erreichte mit den Jahren eine Urbanität, einen gehobenen Lebensstil, von dem auch das gemeine Volk profitierte. Den Sachsen ging der Ruf nach, sich exzellent auf die Kunst des Savoir-vivre zu verstehen. Der kulturelle Vorsprung des Landes war von anderen deutschen Ländern nicht mehr aufzuholen.

In dieser Luft war der junge Lessing groß geworden. Als er daher später in Berlin auftauchte, erschien er den Märkern, die sich immer noch mit der Etablierung einer verfeinerten bürgerlichen Kultur bemerkenswert schwertaten, wie ein Abgesandter aus einer anderen Welt. Vor allem die Leipziger Jahre hatten ihn für diese Welt geformt und erzogen. Leipzig galt lange noch als die gebildetste Stadt im deutschen Sprachgebiet. Es war der eigentliche Marktplatz Europas geworden. Auf den Leipziger Messen traf sich nämlich die halbe Welt. Die Stadt wurde als eine deutsche Variante der Lichtstadt Paris verstanden. Daß die Sitten unter diesem Ruf Schaden litten, nahm man mit Langmut und Gelassenheit hin. Nur die lutherische Geistlichkeit meldete massiv ihre Bedenken an.

Bereits am 30. April 1737 hatte sich Lessings Vater an seinen Kurfürsten mit der Bitte gewandt, daß sein Sohn Gotthold »nach vorhergegangener Prüfung in Deroselben florierenden kurfürstlichen Landschule Meißen als ein Alumnus mit einer freien Koststelle allergnädigst versorget werde«. Die Bitte wurde prompt erfüllt und die Vorbereitung für diese Eliteschule dem erwähnten Rektor Heinitz übertragen, der mit seinem Schüler kaum Schwierigkeiten gehabt haben dürfte.

Jedenfalls muß es eine der besonderen Zäsuren im Leben Lessings gewesen sein, als er am 21. Juni 1741, gerade zwölfeinhalb Jahre alt, die Aufnahmeprüfung für die Fürstenschule St. Afra in Meißen ablegte. Er hatte bei dieser Gelegenheit einen deutsch diktierten Text ins Lateinische zu übersetzen. Aber auch Griechisch, Religion und Mathematik waren Prüfungsgebiete, in denen der Junge auf Herz und Nieren geprüft wurde. Daß er dann mit einiger Bravour besteht, darüber ist kein Wort zu verlieren. Er ist dann auch in der Tat neben dem sächsischen Fabeldichter Gellert, der einige Jahrgänge vor Lessing die Schule besucht hatte, der namhafteste Absolvent dieser Fürstenschule geblieben.

Zwischen diesem 21. Juni des Jahres 1741 und der Reifeprüfung, bei der Lessing in lateinischer Sprache eine Rede über die Mathematik der Barbaren zu halten hatte, liegen fünf Jahre, die er zu den glücklichsten seines Lebens gerechnet hat. Daß er in dieser Zeit auf Gottesfurcht, Gehorsam, Fleiß, Reinlichkeit sowie auf Dankbarkeit gegenüber Gott und natürlich auch dem Landesherrn gedrillt wurde, hat rückblickend den Glanz dieser

Fürstenschule St. Afra in Meißen

Meißener Jahre, die er sich oft zurückgewünscht hätte, nicht trüben können. Hier erschloß sich ihm in völliger materieller Sorglosigkeit die Welt des Geistes fast spielend. Nebenbei konnte er, wenn ihm der Sinn danach stand, auch immer in seine Phantasiewelt ausweichen, in der er mit den römischen Komödienschreibern Plautus und Terenz zusammenlebte.

Das Gymnasium St. Afra war übrigens eine frühe Gründung der Reformation gewesen. Es hatte demnach bereits eine mehr als zweihundertjährige Geschichte hinter sich, als Lessing seinen Fuß über dessen Schwelle setzte. Auch ihn steckte man in die bunte Schalaune, also in das schmucke Pennälermäntelchen. Damit hat sich die seltsame Metamorphose eines pfiffigen Dorfjungen in einen jungen Gelehrten beinahe schon vollzogen.

Natürlich ist der Tageslauf dieser Fürstenschule streng reglementiert. Lessing teilt Zimmer und Schlafkoje mit zwei anderen Zöglingen. Im Sommer muß man um halb fünf bereits aus den Betten, im Winter eine Stunde später, um sich dann im Hof am Brunnen zu waschen. Erst nach dem ausgiebigen Morgengebet wird das Frühstück gereicht, ehe man sich an die Arbeit macht.

Kein Zweifel, daß sich einem Zögling wie dem jungen Lessing keine Schwierigkeiten bei der Bewältigung der Stoffmassen, die auf ihn eindrangen, ergeben. Der gescheite Junge scheint das immense Wissensangebot spielend zu bewältigen. Er fällt aus dem Rahmen des Gewöhnlichen. Die Lehrer respektieren seine Leistung auf Anhieb. Sie prophezeien ihm eine große Zukunft.

»Admirabler Lessing«, jubelt der Konrektor sogar vor Bewunderung vor den exorbitanten Leistungen des Jungen. Ganz allgemein ist man des Lobes voll. Rektor Grabner kann dem Vater sogar die Botschaft übermitteln, bei seinem Sohn handele es sich um ein Pferd, »das doppelt Futter haben muß«. »Die Lektionen, die anderen zu schwer werden«, setzt er vielsagend hinzu, »sind ihm kinderleicht.«

Aber alle Gelehrsamkeit schließt nicht aus, daß sich zuweilen auch der geborene Rebell in Lessing zu regen beginnt. Als die Zöglinge wegen unzulänglicher Verpflegung so etwas wie einen Aufstand wagen, macht Lessing sich zu ihrem Wortführer. Der Bücherwurm überrascht durch eine natürliche Keckheit, die man ihm nicht weiter verübelt. Noch liegen keine beeindruckenden Zeugnisse seiner schriftstellerischen Begabung vor. Nur ein paar Briefe, die zwischen Meißen und Kamenz kursieren, zeigen den bedeutenden Stilisten schon in zaghaften Konturen.

»Geliebte Schwester«, heißt es beispielsweise in einem Brief vom 30. Dezember 1743 des noch nicht Vierzehnjährigen an seine ältere Schwester Dorothea. »Ich habe zwar an Dich geschrieben, allein, Du hast nicht geantwortet. Ich muß also denken, entweder Du kannst nicht schreiben oder Du willst nicht schreiben. Und fast wollte ich das erste behaupten. Jedoch ich will auch das andere glauben: Du willst nicht schreiben. Beides ist strafbar. Ich kann zwar nicht einsehen, wie dieses beisammen stehen kann: ein vernünftiger Mensch zu sein, vernünftig reden zu können und gleichwohl nicht wissen, wie man einen Brief aufsetzen soll. Schreibe, wie Du redest, so schreibst Du schön. Jedoch, hätte auch das Gegenteil statt, man könnte vernünftig reden, dennoch aber nicht vernünftig schreiben, so wäre es für Dich eine noch größere Schande, daß Du nicht einmal so viel gelernet. Du bist zwar Deinem Lehrmeister sehr zeitig aus der Schule gelaufen, und schon in Deinen 12 Jahren hieltest Du es vor eine Schande, etwas mehres zu lernen. Allein wer weiß, welches die größte Schande ist? In seinen 12 Jahren noch etwas zu lernen als in seinem 18ten oder 19ten noch keinen Brief schreiben zu können. Schreibe ja! und benimm mir diese falsche Meinung von Dir. Im Vorbeigehen muß ich doch auch an das neue Jahr gedenken. Fast jeder wünscht zu dieser Zeit Gutes. Was werde ich Dir aber wünschen? Ich muß wohl was Besonderes haben. Ich wünsche Dir, daß Dir Dein ganzer Mammon gestohlen würde. Vielleicht würde es Dir mehr nützen, als wenn jemand zu neuen Jahre Deinen Geldbeutel mit einigen 100 Stück Dukaten vermehrte.«

In diesen suggestiven Stakkato-Sätzen steckt bereits der ganze spätere Lessing, sowohl der gelassene Ironiker als auch der Moralist und Didaktiker, der auch Mädchen gern an den Segnungen der Aufklärung beteiligt wissen mochte. Er hatte offenbar schon viel früher als andere begriffen, daß Wissen eine konkrete Macht darstellen kann, wenn man sich seiner zur rechten Zeit bemächtigt. Er jedenfalls verfuhr nach dieser Erkenntnis, und sein Wissensdurst nahm daher zuweilen geradezu monomanische Ausmaße an.

»Es gibt kein Gebiet der Gelehrsamkeit, das sein rühriger Geist nicht begehrte und ergriffe; nur muß er bisweilen von einer das rechte Maß überschreitenden Zersplitterung zurückgehalten werden«, gibt einer seiner Lehrer daher zu Protokoll.

Langsam schälen sich auch bestimmte Schwerpunkte innerhalb der geistigen Interessen des jungen Adepten heraus. Der angehende Schriftsteller hält bereits nach geeigneten literarischen Vorlagen Ausschau, nach denen er sich ausrichten kann.

Vorwiegend sind es sogleich die didaktischen Dichter der Antike, die ihn zu faszinieren beginnen. Der junge Poet versucht sich ganz im Geiste des nachklingenden Rokoko in der Anakreontik. Er verfertigt Verse aus dem Themenkreis Wein, Weib und Gesang, obwohl er in diese tastenden Versuche auch nicht die Spur eigener Erfahrungen mit einbringen konnte. Aber für seine schriftstellerischen Fingerübungen scheinen sich diese Verse, die er gleich am laufenden Band produziert, bestens geeignet zu haben. Hinter den alten Meißener Klostermauern kann man seine Phantasie risikolos auf die Reise schicken. Man nähert sich damit einer Welt an, mit der man noch keinerlei Kontakt aufgenommen hat.

In dieser Abgeschiedenheit erlebt Lessing übrigens auch die ersten Stürme des Krieges. Im Ersten Schlesischen Krieg rükken die Preußen resolut gegen Meißen vor. Die Stadt verwandelt sich mit einem Schlage in einen Kriegsschauplatz. Auch die Fürstenschule bleibt davon nicht unberührt. Für Lessing bedeutet das alles einen ersten Anschauungsunterricht in Sachen Weltgeschichte.

»Hochzuverehrender Vater!« schickt er daher einen Hilferuf an den Vater nach Kamenz. »Daß ich Ihnen gleich auf den letzten Brief antworte, geschieht um des Hrn. Rektors willen, welcher seinen je eher je lieber wollte bestellt wissen. Das Lob, welches Sie mir wegen des verfertigten poetischen Sendschreibens an Hrn. Obristleutenant von Carlowitz unverdient erteilet, soll mich, ob ich gleich wenig Lust habe, diese Materie noch einmal vor die Hand zu nehmen, anreizen, nach Dero Verlangen ein kürzeres und, wo es mir möglich, ein besseres zu machen.

Zwar, Ihnen frei zu gestehen, wenn ich die Zeit, die ich damit schon zugebracht und noch zubringen muß, überlege, so muß ich mir selbst den Vorwurf machen, daß ich sie auf eine unnütze Weise versplittert. Der beste Trost dabei ist, daß es auf Dero Wohl geschehen.

Sie bedauern mit Recht das arme Meißen, welches jetzt mehr einer Totengrube als der vorigen Stadt ähnlich sieht. Alles ist voller Gestank und Unrat, und wer nicht hereinkommen muß, bleibt gern so weit von ihr entfernt, als er nur kann. Es liegen in den meisten Häusern immer noch 30 bis 40 Verwundete, zu denen sich niemand nahen darf, weil alle, welche nur etwas gefährlich getroffen sind, das hitzige Fieber haben.

Es ist eine weise Vorsicht Gottes, daß diese fatalen Umstände die Stadt gleich im Winter getroffen, weil, wenn es Sommer wäre, gewiß in ihr die völlige Pest schon grassieren würde. Und wer weiß, was noch geschiehet. Jedoch wir wollen zu Gott das Beste hoffen. Es sieht aber wohl in der ganzen Stadt kein Ort erbärmlicher aus als unsere Schule. Sonst lebte alles in ihr, jetzo scheint sie wie ausgestorben. Sonst war es was Rares, wenn man nur einen gesunden Soldaten in ihr sah, jetzt sieht man einen Haufen verwundete in ihr, von welchen wir nicht wenig Ungemach empfinden müssen. Das Coenal ist zu einer Fleischbank gemacht worden, und wir sind gezwungen, in dem kleineren Auditorio zu speisen. Die Schüler, welche verreiset, haben wegen der Gefahr, in Krankheiten zu verfallen, eben wenig Lust zurückzukehren.

Was mich anbelangt, so ist es mir um soviel verdrießlicher, hier zu sein, da Sie sogar entschlossen zu sein scheinen, mich auch den Sommer über, in welchem es vermutlich zehnmal ärger sein wird, hier zu lassen. Ich glaube wohl, die Ursache, welche Sie dazu bewogen, könnte leicht behoben werden. Doch ich mag von einer Sache, um die ich schon so oft gebeten und die Sie kurzum nicht wollen, kein Wort mehr verlieren. Ich versichere mich unterdessen, daß Sie mein Wohl besser einsehen werden als ich. Und bei der Versicherung werde ich, wenn Sie auch bei der abschlägigen Antwort beharren sollten, doch, wie ich schuldig bin, noch allzeit Sie als meinen Vater zu ehren und zu lieben fortfahren.«

Hellwach sieht sich der Schüler Lessing bereits der Welt konfrontiert. Auch sonst ist die Beobachtungsgabe seine Stärke. Selbst die Lehrer fühlen sich dem Scharfsinn des »moquanten« Knaben Lessing schonungslos ausgeliefert, dessen erwachender kritischer Geist sich in einer unerbittlichen Spottlust und einem kaustischen Sarkasmus austobt. Er war nicht umsonst bei den römischen Satirikern in die Schule gegangen. Man findet ihn offenbar zu Recht etwas zu vorlaut und respektlos. Auf jeden Fall besitzt er keine Disposition für eine devote Autoritätsgläubigkeit. Als sein jüngerer Bruder Theophilus schließlich die Fürstenschule bezieht, gibt man ihm den wohlgemeinten Ratschlag mit auf den Weg: »Nun geh in Gottes Namen, sei fleißig, aber nicht so naseweiß wie Dein Bruder.«

Wie man sieht, hat sich bereits der unvergleichliche Kritiker damals in Lessing geregt. Schon der eben 15jährige hat eine erstaunliche Distanz zu seiner Umwelt bezogen. Er liest, was ihm immer nur in die Finger kommt und woran sich seine schöpferische Phantasie entzündet. Es liegt ihm nicht daran, lauter Kathederweisheit in seinem Gedächtnis zu speichern. Er gerät zwangsläufig auch an die neueren deutschen Dichter und versucht sie zu imitieren.

»Es war einer von meinen allerersten Versuchen in der Dichtkunst, den ich noch bis jetzt bloß aus der Absicht aufhebe, aus welcher andere einen Schuh oder Strumpf, den sie in der Kindheit getragen, aufzuheben pflegen«, stellt er mit der Nüchternheit eines Analytikers fest. »Ich wußte nicht, wie sich abstrakte Wahrheiten durch Erdichtungen sinnlich machen lassen, noch viel weniger, wie man trockenen Beobachtungen das lachende Ansehen scherzhafter Einfälle geben könne. Ich reimte also meine Gedanken nach einer ziemlich mathematischen Methode. Hier und da ein Gleichnis, hier und da eine kleine Abschweifung. Das war alles Poetische, was ich dabei anbrachte.«

Der herausragende Kritiker betätigt sich also bereits in der seltenen Kunst der Selbstkritik. Er ist sich wohl selbst im klaren, daß sein anakreontisches Reimgeklingel kaum über das Niveau einer typischen Primanerlyrik hinausgelangt ist.

Damals allerdings projektiert er auch bereits sein erstes Lustspiel, das ihm dann durch die Uraufführung am Theater der Neuberin in Leipzig den Zugang zum Parnaß eröffnen sollte. Er schrieb seinen »Jungen Gelehrten« in der naheliegenden Absicht, den durch keine menschliche Substanz aufgewogenen Gelehrtendünkel seiner Mitschüler zu karikieren, aber natürlich auch, um sich selbst kritisch unter die Sonde zu nehmen. Er legte Wert darauf, sich unverstellt mit allen Schwächen in diesem Stück Poesie widergespiegelt zu sehen.

»Ein junger Gelehrter war die einzige Art von Narren, die mir damals schon unmöglich unbekannt sein konnte«, versucht er später diese Themenstellung zu rechtfertigen. »Unter diesem Ungeziefer aufgewachsen, war es ein Wunder, daß ich meine ersten satirischen Waffen wider dasselbe wandte?«

Mit der Zeit kann Lessing sich des Gefühls kaum noch erwehren, die Schule habe ihm nun nichts mehr zu bieten und stehle ihm nur kostbare Lebenszeit. Er bereitet seinen Übergang auf die Universität vor. Der Vater erwirkt beim Kamenzer Rat ein Stipendium für ein Theologiestudium in Leipzig vom Herbst 1746 ab. Johann Gottfried Lessing setzt Himmel und Hölle in Bewegung, um zu erreichen, daß dem begabten Sohn ein ganzes Schuljahr erlassen wird. Dessen Schlußdisputation setzt dann den Schlußstrich unter ein keineswegs unbedeutendes Kapitel der Lessingschen Vita. Am 30. Juni 1746 verläßt der 17jährige die Fürstenschule, die er unsterblich gemacht hat. Er fühlt sich nun als Herr seiner eigenen Entschlüsse. Wird er die hohen Erwartungen, die seine Lehrer in ihn setzten, erfüllen können? Wird der junge Mann, der beizeiten einer »kalten Buchgelehrsamkeit, die sich mit toten Zeichen ins Gehirn drückt«, abgeschworen hat, seine Spuren in dieser Welt zurücklassen?

Leipzig

Leipzig – das war der zweite Schritt Lessings auf seinem Weg zu einem deutschen Molière. Erstaunlich eigentlich, wie sicher und weit vorausschauend der eben 17jährige sich damals diese Stadt erobert, die für ihn die Welt bedeutet. Zwanzig Jahre vor dem jungen Goethe zieht er mit berechtigten Erwartungen in dieses Klein-Paris ein, von dem er weiß, daß es zu den wenigen deutschen Städten zählt, die ihre Bewohner nicht nur bildet, sondern ihnen auch ein gewisses Flair von Weltläufigkeit verleiht.

Vor dem Provinzler Lessing tat sich nun mit einem Schlage eine ganze Welt im Kleinen auf. Wer Leipzig kannte, so hieß es damals ganz allgemein, der kannte die ganze Welt. Die Stadt, deren Bewohner durch ihren Kunstsinn und ihre Eleganz bereits deutlich aus dem Rahmen des in Deutschland Gewohnten fielen, reflektierte nicht nur das an sich schon bedeutende Geistesleben Sachsens. Hier hatte sich neben der international anerkannten Universität auch eine bürgerliche Kultur entwickelt, die allen Zugereisten Respekt abforderte. Galanterie, modische Kleidung und gewandtes Auftreten mußten einen jungen Studenten verzaubern, der ausgezogen war, sich eine ganze Welt zu Füßen zu legen.

Zur Zeit der Messen gab sich auf Leipzigs Straßen die große Welt ihr Stelldichein. Hier sah man und wurde man gesehen, und wer Anschluß an die schnell davonjagenden Moden gewinnen wollte, konnte Leipzig nicht auslassen. Wer einmal in die Aura dieser Stadt untergetaucht war, hatte so etwas wie den Ritterschlag der mondänen Welt empfangen. Man bewegte sich damals hier keineswegs mehr auf den ausgetretenen Pfaden des Rokoko. Die Gewitztheit der Leipziger eilte der Zeit weit voraus. Man hatte es zu einigem Reichtum gebracht und scheute sich nicht einmal, den Besitz in aller Öffentlichkeit zu präsentieren.

Leipzig, das war nämlich auch die Stadt der erfolgreichen Kaufleute und nicht zuletzt des ungemein florierenden Buchhandels. Theater und ein aufblühendes literarisches Leben waren das stimulierende Element, dem sich der junge Lessing widerstandslos hingab. Zwar gibt noch der alternde Gottsched in der Gelehrtenrepublik der Stadt den Ton an. Aber gegen sein Imperium rennt bereits eine junge Avantgarde mit einem respektablen Elan an. Sie will die akademische Dürre dieses Literaturpapstes durch ihre genialische Ungezügeltheit ersetzen.

Lessing wird einer der Eifrigsten sein, der gegen diese »alte Perücke«, die lange genug in der deutschen Literatur die Akzente gesetzt hat, Sturm läuft. Er ist schließlich nicht ausgezogen, um das Gruseln zu lernen und sich ins Schlepptau abgetakelter Prominenz zu begeben. Zugegeben: Gottscheds »Versuch einer kritischen Dichtkunst vor die Deutschen« war lange der einzige poetologische Kanon gewesen, nach dem sich junge Literaten hatten ausrichten können. Nun aber ist dieser Professor, über den die Zeit dahingeschritten ist, ein lästiges Hindernis auf dem Wege zu einer eigenständigen deutschen Literatur, die nicht mehr wie fasziniert ihre Blicke auf Frankreich und die französische Kultur richtet.

Je mehr Gottscheds Stern im Sinken begriffen war, um so heller ging das neue Gestirn der Haller und Hagedorn am literarischen Himmel auf und zog dort seine weiten Kreise. Man begann, sich auch in Leipzig von allem einengenden Regelzwang zu befreien und gründete sogar eine Zeitschrift mit dem verheißungsvollen Titel »Neue Beiträge zum Vergnügen des Verstandes und des Witzes«. In den Jahren zwischen 1744 und 1748 brachte sie es auf vier stattliche Bände.

Unter den Beiträgern gab es bereits ein paar klangvolle Namen. Johann Elias Schlegel etwa war durchaus kein unbeschriebenes Blatt mehr. Er hatte bereits als Dramatiker von sich reden gemacht und frühe Lorbeeren geerntet. Außerdem hatte er sich in gewichtigen Traktaten über Sinn und Wesen der Kunst ausgelassen. Er war übrigens der erste, der sich in Deutschland des fünffüßigen Jambus bediente, den Lessing dann bevorzugen sollte. Übrigens war es dieser Onkel der Brüder Schlegel, der mit allem Nachdruck auf die Vorbildfunktion Shakespeares für deutsche Dramatiker hingewiesen hatte. Als er bereits mit dreißig Jahren starb, wurde mit ihm eine der großen Hoffnungen des deutschen Theaters begraben.

Natürlich gehörte auch Christian Fürchtegott Gellert zu diesem illustren Literatenkreis. Er errang mit seinen Fabeln, übrigens einem Modegenre der Zeit, eine heute kaum noch nachvollziehbare Volkstümlichkeit. Zachariä, der damals mit seinem komischen Epos »Der Renomist« in aller Munde war, sollte Lessing später in seiner Wolfenbütteler Zeit wiederbegegnen.

Der erst siebzehnjährige Theologiestudent Lessing läßt es bei der Wahrnehmung seiner Fachstudien entschieden an dem notwendigen Eifer fehlen. Seine Fakultät sieht ihn nur selten. Dafür treibt er sich, eine ganz neue abenteuerliche Welt in sich einsaugend, in der Stadt herum. Rückblickend hat man den Eindruck, Lessing hätte bei diesem Herumvagieren seine noch klaffenden Bildungslücken schließen wollen, um später einmal als Schriftsteller aus dem Vollen schöpfen zu können. Denn daß er einmal als Publizist tief in die Öffentlichkeit hineinwirken wollte, war für ihn längst beschlossene Sache.

Diesem Lebenskonzept entsprechend holt er sich das Wissen, wo es sich ihm darbietet. So sieht man ihn in den Kollegs des kritischen Theologen Johann August Ernesti. Auch der Polyhistor Johann Friedrich Christ, der Begründer der Kunstarchäologie in Deutschland, besticht ihn vor allem durch seine weltmännische Attitüde. Immer wieder zieht es ihn auch in die Vorlesungen des Mathematikers und Philosophen Abraham Gotthelf Kästner. Hier begegnet ihm Geist von seinem Geiste. Nicht nur die Studenten sind von Kästners treffsicheren Epigrammen und Aphorismen gefesselt. Er schien auf diesem Gebiet einfach unschlagbar zu sein, bis ihm der große Göttinger Georg Christoph Lichtenberg den Rang ablief.

Kästner ist nur ein Jahrzehnt älter als Lessing. Er muß demnach ein Wunderkind gewesen sein, das bereits mit elf Jahren an den Seminaren seines Vaters in der Universität teilgenommen hatte. Er hatte dann auch als Professor die Erwartungen, die man auf ihn gesetzt hatte, voll erfüllt. Als Belletrist verriet er Geist, und als Satiriker ließ er seinen ätzenden Sarkasmus spielen. Begreiflich, daß er nicht nur Freunde um sich sammelte. Er zog einen ganzen Rattenschwanz von Gegnern hinter sich her.

Bald schon tritt die große Versuchung in Gestalt des Leipziger Theaters an den jungen Theologiestudenten heran. Dieser war mit einigen halbfertigen Komödien und einem Kopf voller Pläne in Leipzig eingezogen. Mit den sächsischen Literaten nimmt er sonst wenig Kontakte auf. Mit ihrer Korrektheit verbindet diesen jugendlichen Feuergeist so gut wie nichts.

Lessing hat sich im dritten Stock eines Hauses in der Grimmaischen Straße einquartiert. Natürlich häufen sich auch in dieser weltabgeschiedenen Stube die Bücher. Für die Theologie, hat er bald einsehen gelernt, ist er offenbar nicht geschaffen. Er scheint in dieser Hinsicht sogar beträchtlich aus der Familientradition herauszufallen. Wenn er auch zeitweilig als Medizinstudent galt, so fühlte er sich doch immer noch am ehesten zur Philologie hingezogen. Aber seine Begeisterung für die Wissenschaften flaute bald ab. Die Professoren, stellte sich für ihn heraus, waren vorwiegend Routiniers, die wenig Eigenes zu sagen hatten. Ihre Kompendienweisheit, die sie wie unbeteiligt herunterlasen, erreichte Lessing kaum noch. Auf die Frage, was er denn nun eigentlich studiere, soll er daher aus begreiflichen Gründen mit einem vielsagenden Achselzucken geantwortet haben.

Aber auch die Bücher allein waren nicht der rechte Umgang für einen jungen Mann, der vor Weltbegierde strotzte. Zwangsläufig geriet er daher auf der Suche nach dem wahren Leben in den Bannkreis der Leipziger Theaterleute. Der Musentempel der berühmten Neuberin bot ihm in der Tat alles, was ihm das Leben bis dahin vorenthalten hatte. Ihr Theater in einem Seitengebäude in der Nikolaistraße wurde daher wenigstens eine Zeitlang seine zweite Heimat.

Friederike Caroline Neuber war damals eine der zentralen Gestalten des deutschen Theaters. Sie ist in die deutsche Theatergeschichte eingegangen, weil sie den Hanswurst und den Harlekin von der deutschen Bühne verbannte und dem Theater damit einen höheren Grad von Seriosität verlieh. Lessing testierte ihr noch später in seiner »Hamburgischen Dramaturgie«, die »größte Meisterin im Lust- und Trauerspiele« gewesen zu sein und zugleich »männliche Einsichten und eine vollkommene Kenntnis ihrer Kunst« besessen zu haben.

Für den jungen Fürstenschüler aus Meißen muß die Begegnung mit der Neuberschen Truppe ein durchschlagendes Erlebnis gewesen sein. Mit einem Schlage entdeckte er seine noch schlummernde große Passion für das Theater, dessen Repertoire er dann im späteren Leben noch einige unverwüstliche Stücke beisteuern sollte. Hier tat sich ihm eine neue Welt auf, und er begriff auf Anhieb, daß es so ganz die seine war. Die Leute vom Theater vermittelten ihm schöpferische Impulse, die er auf der Universität vergebens gesucht hatte. Sogleich macht er sich daher an die Arbeit, seinen »Jungen Gelehrten« nun endgültig zu Papier zu bringen.

»Diese Mühe ward mir durch das dasige Theater, welches in sehr blühenden Umständen war, ungemein versüßt«, weiß er später von dieser Zeit zu berichten. »Sie wurde ungemein erleichtert, muß ich sagen, weil ich von demselben hundert wichtige Kleinigkeiten lernte, die ein dramatischer Dichter lernen muß und aus der bloßen Lesung seiner Muster nimmermehr lernen kann.

Ich glaubte, etwas zustande gebracht zu haben, und zeigte meine Arbeit einem Gelehrten, dessen Unterricht ich in wichtigen Dingen zu genießen das Glück hatte. Wird man sich verwundern, als den Kunstrichter eines Lustspiels einen tiefsinnigen Weltweisen genannt zu finden? Vielleicht, wenn es ein an-

Friederike Caroline Neuber

derer als der Herr Professor Kästner wäre. Er würdigte mich einer Beurteilung, die mein Stück zu einem Meisterstück würde gemacht haben, wenn ich die Kräfte gehabt hätte, ihr durchgängig zu folgen.«

Kästner hatte sich in die Rolle des Mentors des schon auffallend selbstsicher auftretenden Lessing mit der Zeit hineingefunden. Er muß sich allerdings auch darüber im klaren gewesen sein, für wen er da seine Zeit opferte. Er testiert dem jungen Studenten folgendes: »Über den Fleiß und die Fortschritte des Herrn Gotthold Ephraim Lessing, der unter dem Rektor Magnificus Kapp in das Register eingetragen, vermag ich um so sicherer alles Beste zu bezeugen, da er bei den Disputationen über philosophische Gegenstände mit Freunden unter meiner Leitung sich als jemand erwiesen hat, der mächtig zu denken und seine Gedanken klar und elegant zu entwickeln gelernt hat, so daß ich von seinem Studium nur das Trefflichste erwarten kann.«

Auch sonst erregte die geistige Überlegenheit des jungen Lausitzers in Leipzig einige Beachtung. Die vielleicht markanteste Charakteristik des Studenten Lessing liegt in einer Tagebuchaufzeichnung eines seiner Zimmergenossen vor. Dieser, Johann Friedrich Fischer, der es später zum Rektor der Leipziger Thomasschule bringen sollte, macht Lessing die folgende Reverenz: »Wie ich von Coburg hierher auf die Universität kam, da zog ich mit einem zusammen, der schon ein Jahr da war: guter Leute Kind, ein Predigersohn aus der Lausitz. Wir wohnten in der Burgstraße, drüben in der alten Baderei. Was hatte Gott dem Menschen für Gaben gegeben! Was konnte der für Griechisch und Latein! Wir brauchten den Ernesti, der damals berühmt war, den brauchten wir beide nicht. Zum Vergnügen fingen wir gleich damit an, den Thucididem zu lesen. Was hätte aus dem werden können! Aber er hatte auch so seinen Hang! Er hatte schon vorher viel Deutsch gelesen, nun gewöhnte er sich auch, deutsch zu schreiben, und machte deutsche Verse. Nun ging's immer weiter und war kein Haltens mehr. Er war mein bester Freund, er war mein einziger auf der ganzen Universität, aber ich zog von ihm; ich konnt's nicht mit ansehen. Er fing sogar an, Komödien zu schreiben. Und nun – nun ward' er auch nach und nach – ach, ich mag's nicht sagen! Frag Er nur Leute, die's verstehen. Der Kerl hieß Lessing.«

In Lessings eigener Version nimmt sich seine Leipziger Zeit jedoch eher als eine harte Schule des Lebens aus. In einem Brief, den er zwei Tage vor seinem zwanzigsten Geburtstag, also am 20. Januar 1749, an die Mutter schreibt, schildert er noch einmal freimütig seinen »ganzen Lebenslauf auf Universitäten«.

»Ich komme jung von Schulen«, heißt es da, »in der gewissen Überzeugung, daß mein ganzes Glück in den Büchern bestehe. Ich komme nach Leipzig, an einen Ort, wo man die ganze Welt im Kleinen sehen kann. Ich lebte die ersten Monate so eingezogen, als ich in Meißen nur gelebt hatte. Stets bei den Büchern, nur mit mir selbst beschäftigt, dachte ich ebenso selten an die übrigen Menschen als vielleicht an Gott. Dieses Geständnis kommt mir etwas sauer an, und mein einziger Trost dabei ist, daß mich nichts Schlimmeres als der Fleiß so närrisch machte. Doch es dauerte nicht lange, so gingen mir die Augen auf: soll ich sagen, zu meinem Glücke oder zu meinem Unglücke? Die künftige Zeit wird es entscheiden. Ich lernte einsehen, die Bücher würden mich wohl gelehrt, aber nimmermehr zu einem Menschen machen.

Ich wagte mich also von meiner Stube unter meinesgleichen. Guter Gott, was für eine Ungleichheit wurde ich zwischen mir und anderen gewahr! Eine bäuerische Schüchternheit, ein verwilderter und ungebauter Körper, eine gänzliche Unwissenheit in Sitten und Umgange, verhaßte Mienen, aus welchen jedermann seine Verachtung zu lesen glaubte, das waren die guten Eigenschaften, die mir bei meiner eigenen Beurteilung übrigblieben. Ich empfand eine Scham, die ich niemals empfunden hatte, und die Wirkung derselben war der feste Entschluß, mich hierinne zu bessern, koste es, was es wolle.

Sie wissen selbst, wie ich es anfing. Ich lernte tanzen, fechten, voltigieren. Ich will in diesem Briefe meine Fehler aufrichtig bekennen: ich kann also auch das Gute von mir sagen. Ich kam in diesen Übungen so voran, daß mich diejenigen selbst, die mir im voraus alle Geschicklichkeit darinnen absprechen wollten, einigermaßen bewunderten.

Dieser gute Anfang ermunterte mich heftig. Mein Körper war ein wenig geschickter geworden, und ich suchte Gesellschaft, um nun auch leben zu lernen. Ich legte die ernsthaften Bücher eine Zeitlang auf die Seite, um mich in denjenigen umzusehen, die weit angenehmer und vielleicht ebenso nützlich sind. Die Komödien kamen mir zuerst in die Hand. Es mag unglaublich vorkommen, wem es will, mir haben sie sehr große Dienste getan. Ich lernte daraus eine artige und ungezwungene, eine grobe und natürliche Aufführung unterscheiden. Ich lernte wahre und falsche Tugenden daraus erkennen und die

Laster ebenso sehr wegen ihres Lächerlichen als wegen ihrer Schändlichkeit fliehen. Habe ich aber dieses nur in eine schwache Aufführung gebracht, so hat es gewiß mehr an anderen Umständen als an meinem Willen gefehlt.

Doch beinahe hätte ich den vornehmsten Nutzen, den die Lustspiele bei mir gehabt haben, vergessen. Ich lernte mich selbst kennen, und seit der Zeit habe ich gewiß über niemanden mehr gelacht und gespottet als über mich selbst. Doch ich weiß nicht, was mich damals für eine Torheit überfiel, daß ich auf den Entschluß kam, selbst Komödien zu machen. Ich wagte es, und als sie aufgeführt wurden, wollte man mich versichern, daß ich nicht unglücklich darinnen wäre. Man darf mich nur in einer Sache loben, wenn man haben will, daß ich sie mit mehrerem Ernst treiben soll. Ich sann daher Tag und Nacht, wie ich in einer Sache eine Stärke zeigen möchte, in der, wie ich glaubte, sich noch kein Deutscher allzusehr hervorgetan hat.

Aber plötzlich ward ich in meinem Bemühen durch Dero Befehl, nach Hause zu kommen, gestöret. Was daselbst vorgegangen, können Sie selbst allzuwohl wissen, als daß ich Ihnen durch eine unnütze Wiederholung verdrüßlich falle. Man legte mir sonderlich die Bekanntschaft mit gewissen Leuten, in die ich zufälligerweise gekommen war, zur Last. Doch hatte ich es dabei Dero Gütigkeit zu verdanken, daß mir andere Verdrüßlichkeiten, an denen einige Schulden Ursache waren, nicht so heftig vorgerückt wurden. Ich blieb ein ganzes Vierteljahr in Kamenz, wo ich weder müßig noch fleißig war. Gleich von Anfang hätte ich meine Unentschließigkeit, welches Studium ich erwähnen wollte, erwähnen sollen. Man hatte derselben nun über Jahr und Tag nachgesehn. Und Sie werden sich zu erinnern belieben, gegen was ich mich auf Ihr dringendes Anliegen erklärte. Ich wollte Medicinum studieren. Wie übel Sie aber damit zufrieden waren, will ich nicht wiederholen. Bloß Ihnen zu Gefallen zu leben, erklärte ich mich noch über dieses, daß ich mich nicht wenig auf Schulsachen legen wollte und daß es mir gleich sein würde, ob ich einmal durch dieses oder jenes fortkäme.

In diesem Vorsatze reiste ich wieder nach Leipzig. Meine

Schulden waren bezahlt, und ich hätte nichts weniger vermutet als wieder darin zu verfallen. Doch meine weitläufige Bekanntschaft und die Lebensart, die meine Bekannten an mir gewohnt waren, ließen mich an eben dieser Klippe nochmals scheitern. Ich sah allzu deutlich, wenn ich in Leipzig bleibe, so werde ich nimmermehr mit dem, was mir bestimmt ist, auskommen können. Der Verdruß, den ich hatte, Ihnen neue Ungelegenheiten zu verursachen, brachte mich auf den Entschluß, von Leipzig wegzugehen.«

In dieser bemerkenswerten Epistel, die durch ihre selbstkritische Distanz besticht und längst zu den klassischen deutschen Briefen rechnet, legt Lessing so etwas wie eine Lebensbeichte ab. Hier beschreibt jemand freimütig die Kunst, das Leben zu lernen. Erstaunlich immerhin, wie ein eben Siebzehnjähriger sich sein Lebenskonzept zusammenbosselt und dann auch exakt danach verfährt.

Die Lessing-Eltern sind von den theatralischen Irritationen ihres Sohnes tief beunruhigt. Einen Komödienschreiber in der eigenen Familie zu wissen und ihn stillschweigend zu akzeptieren, überstieg bei weitem ihre lutherische Toleranzgrenze. Das Verhältnis der protestantischen Kirche zum Theater war von Anfang an gestört. Hier mußte nach der Vorstellung kirchentreuer Theologen der Leibhaftige, der die frommen Gedanken der Gläubigen zu verwirren versuchte, seine Hand im Spiel haben. Das fahrende Volk der Schausteller und Komödianten war gesellschaftlich verteufelt. Wer auf seine bürgerliche Reputation hielt, pflegte mit Leuten dieses Schlages jedenfalls keinen Umgang.

Aber noch eine andere Sorge um das Seelenheil Gottholds hatten die Eltern zu verdrängen, als sie erfuhren, daß dieser in Leipzig mit dem ominösen Vetter Mylius Kontakte aufgenommen hatte. Mylius, sieben Jahre älter als Lessing, hat immerhin das Verdienst, Lessing dem Journalismus zugeführt zu haben. Aber auch als Verfertiger einiger Lustspiele hat er den Jüngeren zur Nacheiferung auf diesem Gebiet animiert. In dem von ihm herausgegebenen »Naturforscher« hatte der junge Autor seine ersten galanten und witzigen Verse erscheinen lassen. Auch für die monatlich einmal erscheinenden »Ermunterungen zum Vergnügen des Gemüths«, die Mylius redigierte, hat Lessing Beiträge geliefert. Sie waren sein erstes publizistisches Forum, auf dem er sich bereits recht selbstsicher bewegen konnte. Daß dieser Christlob Mylius dem begabten Vetter den Weg zum Parnaß ebnete, wer wollte es bezweifeln? Es wird in Lessings weiterer Biographie noch viel Erbauliches, aber auch manches Bestürzende von ihm zu berichten sein. Ehe er irgendwo in London als ein am Leben Gescheiterter seinen einsamen Tod starb, von dem kaum noch jemand Notiz nahm, hatte er dem jungen Lessing vorgeführt, daß man sein Leben fest in die Hand zu nehmen habe.

In Christian Felix Weiße, 1726 in Annaberg geboren, hatte Lessing einen kongenialen Freund gewonnen. Auch dieser Philologiestudent war ganz dem Theater verfallen. Er wird sich noch als Leipziger Lustspieldichter einen Namen machen. Als Librettist von populären Operetten und als Verfasser des unverwüstlichen »Kinderfreundes« hatte er später noch ungemein in die Breite gewirkt. Seine jugendliche Kumpanei mit Lessing wirkte sich für beide eminent produktiv aus.

»Mit Lessing hatte er sich so innig vereinigt, daß sie keinen Tag ohne einander verbrachten«, wird er später in einem in der dritten Person verfaßten Lebensbericht diese Zeit gemeinsamen Schaffens auferstehen lassen. »Jener teilte ihm all seine Ideen mit, lehrte ihn die beste und neueste Literatur kennen, machte ihn mit der englischen Sprache bekannt und kritisierte alles, was sie lasen und hörten, wodurch sie beiderseits ihre Urteile berichtigten. Es waren glückliche Stunden, welche sie miteinander verlebten, an welche Weiße nie ohne frühe Empfindungen zurückgedacht hat.

Das höchste Vergnügen für beide war in Leipzig das Theater unter der Neuberin. Sie aßen lieber trockenes Brot – denn auch Lessing hatte nicht viel zu vertun –, ehe sie es einmal versäumt hätten. Da sie dessen ungeachtet den Aufwand nur sehr schwer bestreiten konnten, so sannen sie auf Mittel, sich ein Freibillet zu verschaffen. Sie übersetzten also gemeinschaftliche verschiedene französische Stücke, z. B. den ›Hannibal‹ des Marivaux in gereimten Alexandrinern, den ›Spieler‹ des Regnard u. a. und erreichten dadurch ihre Absicht.«

Im Jahre 1748 debütiert der 19jährige Lessing dann mit einer Aufführung seines »Jungen Gelehrten« auf der Neuberschen Bühne in Leipzig. Man zeigt sich sichtlich angesprochen von der geschliffenen Dialektik seines Dialogs. Die einhellige Akklammation des Publikums ist ihm sicher. Man begreift: Hier ist eine Hoffnung am Werke. An seinem Talent ist nicht zu zweifeln.

Man entsinnt sich: Der junge Komödienschreiber hatte bereits auf der Meißener Fürstenschule seine Erfahrungen, die er über den alleinigen Umgang mit Büchern eingesammelt hatte, zu thematisieren begonnen. Das war in der Tat ein Thema, für dessen Behandlung er seine Kompetenz anmelden konnte. Inzwischen hatte er sogar soviel Distanz zu sich und seinen Meißener Jahren dazugewonnen, daß er sozusagen sich selbst als komische Gestalt auf dem Theater figurieren lassen konnte.

Worum geht es in diesem harmlosen Stück also? Der junge Buchstabengelehrte Damis, der sich rühmen kann, sieben Sprachen zu beherrschen, aber gleichzeitig aus Mangel an elementarer Vitalität am Leben zu scheitern droht, verkörpert eine Scheinwelt, der entronnen zu sein Lessing sich glücklich preist. Seine Ziehschwester, die ebenso anmutige wie lebensfrohe Juliane, und ihr Liebhaber Valer verkörpern die Gegenwelt. Als sich herausstellt, daß dem Mädchen eine ansehnliche Erbschaft zufällt, wirbt Damis' Vater für seinen Sohn um sie. Natürlich gewinnt am Ende der unverkrampfte und offenherzige Valer seine Juliane, die in ihrer unkomplizierten Gescheitheit bereits eine bemerkenswerte Vorwegnahme von Lessings »Minna« und einiger seiner sonstigen Heldinnen darstellt. Der junge Stubengelehrte bleibt nach dem Gesetz der höheren Gerechtigkeit abgeschlagen und zerknirscht mitsamt seiner nutzlosen Kathederweisheit auf der Szene zurück.

Natürlich ist der spätere große Dramatiker Lessing, der seinen Stoff souverän überblickt und Schicksalsfäden zu knüpfen versteht, in diesem Jugendwerk noch nicht voll am Werke. Noch spürt man überall das etwas abgenutzte französische Vorbild heraus. Aber immerhin befindet er sich als Komödienautor auf dem Weg zu sich selbst. Er hat alle Aussicht, einmal so etwas wie ein deutscher Molière zu werden. Jedenfalls ist er seinen Generationsgenossen mit seinem Bühneninstinkt um ein paar Nasenlängen voraus. Er hat bereits beträchtlich von seiner Theaterpraxis profitieren können. Dieser erste Versuch, auf der Bühne Fuß zu fassen, hat keineswegs mit einem Fiasko geendet. Man ist bereit, sich den Namen dieses jungen Mannes zu merken. Er hat sich literarisch bereits seine Sporen redlich verdient.

»Mit so vielen Verbesserungen, als ich nur immer hatte anbringen können, kam mein junger Gelehrter in die Hände der Frau Neuberin«, protokolliert er später dieses Ereignis. »Auch ihr Urteil verlangte ich. Aber anstatt des Urteils erwies sie mir die Ehre, die sie sonst einem angehenden Komödienschreiber nicht leicht zu erweisen pflegte: sie ließ mich aufführen.

Wenn auch dem Gelächter der Zuschauer und ihrem Händeklatschen die Güte eines Lustspiels abzumessen ist, so hatte ich hinlängliche Ursache, das meinige für keines von den schlechtesten zu halten. Wenn es aber ungewiß ist, ob diese Zeichen des Beifalls mehr für den Schauspieler oder für den Verfasser gehören, wenn es wahr ist, daß der Pöbel ohne Geschmack am lautesten lacht, daß er da oft lacht, wo Kenner weinen möchten, so will ich gerne nichts aus dem Erfolge schließen, aus welchem sich nichts schließen läßt.

Dieses aber glaube ich, daß mein Glück sich auf dem Theater würde erhalten haben, wenn es nicht mit in den Ruin der Frau Neuberin wäre verwickelt worden. Es verschwand mit ihr aus Leipzig und folglich aus dem Orte, wo es sich ohne Widerrede in Deutschland am besten ausnehmen kann.«

Die Tatsache, daß eine keineswegs nebensächliche Komponente im Wesen Lessings zum Bohemien hin tendierte, hat er selbst nie bestritten. In jedem Fall zog er es vor, die Gesellschaft der Komödianten als den Umgang mit Theologen zu suchen. Zweifellos frönte er auch dem Laster, bis spät in die Nächte hinein in den gemütlichen Leipziger Kneipen zu hokken. Ebenso sicher ist es aber auch, daß Lessing niemals in Gefahr schwebte, die Kontrolle über sich zu verlieren. Sein Ehrgeiz war stets gespannt wie eine Feder, die ihn antrieb.

Nach den ersten Erfolgen auf dem Theater rannte er eine Zeitlang der Fiktion nach, so etwas wie ein deutscher Molière werden zu können. Dieses hochgesteckte Ziel vor Augen, machte er sich mit einem exorbitanten Eifer an die Arbeit. In der Zeit zwischen 1747 und 1749 verfertigte er Stücke wie »Der Misogyn«, »Damon oder die wahre Freundschaft«, »Die alte Jungfer« sowie »Der Freigeist«, von dem später noch die Rede ist. Obwohl er sich immer wieder zu harter journalistischer Brotarbeit aufraffen muß, läßt er das Theater keinen Moment aus seinem geistigen Blickfeld.

Natürlich betätigt sich der keineswegs erfolglose Stückeschreiber Lessing nebenbei wie schon in seiner Schulzeit als Lyriker, der er doch so ganz und gar nicht war. Man nimmt ihm seine anakreontischen Trink- und Liebeslieder, die sicher gutgemeint waren, einfach nicht ab. Sie alle waren Literatur aus zweiter Hand. Der falsche Gefühlston in ihnen ist nicht zu überhören. Man hat sie vergessen, und das sicher ganz zu Recht.

Lessing hatte es selbst als unbestechlicher Kritiker herausbekommen, daß ihm die lebendige Quelle fehlte, aus der er hätte schöpfen können. Wenn er schon dichtete, war ihm der eigene Kopf immer unstatthaft dominierend im Wege. Was er im Zeichen Anakreons zu Papier brachte, blieb eben deshalb Papier.

»Man muß mich wenig kennen«, beteuert er selbst, »wenn man glaubt, daß meine Empfindungen damit harmonieren.« Er hatte sich in der Tat wie seine zeitgenössischen Vorbilder Uz und Gleim nur in die Rolle eines anakreontischen Trinkers und Liebhabers hineingefühlt. Das Resultat dieser lyrischen Bemühungen war dann auch entsprechend dürftig.

Seinen Eltern gegenüber brachte er sich durch dieses Imponiergehabe in den Ruf eines freigeistigen Lebemannes. Davon konnte natürlich keine Rede sein. Er muß sich seiner anakreontischen Eskapaden halber bei seinem Vater rechtfertigen. »In der Tat«, heißt es daher in einem Brief an diesen, »ist nichts als meine Neigung, mich in allen Arten der Poesie zu versuchen, die Ursache ihres Daseins.« Und so war es dann wohl auch. Noch in seiner »Hamburgischen Dramaturgie« muß er selbstkritisch bekennen, daß er von Haus aus sicher keine genuin poetische Natur war. An dieser Stelle finden wir dann eines der mutigsten Bekenntnisse Lessings, wenn er über sich schreibt: »Ich fühle die lebendige Quelle nicht in mir, die durch eigene Kraft sich emporarbeitet, durch eigene Kraft in so reichen, so frischen, so reinen Strahlen aufschießt; ich muß alles durch Druckwerk und Röhren aus mir heraufpressen.«

Alle Beschwichtigungsversuche können die Eltern im fernen Kamenz nicht von der Harmlosigkeit seines Lebenswandels überzeugen. Sie sehen ihren Sohn, der sein theologisches Studium so sträflich vernachlässigt und sich statt dessen in den Leipziger Kneipen herumtreibt, als verlorene Seele auf Abwegen wandeln, die zu keinem guten Ende führen.

Als die Mutter ihm zu Weihnachten 1747 eine Stolle zukommen läßt, in die sie offenbar all ihre Sorgen um ihn mit eingebacken hatte, wird ihr hinterbracht, ihr Sohn habe diesen Weihnachtsstriezel unter die Leipziger Schauspieler verteilt. Der Jammer darüber ist im Kamenzer Pfarrhaus natürlich ohne Grenzen. Man hält schleunigst Familienrat ab und zeigt sich in der Wahl der Mittel, den Sohn aus der Höhle des Löwen wegzulocken, nicht gerade zimperlich. Man bedient sich dazu einer alten und bewährten Kriegslist, um Gotthold endlich einmal vor Ort gehörig die Leviten zu lesen.

»Setze Dich nach Empfang dieses sogleich auf die Post und komme zu uns«, schrieb der Vater lakonisch. »Deine Mutter ist todkrank und verlangt Dich vor ihrem Ende noch zu sprechen.«

Arglos begibt sich Lessing mitten im tiefsten Winter auf die beschwerliche Reise. Die Mutter wird von der neuen Besorgnis befallen, er könnte im Postwagen erfrieren oder sich sonst den Tod holen. In der Tat kommt er halbverhungert und mit erstarrten Gliedern endlich in Kamenz an. Die Diskussion über die Gefahren des Theaters und des Umgangs mit den Theaterleuten findet zwar statt, aber ein Verweis wird nicht erteilt. Lessing ist froh, wieder einmal seine Beine sorglos unter Mutters Tisch ausstrecken zu können. Natürlich ist auch von seinen Schulden die Rede, die man aus der Welt schaffen wird. Aber dann zieht sich der Winterbesuch doch noch ein Vierteljahr in die Länge. Man hat sich auf einen Kompromiß geeinigt: Lessing wird sich von nun an der medizinischen Wissenschaft verschreiben und sich zunehmend schulischen Interessen widmen. Soviel Kompromißbereitschaft wird dann großzügig mit der Finanzierung eines neuen Anzuges honoriert.

Natürlich wird der junge Musensohn, kaum in Leipzig angekommen und der Faszination des Theaters erlegen, wieder rückfällig. Er kann, so scheint es wenigstens, ohne Theaterluft nicht mehr leben. Schon früh am Morgen tritt dieser seltsame Medizinstudent den Weg in das Neubersche Etablissement an. Hier ist er in seinem eigentlichen Element.

Die Katastrophe läßt dann allerdings auch nicht mehr lange auf sich warten. Das Theater der Neuberin falliert, nachdem Gottsched wegen Meinungsdifferenzen seine schützende Hand zurückgezogen hat. Die böse Folge davon ist, daß die Schauspieler bei Nacht und Nebel aus Leipzig verschwinden und in alle Winde zerstoben sind. Sie lassen Lessing, der sich für sie verbürgt hatte, allein in der Stadt zurück. Seine Vertrauensseligkeit ist ihm übel vergolten worden. Dafür aber hat er jetzt die Gläubiger auf dem Halse. Zwar hatten seine leichtlebigen Freunde ihm versichert, falls sie irgendwo wieder auf die Füße fallen sollten, für den angerichteten Schaden aufzukommen und ihre Schulden auf Heller und Pfennig zu begleichen. Da dieser Fall natürlich nicht eintritt, bleibt dem bedrängten Studiosus nur noch die Flucht nach vorn.

»Er war willens, sich nach Berlin zu begeben, mußte aber eine ziemliche Zeit in Wittenberg verweilen, weil er dort krank geworden war«, erinnert sich Christian Felix Weiße in seinen Memoiren. »Gleich nach seiner Ankunft in Wittenberg benachrichtigte er Weißen von den Ursachen seiner Entfernung aus Leipzig, wovon er ihm zuvor nicht ein Wort gesagt hatte. Vielleicht, weil er wußte, daß Weiße seinen Umgang mit den Schauspielern nicht ganz billigte. Denn so lieb diesem das Theater war und so hoch er einige Schauspieler auch wegen ihrer persönlichen Eigenschaften achtete, so nahm er sich vor dem genaueren Umgange mit dem gewöhnlichen Schlage dieser Künstler in acht und hatte darüber mit Lessing manchen freundschaftlichen Streit, worin er weniger recht behielt, als der Erfolg ihm gab.«

Berlin I

In der Tat war die Truppe der so verdienstvollen Madame Neuber nach einem Eklat mit Gottsched nicht mehr zu halten gewesen und löste sich auf. Auch die »Lorenzin«, Christiane Friederike Lorenz, deren Schicksal Lessing nicht gleichgültig sein konnte, obwohl man beiden keine Romanze andichten konnte, verschwand mit ihrer Mutter aus der Stadt und heiratete wenig später den Schauspieler Huber in Wien. Selbst Freund Mylius war zur Beobachtung einer ringförmigen Sonnenfinsternis, die für den 25. Juni 1748 erwartet wurde, nach Berlin aufgebrochen. Dort war ihm dann in der »Rüdigerschen«, der späteren »Vossischen«-Zeitung, journalistische Mitarbeit angeboten worden. Lessing sah sich daher mit einem Schlage in eine bedrückende Isolation versetzt. Man hatte ihn allein in der für ihn nunmehr entzauberten Stadt zurückgelassen. Er hatte sich daher einem Vetter angeschlossen, der ihn auf der Durchreise nach Wittenberg aufgesucht hatte, und war nunmehr entschlossen, sein Studium in der Lutherstadt fortzusetzen.

Freilich, seinen Gläubigern war er damit fürs erste entronnen. Dafür wirft den Erschöpften, hinter dem hektische Wochen und Monate liegen, kaum daß er in Wittenberg Quartier bezogen hat, eine schwere Krankheit nieder.

»Ich bin mir niemals selbst zu einer unerträglicheren Last gewesen als damals«, berichtet er in dem bereits erwähnten Brief an seine Mutter. »Doch ich hielt es einigermaßen für eine göttliche Schickung, daß man auch in solchen kleinen und geringen Sachen sich auf sie berufen will. Nach meiner Genesung beschloß ich mit des Herrn Vater Einwilligung, in Wittenberg den Winter über zu verbleiben, und hoffte gewiß, dasjenige wieder zu ersparen, was ich in Leipzig zugesetzt hatte. Doch ich wurde bald gewahr, daß das, was in meiner Krankheit und durch andere Umstände, die ich aber jetzt verschweigen will, aufgegangen war, mehr als ein Quartal Stipendien ausmachte. Der alte Vorsatz wachte also wieder bei mir auf, nach Berlin zu gehen.«

Noch einmal läßt sich der Rekonvaleszent in bester Absicht in die Matrikel einer Universität eintragen. Diesmal ist es die medizinische Fakultät, die er gewählt hat. Aber der sterile Wissenschaftsbetrieb, zeigt sich wieder einmal, ist seine Sache so ganz und gar nicht. Über eine nur rezeptive Wissenschaft ist er längst hinausgewachsen. Den nun fast Zwanzigjährigen kann die traditionsreiche, aber längst im Muff einer doktrinären Orthodoxie erstickende Luther-Universität auf die Dauer nicht fesseln. Er ist mittlerweile in den Stürmen seiner Leipziger Universitätsjahre zum Mann herangereift und nunmehr bereit, sich dem Leben bedingungslos zu stellen. Seine Wunschvorstellung deckt sich mit dem Konzept eines freien Schriftstellers, der nach keiner Seite hin Konzessionen zu machen gezwungen ist. Diesen Plan glaubt er am ehesten in einer großen Stadt, in der ein urbaner Wind weht, verwirklichen zu können.

Kommt noch hinzu, daß ihm auch im sächsischen Wittenberg die Gläubiger noch auf den Fersen sitzen. So verzichtet er kurzentschlossen auf alle Stipendien und auf die Unterstützung von seiten der Eltern und begibt sich in das tollkühne Abenteuer eines freien Schriftstellerlebens nach Berlin.

Anfang November 1748 betritt Gotthold Ephraim Lessing zum ersten Mal Berliner Boden. Damit beginnt für ihn eine neue, eine entscheidende Epoche seines Lebens. Er hatte jugendlich – radikal mit seiner Vergangenheit gebrochen, ehe sie ihn zu belasten beginnen konnte. Resolut hat er damit seinen Rubikon überschritten, ehern entschlossen, nunmehr alles auf eine Karte zu setzen.

An einem verhangenen Novembertag taucht Lessing in abgerissenen Kleidern und nichts als ein paar Manuskripte im

Reisegepäck in der preußischen Kapitale auf, bettelarm, aber von unschätzbaren geistigen Impulsen getrieben und unbeirrbar seinem guten Stern vertrauend. Berlin, das weiß er mit divinatorischer Sicherheit, Berlin bietet ihm ungeahnte Chancen zu einem erfolgreichen Start für die Karriere eines unabhängigen Schriftstellers, die er anstrebt. Er folgt damit nur einem ungeschriebenen Gesetz des literarischen Erfolges. Soviel hat er nämlich von seinem Metier bereits begriffen: ein junger Schriftsteller hat »aus einem großen Haufen hervorzudringen, wenn er bekannt werden will«.

Berlin, das bedeutet für Lessing die Stadt, die ihre ganze Zukunft noch vor sich hat und deren Vitalität auch ihn beflügeln wird. Immerhin ist es erstaunlich, mit welch furiosem Impetus die weit im östlichen Kolonialland vorgeschobene preußische Residenz zunehmend ins Bewußtsein der damaligen literarischen Welt tritt und damit sogleich einen unüberhörbaren geistigen Führungsanspruch im deutschen Sprachraum anmeldet.

Auf Anhieb überrundet das von kulturellen Traditionen kaum belastete Berlin, dem neutrale und selbst wohlwollende Betrachter bisher eben nur eine etwas »vorlaute Kulturlosigkeit« zu bescheinigen hatten, traditionsreiche Städte wie Zürich oder Leipzig, die bis dahin dem literarischen Leben in Deutschland die Akzente gesetzt hatten. Der Rationalismus, so jedenfalls will es scheinen, stößt bei den Berlinern auf eine spezifische geistige Disposition, aus der sie dann noch weidlich Kapital zu schlagen verstehen. Ihre redlichen kulturellen Anstrengungen trugen ihnen mit den Jahren dann den Ruf eines »Spree-Athen« ein.

Hatte bis zur Aufklärung hin der Hof in einer Art geistiger Kolonialisierung das kulturelle Leben in Preußen bestimmt, so regte sich nun in dieser vor Vitalität berstenden Siedlung ein Bürgertum, das sich nicht mehr mit der Rolle eines Statisten am Rande des kulturellen Geschehens abfinden wollte. Während der geistvollste Monarch seiner Zeit mit seinem vom französischen Geist geprägten Musenhof in Sanssouci residierte und sträflicherweise von der Existenz einer sich regenden deutschen Literatur kaum Notiz nahm, entstand in der Hauptstadt bereits eine bürgerliche Kultur, deren Aura schon bald über ganz Europa hin ausstrahlen sollte.

Acht Jahre lang regiert beim Einzug Lessings in Berlin der junge König bereits das neue Preußen, das längst nicht mehr der Staat seines Vaters ist. Schon liegen zwei verheerende Kriege hinter ihm, von dem es heißt, er selbst habe sie mutwillig vom Zaune gebrochen, um seinen Namen in den Gazetten zu lesen. Über Nacht sozusagen war der Verfasser eines Anti-Macchiavell bereits kurz nach seinem Regierungsantritt zum »Rendez-vous des Ruhmes« aufgebrochen, um mit höchst fadenscheinigen Erbansprüchen der Kaiserin Maria Theresia nach dem Tode Karls VI. ihre Provinz Schlesien abzujagen.

Den Schöngeist von Rheinsberg, der seine Flöte hingebungsvoll spielte und seine französischen Verse skandierte, hatte er weit hinter sich gelassen. Die »Possen« der Vergangenheit hatte er aus seinem Gedächtnis verdrängt. Seitdem er König war, düpierte er die Welt, die schon von einem Musenhof in Berlin oder Potsdam geträumt hatte, mit seinen martialischem Gehabe. Der Literat schlüpfte in den Soldatenrock, seinen »Sterbekittel«, wie er ihn sarkastisch zu nennen pflegte, entschlossen, ihn nun nicht wieder auszuziehen. Von einem Friedensfürsten, den man erwartet hatte, war mit einem Male in Europa keine Rede mehr. Vom Philosophen und Homme de lettres, vom gelehrigen Schüler seines Idols Marc Aurel und leidenschaftlichen Bewunderer des großen Voltaire, mit dem er korrespondierte, war nicht viel übriggeblieben. Er hatte sich in einen Pragmatiker gemausert, der keine Skrupel scheuen wird, um sein Land in die Reihe der Großmächte aufgenommen zu sehen.

Kein Systemwechsel nach dem Tode des Soldatenkönigs also. Dieser war ein wahrer Friedensfürst gewesen und hatte sein Land befriedet und in einem tadelsfreien Zustand hinterlassen. Keine neuen Gesichter in der Administration, keine Invasion von Schöngeistern, die mitten im märkischen Sand einen Sitz der Musen errichten würden. Statt dessen hallt der Stakkatoschritt marschierender Regimenter nach wie vor durch die Straßen der Stadt. Aus der feudalen Spielerei des Vaters scheint jedoch mit einem Male blutiger Ernst geworden zu sein.

Dieser Friedrich hat sich mit seiner Thronbesteigung offenbar in einen Hasardeur verwandelt, der sein Schicksal und das Schicksal seines Landes erproben möchte. Er fordert die überlegene österreichische Armee, die noch vom Ruhm eines großen Feldherrn, des Prinzen Eugen, zehrt, in seiner maßlosen Hybris heraus. In ganz Europa beginnt man diesen Narren von einem König zu fürchten. Irgendein Dämon hat offenbar von diesem nichtsnutzigen Flötenspieler Besitz ergriffen und stachelt seinen teuflischen Ehrgeiz zu ungewöhnlichen Taten auf.

Als Lessing zum ersten Mal Berliner Boden betritt, befindet sich Schlesien bereits nach zwei Schlesischen Kriegen fest in preußischer Hand. Mitten im Winter des Jahres 1740 war der König von einem Maskenball in Berlin zu seinem Beutezug an der Spitze einer tatenlustigen Armee aufgebrochen, um Schlesien in einem Überraschungscoup zu annektieren.

Natürlich zeigen sich die Hauptstädte Europas von diesem Gewaltstreich des »Marquis de Brandenbourg« unliebsam aufgestört. Aber der König hat mit der Schwäche der Fürsten gerechnet. Mit einem wahren Berserkermut schlägt er auf den Feind ein und gewinnt in der Tat seine Bataillen gegen die Kaiserin, weil seine Energie und sein Siegeswille durch keine Schicksalsschläge zu brechen sind. Am Ende bleibt er der Überlegene. Sein Schlachtenruhm verbreitet sich in aller Welt.

Nach abgeschlossenen Kriegshandlungen macht sich Friedrich unverzüglich an den Aufbau seines Landes. Vor allem die Kultur liegt ihm am Herzen. Jede Minute, die ihm die Staatsgeschäfte lassen, nutzt er, um sich wieder in den Philosophen zu verwandeln, der in ihm steckt. Aber er wird nie fähig sein, die deutsche Sprache mühelos zu sprechen. Er beherrschte das Deutsche bestenfalls wie sein Kutscher, wie er sarkastisch zu bemerken pflegte. Mit seiner Verehrung für die französische Sprache bewegte er sich ganz auf der Höhe der Zeit. Wahrscheinlich hielt er das Deutsche wie sein Idol Voltaire für eine Sprache für Soldaten und Pferde.

Es war daher in der Tat ein besonderer Glücksfall für Berlin und Preußen, daß damals der sicher bedeutendste deutsche Schriftsteller, daß Lessing meteorhaft in der Hauptstadt auftauchte und für eine Weile im unwirtlichen märkischen Sand Wurzeln schlug. Er fand auf Anhieb einige kongeniale Mitstreiter in seinem Kampf um die Emanzipation des deutschen Geistes. Sie alle träumten in der »glorreichen Sklaverei« Friedrichs von einer neuen deutschen Libertät, als man sich anderswo noch im Kreise der alten Traditionen bewegte.

Die Berliner Jahre dieses zu sich selbst erwachenden Genius waren mit Sicherheit kein belangloses Zwischenspiel in der inneren Biographie Lessings. Seine »Berlinischen Leiden« brachten ihn ganz gewiß ein gutes Stück dem Ziele näher, das er sich gesetzt hatte. In dieser Stadt stieg er von einem Zeitungsschreiber ohne Geld und ohne Beziehungen zu einer europäischen Autorität auf, die der Kaiser und sogar der Papst kannten und schätzten.

Lessing war nicht mit der Absicht nach Berlin gekommen, von nun an »für Gazetten« zu schreiben. Er hatte sich vielmehr in den Kopf gesetzt, sich auf eigene Füße zu stellen und als Publizist in einem kühnen Aufschwung alle anderen zu übertreffen. Er wird in den kommenden Jahren all seine Energien auf dieses Ziel konzentrieren.

Der Zustand der Stadt, die er vorfand, entsprach noch in keiner Weise den hochgespannten Erwartungen Lessings. »Man findet elende, gestützte Häuser, wüste, unbebaute Plätze, große Misthaufen vor den Türen«, berichtete gerade in diesen Tagen ein Berliner Korrespondent in Wielands »Teutschem Merkur«. »Die Bewohner tragen das Zeichen ihrer äußersten Dürftigkeit auf der Stirn. Auf dem Döhnhoffplatz stehen viele elende Buden aneinandergereiht, wo Trödler ihr Gewerbe treiben. Dort findet man viele Hehler und Diebe, die ihre gestohlenen Sachen an den Mann bringen. Die Bildung der Jugend ist durchaus ziellos und fehlerhaft: man züchtet einen unmäßigen Hang zum Luxus und zur Schwelgerei, begünstigt eine ungezähmte Eitelkeit.

Völlig verwahrlost wächst die Jugend auf, an Frechheit hat sie nicht ihresgleichen. Sie ist im Durchschnitt unwissend, roh und ohne jede Kultur. Sie machen Schulden auf Schulden, und am Ende sehen die Eltern sich gezwungen, ihre sauberen Söhne unters Militär zu stecken. Sie radebrechen ständig französisch, pudern, parfümieren sich, putzen sich heraus, gebärden sich rücksichtslos und prahlerisch. Wenn der König nicht die Ausländer zur Verwaltung heranzöge, stände es schlecht um den Staat. Alle tüchtigen Leute kommen aus dem Ausland. Unter einer glänzenden Hülle hält die drückende Armut ihren Hof.«

Nach zwei gewonnenen Kriegen klingt ein solcher Bericht nicht gerade ermutigend. Wahrscheinlich spiegelt er auch nur die Nachtseiten des damaligen Berliner Lebens wider. Lessing hat sicher auch kein kulturelles Dorado in Berlin erwartet. Was sich statt dessen seinen forschenden Augen erschließt, ist eine Stadt, in der sich akkurat um diese Zeit neue geistige Impulse zu regen beginnen. Vielleicht schlagen sie in seinem kulturpolitischen Konzept viel mächtiger zu Buche. Jedenfalls überläßt er sich ganz dem unterkühlten Arbeitsklima dieser Stadt, das einem Mann »der warmen Kälte und der leidenschaftslosen Leidenschaft« durchaus zusagt.

Und wirklich: Berlin ist damals heftig im Kommen. Wenn nicht alles täuscht, wird Friedrichs Residenz als Kulturzentrum bald eine ungeahnte Ausstrahlungskraft besitzen. An seinem eigenen geistigen Engagement ist nicht zu zweifeln. Er versucht sich selbst in allen literarischen Gattungen. Im gleichen Jahr, als Lessing seinen »Jungen Gelehrten« abschließt, legt der König seine Komödie »Die Schule der Welt« vor, in der er erbarmungslos die desolaten Verhältnisse auf den deutschen Hochschulen persifliert. Auch sonst zeigt dieses streitbare Temperament als Verfertiger einer vorwiegend aggressiven Prosa und kritischer Essays viele Berührungspunkte mit Lessing, den er eigentlich nie zur Kenntnis genommen hat.

Aber ist dieses Berlin wirklich das Spree-Athen, als das es sich ausgibt, eine menschliche Siedlung, in der die Musen mehr als ein nur vorübergehendes Gastrecht genießen? Nur soviel scheint sicher zu sein: Dieses Kolonialland hinter der Elbe ist geistig noch wohltuend unverbraucht. Es ist auch kulturell noch keineswegs erschlossen und ausgeschöpft. Wenigstens hier fällt die Saat einer neuen Kultur noch auf unverbrauchten Boden.

Von diesem Emporkömmling und Aufsteiger unter den deutschen Hauptstädten wird man noch in Zukunft einiges erwarten können. Nüchternheit und Sachlichkeit sind die bestimmenden Komponenten der Bewohner, die sich vor den verwunderten Augen der gesamten Kulturwelt zu profilieren beginnen.

Im übrigen handelt es sich bei dieser Stadt an Spree und Havel um einen ethnischen Schmelztiegel, der Zuwanderer aus aller Herren Länder in sich integriert. Sie zeichnen sich durch einen stupenden Bildungshunger aus, während anderswo in deutschen Landen »unnützes Erinnern und vergeblicher Streit« (Goethe) den Elan geistiger Höhenflüge merklich zu lähmen beginnen.

Auf dem Boden Berlins sind inmitten eines unwirtlichen und nicht gerade mit Reichtümern und Ressourcen gesegneten Umlandes noch geistige Reserven vorhanden. Daher auch richten sich auf diese Stadt die Hoffnungen all derer, deren Glaube an eine Wiedergeburt des deutschen Geistes nicht von der Person des Königs zu trennen ist. Für sie ist es nur eine Frage der Zeit, wann Berlin als geistiger Katalysator für das Kulturleben im deutschen Sprachraum zu ungeahnten Wirkungen gelangen wird.

Tatsächlich ist Berlin auf dem besten Wege, den kulturellen Vorsprung der anderen Städte in wenigen Jahren aufzuholen. Auch wenn der neue Souverän, übrigens der Enkel einer genialischen Großmutter, der Welfin Sophie Charlotte, die sogar den großen Leibniz für die Gründung einer Akademie der Wissenschaften in Berlin gewinnen konnte, in monomanischer

Verstocktheit einseitig auf die französische Kultur festgelegt ist, so wirkt er bereits durch die Gloriole seiner Siege und seine geistige Aura ungemein stimulierend auf die Entstehung und Ausbreitung einer deutschen Nationalkultur.

Im übrigen wird man diesem Gallomanen sein betontes geistiges Engagement im Dienste der französischen Kultur nicht verübeln dürfen. Er teilt dieses nämlich mit vielen seiner Zeitgenossen. Immerhin kann man ihm nicht absprechen, sich nicht mit den ersten Dokumenten einer neuen deutschen Literatur befaßt zu haben. Seine spätere Schrift »De la littérature allemande« spricht jedenfalls für seine Bemühungen in dieser Richtung. Über den eigenen Schatten konnte er allerdings nicht hinwegspringen. Immerhin ringt er sich zu dem Bekenntnis durch: »Ich sehe das gelobte Land von ferne, aber ich werde es nie betreten.« Natürlich hatte der Philosoph von Sanssouci eine klassische Literatur im Sinn, als er diesen Satz zu Papier gab.

Ungeachtet seiner äußeren Miseren erliegt der noch nicht zwanzigjährige Lessing auf der Suche nach einem geeigneten Forum für seine ersten publizistischen Gehversuche der Faszination dieser jungen Stadt. Auch Hamburg hatte als Schauplatz kommender geistiger Taten für ihn durchaus zur Debatte gestanden. Aber am Ende fielen die Würfel dann eben doch für Berlin. Offenbar hat ihn der aufsteigende Stern Friedrichs des Großen unwiderstehlich angezogen. Deutschlands unbestechlichster und bald auch bedeutendster Kritiker wählt sich schließlich instinktiv die Stadt der Kritik zum Aktionsfeld seiner künftigen Waffengänge. Niederdeutscher, französischer und endlich auch jüdischer Geist haben hier jene moussierende Mischung einer geistigen Hochspannung erzeugt, die bald auch sein eigentliches Element sein wird.

Mit seiner Übersiedlung nach Berlin hat Lessing ein neues Kapitel seiner Biographie aufgeschlagen. Den Anakreontiker, den Autor der mit leichter Hand verfertigten Verse und von Komödien ohne besonderen Tiefgang hat er jedenfalls weit hinter sich gelassen. Er hat merklich an menschlicher und damit auch an dichterischer Substanz hinzugewonnen.

Noch erscheint im Jahre 1751 ein Band seiner früheren Arbeiten unter dem abwiegelnden Titel »Kleinigkeiten«, den er selbst mit einem unverkennbaren Unterton von jugendlichem Sarkasmus in der »Berlinisch Privilegierten Zeitung« dem Publikum vorstellt. Damit hat er aber auch schon seine literarische Vergangenheit bereits überwunden. Mit diesem zu nichts verpflichtenden Rokoko-Getändel hat es nun ein Ende, auch wenn eine gewisse männliche Heiterkeit des Herzens und eine geistige Grazie nicht zu übersehen sind. Die Fabeln und Erzählungen dieses Bandes bescheinigen jedoch lediglich einmal mehr, daß Lessing eben doch kein genuiner Epiker war. Das dürfte dieser Kritiker mit der Göttergabe der Selbstkritik selbst bald herausgefunden haben.

In seinen Fabeln versuchte Lessing, sich an seinem Vorbild Gellert zu messen. Er sammelte sie 1759 in drei Bänden bei Christian Friedrich Voß in Berlin, ohne seinen sächsischen Landsmann und Koabsolventen der Meißener Eliteschule auch nur von fern zu erreichen.

Noch einmal hat der Neuberliner Lessing seine literarische Vergangenheit Revue passieren lassen. Nun läßt er sie gänzlich unsentimental hinter sich. Er hat sich längst neue Markierungssteine auf seinen Weg zum literarischen Erfolg gesetzt. Sein rasches Reaktionsvermögen, das ihn die Tagesereignisse unmittelbar erfassen läßt, und sein Organ für kritische Analysen des Zeitgeschehens weist ihn in ganz andere Richtungen. Seinen Ehrgeiz, einmal so etwas wie ein deutscher Molière zu werden, hat er zunächst einmal auf Eis gelegt. Statt dessen weckt der scharfe intellektuelle Wind Berlins den Kritiker in ihm, dessen polemische Schärfe selbst den Bewohnern dieser »Metropole der Intelligenz« den Atem verschlagen soll.

In dieser unterkühlten östlichen Luft kann er, wie ihm scheint, freier durchatmen als anderswo. Sein rasches Reaktionsvermögen, das ihm erlaubt, Tagesereignisse zu erfassen und sogleich zu kommentieren, und sein kritisches Organ für neuralgische Punkte des Zeitgeschehens, das er in seinen Tiefendimensionen ausleuchtet, lassen ihn als einen genuinen

Journalisten erscheinen. Kein Wunder, daß man seinen zupakkenden kritischen Geist zu bewundern, aber auch zu fürchten beginnt. Dieser junge Mann aus der Lausitz, begreift man bald, stellt in seinem unbändigen Bedürfnis, alle nur angemaßte Größe zu dekuvrieren, eine notorische Gefahr für alle Exponenten von Rückschrittlichkeit, Dogmatismus und Intoleranz dar.

Glücklich, dem geistigen Dunstkreis des sächsischen Literaturdiktators Gottsched entronnen zu sein, nabelt sich Lessing unversehens von seiner Vergangenheit ab. Sein durchdringender Blick ist erwartungsvoll nach vorn gerichtet. Schon mißt er sich selbstbewußt an Männern wie Maupertuis, d'Argens und La Mettrie, die der König nach Berlin geholt hat und die an die Wand zu lancieren Lessing sich vorgenommen hat.

Daher geht er auch, um seine Kräfte zu messen, eifrig bei den Franzosen in die Schule. Er tut es mit der Respektlosigkeit eines jungen Genies, das seine Begabungen voll ausspielen möchte. Immer noch kann er weidlich von seiner Lektüre der Bayle, Voltaire und Diderot profitieren. Aber seinen Gesellenbrief als Schriftsteller hat er sich inzwischen selbst ausgestellt.

Im übrigen findet er wider allen Erwartens das literarische Feld in Berlin nicht sonderlich gut bestellt. Sogleich hält er nach kongenialen Geistern Ausschau, mit denen Umgang zu pflegen sich lohnen würde. Dabei stellt er fest, daß am ehesten noch der in Halberstadt wohnende Johann Wilhelm Ludwig Gleim seinen Vorstellungen von einem Dichter entspricht. Dessen Begeisterung für den großen König und die Siege Friedrichs hat offenbar den Dichter in ihm erweckt. In seinem Eifer überträgt er seinen Enthusiasmus für Friedrich nun auch auf dessen Hauptstadt, die er in einer nicht ganz ernst zu nehmenden Übersteigerung einer mit ihm davongaloppierenden dichterischen Phantasie noch über Rom erhebt. Neue Akzente, das weiß Lessing nur zu gut, hat auch dieser gewiß selbstlose Protektor einer neuen dichterischen Jugend nicht zu setzen. Er betätigt sich immer noch als harmloser Anakreontiker, der wie eh und je seine Liebes- und Weinlieder munter drauflos reimt – und das in einer Zeit, in der Goethe und Schiller der deutschen Literatur bereits einen neuen Rang von Klassizität verleihen.

Selbst bei Lessings Freund Ramler, dessen menschliche Integrität dieser zu schätzen weiß, handelt es sich im Grunde um einen zwar peniblen, aber schwunglosen Verseschmied. Seine an den König gerichteten Oden werden von diesem ebenso ignoriert wie Gleims »Kriegslieder eines preußischen Grenadiers«. Friedrich wußte offenbar mit dergleichen nichtssagenden Poemen, die zu seinem Ruhme angestimmt wurden, nur wenig anzufangen. Vielleicht hatte er auch wirklich so unrecht nicht, wenn er diese glatten alexandrinischen Reimereien ad acta zu legen pflegte. Zu guter Letzt ist Ramler daher auch noch am ehesten als Dichter der Graunschen Passionsmusiken dem Gedächtnis der Nachwelt erhalten geblieben.

An Popularität überbot unseren Ramler allerdings noch eher die Karschin, die Sängerin von Friedrichs Siegen, von der man weiß, daß sie später in Berlin ein wahres Betteldasein fristete. Zweifellos wurde sie beträchtlich überschätzt. Gleim, Ramler und selbst Mendelssohn protegierten sie und suchten sie als Dichterin nach besten Kräften zu fördern. Selbst Goethe hatte ihr bei seinem Berlin-Besuch, wie man sich entsinnen wird, seine Aufwartung gemacht. Sicher sah auch er in ihr eine zu respektierende Repräsentantin der Berliner literarischen Szene. Zwar wurde sie sogar der Gnade einer Audienz beim König zuteil, deren Hergang sie selbst protokolliert hat. Aber die Unterstützung, die ihr der wohlaffektionierte König versprochen hatte, erhielt sie nie.

Natürlich ist Lessing bereits aus diesem angedeuteten Berliner literarischen Milieu längst hinausgewachsen, ehe er märkischen Boden überhaupt betrat. Sein betont männlicher Geist konzentriert sich mehr und mehr auf das Wesentliche, das ihn über die Anakreontik hoch hinausführte. Er sieht sich längst mit einer neuen literarischen Strömung konfrontiert, die neue Maßstäbe setzt. Er löst sich daher zunehmend aus einem engen Konventikelgeist und versucht, sich auf eigene Füße zu stellen.

Sein Talent, das ihm die Natur auf seine Lebensreise mitgegeben hatte, wird er in Zukunft nur noch für Aufgaben einsetzen, die in die Weite ausstrahlen. Er zeigt sich nun nicht mehr bereit, mit anderen zu paktieren, die hinter verstaubten Traditionen einherlaufen. Auch hat er nicht die Absicht, sich vom Fortschritt des Geistes überholen zu lassen. Er ist nicht der Mann, um irgendwo abgeschlagen am Wege liegen zu bleiben.

Schließlich hat er sich nicht auf das geistige Abenteuer Berlin eingelassen, um seine Tage zu verschlafen und den Anschluß an die Zukunft zu verpassen. Einem hellwachen Zeitgenossen wie ihm brennen die Gegenwartsprobleme förmlich auf den Nägeln. Das alles schließt jedoch keineswegs aus, daß er den geistigen Austausch sucht. Er macht in Berlin seine eigentliche Metamorphose zum freien Schriftsteller durch. In diesen Jahren hat er Berlin vieles, hat aber auch Berlin ihm Ungewöhnliches zu verdanken.

Gleichwohl sieht sein Vater im fernen Kamenz diese Entwicklung seines talentierten Sohnes, der nicht gerade vehement in einen Brotberuf zu drängen scheint, mit stets wachsender Besorgnis. Als sich diesem eine Chance bietet, irgendeine sichere Pfründe am philologischen Seminar der Göttinger Universität anzusteuern, liegt er ihm mit seinen Beschwörungen, auf akademischem Boden sein Glück zu versuchen, in den Ohren. Aber der Sohn winkt lässig ab. Er kann sich nicht in einem Gremium von Akademikern denken. Die Welt hat in der Tat auch nicht eben viel an einem Professor Lessing verloren. Und so fragt er den Vater in Hinblick auf das Göttinger Projekt: »Was soll ich da? Mich verachten lassen?«

»Hochzuverehrende Mutter!« beginnt er damals seinen Brief vom 20. Januar 1749. »Ich würde nicht so lange angestanden haben, an Sie zu schreiben, wenn ich Ihnen was Angenehmes zu schreiben gehabt hätte. Klagen aber und Bitten zu lesen, müssen Sie eben schon so satt sein, als ich bin, sie vorzutragen. Glauben Sie auch nur nicht, daß Sie das Geringste davon in diesen Zeilen finden werden. Ich besorge nur, daß ich bei Ihnen in dem Verdachte einer allzugeringen Liebe und Hochachtung, die ich Ihnen schuldig bin, stehe. Ich besorge nur, daß Sie glauben werden, meine jetzige Aufführung komme aus lauter Ungehorsam und Bosheit. Diese Besorgnis macht mich unruhig. Und wenn sie gegründet sein sollte, so würde mich es desto ärger schmerzen, je unschuldiger ich mich weiß. Erlauben Sie mir derohalben, daß ich nur mit wenigen Zügen meinen ganzen Lebenslauf auf Universitäten abmalen darf; ich bin gewiß versichert, Sie werden alsdann mein jetziges Verfahren gütiger beurteilen.«

Nach Schilderung seiner wildbewegten Leipziger Jahre wendet sich Lessing seiner gegenwärtigen Situation zu und läßt die Katze aus dem Sack: »Ich kam nach Berlin und bin noch da, in was für Umständen, wissen Sie selbst am besten. Ich hätte längst unterkommen können, wenn ich mir, was die Kleidung anbelangt, ein besseres Ansehen hätte machen können. Es ist dies in einer Stadt gar zu nötig, wo man meistens den Augen in Beurteilung eines Menschen trauet. Nun beinahe vor einem halben Jahr hatten Sie mir eine neue Kleidung zu versprechen die Gütigkeit gehabt. Sie mögen daraus schließen, ob meine letzte Bitte allzu unbesonnen gewesen ist.

Sie schlagen es mir ab unter dem Vorwande, als ob ich, ich weiß nicht wem zu Gefallen, hier in Berlin wäre. Ich will nicht zweifeln, daß meine Stipendia wenigstens noch bis Ostern dauern sollten. Ich glaube also, daß meine Schulden genugsam damit können bezahlt werden. Aber ich sehe wohl, daß die nachteilig gefaßte Meinung von einem Menschen, der, wenn er mir auch sonst nie Gefälligkeiten erzeugt hätte, mir sie doch gewiß jetzo erzeugt, da sie mir just am nötigsten sind, daß, sage ich, diese nachteilig gefaßte Meinung die vornehmste Ursache ist, warum Sie mir in meinen Unternehmungen so sehr zuwider sind. Es scheint ja, als wenn Sie ihn vor einem Abscheu aller Welt hielten. Geht dieser Haß nicht zu weit?

Mein Trost ist, daß ich in Berlin eine Menge rechtschaffener und vornehmer Leute finde, die ebensoviel aus ihm machen wie ich. Doch Sie sollen sehen, daß ich nicht an ihn gebunden bin. Sobald ich eine nochmalige Antwort von Ihnen erhalte, worinne Sie mir eben das sagen, was ich aus dem letzten Briefe habe schließen müssen, will ich mich ungesäumt von Berlin wegbegeben. Nach Hause komme ich nicht. Auf Universitäten gehe ich jetzo auch nicht wieder, weil außerdem die Schulden mit meinen Stipendien nicht können bezahlt werden und ich Ihnen diesen Aufwand nicht zumuten kann.

Ich gehe ganz gewiß nach Wien, Hamburg oder Hannover. Doch können Sie versichert sein, daß ich, ich mag sein, wo ich will, allezeit schreiben und niemals die Wohltaten vergessen werde, die ich von Ihnen so lange genossen. Ich finde an allen drei Orten sehr gute Bekannte und Freunde von mir. Wenn ich auf meiner Wanderschaft nichts lerne, so lerne ich mich doch in die Welt schicken.

Nutzen genug! Ich werde doch wohl noch an einen Ort kommen, wo sie einen Flickstein brauchen wie mich. Darf ich noch was bitten, so ist es dieses, daß Sie gewiß glauben mögen, daß ich meine Eltern allezeit so sehr wie mich geliebt habe. Durch meine Entfernung von Berlin glaube ich Ihnen kein geringes Merkmal meines Gehorsams zu geben, der ich auch zeitlebens verharren werde Dero gehorsamster Sohn.«

Wie bereits in Leipzig bereitet auch in Berlin der vielgewandte, in Kamenz aber wenig beliebte Stippvetter Christlob Mylius dem jungen Lessing den Weg. Er ist, wie wir wissen, einige Monate vor diesem in der preußischen Hauptstadt eingetroffen. Mittlerweile hat er als Zeitungsmacher bereits sein Glück herausgefordert. Seine Neugründung, der »Wahrsager«, scheint allerdings nicht so recht die Zustimmung der Berliner gefunden zu haben. Sie reagieren auf dieses Produkt eines noch jugendlichen Übermutes betont reserviert. Wenn Mylius lokale Berliner Ereignisse auch noch so sensationell kommentiert, so hat er doch nicht die erwartete Resonanz gefunden. Kurzentschlossen muß er daher wohl oder übel das Erscheinen dieser Lokalpostille wieder einstellen.

In seiner Wohnung im Hause Spandauer Straße 68, in jenem berühmten Berliner Literaturhaus, das später der Familie Mendelssohn als Domizil dienen sollte und in dem auch Ramler und Nicolai gewohnt haben, leben die beiden trotz aller Armut ein ungezwungenes Bohemeleben. Mylius, nun bereits zum Redakteur der »Berlinisch Privilegierten Zeitung« avanciert, verschafft dem Jüngeren bei seinem Verleger Rüdiger den Auftrag, dessen umfangreiche Bibliothek zu ordnen. Mit dieser Arbeit hält sich Lessing einige Zeit notdürftig über Wasser. Natürlich profitiert er wie immer, wenn er mit Büchern in Berührung kommt, von diesen Bücherschätzen für seine Arbeit. Überhaupt werden zeit seines Lebens Bibliotheken für ihn die Funktion haben, sein Wissen anzureichern.

Neben dieser Brotarbeit bietet ihm sein jugendlicher Gönner Mylius auch ausgiebig Gelegenheit, Bücher für seine Zeitung zu rezensieren. Mit den ersten Versuchen Lessings, an die Gegenwartsliteratur, die er bereits souverän überblickt, fein säuberlich die kritische Sonde anzulegen, beginnt recht eigentlich erst die große Zeit der Berliner Kritik.

Die beiden jungen Sachsen scheinen dieses zurückgebliebene Berlin wie im Sturm erobern zu wollen. Sie versuchen sich sogar an der Herausgabe einer Zeitschrift mit dem anspruchsvollen Titel »Beiträge zur Historie und Aufnahme des Theaters« vom Jahre 1750 ab. Sie zeigen sich keineswegs bereit, ihr Licht unter den Scheffel zu stellen, sondern sie haben sich nicht mehr oder weniger vorgenommen, als dramaturgische Literatur aus allen Epochen zu kompilieren und Stücke aus möglichst vielen Sprachen zu übersetzen, um potentiellen deutschen Dramatikern nacheiferungswürdige Modelle und die entsprechenden theoretischen Direktiven dazu anzubieten.

Es erscheinen dann allerdings nur vier Bände dieser Zeitschrift, die ein Leipziger Verleger herauszubringen gewagt hatte. Doch Lessing verfolgt seinen Plan einer Aktivierung des deutschen Theaters um jeden Preis mit einer ungewöhnlichen Hartnäckigkeit. Ein paar Jahre später wird er dieses verunglückte Projekt noch einmal im Alleingang durchzupeitschen versuchen. Zwischen 1754 und 1758 betreut er eine »Theatralische Bibliothek«, in der er sich über den »gegenwärtigen Zustand der verschiedenen Bühnen in Deutschland« auszulassen versucht. Aber auch dieses Periodikum hat nur einen kurzen Atem und bringt es nur zu vier Ausgaben. Der damals aufbrandende Siebenjährige Krieg, der alle Kräfte verschlingt, beendet auch Lessings Editorentätigkeit eher als gedacht.

Mylius' Verdienste um den jungen Lessing der Berliner Jahre sind unbestreitbar. Schließlich war er es auch, der bei seinem Aufbruch ins Ungewisse einer Weltreise, von der er nie wiederkehren sollte, obwohl er sie eigentlich nie angetreten hatte, Lessing seinen Platz bei seiner Zeitung geräumt hatte. Diese war soeben von Rüdigers Schwiegersohn, Christian Friedrich Voß, der Lessing übrigens zeit seines Lebens als Verleger seiner Bücher verbunden blieb, übernommen worden. Seitdem firmiert sie bei den Berlinern als »Vossische Zeitung«. Unter diesem illustren Namen ist sie dann glanzvoll in die deutsche Zeitungsgeschichte eingegangen.

Mittlerweile ist man in Kamenz doch arg unruhig geworden und meldet sich unmißverständlich grollend zu Wort. Offenbar betrachtet man dort in der tiefsten Provinz dieses vermaledeite Berlin der Jahrhundertmitte als ein zweites Sodom und Gomorrha. Zumindest ist die Kapitale der politisch ungemein rege gewordenen Preußen und ihres als Freidenker verschrienen Königs allen Frommen im Lande im höchsten Maße suspekt geworden. Dieser König gilt bei ihnen immer noch als liederlicher Flötenspieler und zynischer Libertin. Unter seiner Ägide sind die Sitten arg auf den Hund gekommen. Jedenfalls ist es nichts Erfreuliches, was man von dieser Stadt der Freigeisterei zu hören bekommt. Vor allem wird in der Stadt hemmungslos Komödie gespielt, und Komödie ist so ziemlich das Äußerste, was man einem gläubigen protestantischen Gemüt zumuten könnte. Wer seine Zeit in den Theatern verbringt oder sogar Komödien verfertigt, hat sein Seelenheil bereits verspielt. Schließlich hat man nicht gerade erst einen Schulmeister aus Kamenz herausgegrault, weil er auf dem besten Wege war, der Jugend den Kopf zu verdrehen.

Nun bekommt der junge Lessing von seinem gestrengen Vater zu hören, daß er den Pakt mit dem Teufel eingegangen wäre. »Die Zeit soll lehren«, kontert dieser den mittelalterlichen Vorstellungen des Vaters recht selbstbewußt, »ob der ein besserer Christ ist, der die Grundsätze der christlichen Lehre im Gedächtnis und oft, ohne sie zu verstehen, im Munde hat, in die Kirche geht und alle Gebräuche mitmacht, oder der, der einmal kläglich gezweifelt hat und durch den Weg der Untersuchung zur Überzeugung gelangt ist oder wenigstens noch dazu zu gelangen bestrebet. Die christliche Religion ist kein Werk, das man von seinen Eltern auf Treu und Glauben annehmen soll. Die meisten erben sie zwar von ihnen ebenso wie ihr Vermögen, aber zeugen durch ihre Aufführung auch, was für rechtschaffene Christen sie sind. Solange ich nicht sehe, daß man eines der vornehmsten Gebote des Christentums, seinen Feind zu lieben, nicht besser beobachte, solange zweifle ich, ob diejenigen Christen sind, die sich dafür ausgeben.«

Lessing läßt es sich in der Tat einiges kosten, seinen aufgebrachten Vater von seiner Harmlosigkeit zu überzeugen. Auch Komödienschreiber besäßen durchaus den nötigen sittlichen Ernst. Zwar ließen sie alle Facetten ihres sprühenden Geistes aufleuchten, doch im Grunde handele es sich bei ihnen um Moralisten, die unter Umständen die Bühne in ein Tribunal verwandeln, um das Böse anzuprangern.

Nein, Lessing hatte keineswegs sein Leben an leere Zwecke gesetzt, wie man in seiner Familie argwöhnte. Theaterpoesie und Freigeisterei waren für den Kamenzer Pfarrer durchaus Synonyme. Davon ließ er sich nun einmal nicht abbringen. Sein Sohn im Sündenbabel Berlin versuchte ihn nun mit Argumenten, aber auch mit künstlerischen Taten von seiner vorgefaßten Meinung abzubringen. Im April 1749 berichtete er dem Vater sogar von der Entstehung einer neuen Komödie mit dem herausfordernden Titel »Der Freigeist«.

»Den Beweis, warum ein Komödienschreiber kein guter Christ sein könne, kann ich nicht ergründen«, heißt es in diesen Zeilen. »Ein Komödienschreiber ist ein Mensch, der die Laster auf ihrer lächerlichen Seite schildert. Darf denn ein guter Christ über die Laster nicht lachen? Verdienen die Laster so viel Hochachtung? Und wenn ich Ihnen nun gar verspräche, eine Komödie zu machen, die nicht nur die Herren Theologen lesen, sondern auch loben sollten? Halten Sie mein Versprechen für möglich? Wie, wenn ich eine auf die Freigeister und die Verächter Ihres Standes machte? Ich weiß gewiß, Sie würden vieles von Ihrer Schärfe fahren lassen.«

Ein weiteres Entgegenkommen konnte der Vater in der Tat von seinem Sohn kaum erwarten. In seinem neuen Opus konfrontiert dieser dann auch einen ernst zu nehmenden edlen Theologen mit einem ebenso ehrenwerten Freigeist. Am Ende sieht sich dieser in seiner Aversion gegen die selbstgefälligen Vertreter des geistlichen Standes eines Besseren belehrt. Die Freigeisterei, die Lessing vor aller Welt vertritt, ist keineswegs gegen Gott oder das Christentum gerichtet, wohl aber gegen eine Kirche, die als weltliche Institution bemerkenswerte Schönheitsfehler aufweist. Über diese kann er großmütig zur Tagesordnung übergehen.

Wie später in seinen theologischen Polemiken ist damals schon der ganze Lessing in seiner Großherzigkeit präsent. Schon damals zieht er gegen Kleingeisterei und Intoleranz ungeniert vom Leder. Sein Freigeist stellt sich dann auch bei genauerem Zusehen als ein Homo religiosus heraus, nur läßt er sich nicht dazu überreden, sich Dogmen zu unterwerfen, deren Sinn sich seiner rationalen Betrachtung entzieht.

Liebe und Herzensgüte sind für ihn die einzig aufschlußreichen Kriterien eines echten Christentums. Daher versteigt sich der Komödiendichter Lessing auch zu dem Bonmot, selbst ein gläubiger Christ könnte unter Umständen ein guter Mensch sein. Die Vorurteilslosigkeit in Glaubensfragen feiert also im jungen Lessing ihre stillen Triumphe.

Wieder einmal hat der Theatromane tief in die Zeugnisse der gesamten Komödienliteratur hineingeblendet. Natürlich hat auch diesmal die französische Komödie Modell gestanden. Man spürt aus Lessings Diktion durchaus noch den Zungenschlag Molières, de L'Isles und Destouches' heraus. Den Dienern, die das Leben der unteren sozialen Schichten reflektieren, merkt man bei einiger Kenntnis der Literatur ihre Herkunft von Holberg an. Erstaunlich immerhin, wie instinktsicher sich Lessing seine Technik erarbeitet und vervollkommnet hat. Gutgebaute Szenen, witzige Dialoge, in denen jedes Wort an seinem Platz sitzt, und scharf konturierte, wenn auch noch konventionelle Figuren kann man diesem jungen Mann, der ausgezogen war, ein deutscher Molière zu werden, schon mit reinem Gewissen testieren.

Den Vater scheinen diese Überredungsversuche seines Sohnes jedoch nur wenig zu überzeugen. Durch Berliner Bekannte läßt er hinter diesem herspionieren. Augenscheinlich gibt es aber nichts Sensationelles über diesen nach Berlin verschlagenen Pastorensohn zu berichten. Allerdings, dem Vetter Mylius traut man immer noch nicht über den Weg. Seine Schandtaten hat man in Kamenz noch nicht vergessen. Er wirkt dort immer noch wie eine offene Provokation.

Von Gotthold Ephraim kann man wirklich den Eindruck haben, er gehöre noch nicht unbedingt zu den verlorenen Schafen. Offenbar hat er sich gegenüber den Verlockungen Berlins als immun herausgestellt. Man kann ihm nicht einmal absprechen, daß er sich immer wieder mit theologischen Fragen herumschlägt. Er gehört immer noch zu denen, von denen sich sagen läßt, sie bemühten sich redlich um die Inhalte eines echten Christentums.

Im naheliegenden Vergleich mit den Literaten Berlins hat Lessing inzwischen weiter an Selbstgefühl hinzugewonnen. Seine Leipziger Vergangenheit liegt bereits wie ein böser Traum hinter ihm. Selbst seine Schauspiele, die er aus Leipzig mitgebracht hatte, behält er zunächst in der Schublade. Im rechten Augenblick, so sein Plan, wird er wieder als Stückeschreiber an die literarische Öffentlichkeit treten. Vielleicht spekuliert er bereits im geheimen auf die Möglichkeit, in Berlin doch wieder die Zelte abzubrechen und in Wien, Hannover oder Danzig den Sprung auf die Bretter zu wagen.

Zunächst aber zwingt ihn die schiere Not zur harten Brotarbeit eines Journalisten. Er bosselt mit einiger Hingebung an seinen Beiträgen für die »Privilegierte«. Die Rubrik für »gelehrte Sachen«, die er redigiert, ist so ganz seine Domäne. Sie bietet ihm ausreichend Gelegenheit, für Toleranz und Gewissensfreiheit eine Lanze zu brechen.

Freilich befindet sich die Berliner Tagespresse trotz aller nicht zu bestreitenden neuen Impulse der vierziger Jahre in einem noch recht embryonalen Zustand. Eine heimliche Zensur besteht nämlich nach wie vor. Dementsprechend sind die Zeitungen immer noch von einer einschläfernden Monotonie. Lessing hält auf Grund seiner trüben Erfahrungen nicht sonderlich viel von der preußischen Pressefreiheit.

»Sie reduziert sich einzig und allein auf die Freiheit, gegen die Religion soviel Sottisen zu Markte zu tragen, wie man will«, gibt er später in einem Brief aus Hamburg an Friedrich Nicolai zu verstehen. »Und dieser Freiheit muß sich der rechtliche Mann nun bald zu bedienen schämen. Lassen Sie es aber doch einmal einen Berliner versuchen, dem vornehmen Hofpöbel so die Wahrheit zu sagen, als dieser sie ihm gesagt hat; lassen Sie einen in Berlin auftreten, der für die Rechte der Untertanen, der gegen Aussaugung und Despotismus seine Stimme erheben wollte, wie es jetzt sogar in Frankreich und Dänemark geschieht, und Sie werden bald die Erfahrung haben, welches Land bis auf den heutigen Tag das sklavischste Land von Europa ist. Ein jeder tut indes gut, den Ort, in welchem er sein muß, sich als den besten einzubilden; und der hingegen tut nicht gut, der ihm Einbildung benehmen will.«

In der Tat: Noch ist die löbliche Absicht Friedrichs, den Zeitungsschreibern uneingeschränkte Freiheit zu gewähren, die reine Fiktion. Ganz im Gegenteil fristen die Berliner Blätter ein klägliches Dasein. Ihre Spalten sind mit amtlichen Nachrichten und Anzeigen gespickt. Der redaktionelle Teil scheint vor allem der kritiklosen Verherrlichung der königlichen Maßnahmen vorbehalten zu sein. Von eigener Meinungsbildung kann noch lange nicht die Rede sein.

Auch der mangelnde Wettbewerb untereinander wirkt sich nicht gerade förderlich auf das Niveau aus. Vossens »Privilegierte« hat sich im Grunde nur den »Berlinischen Nachrichten von Staats- und gelehrten Sachen«, der sogenannten »Spenerschen Zeitung«, zu erwehren. Unter Lessings Ägide überflügelt die »Vossische« ihre Konkurrentin spielend. Er führt als erster Kunstberichte und Theaterkritiken ein und hievt das Blatt, in dem sich die lokalen Nachrichten im wesentlichen auf die obligatorischen Hofberichte beschränken, im ganzen auf ein bedeutend höheres Niveau. Er macht sie, mit einem Wort, interessanter.

Das damalige Berlin ist allerdings von einer wahren Nachrichtensucht besessen. Vetter Mylius hatte davon weidlich profitieren wollen. Aber mit seinem Klatschblatt »Der Wahrsager«, war er, wie bereits erwähnt, gehörig auf die Nase gefallen. Seine Aggressivität, hieß es später sogar, habe den König veranlaßt, sein Verhältnis zur Presse noch einmal zu überdenken und die Bremsen seiner Freizügigkeit merklich anzuziehen. Den Berliner Zeitungen hatte Mylius mit seiner provokanten Keckheit einen schlechten Dienst erwiesen.

Nach zehn Regierungsjahren hatte der König seine aufklärerische Grundposition sicher nicht aufgegeben. Er bestand zumindest theoretisch noch auf eine Freiheit, »zu denken und das, was man denkt, öffentlich zu sagen«. Dieses elementare Menschenrecht hielt er sogar für eine Voraussetzung zur Glückseligkeit. In einem königlichen Erlaß vom 11. Mai 1749 hieß es dann auch bereits:

»Nur was auf die eine oder andere Weise den Staat angreift, was anderen Mächten zur begründeten Beschwerde Anlaß geben kann, was wahre Tugend beleidigt und das Laster verteidigt oder die Einbildung zur Begehung desselben geradezu anreizt, was die allgemeine und vernünftige Religion angreift und die dem größeren Teile der Staatsbürger heiligsten Wahrheiten dem Spotte und Gelächter der Unwissenden überliefert, was gute Sitten und den allgemein eingeführten Wohlstand verletzt, was die Ehre und den guten Namen eines Dritten beleidigt, nur dieses darf der Zensor in Friedrichs Staaten ausstreichen; alles übrige muß er unberührt lassen, es mag im übrigen wahr oder falsch, klug oder ungereimt, witzig oder abgeschmackt erscheinen. Zu den natürlichen Rechten, welche die bürgerliche Gesellschaft nicht einschränken, gehört auch dies, daß jeder befugt ist, seine Mitbürger auf seine Weise zu unterhalten oder ihnen Langeweile zu machen.«

Der König hatte in seiner aufklärerischen Euphorie, wie er bald einsehen sollte, zu übereilt entschieden. Seine Anordnung, wonach »dem hiesigen Berliner Zeitungsschreiber eine unumschränkte Freiheit gelassen werden soll, in dem Artikel von Berlin von demjenigen, was anitzo hieselbst vorgeht, zu schreiben, was er will, ohne daß solche zensiert werden soll, weil ein solches dieselben divertieren, dagegen aber auch so denn fremde Minister sich nicht würden beschweren können, wenn in den hiesigen Zeitungen hin und wieder Passagen anzutreffen, die ihnen mißfallen könnten«, ist nicht viel übriggeblieben.

Von April 1751 an redigiert Lessing die Beilage »Das Neueste aus dem Reiche des Witzes« in der »Vossischen«. Fast jede Woche steuert er dieser Beilage eine Rezension bei, die meist irgendwie Aufsehen erregt. Was er im übrigen im Schilde führt, hat er in seiner Einleitung ein wenig spöttisch fixiert: »Ein Reich, welches viele auf ihrer Karte nicht finden. Wenigstens diejenigen Gelehrten nicht, es verdrießt uns, daß wir sie so nennen sollen, welche die Wissenschaft längst in ein Handwerk verwandelt hätten, wenn nicht ihr Stolz dafür bäte. Aufs höchste haben sie es in die äußerste Ecke derselben verwiesen und unbekannte Länder darauf geschrieben, als wenn sie von einem unglücklichen Sturm dahin verschlagen werden und an ihren felsigen Ufern schimpflich scheitern.«

Nun, nachdem ihm ein so weitreichendes Forum zur Verfügung steht, nimmt er den Kampf mit dem literarischen Goliath Gottsched gleich wieder auf. Die Berliner, zeigt sich sogleich, sind von dem kämpferischen Temperament dieses geborenen Polemikers sogleich wie elektrisiert. Sie besitzen durchaus ein Organ für die frappierende Schlagkraft seiner geistigen Volten.

So putzt Lessing in einem verbalen Kraftakt die Gottsched-

Johann Christoph Gottsched

schen Oden erbarmungslos herunter. »Herr Gottsched«, heißt es in diesem Verriß, »Herr Gottsched sagt, er habe einige Flekken abgewischt. Aber was hilft das Wischen, wenn man einen unreinen Schwamm dazu gebraucht!«

Einen anderen Gedichtband des gleichen Autors, der trotz seiner geschichtlichen Meriten von Lessing keine mildernden Umstände zu erwarten hat, wird mit den folgenden Worten abgefertigt, die zweifellos ins Schwarze treffen: »Diese Gedichte kosten in den Vossischen Buchläden hier und in Potsdam 2 Tlr. 4 Gr. Mit 2 Tlr. bezahlt man das Lächerliche und mit 4 Gr. ohngefähr das Nützliche.«

Ungemein aufschlußreich ist eine Rezension des 22jährigen über Klopstock in der Monatsbeilage vom Mai 1751. Lessing ist der Letzte, der kein Organ für Klopstocks eminente sprachschöpferische Begabung besitzen würde. Worüber er sich aber nun mokiert, ist der unübersehbare Schwarm seiner Verehrer und noch mehr seiner Verehrerinnen, die sich wie seine zahlreichen Nachahmer auf seine Fußstapfen geheftet haben und die nun einen schwer erträglichen Klopstock-Kult betreiben:

»Wann ein kühner Geist, voller Vertrauen auf eigene Stärke, in den Tempel des Geschmacks durch einen neuen Eingang dränget, so sind hundert nachahmende Geister hinter ihm her, die sich durch diese Öffnung mit einzustehlen hoffen. Doch umsonst mit eben der Stärke, mit welcher er das Tor gesprengt, schlägt er es hinter sich zu. Sein erstaunt Gefolge sieht sich ausgeschlossen, und plötzlich verwandelt sich die Ewigkeit, die es sich träumte, in ein spöttisches Gelächter.«

Irgendwie schleicht sich dann eben doch einmal auch so etwas wie Bitterkeit in die Worte des jungen Rezensenten, der nie die Gunst eines der Großen dieser Welt erfahren hat, die Klopstock so reichlich zuteil wurde. »Er befindet sich in Kopenhagen«, berichtet er über den glücklicheren Kollegen, »und ohne Zweifel in derjenigen glücklichen Ruhe, woran die Aufmerksamkeit der Welt teilnimmt und welche allzeit die Mutter der ewigsten Werke gewesen ist. Ein belohnter Dichter ist noch weit größer, wenn der Dichter ein Deutscher ist, und wenn seine Gesänge nichts als Religion und Tugend atmen...«

In diesen ersten Berliner Lehrjahren schreibt Lessing sich endgültig frei. Sein Aufstieg in die vorderste Reihe der deutschen Publizisten vollzieht sich von nun an mit einer umwerfenden Folgerichtigkeit. Das Glück, zeigt sich wieder einmal, ist mit dem Tüchtigen, der, als Mylius sich mit dem Verleger überwirft, seit Februar 1751 als wohlbestallter Redakteur der »Vossischen Zeitung« fungiert. Mit ihm tritt dieses Organ die glorreichste Phase seiner Geschichte an.

Lessing ist längst davon überzeugt, daß eine konstruktive Kritik eine unerläßliche Institution in der »gelehrten Welt« darstellt. »Sie schreckt den elenden Skribenten von der Feder, sie warnt den Großen, sich selber nichts zu schenken und nichts Unvollkommenes, nichts Übereiltes zu liefern. Sie breitet im ganzen Lande den Geschmack aus. Ohne Kritik würden die schönen Künste in Frankreich nicht blühen. Viele vielbändige Dichter würden in einem engen Raum zusammengehen, und ihr Ruhm würde in einem umgekehrten Verhältnisse der Bogen steigen, wenn es erlaubt wäre, bei den sonst so schätzbaren Männern die Stellen anzuzeigen, wo sie sich nicht genugsam bemüht haben, für die Ewigkeit zu arbeiten.« Lessing läßt sich von den vorgeprägten Urteilen ganzer Hochlobungskoterien keineswegs imponieren oder in seinem Urteil beeinflussen. Falsche Autoritäten haben ohnedies keine Aussicht, von ihm unbesehen toleriert zu werden. Ganz gewiß war er der unabhängigste unter Deutschlands Kunstrichtern. Auf Gefälligkeitsrezensionen hat er sich nur in sehr wenigen Fällen eingelassen. Im großen und ganzen zeigte er sich eher bereit, einen unverdienten Tadel als ein unverdientes Lob auszusprechen.

Mit der Zeit gewöhnt man sich daran, auf seine immer erregende Stimme zu hören. Es dauerte dann auch nicht lange, da findet er in Berlin und anderswo verschworene Mitstreiter, die ihm auf dem beschwerlichen Weg in eine neue und womöglich glanzvollere Periode der deutschen Literatur folgen.

Als Starkritiker sozusagen war Lessing unversehens die Macht zugefallen, im Zweifelsfalle über Sein oder Nichtsein eines Autors zu entscheiden. Man hat ihn bereits zu fürchten gelernt. Eben deswegen schreibt im Januar 1754 Gleim an seinen Freund Ramler den folgenden wohlmeinenden Brief: »Kunstrichtert Herr Lessing in der Vossischen Zeitung noch? Sie sollten wenigstens soviel Bekanntschaft mit ihm haben, als nötig wäre, daß er Ihre Werke bekannt machte. Der Kredit des

Zeitungsschreibers ist bei unseren lieben Deutschen größer, als Sie glauben. In der Provinz sieht man das am besten. Die meisten Leser kaufen beinahe kein Buch, das Krause nicht gelobt hat.« Segnet Lessing ein Manuskript ab, weiß er noch zu berichten, so wird jeder Verleger es drucken lassen.

Mit seinen 25 Jahren war Lessing in der Tat eine geistige Kapazität, die über die Grenzen Berlins hinaus respektiert wurde. Er hatte Grund, mit sich und seiner Leistung zufrieden zu sein. Natürlich hatte er dabei auch Federn lassen müssen. Aber immerhin: der geistige Kampf, hatte er herausgefunden, war sein eigentliches Element, das er nicht entbehren mochte und wohl auch nicht mehr entbehren konnte. Als erklärter Nonkonformist verfügte er über den Mut, gegen den breiten Strom zu schwimmen. Kaum je erlitt seine schöpferische Aktivität in all dem kritischen Gemetzel, auf das er sich einließ, merklichen Schaden. Auch noch bei Rückzugsgefechten stand er seinen Mann.

Nebenbei verstand dieser früh zu Ansehen gelangte junge Mann die Vorzüge und Reize eines großstädtischen Lebens voll auszuschöpfen. So wenig er auch für die Einsamkeit geschaffen war, so ungern ließ er sich auf einen allzu engen Kontakt mit Freunden ein. Er war auf eine gewisse Distanz zwischen sich und den anderen angewiesen. Der Beobachter in ihm nahm immer und stets seine Umwelt unerbittlich ins Visier.

Mit Berlin hatte er sich auf die Dauer recht und schlecht arrangiert. Die Berliner hatten einen Mann mit einem so ausgepichten Realitätssinn bald akzeptiert. Er teilte mit ihnen ein hellwaches Gegenwartsbewußtsein. Hier war für sie jemand, der keineswegs ins Unverbindliche hinein spintisierte oder der seinen ungeklärten Emotionen freien Lauf ließ, sondern ein völlig illusionsloser Denker und ein disziplinierter Geist dazu, der in seiner geschliffenen Sprache Urteile zu fällen imstande war, die zuweilen tödlich treffen und verwunden konnten. Dieser gescheite Sachse, der kein Blatt vor den Mund nahm, wurde in kurzer Zeit so etwas wie eine Berliner Institution, auf die man zu hören pflegte.

So ganz kommt der theaterbesessene junge Stückemacher Lessing in Berlin allerdings nicht auf seine Kosten. Der König zeigt sich vor allem an der Oper interessiert. Das von seinem Baumeister Knobelsdorff gebaute Opernhaus unter den Linden rechnet bald zu den architektonischen Kostbarkeiten der Stadt. Wer auf sich hält, gehört wie der König selbst zu den ständigen Besuchern der Oper. Aber der Musik gegenüber unterhielt Lessing ein eher distanziertes, unterkühltes Verhältnis.

Das Berliner Schauspiel befindet sich demgegenüber in einem eher kläglichen Zustand. Lediglich eine französische Truppe spielt alle Mittwochabend auf einer winzigen Bühne im Kurfürstensaal des Schlosses. Auf dem Programm dieses Minitheaters stehen nach wie vor Stücke von Molière, Corneille und Racine. Das deutsche Schauspiel bleibt hingegen der dankenswerten Initiative einiger wagemutiger Prinzipale vorbehalten. Eckenberg etwa, der »starke Mann«, der als Seiltänzer bei den Berlinern eine gewisse Popularität errungen hat, läßt im Rathaus oder in den Buden auf dem Neuen- oder dem Spittelmarkt seine Stücke spielen. Peter Hilferding hat sein anspruchsloses Theaterchen auf dem Dönhoffplatz aufgeschlagen. Doch was er da zu bieten hat, sind nichts als Burlesken und immer noch die alten ausgeleierten Haupt- und Staatsaktionen, auf die der Amüsierpöbel der Hauptstadt eingestimmt ist. Bezeichnend daher, daß, als im Januar 1743 die Schönemannsche Truppe sich an anspruchsvollere deutsche Dramen heranwagt, die Aufnahme des Publikums so kühl ist, daß der Prinzipal resigniert die Segel streicht und das Weite sucht.

Gegen die demonstrative Aversion des Königs gegenüber deutschen Dramatikern und Schauspielern kann niemand etwas ausrichten. Selbst als im Mai 1755 die bestens renommierte Ackermannsche Truppe in Berlin gastiert, bringt sie es bloß auf acht Vorstellungen und zu Einnahmen, die zu einer Wiederholung dieses Versuchs mit anspruchsvolleren Mitteln vor einem unbedarften Publikum nicht ermuntern. Erst im Jahre 1771 erhielt ein Adlatus der Neuberin, Heinrich Gottfried Koch, der sich als Schauspieler, Bühnendichter und Dekorationsmaler unbestreitbare Meriten erworben hatte und dem übrigens dann auch die Premiere der »Miß Sara Sampson« zu verdanken war, das erste Privilegium zur Errichtung einer stehenden Bühne. Damit war den Berlinern die Möglichkeit geboten, die Existenz auch eines deutschen Theaters zur Kenntnis zu nehmen.

»Wir haben kein Theater. Wir haben keine Schauspieler. Wir haben keine Zuhörer«, hatte Lessing durchaus noch lange Grund zum Klagen. »Der Franzose hat doch wenigstens noch eine Bühne, da der Deutsche kaum Buden hat. Die Bühne des Franzosen ist doch wenigstens das Vergnügen einer ganz großen Hauptstadt, da in den Hauptstädten der Deutschen die Bude der Spott des Pöbels ist. Der Franzose kann sich doch wenigstens rühmen, oft seinen Monarchen, einen ganzen prächtigen Hof, die größten und würdigsten Männer des Reichs, die feinste Welt zu unterhalten, da der Deutsche sehr zufrieden sein muß, wenn ihm ein paar Dutzend ehrliche Privatleute, die sich schüchtern nach der Bude schleichen, zuhören wollen.«

Immerhin läßt es Lessing nicht bei kritischen Marginalien zur Theatermisere in Deutschland bewenden. Trotz seines starken journalistischen Engagements beliefert er das deutsche Theater mit drei neuen Versuchen, die in seinem Gesamtwerk eher einen apokryphen Charakter beanspruchen können. Sie alle aber verraten unverkennbares Talent für den witzigen, flotten und pointierten Dialog. Alle reflektieren sie auch bereits jenes hohe Lessingsche Ethos, das ihm den Rang eines unerschrokkenen Vorkämpfers für die Sache der Humanität zuweist.

In diesem Sinne ist etwa die Komödie »Die Juden« zu verstehen, die im Jahre 1749 entstand. Man kann sie als einen erstaunlichen Vorgriff auf spätere und kompetentere Versuche, herrschende religiöse, ethnische und soziale Vorurteile abzubauen, verstehen. Er beschäftigt sich schon damals eingehend mit der Judenproblematik, da er in seinem Domizil mitten unter Berliner Juden lebt und ausgiebig Gelegenheit findet, deren alte Kultur und intellektuelle Überlegenheit zu beobachten.

Und wieder einmal ist es Christlob Mylius, der ihm den Kontakt mit dem jüdischen Arzt Gumperz verschafft, einem Juden von urbaner Kultur, der sich auch als Schriftsteller gewandt der deutschen Sprache bedient und mit zahlreichen namhaften Autoren korrespondiert. Eine Zeitlang fungiert dieser gebildete und vielseitige Jude sogar als Sekretär des Akademiedirektors Maupertuis.

Eine kleine Schar von Juden, die eben dabei ist, sich ins Berliner Kulturleben zu integrieren, erregt Lessings Aufmerksamkeit. Mit ihnen wird er sich zeit seines Lebens zu befassen haben. In Hinblick auf sie stellt er damals fest: »Jetzo zweifelt man, ob ein ehrlicher Mann unter ihnen anzutreffen sei.«

Als entschiedener Verfechter der Menschenrechte befaßt sich Lessing mit der Problematik dieser Minorität. Wahrscheinlich hat er damals bereits auch den bekannten »Rechenmeister« Abraham Wolf kennengelernt. Dieser muß offenbar ein mathematisches Genie gewesen sein, in jedem Fall ein Gelehrter, der mit seiner meisterlichen Beherrschung des Schachspiels dem Derwisch im »Nathan« Modell gestanden hat. Auf jeden Fall gehören Juden mit zu den ersten, die von Lessings stilistischer Brillanz und seiner männlichen Durchschlagskraft merklich beeindruckt waren und ihm entsprechend bei seinen polemischen Rundumschlägen akklamierten.

Ganz noch im humanitären Fahrwasser der Aufklärung segelnd, läßt sich Lessing nun die Geschichte eines Juden einfallen, der einen reichen adligen Gutsbesitzer aus den Händen von Räubern befreit und als anonymer Reisender, seine jüdische Abstammung um jeden Preis verleugnend, seine mutige Tat herunterspielt. Er hat, wie er beteuert, damit nichts als seine menschliche Pflicht und Schuldigkeit erfüllt. Aber immerhin: Mit dieser markant gezeichneten Charakterfigur erscheint der erste positiv gezeichnete Jude überhaupt auf der deutschen Bühne. Er eröffnet damit zugleich die lange Reihe der Lessingschen Humanisten, die er dann noch mit Gestalten wie dem Sultan, dem Tempelherrn und Nathan selbst bereichern wird.

Dieser moderne Jude, zeigt sich, stammt keineswegs aus dem verrufenen Geschlecht Shylocks. Dieser zeternde und geifernde Zelot hat sich in Lessings Weltbild zu einem Humanisten von überlegener Menschlichkeit geläutert. Das Lustspiel »Die Juden« gipfelt dann auch in einem erregenden Dialog. Als der gerettete Baron emphatisch in den Ruf ausbricht: »O wie verehrungswürdig wären die Juden, wenn sie alle Ihre Eigenschaften besäßen!« tönt es aus dem Munde des anonymen jüdischen Reisenden nur zurück: »Und wie liebenswürdig die Christen, wenn sie alle Ihre Eigenschaften besäßen!«

Eine neue Menschheitsepoche deutet sich geradezu in solchen Worten an. Diese wird mit antiquierten Vorurteilen rücksichtslos aufräumen. Dabei erweist sich Lessing als ihr wohl überzeugendster Wortführer bei uns zulande. Bei aller kritischen Schärfe ist er eben doch auch der Mann der »Rettungen«, wenn es sich darum handelt, rein menschliche Strukturen freizulegen und Animositäten abzubauen. Seine Begegnung mit Moses Mendelssohn, die bald darauf erfolgen sollte, vermittelt ihm weitere entscheidende Impulse in seinem Kampf um die Würde des Menschen.

Auch in einem anderen Schauspiel aus dem Jahre 1749, in seinem »Freigeist« hatte Lessing, wie wir bereits hörten, sein Urthema der Toleranz variiert. Er war darüber hinaus einem brennenden Gegenwartsproblem resolut zu Leibe gerückt. Mit dem Freidenkertum der neuen Agnostiker hatte er überhaupt nichts im Sinn. Gerade erst hatte er in Berlin nachdenklich stimmende Erfahrungen machen können. Hier hatte soeben der Franzose La Mettrie den Menschen zynisch zur Maschine degradiert. Lessings Kampf gilt nun ganz gewiß nicht der Botschaft des Christentums, wohl aber den Anmaßungen einer Kirche, die sich bedingungslos der menschlichen Seelen bemächtigen und damit einen unerträglichen Gesinnungsterror ausüben möchte. Seine Auffassung vom echten Christentum deckt sich mit dem Verhalten echter religiöser Menschen, die auch die ehrliche Meinung Andersdenkender respektieren.

Der Gerechtigkeitsfanatiker und Wahrheitssucher Lessing

verteilt wie immer Licht und Schatten gleichmäßig. Für ihn zählt nur die moralisch integre Persönlichkeit, die sich aus dem Gestrüpp eines einengenden Dogmatismus befreit hat. Liebe und Herzensgüte sind die unbestechlichen Kriterien, auf die der Kamenzer Pfarrerssohn die Grundzüge eines praktisch ausgelebten Christentums reduziert wissen möchte.

Aber auch höchst ephemer erscheinende politische Tagesfragen ins pralle Fleisch der Szene zu übertragen, muß Lessing damals ungemein gereizt haben. Diesmal braucht er seine Phantasie nicht über Gebühr zu strapazieren, als er auf Stoffsuche auszieht. Das Sujet drängt sich ihm sogar geradezu auf.

Im Jahre 1749 hatte sich nämlich in Bern eine Fronde freiheitlicher Bürger gegen die verfilzte Oligarchie des Stadtadels gebildet. Eine Handvoll Rebellen macht dem korrupten Stadtregiment gehörig zu schaffen. Sogleich überschlagen sich die Tatarennachrichten aus diesem »Palast der Reichen, Spital der Armen und Zuchthaus der ehrlichen Leute«, wie ein emigrierter Professor dieses Schweizer »Juwel« mit Recht abwertet. Unter den Wortführern dieses Widerstandes befindet sich auch der Journalist Samuel Henzi, der offenbar eisern entschlossen ist, alte Zöpfe zu beschneiden und den Kampf bis aufs Messer zu suchen. Doch die intellektuellen Hamletnaturen rings um ihn herum schrecken vor der Anwendung der äußersten Maßnahmen zurück. Sie beschränken sich wie seit eh und je auf rein verbale Verlautbarungen. Damit allein aber läßt sich eine eingefressene Diktatur nicht aus den Angeln heben.

Die dramatischen Ereignisse in Bern überschlagen sich förmlich. Die Rädelsführer werden von den Notabeln und ihren Bütteln gefangengenommen, verhört und gefoltert. Sie stehen jedoch unerschütterlich zu ihrer gerechten Sache und werden schließlich doch noch unter den Proteststürmen von ganz Europa zum Schafott geführt. Ihre Haltung bleibt bei allen Torturen, die man ihnen zumutet, untadelig. Selbst dem Pfarrer fordern die Rebellen den höchsten Respekt ab. Es verschlägt ihm förmlich den Atem, als er ihnen das letzte Gebet sprechen soll. Henzi nimmt ihm scheinbar ungerührt diese traurige Amtspflicht ab. Noch als seinem Henker die Hand zu zittern beginnt, so daß er zu einem zweiten Schlag ausholen muß, bemerkt Henzi nur noch sarkastisch: »In dieser Republik ist eben alles schlecht, sogar der Henker.«

Ein so entschiedener Freiheitskämpfer wie Samuel Henzi ist in einer so unmännlichen Zeit natürlich ein Mann ganz nach Lessings Geschmack. Er widmet ihm daher mit bemerkenswerter innerer Beteiligung eine Alexandrinertragödie, die dann freilich, was nicht überraschen kann, ein Torso bleibt. Aber das Ganze ist dann doch von einem so hohen moralischen Pathos getragen, daß man aus jedem Wort Lessings helle Begeisterung für die männliche Haltung eines Schweizer Intellektuellen herausspürt. Er nähert sich mit diesem Entwurf einer Tragödie bereits dem bürgerlichen Trauerspiel, dem er wie wenige den Weg in Deutschland bahnen geholfen hat. Schon hat er sich unübersehbar auf einen Weg begeben, der ihn nach wenigen Jahren bereits zu seiner »Miß Sara Sampson« führen wird.

Noch nie hatte sich ein deutscher Autor der schwierigen, kaum lösbaren Aufgabe unterzogen, ein Stück lebendigster Gegenwart auf die Bühne zu übertragen. Das Stück wurde nach seiner Veröffentlichung auch weniger als ein Kunstwerk, sondern als ein Politikum gewertet. In dieser Tragödie agierten schließlich Menschen wie du und ich und nicht etwa gekrönte Häupter. Kein Wunder, daß es die Zeitgenossen ohne alle Mühe erreichte.

»Die Namen von Fürsten und Helden können einem Stücke Pomp und Majestät geben«, gibt Lessing zu bedenken. »Aber zur Rührung tragen sie nichts bei. Das Unglück derjenigen, deren Umstände den unserigen am nächsten kommen, muß natürlicherweise am tiefsten in unsere Seele dringen. Und wenn wir mit den Königen Mitleid haben, so haben wir es mit ihnen als Menschen und nicht als mit Königen. Macht ihr Stand schon öfter ihre Unfälle wichtiger, so macht er sie darum nicht interessanter. Immerhin mögen ganze Völker darin verwickelt werden, unsere Sympathie erfordert einen einzelnen Gegenstand, und ein Staat ist ein viel zu abstrakter Begriff für unsere Empfindungen.«

Mit leichtem Gepäck war Lessing im Jahre 1748 nach Berlin gekommen. Seinen jugendlich hochgespannten Ehrgeiz, einmal so etwas wie ein klassischer deutscher Komödienschreiber zu werden, hat er in seinen ersten Berliner Jahren zwar nicht einlösen können, aber immerhin ist er doch auf dem besten Wege, als einer der bedeutendsten Lustspieldichter in die deutsche Literaturgeschichte einzugehen. Auch seine noch so skizzenhaften Vorstudien lassen bereits den Meister der psychologisch zutreffenden Charakterzeichnung und des geschliffenen Dialogs ahnen. Gelehrtendünkel, Weiberfeindschaft und monomanische Heiratslust sind wie Molières auch Lessings bevorzugte Themen, denn noch ist er nicht ganz aus dem Fahrwasser des konventionellen französischen Intrigenstücks ausgeschert. Gleichwohl finden diese theatralischen Exerzitien eines werdenden Genies eine beträchtliche Resonanz.

Im übrigen entwickelt sich Lessing in diesen Jahren, die ihn an den Schreibtisch zwingen, auch zu einem passionierten Berliner. In einem Brief vom 10. Februar 1754 an den Göttinger Theologen und Orientalisten Johann David Michaelis, dem Vater der Caroline Schelling, der als einer der ersten das durchschlagende Genie Lessings gewittert haben muß, kann er daher in einem kurzgefaßten Lebenslauf, den er jenem auf dessen Bitte übermittelt, berichten:

»Ewr. bezeigten in Dero Briefe eine für mich sehr schmeichelhafte Begierde, nähere Umstände von mir zu wissen und mich genauer zu kennen. Allein, kann man von einem Menschen ohne Bedienung, ohne Freunde, ohne Glück viel Wichtigeres sagen als seinen Namen? Noch kann ich mich durch wenig anders als durch diesen unterscheiden. Ich bin ein Oberlausitzer von Geburt. Mein Vater ist oberster Prediger in Kamenz. Welche Lobsprüche würde ich ihm nicht beilegen, wenn er nicht mein Vater wäre! Er ist einer von den ersten Übersetzern des Tillotsons.

Ich habe in der Fürstenschule in Meißen und hernach in

Leipzig und Wittenberg studiert. Man setzt mich aber in große Verlegenheit, wenn man mich fragt, was? An dem letzten Ort bin ich Magister geworden. Ich bin also etwas mehr als ein bloßer Student, wie mich der Herr Pastor Lange nennt, und etwas weniger als ein Prediger, für welchen mich der Herr Prof. Walch gehalten hat. Ich befinde mich seit 1748 in Berlin und habe mich während dieser Zeit nur ein halb Jahr an einem andern Ort aufgehalten. Ich suche hier keine Beförderung, und ich lebe bloß hier, weil ich an keinem anderen großen Orte leben kann.

Wenn ich noch mein Alter hinzusetze, welches sich auf 25 Jahre beläuft, so ist mein Lebenslauf fertig. Was noch kommen soll, habe ich der Vorsicht überlassen. Ich glaube schwerlich, daß ein Mensch gegen das Zukünftige gleichgültiger sein kann als ich.«

Zweifellos versteht sich der Lebenskünstler Lessing exzellent darauf, die Vorzüge Berlins nicht nur auszuforschen, sondern sie auch voll auszukosten. Diese Stadt, von der er behauptet, er lebe bloß in ihr, weil er an keinem anderen größeren Ort leben könnte, hat erst nach dem Siebenjährigen Krieg die Hunderttausendergrenze überschritten. Aber schon unter dem Soldatenkönig hat sie merklich an Attraktivität hinzugewinnen können. So etwas wie ein preußischer Stil prägt bereits die Architektur der Stadt, die es nun endlich mit anderen aufnehmen möchte. Auch die bildenden Künste regen sich schüchtern. Ein Glück für Lessing, daß Daniel Chodowiecki im Zenit seines Schaffens steht. Er wirkt als Kupferstecher in der Brüderstraße und wird den Ausgaben der Lessingschen Fabeln und Dramen in Zukunft viele kongeniale Illustrationen beisteuern. Überhaupt erschließt sich dem Augenmenschen Lessing eine neue Welt, die dann seiner »Minna von Barnhelm« eine ungemein zutreffende realistische Folie bieten soll.

Im Grunde scheint Lessing damals das Leben eines Kaffeehausliteraten in Berlin geführt zu haben. Er läßt sich vom belebenden Rhythmus dieser Stadt, in die er seine geistigen Abenteuer verlegt hat, widerstandslos mitreißen. Man sieht ihn nicht nur in den Lokalen der Altstadt; zuweilen zieht es ihn auch in den Tiergarten hinaus, der damals gerade Gestalt anzunehmen beginnt. Vor allem in den »Zelten«, die zu dieser Zeit wirklich noch aus Leinwand errichtet sind, ist er zu Hause.

Im übrigen ficht der vielgewandte Journalist Lessing in jeder sich bietenden Situation für die Sache der Aufklärung. Er ist so ganz in seinem eigentlichen Element, wenn er für die Humanität, wie er sie nun einmal versteht, eine Schlacht schlagen und sie schließlich auch gewinnen kann. Dabei verliert er nie den Blick fürs Ganze. Er hat so ganz und gar nicht das Zeug zu seinem »controlleur des bagatelles«, wie er Freund Kästner nach Leipzig berichten kann.

Bestechend bleibt vor allem die männlich unbeugsame Haltung dieses Journalisten, der sich von den konformistischen Intellektuellen seiner Zeit und auch der folgenden Epoche vorteilhaft unterscheidet. Obwohl er seine geschickte Feder stets in den Dienst des Tages stellt, erliegt er nie der Versuchung, in sklavischer Servilität sich die Gunst der Großen zu erschleichen und auf diese Weise seine immer hart angeschlagenen Finanzen aufzubessern. Sein Lebensprinzip ist schon früh das eines Geistesaristokraten, der sich seines exzeptionellen Ranges stets bewußt bleibt und keine Veranlassung sieht, hinter den Leuten, die effektiv Macht ausüben, zurückzustecken.

In Hinblick auf die obligatorische Hofberichterstattung hat er sich stets eine noble Reserve auferlegt. Als daher zum Exempel der Markgraf von Bayreuth mit seiner Gattin, der Lieblingsschwester des Königs, in der Residenz weilt und ganz Berlin auf den Beinen ist, um die für Lessings Geschmack allzu pompös ausgefallenen Festlichkeiten zu bestaunen, mischt auch er sich als stummer Beobachter unters Volk. Er kann aus seinem Herzen keine Mördergrube machen und bekennt daher freimütig, daß ihn die geistlosen Schaustellungen im Lustgarten, wo sich die Prinzen beim Ringstechen amüsieren und sich dabei von den Massen bewundern lassen, anwidern. Despektierlich und aufreizend genug reimt er dann auch munter drauflos:

»Freund, gestern war ich – wo?
Wo alle Menschen waren.
Da sah ich für mein bares Geld
So manchen Prinz, so manchen Held
Nach Opernart geputzt als Führer
Fremder Scharen.
Da sah ich manche flinke Speere
Auf mancher zugerittnen Mähre
Durch eben nicht den kleinen Ring,
Der unter tausend Sonnen hing.
(O schade, daß es Lampen waren!)
Oft, sah ich, durch den Ring
Und öfter noch daneben fahren.
Da sah ich, ach, was sah ich nicht,
Da sah ich, daß beim Licht
Kristalle, Diamanten waren.
Da sah ich – ach, du glaubst es nicht,
Wie viele Wunder ich gesehen.
Was war nicht prächtig,
Groß und königlich?
Kurz, dir die Wahrheit zu gestehen:
Man halber Taler dauert mich.«

Angesichts von so viel Zivilcourage bleibt es nicht aus, daß sich Lessing nicht nur Freunde, sondern auch Feinde erwirbt. Sogar Katastrophen zieht er fast magisch an. Aber er weicht dem Eklat keineswegs um jeden Preis aus. Diesmal naht sich ihm das Verhängnis in der Person Voltaires, dem der König seit dem Sommer 1749 eine ganze Suite von Gemächern in seinem Potsdamer Schloß eingeräumt hat. Persönlich ist Lessing dem auch von ihm verehrten Franzosen wohl nie begegnet. Wahrscheinlich hat er sich wie einer seiner Satelliten um ihn in gebührendem Abstand bewegt. Gleichwohl hat er es sich einige Mühe kosten lassen, dem großen Franzosen auch in Deutschland ein Forum zu verschaffen, um damit der Sache der Vernunft in diesem Land einen Dienst zu erweisen. So hat er bei-

Friedrich der Große und Voltaire

spielsweise fünfzehn Essays unter dem Titel »Des Herrn von Voltaire kleine historische Schriften« übersetzt und mit einer Vorrede versehen.

Bei dieser Arbeit scheint er sogar das Handexemplar des Franzosen benutzt zu haben. Immerhin ist sein Sprachlehrer Richier de Louvain inzwischen zum Sekretär Voltaires avanciert. Dieser soll auch die Übersetzung der Akten des für Voltaire nicht gerade schmeichelhaften Prozesses gegen den königlichen Schutzjuden Hirschel veranlaßt haben. Dabei handelte es sich um einen komplizierten Rechtsstreit um verbotene Währungsgeschäfte und Wechselkniffe. Der große Voltaire machte bei dieser Affäre eine miserable Figur. Offenbar stand Lessing bedingungslos auf seiten Hirschels. Jedenfalls kommentierte er diesen Prozeß mit einem Epigramm, das seine Position eindeutig fixiert und in dem es abschließend heißt:

»Und kurz und gut den Grund zu fassen,
Warum die List
Dem Juden nicht gelungen ist,
So fällt die Antwort ohngefähr:
Herr V. war ein größrer Schelm als er.«

Nur wenig später kommt es zwischen Voltaire und Lessing dann doch noch zum offenen Eklat. Im Herbst geschieht das Unfaßbare, als Lessing sich von Richier die Druckbogen von Voltaires noch unveröffentlichtem neuen Opus »Siècle de Louis XIV.« aushändigen läßt, um es zur Lektüre auf seiner geplanten Reise nach Wittenberg mitzunehmen. Als Voltaire davon erfährt, daß diese Druckfahnen im Salon der Gräfin Schulenberg kursierten, gerät er in Rage. Er ist davon überzeugt, Lessing beabsichtige, das Werk zu übersetzen und es dann gemeinsam mit Richier de Louvain in einem Raubdruck unter die Leute zu bringen. Wutentbrannt jagt Voltaire seinen Sekretär zum Teufel, der jedoch schon bald darauf beim Prinzen Heinrich als Bibliothekar unterkommt. Bei den sensationslüsternen Berlinern weitet sich diese Affäre zum Stadtklatsch aus. Jedenfalls kann Mylius seinem Vetter, der sich damals bereits nach Wittenberg abgesetzt hatte, berichten: »Ihre Sache mit Voltairen hat hier Aufsehen gemacht. Sie sind nach Ihrer Abreise bekannter geworden, als Sie es bei Ihrem Dasein waren.« Auf diesen fragwürdigen Ruhm bei den Berlinern hätte Lessing freilich gern verzichtet. Am Ende kostete ihn die Affäre nämlich Gunst und Gnade des Königs, der sich seiner künftig wegen dieser Unkorrektheit nur mit gemischten Gefühlen erinnern wird.

Gleichwohl läßt sich Lessing durch diesen Zwischenfall keineswegs aus seiner Ruhe bringen. Im Gegenteil: Sein Selbstgefühl hat sich in seinen zurückliegenden Berliner Jahren beträchtlich gefestigt. Die ersten Stufen zum Parnaß sind bereits erklommen. Die nächsten, soviel ist sicher, wird er im Sturm nehmen. Er läßt sich nicht durch die erdrückende Autorität des großen Franzosen, der sonst keine Notiz von ihm und seinem Werk nimmt, imponieren.

Voltaire hingegen scheint an seinem »Siècle de Louis XIV.« soviel gelegen zu sein, daß er mit fast detektivischer Zähigkeit die Spuren des Übeltäters bis nach Wittenberg verfolgt. Da er dessen genauen Wohnsitz nicht kennt, adressiert er einen Brandbrief an die folgende abenteuerliche Anschrift: »A Monsieur Lessing, Candidat en médicine, Wittenberg, et s'il n'est pas à Wittenberg, renvoyez à Leipzig, pour être remis à son père, ministre du St. Evangile à deux miles de Leipzig, qui saura sa demeure.«

»Man hat Ihnen, Monsieur«, heißt es in dieser ersten und einzigen Epistel, die Lessing je von dem Franzosen erhalten hat, bereits bemerkenswert versöhnlich: »Man hat Ihnen schon geschrieben mit der Bitte, das Exemplar zurückzugeben, das man mir gestohlen und Ihnen in die Hand gegeben hat. Ich weiß, es hätte niemandem anvertraut sein können, der weniger fähig wäre, es zu mißbrauchen, und fähiger wäre, es gut zu übersetzen.

Aber da ich inzwischen an der Arbeit viel herumgebessert und mehr als vierzig Blatt hinzugefügt habe, würden Sie mir einen ziemlichen Tort antun, den Text so, wie er Ihnen vorliegt, zu übertragen. Noch schlimmer wäre freilich, wenn Sie zuließen, daß man das Buch so auf französisch druckte. Sie würden Monsieur de Francheville ruinieren, der ein sehr ehrenwerter Mann und der Verleger dieses Werkes ist. Sie verstehen, daß er gezwungen wäre, sich mit seiner Beschwerde an die Öffentlichkeit und an die sächsischen Behörden zu wenden. Nichts könnte für Sie mißlicher sein und Ihnen unwiderruflich den Weg zum Glück verbauen. Ich wäre sehr betroffen, wenn die mindeste Fahrlässigkeit von Ihrer Seite Francheville vor die grausame Notwendigkeit stellte, seine Beschwerde publik zu machen. Ich bitte Sie also, Monsieur, mir das Exemplar zurückzuschicken, um dessen Rückgabe man Sie schon in meinem Namen gebeten hat. Ich bin das Opfer eines Diebstahls, und Sie haben zuviel Redlichkeit, um den Tort, den ich erleide, nicht wieder gutzumachen. Ich wäre sehr einverstanden, wenn Sie das Buch nicht nur ins Deutsche übersetzen, sondern auch für dessen italienische Ausgabe sorgten, so wie Sie es dem Lehrer der Kinder des Herrn von Schulenburg gesagt haben.

Ich werde Ihnen die vollständige Arbeit mit allen Zusätzen und allen notwendigen Auskünften schicken, und ich werde mit Vergnügen den guten Willen honorieren, mit dem Sie mir das, was ich zurückerbitte, ausliefern. Unglücklicherweise weiß man in Berlin, daß mein Sekretär Richier diesen Diebstahl begangen hat. Ich werde tun, was ich kann, um den Schuldigen nicht zu verlieren, und ich werde ihm sogar verzeihen, wenn es mit der Rückgabe, die ich von Ihnen erwarte, seine Richtigkeit hat.

Haben Sie die Güte, mir das Paket mit dem Postwagen zuzusenden, und rechnen Sie mit meiner Erkenntlichkeit.«

Noch während der Brief unterwegs ist, scheint Lessing die Bogen bereits zurückgesandt zu haben. Jedenfalls bläst Voltaire die Jagd auf seine gestohlene Handschrift ab.

Lessing ist in der Tat zu aller Überraschung im Dezember 1751 nach Wittenberg abgereist, um dort seine Studien abzuschließen. Mit der Unberechenbarkeit des Genies hat er alle Brücken hinter sich abgerissen. Wahrscheinlich aber hat ihn wieder einmal seine innere Unruhe zum Aufbruch getrieben. Rationale Gründe für die plötzliche Abreise sind nämlich so ohne weiteres nicht zu erkennen. Fast ein ganzes Jahr entzieht sich Berlins führender Journalist der preußischen Hauptstadt, um nach einer ungewöhnlich produktiven Phase seines Lebens nunmehr eine schöpferische Pause einzulegen.

In Wittenberg trifft Lessing mit seinem jüngeren Bruder Theophilus zusammen, der seit kurzem dort theologische Studien betreibt. Lessing verbringt seine Zeit unter anderem damit, Juan Huartes pädagogisch-anthropologisches Werk »Examen de ingenios para las sciencias« ins Deutsche zu übersetzen. Diese Übersetzung wird noch im gleichen Jahr in einem Zerbster Verlag unter dem Titel »Prüfung der Köpfe zu den Wissenschaften« erscheinen.

Dieser spanische Arzt, ein Zeitgenosse des Paracelsus, war mit seinen medizinischen Beobachtungen seiner Zeit weit vorausgeeilt. In vielem hatte er schon die Erkenntnisse des deutschen Physiologen und Phrenologen Gall vorausgenommen. Nun erlebt er durch Lessing so etwas wie eine Renaissance in Deutschland.

Aber auch seine Magisterarbeit hat der zu Jahren gekommene Student mit Erfolg abgeschlossen. Vom 29. April 1752 ab kann Lessing dann hinter seinem Namen das monumentale lateinische »M« eines Magisters der freien Künste setzen. Er wird von diesem Privileg kaum je Gebrauch machen.

Ansonsten führt er mit dem Bruder ein Leben in extremer Bedürfnislosigkeit. Christian Nicolaus Naumann, ein Freund aus Leipziger Tagen, der sich wieder auf seine Fersen geheftet hat, berichtet an Albrecht von Haller Wissenswertes über den alten Freund: »Noch stärker als in der Muttersprache sowohl als in dem Englischen, Französischen, Spanischen und Griechischen ist der Kandidat der Arzneikunst, Herr Lessing aus Kamenz, der unlängst die Zeitungen bei Vossen in Berlin schrieb und nachdem diese Herr Mylius wieder, wie vorher, übernommen hat, sich nach Wittenberg wendete, wo er aber gar elend lebt.«

In Huarte war Lessing ein Gelehrter begegnet, der Mut und Risikobereitschaft zu schätzen wußte. »Sollte man ihn nur nach seinen eigenen Grundsätzen beschreiben, so würde man von ihm sagen müssen: er ist kühn, er verfährt nie nach den gemeinen Meinungen, er beurteilt und treibt alles auf eine besondere Art, er entdeckt alle seine Gedanken frei und ist sich selbst sein eigener Herr.«

Seine Armut erträgt Lessing mit stoischer Gelassenheit. Um

so mehr scheint sich aber sein Heißhunger nach geistiger Nahrung zu regen. Die unübersehbaren Schätze der Wittenberger Bibliothek ermuntern ihn zu immer neuen Studien. Aber auch seine Feder ruht in diesen Tagen eines freiwilligen Exils keineswegs. In schneller Folge schreibt er eine ganze Reihe von Sinngedichten, die er später im ersten Band seiner Schriften unterbringt. Sicher hat die verkrustete Wittenberger Orthodoxie ihn dazu inspiriert, seinen Protest gegen moralisierendes Zelotentum und aggressive Intoleranz in Glaubensfragen in entsprechenden Sinnsprüchen zu artikulieren. Nie wieder hat er jedenfalls so viele Epigramme wie damals zu Papier gebracht.

Einen großen Teil seiner Zeit investiert Lessing gemeinsam mit seinem Bruder jedoch in das Studium des Horaz. Als Extrakt dieser Studien konnten dann 1754 die »Rettungen des Horaz« erscheinen. Überhaupt zeigen Lessings »Rehabilitationen«, die er nunmehr systematisch für verketzerte Gestalten der Geistesgeschichte unternimmt, ihn als einen Gerechtigkeitsfanatiker, der keine Ruhe findet, ehe die ausgewogenen Proportionen im Weltreich des Geistes nicht wiederhergestellt sind. Nie wird dieser Lessing unbesehen die Urteile anderer akzeptieren. »Auf wen alle losschlagen«, meint er vielmehr, »der hat vor mir Frieden.« Mit seinen »Rettungen des Horaz« vollzieht er einen längst überfälligen Akt von Wiedergutmachung an seinem Idol aus anakreontischen Tagen. Er fühlt sich moralisch verpflichtet, den großen Römer vom Vorwurf der Glaubens- und Sittenlosigkeit reinzuwaschen.

Berlin II

Plötzlich, im November 1752, taucht Lessing ebenso heimlich, wie er verschwunden war, wieder in Berlin auf. Nun erst zeigt sich, wie dringend notwendig er die Distanzierung zu seiner Vergangenheit brauchte. Seine Lehrjahre betrachtet er nunmehr als abgeschlossen. Gereifter und um ein paar menschliche Erfahrungen reicher kehrt der stets Wißbegierige in die Stadt zurück, deren rationale Kühle seinen Geist zu beflügeln scheint. Nun kann er mit regenerierten Kräften dort wieder ansetzen, wo er sein Berliner Gastspiel aus freien Stücken abgebrochen hat. Nur bewegt er sich diesmal bereits auf einer höheren Ebene als vor Jahren, als er namenlos und wie auf der Flucht vor sich selbst in der Stadt anlangte.

Inzwischen ist er so etwas wie ein arrivierter Schriftsteller geworden, der sich auf so vielen Gebieten seine Sporen verdient hatte. Selbst seine Eltern haben sich mit seiner ihnen noch immer suspekt erscheinenden Existenz abgefunden. Der Magister Lessing, den nun sogar ein akademischer Titel schmückt, bringt aber nicht nur neue Erkenntnisse mit in die preußische Metropole. Er brennt auch darauf, sie mit seinem durchschlagenden geistigen Temperament in die Tat umzusetzen.

Diesmal mietet er sich in einem kleinen Haus am Nikolaifriedhof ein. Im Schatten der alten Nikolaikirche lebt er mitten im ungeordneten Häusergewirr des alten Berlin, nur wenige Schritte von seinem Arbeitsplatz im Gewölbe des Rathauses entfernt. Mylius hat ihm während seiner Abwesenheit von Berlin den Redaktionssessel bei Voß freigehalten. Mit verdoppel-

Lessings Berliner Wohnung am Nikolaifriedhof

ter Kraft stürzt sich Lessing nun wieder in das große und für ihn immer noch riskante Abenteuer des Schreibens. Er arbeitet wie immer mit äußerster Akribie. Oft ziseliert er stundenlang an seinen Sätzen. Selbst für Briefe an seine Freunde und Angehörige fertigt er zunächst Konzepte an, ehe sie seine Werkstatt verlassen.

Meist greift er sogar eher zögernd oder widerstrebend zur Feder, oftmals sogar erst, wenn, wie Moses Mendelssohn berichtet, »der Setzerjunge in seiner Stube ist, das Manuskript für die Druckerei zu holen«. Trotz all seiner journalistischen Kärrnerarbeit findet Lessing noch die nötige Muße, einige seiner lange zurückgehaltenen Projekte zu realisieren. Immer befindet er sich in diesen Jahren in einem Zustand schöpferischer Hochspannung. Immer auch bestürmen ihn neue Ideen, zu deren Gestaltung er die Gnade des günstigen Augenblicks abwarten kann.

In der Nähe seines neuen Berliner Domizils befinden sich damals auch die Quartiere vieler Berliner Künstler und Literaten. Es hat sich so etwas wie ein Berliner Schwabing in diesem Stadtviertel herausgebildet, dem man eine spezifisch geistige Atmosphäre nicht absprechen kann. Ramler und Sulzer wohnen in der Heilig-Geist-Straße, aber auch Nicolai und Mendelssohn leben nicht weit davon entfernt. Mylius allerdings ist inzwischen der Berliner Szene weit entrückt. Er hat eine wissenschaftliche Forschungsreise nach Surinam angetreten, wo er allerdings nie ankommen soll.

Endlich hatte Mylius nämlich die Erfüllung seines geheimsten Wunsches erreicht. Er kann seiner unwiderstehlichen »Begierde, die Natur zu erforschen, und der Lust zu reisen« hemmungslos nachgehen. Er ist es leid, länger als Journalist seine Haut zu Markte zu tragen und überall da, wohin er kommt, Ärgernis zu erregen. Nun möchte er ein Stück der neuen Welt für die Wissenschaft erobern, eine Terra incognita erforschen und die Heimat auf dem alten Kontinent mit seinen Forschungsergebnissen in Erstaunen versetzen.

Bei dem so einflußreichen Naturwissenschaftler und Dichter Albrecht von Haller stoßen seine hochfliegenden Pläne auf offene Ohren. Gelder aus den verschiedensten Quellen strömen für dieses Unternehmen zusammen. Damit sind die materiellen Voraussetzungen für das große Abenteuer des Christlob Mylius erfüllt. Nun, endlich, kann er aus dem Vollen schöpfen. Wochenlang rüstet er sich für seine Weltreise, die sich über Jahre hinziehen soll. Er läßt es an nichts fehlen, um das Geld seiner Spender unter die Berliner Lieferanten zu bringen. Aber noch ahnt niemand, daß hier ein Hasardeur am Werk ist, der nun auch als Naturwissenschaftler unsterblichen Ruhm an seinen Namen heften will. Reitet ihn nun wirklich der Teufel, mit dem ihm anvertrauten Kapital wie ein Bankrotteur zu wirtschaften?

Die großartig angekündigte Weltreise endet dann auch tragikomisch auf ihrer ersten Station, nämlich in London. Wochenlang hat sich der Weltreisende in Den Haag aufgehalten, wo er in naiver Selbstgefälligkeit seine Vorschußlorbeeren einzuheimsen versucht. Aber anstatt sich in London unverzüglich einzuschiffen und mit der Erfüllung seines Auftrages zu beginnen, fordert er von seinen Auftraggebern immer neue Mittel an. Da er nicht gewohnt ist, haushälterisch und sparsam zu wirtschaften, gerät er immer mehr in die Bredouille, bis man endlich zu begreifen beginnt, daß man hier einen Hochstapler vor sich hat, bei dessen Expedition es sich um ein böses Schwindelunternehmen handeln muß.

Schließlich kommt noch hinzu, daß der unwirtliche Londoner Winter diesem Lausitzer Pfarrerssohn gewaltig zusetzt. Die Bettelbriefe des Verschwenders stoßen inzwischen bei seinen Spendern auf Granit. Selbst der ihm so wohl gewogene Haller hat inzwischen begriffen, wem er da aufgesessen ist. Die Beschwörungen des fragwürdigen Weltreisenden rühren ihn längst nicht mehr. Die Aktien für den bedauernswerten Mylius fallen mehr und mehr. Am Ende ist er nicht mehr zu retten. Seine Schulden erreichen astronomische Ausmaße. Am 7. März 1754 stirbt er in London seinen einsamen Tod. Lessing hatte offenbar recht behalten, als der dem scheidenden Freund folgende Verse nachdichtete:

»Wohin, wohin treibt dich mit blutigen Sporen
Die Wißbegier, dich, ihren Held?

Du eilst, o Mylius! im Auge feiger Toren
Zur künftigen, nicht zur neuen Welt.«

Einen Ersatz für seinen abenteuernden Schwippvetter wird Lessing so bald nicht finden. Noch kann ihm Berlin mit seinen Poeten und Publizisten nicht sonderlich imponieren. Aber langsam werden sie mit der Aufklärung auch dieser Stadt zuwachsen. Zunächst haben die Franzosen noch alle kulturpolitischen Schlüsselstellungen fest in der Hand. Sie sind es, die künstlerisch den Ton angeben und nicht bereit sind, sich das große Sagen nehmen zu lassen.

Allerdings hat Voltaire inzwischen wegen seiner höchst fragwürdigen Transaktionen Berlin fluchtartig verlassen. Zuletzt hat er noch eines seiner hämischen Pamphlete gegen den Präsidenten der Berliner Akademie, seinen Landsmann Maupertuis, den der König nach wie vor protegiert, verfertigt. Aber nun tauchen auch schon in Lessings Blickfeld zwei neue Protagonisten des Berliner Kulturlebens auf, mit denen er als durchaus adäquaten Partnern von nun an einen intensiven und ergebnisreichen geistigen Austausch betreiben kann: Friedrich Nicolai und Moses Mendelssohn.

Nicolai, seines Zeichens versierter und erfolgreicher Verleger und Homme de lettres, handhabt die Feder auf eine durchaus respektable Weise. Er verfügt zudem über die erfrischende Spontaneität des Autodidakten, für den es keine institutionalisierten geistigen Autoritäten zu geben scheint. Mit Lessing teilt dieser Urberliner, der ebenfalls vor keinem noch so mörderischen polemischen Waffengang zurückschreckt, seinen unbändigen Wahrheitsfanatismus.

Vier Jahre jünger als Lessing, erkennt Nicolai durchaus die herausragende geistige Brillanz des Älteren an. Durch Lessings mitreißendes schriftstellerisches Temperament ist er zu seinen ersten literarischen Gehversuchen sogar erst angeregt worden. Soeben hat der Zweiundzwanzigjährige anonym seine »Briefe über den itzigen Zustand der schönen Wissenschaften in Deutschland« vorgelegt, die man ganz allgemein für eine Ar-

Christoph Friedrich Nicolai. Gemälde von Anton Graff

beit Lessings hält. Dieser zeigt sich dann auch von dem bekennerischen Pathos dieses jungen Mitstreiters, der sich auf seinem kühnen Parforceritt selbst von literarischen Autoritäten nicht einschüchtern läßt, ehrlich fasziniert.

Lessings zupackende Männlichkeit hatte den geborenen Berliner in eine harte Zucht genommen, noch ehe er ihm persönlich begegnet war. Nun ist ihre Waffenbrüderschaft im Kampf um die Beseitigung alter Zöpfe eine beschlossene Sache. Sie stehen von nun an in einer Phalanx gegen alle Gewalten, die den Weg zu einer bodenständigen deutschen Literatur blockieren wollen. In ihnen meldet sich die Stimme einer neuen Generation zu Wort, die sich endlich von sterilen ausländischen Vorbildern zu lösen versucht. Gemeinsam führen sie in Berlin eine neue geistige Ära herauf, die unter dem Begriff »Berliner Aufklärung« in unsere Geistesgeschichte eingehen wird. Ihre Aktivitäten sind ein Fanal für alle, die sich zu einer Entscheidungsschlacht für den deutschen Geist zu formieren beginnen.

Der noch jugendlich beschwingte Berliner Buchhändler hat das literarische Forum seiner Zeit in dem Augenblick betreten, als harte Kämpfe für die Sache der Vernunft auszubrechen begannen. Fast zwei Menschenalter lang soll Friedrich Nicolai dann noch von Berlin aus die unpopuläre Rolle eines Literaturpapstes für das gesamte deutsche Sprachgebiet ausüben. Er wird sich dabei als ein Berserker der Arbeit profilieren, der ein kaum noch überschaubares Lebenswerk hinterläßt.

Rückblickend bemerkt Nicolai über diese heroische Epoche seines Lebens: »Mit Lessing und kurz darauf mit Moses Mendelssohn ward ich Anfang 1755 bekannt. Die innigste Freundschaft verband mich mit beiden, und sie hat bis zum Tode dieser großen Männer fortgedauert... Wir waren damals alle drei in der Blüte unserer Jahre, alle drei voll Wahrheitsliebe und Eifer, alle drei von unbefangenem Geiste und hatten keine andere Absicht, als wissenschaftliche Ideen aller Art in uns zu entwikkeln. Keiner hatte gegen den andern Mißtrauen oder die geringste Zurückhaltung, vielmehr beseelte uns alle das uneingeschränkte Vertrauen. Daher bestand auch bei unserem mehr als zwanzigjährigen sehr genauen Umgange auch nicht ein einziges Mal das geringste Mißverständnis, obgleich fast jede unserer Zusammenkünfte Disputation war, durch die ohne Rechthaberei und Lehrton eine Menge Ideen bei jedem von uns heller wurde.«

Nicolai sollte seine Freunde und Mitstreiter um viele Jahre überleben. Seinem Kampfgeist ist es zuzuschreiben, daß er schließlich als hartumkämpftes Haupt der überlebten Berliner Aufklärung und als der große Buhmann unserer Literaturgeschichte, die dann ganz im Geist eines liberalen Klassizismus geschrieben wurde, der Nachwelt überliefert wurde.

Gleichwohl verkörpert dieser Berliner wie kein anderer den grandiosen Aufstieg Berlins zur geistigen Metropole, die schließlich über ganz Europa hinausstrahlte. Ihm verdankt Berlin unter anderem übrigens seine bedeutendste Topographie, die heute noch als eine unerschöpfliche Fundgrube unentbehrlicher soziologischer und kulturgeschichtlicher Fakten gilt.

Vor allem aber hat dieser vielgelästerte Nicolai mit seiner »Rezensieranstalt«, mit der »Allgemeinen deutschen Bibliothek«, in der er mit seinen Mitarbeitern in fast vierzig Jahren etwa achtzigtausend Neuerscheinungen kritisch vorstellte, vom Jahre 1765 an eine wahrhaft säkulare Leistung für die deutsche Literatur vollbracht, die nur durch seine überlegene Arbeitsökonomie überhaupt zu bewältigen war. Darüber hinaus ließ er ein voluminöses schriftstellerisches Werk zurück, das immer noch den höchsten Respekt abfordert. Für Lessing galt dieser Freund als die gelungenste Inkarnation des Berlinischen schlechthin. Er hielt ihn für gediegen, verläßlich, arbeitsbesessen und gescheit, wenn auch für eine gänzlich undämonische Natur.

Den mit Lessing gleichaltrigen Moses Mendelssohn hatte es als Vierzehnjährigen bettelarm aus Dessau nach Berlin verschlagen, weil er sich in den Kopf gesetzt hatte, in dieser Stadt sein Glück herauszufordern. Dieser Sohn jüdischer Eltern mußte erst mühsam die deutsche Sprache erlernen, ehe er sich seinen gesicherten Platz in unserer Geistesgeschichte erobern konnte. Die hingebungsvolle Lektüre des englischen Philosophen Locke hatte in diesem Autodidakten den scharfsinnigen Denker erweckt. Kaum hatte Lessing die ersten schriftstellerischen Versuche dieses gebrechlichen jungen Juden geprüft, betrieb er mit Nachdruck deren Veröffentlichung.

Die »Philosophischen Gespräche« stellten bereits eine durchschlagende Talentprobe dar. Diese Texte waren eine überzeugende Apologie einer betont optimistischen Weltsicht, wie sie Leibniz bereits vorgeprägt hatte. Dieses erste Buch, das ein Jude in deutscher Sprache erscheinen ließ, war ein offener Affront gegen den reichlich frivolen Voltaireschen Skeptizismus.

Lessing bestärkte auch weiterhin das Selbstgefühl dieses vom Geiste ergriffenen Juden, der seinen Glaubensgenossen als selbständig denkender Kopf auf dem Weg zu ihrer Emanzipation voranschritt. Das Echo, das seine Bücher in der deutschen

Lessing und Lavater bei Moses Mendelssohn

Öffentlichkeit fanden, ermutigte diesen auch als Kaufmann ungewöhnlich erfolgreichen jungen Mann zu weiteren schriftstellerischen Unternehmungen.

Das Zusammentreffen dieser Trias geistiger Exponenten Berlins war für die Kultur der Stadt ein ungewöhnlicher Glücksfall. Da sie allesamt keine öffentlichen Positionen bekleideten, konnten sie unverblümt ihre Meinungen äußern, ohne entsprechende Repressalien befürchten zu müssen. Fast jeden Morgen traf man sich zu anregenden und weiterführenden Gesprächen im Nicolaischen Garten oder aber abends in der »Baumannshöhle«, einem bekannten Weinlokal im Zentrum.

Überhaupt muß Lessings Kommunikationsbedürfnis damals geradezu unersättlich gewesen sein. So tritt er dem 1749 von dem Schweizer Schultheß gegründeten »Berliner Montagsklub« bei, der sich in einem Lokal in der Mohrenstraße zu einer gemeinsamen Abendtafel zu treffen pflegte. Man debattierte in diesem »lachenden Klub« nicht über Literatur und Kunst. Fachsimpelei war überhaupt unerwünscht. Man zechte und plauderte zwanglos und überließ den Ablauf des Gesprächs ganz dem Zufall. Erst spät in der Nacht ging man wieder auseinander.

Lessing ist in diesen Jahren sehr an jeder Ausweitung seines geistigen Horizontes gelegen. Seine intellektuelle Neugier scheint überhaupt keine Grenzen zu kennen. Schließlich lernt er nicht nur aus Büchern, die ihm ausreichend zur Verfügung stehen, sondern vor allem von Menschen. So ist seine Begegnung mit dem bekannten Komponisten und Flötisten des Königs, mit Johann Joachim Quantz, für ihn ebenso ein Gewinn wie seine Zusammenarbeit mit dem Kupferstecher Johann Wilhelm Meil, der sich dann noch als einfühlsamer Illustrator Lessingscher Texte bewähren sollte.

Die geistige Ausbeute der folgenden drei Jahre ist dann auch erstaunlich genug. Von 1753 bis 1755 läßt Lessing seine »Schriften« erscheinen, in deren erstem Band der 24jährige seine Verse zusammenstellt, während der zweite Band seine »Briefe« enthält. Vier weitere Bände mit seinen »Rettungen«, den Jugendlustspielen und mit »Miß Sara Sampson« werden noch folgen. Alles in allem eine respektable erste Ernte für einen jungen Autor, der eben erst die literarische Szene betreten hat.

Eben aus dieser Zeit konzentrierten Schaffens stammt auch eine Charakteristik Lessings von seinem sächsischen Landsmann Christian Nicolaus Naumann, der sich in Berlin als Hauslehrer durchschlägt und nebenbei seinen schriftstellerischen Ambitionen frönt. Er hatte soeben sogar ein allerdings kaum lesbares Heldengedicht in 24 Bänden mit dem Titel »Nimrod« zuwege gebracht.

»Nach der sanguinisch-cholerischen Blutmischung war G. E. Lessing Geist und Leben, Standhaftigkeit und Mut«, stellt dieser Landsmann, offenbar ein exzellenter Beobachter seiner Umwelt, fest. »Mitten unter gelehrten Beschäftigungen, ohne die er nie sein konnte, schien er, bei dem stets angestrengten Meditieren, zuweilen ein wenig zerstreut; doch im Grunde war er dies nicht. Er rekollegierte sich im Augenblick. In großen Gesellschaften hörte er bloß zu, eben wie Gellert. Desto redseliger im Zirkel vertrauter Freunde, tat er nichts weniger als zurückhaltend mit seiner Wissenschaft, die so ausgebreitet als profunde, vermöge des feurigen Temperaments sprach er viel und geschwind, aber durchdacht...

Ungern disputierte er über angenommene Sätze und behauptete das Gegenteil wie Peter Bayle, sein Liebling. Und da mochte man recht haben oder nicht, man war gefangen. Wenn er diesen Sieg sah und lächelte, heiterten sich bei ihm die Gesichtszüge noch mehr auf, die Augen, darin man seine Gedanken las, der ganze Witz und die Seele. Sinnreiche Einfälle aus dem Stegreif folgten einander, Pfeil auf Pfeil. Man ging nie von ihm hinweg, ohne etwas gelernt zu haben.

Sein stets fortwirkender Vollkommenheitstrieb ertrug das Mittelmäßige, wo er's fand, nur aus Politik oder aus Zwang. Ihm, dem strengen Verfechter der Wahrheit, waren die feinsten Schlingen der alten und neuen Sophisten ein Zeitvertreib. Ihre Kabale, die Scharlatanerie, die Intrige, das groß prahlende Nichts konnte er nicht ausstehen. Hingegen Pedanten von Metier und Meriten verzieh er viel und schätzte sie hoch. Auf diesen Schlag nannte er Leibnizen im guten Verstande den größten und venerabelsten Pedanten seiner Zeit. In der Tat hatte er die Güte des Geblüts, der Kraft und Stärke des Humeurs diese ihm natürliche Rechtschaffenheit zu verdanken, daß er nicht anders handeln konnte.

Vom Leichtsinn so weit entfernt als von der Grübelei, machten die Triebfedern der besseren und verfeinerten Ehrliebe zur Freimütigkeit, zum aufrichtigen Sinn des redlichen Mannes, der ohne Menschenfurcht immer gleich durchgeht, wie zur Offenherzigkeit mit Verstande vor anderen ihn so geneigt. Wem er einmal seine Freundschaft schenkte, wen er prüfte und wählte, dem blieb er ein beständiger, ein ohne Absicht sehr nützlicher Freund, dem er die Fehler nicht bitter, sondern lachend sagte, für den er fast mehr als für sich selbst sorgte, vollkommen wie der alte römische Horaz, dem er in der Lebensart, in der Philosophie, im gedrungenem nervösen Stil ziemlich gleich kam.«

In dieser Zeit ist Lessing als Kritiker in ganz Deutschland nicht mehr zu übersehen. Ins Gespräch kommt er vollends, als er sich mit dem Laubinger Pfarrer Samuel Gotthold Lange anlegt, der mit seiner Horaz-Übersetzung soeben den ungeteilten Beifall der gesamten literarischen Welt quittieren konnte. Lessing wiegt jedoch dieses Opus etwas genauer und befindet es als viel zu leicht. Seinen höheren Ansprüchen hält es jedenfalls nicht stand.

Horaz, so verdichtet sich sein Eindruck nach der Lektüre, ist von diesem Pseudopoeten auf eine kaum noch zu tolerierende Weise zerstümpert worden. Lessing, der seit seinen »Rettungen des Horaz« für sich in Anspruch nehmen kann, so etwas wie ein Horaz-Experte zu sein, weist Lange Fehler über Fehler nach und bricht damit unsanft in das bis dahin abgeschirmte ländliche Idyll dieses sächsischen Pfarrherrn ein, den viele für einen Dichter halten und für dessen versifizierte pietistischen Gefühlsseligkeiten man sich im damaligen Deutschland noch erwärmen kann. Obwohl seine Horaz-Übersetzung dem König zugeeignet ist und Lange es bereits zum Sitz in der Berliner Akademie gebracht hat, kontert Lessing unbekümmert um alle Folgen, die ihm drohen könnten, diesem unfreiwillig komischen Angriff auf Geist und Größe des einzigartigen Römers und schreibt einen der glänzendsten Verrisse seiner Frühzeit.

Lange wehrt sich, wie man sich denken kann, verzweifelt seiner Haut. Aber noch kann er nicht wissen, mit wem er sich da angelegt hat. Als er Lessing unterstellt, ihn erpressen zu wollen, holt dieser zum vernichtenden Gegenschlag aus. In wenigen Tagen bringt er sein »Vademecum für den Herrn Sam. Gotth. Lange, Pastor in Laublingen, in diesem Taschenformat ausgeführt« zu Papier. Es handelt sich bei diesem »Vademecum« um eine polemische Schrift, wie es lange keine mehr von dieser kaustischen Schärfe in Deutschland gegeben hatte. Sie war von einer Brisanz, die den Gegner vernichten mußte und die wir auch heute noch bei der Lektüre zu spüren bekommen.

Gleich zweihundert Fehler weist Lessing dem Horaz-Übersetzer, der sich als zentrale Gestalt des sächsischen Dichterkreises aufspielt, auf Anhieb nach. Als Lange dann, in die Enge getrieben, blindlings zurückschlägt, vergröbert Lessing die angeschlagene rüde Tonart noch um einige Nuancen.

»Unser Streit, mein Herr Pastor«, stellt er dann rückblikkend fest, nachdem sich die Wogen wieder etwas geglättet hatten, »war grammatikalisch, das ist, über Kleinigkeiten, die in der Welt nicht kleiner sein können. Ich hätte mir nimmermehr eingebildet, daß ein vernünftiger Mann eine vorgeworfene Unwissenheit in denselben für eine Beschimpfung halten könne, für eine Beschimpfung, die er nicht allein mit einer gleichen, sondern auch noch mit boshaften Lügen rächen müsse.«

Auf die verzweifelten Rundumschläge des Pastors gibt Lessing zu verstehen, »daß Sie noch außer Ihrer Unwissenheit eine sehr nichtswürdige Art zu denken verraten haben, mit einem Worte, daß Sie ein Verleumder sind«. Was sich zunächst als Streit um allerdings frappierende Grammatikfehler entspann, wird zu einer Polemik, in der auf seiten Lessings bald die Fetzen nur noch so fliegen.

Wieder einmal hatte der junge Kritikus ins Schwarze getroffen, als er die erste seiner großen Streitschriften vorlegte, mit denen er dann nach einem Wort Heinrich Heines seine Gegner zu töten pflegte, um sie auf diese Weise unsterblich zu machen. »In Lessings Kritik erhalten sie sich nun für ewige Zeiten wie Insekten, die sich in einem Stück Bernstein verfangen«, meinte dieser in Hinblick auf den Polemiker Lessing.

Die Welt hatte wieder einmal die Klaue eines Löwen zu spüren bekommen. Für die literarische Kritik jener Jahre, die Langes dem preußischen König gewidmetes Machwerk unbesehen mit den höchsten Superlativen bedacht hatte, war es nunmehr höchste Zeit, schleunigst umzulernen und nicht opportunistische Lobhudeleien von sich zu geben. Jedenfalls wird sich von nun an in diesem Land jeder davor scheuen, sich mit diesem Lessing anzulegen, der die Rolle eines kritischen Scharfrichters übernommen hatte und mit einer guten Portion jugendlicher Impertinenz dann auch das Feld behauptete.

Durch diese Attacke gegen ein Akademie-Mitglied und einen Protegé des Königs verbessert sich Lessings Verhältnis zu diesem keineswegs. Es bleibt weiterhin unterkühlt. Kein Strahl von Friedrichs Sonne wird ihn je treffen, keine Stellung im Staate, wie sie seinem ungewöhnlichen Format entsprochen hätte, fällt ihm zu. Immer fühlt er sich übersehen und gänzlich unsentimental an den Rand gestellt. Immer muß er weit weniger Würdigen den Lorbeer überlassen. Aber Lessing wäre nicht Lessing gewesen, hätte er deswegen mitten in seinem Kampf um eine neue deutsche Literatur resigniert die Segel gestrichen und kapituliert. Angesichts der stillschweigend ertragenen Demütigungen fällt dann gelegentlich das auf Friedrich gemünzte Wort: »Ein König mag immerhin über mich herrschen; er sei mächtiger, aber besser dünke er sich nicht.«

Gleichwohl beschäftigen ihn die literarischen Arbeiten des Königs unablässig. So übersetzt er im Frühjahr 1753 dessen »Trois lettres aux public«, eine gepfefferte Satire, durch die der König Österreich und Rußland, die ein Geheimabkommen gegen ihn abgeschlossen hatten, einschüchtern will. Dazu bedient er sich einer wahrhaft ätzenden Ironie, indem er fingiert, Preußen habe mit Monaco ein Schutz- und Trutzbündnis abgeschlossen, und die preußische Flotte liege bei Halberstadt zur Abwehr überraschender Angriffe bereit. Mit ungleich weniger innerer Beteiligung rang sich Lessing jährlich zu Friedrichs Geburtstag im Januar ein Glückwunschkarmen ab. Augenscheinlich besaß der freieste deutsche Autor nicht das Zeug für einen Byzantiner. Vielmehr regte sich in ihm das neue Selbstbewußtsein des sich gerade emanzipierenden deutschen Bürgertums im Zeitalter der Aufklärung besonders demonstrativ.

Zwar bleibt Lessing immer wieder durch seine konzentrierte redaktionelle Tätigkeit am Schreibtisch gefesselt. Daneben aber stiehlt er sich sehr wohl die Zeit, um nach einem wohlausgewogenen Konzept Schritt für Schritt seine schriftstellerische Existenz aufzubauen. Im Jahre 1754 gibt er daher die »Vermischten Schriften des Herrn Christlob Mylius« heraus.

Wer aber geglaubt hätte, Lessing würde mit dieser Publikation eine Dankespflicht an den Freund seiner frühen schriftstellerischen Tage abstatten, sieht sich getäuscht. Er versieht diesen Band vielmehr mit einer Vorrede in sechs Briefen an einen fingierten Bewunderer des Freundes, die in einer kühlen Distanzierung gegenüber dem skandalumwitterten Mylius geschrieben ist, so daß seine Gegner, die ohnehin nicht gern eine Gelegenheit auslassen, ihm am Zeuge zu flicken, mit der bissigen Bemerkung kontern: »Gott schütze uns vor solchen Freunden!«

Mylius hatte sich in der Tat in Lessings Vorstellungswelt im Laufe der Jahre von einem nacheiferungswürdigen Idol in ein geradezu abschreckendes Gegenbild verwandelt, von dem er sich schleunigst zu distanzieren hat, um nicht ein ähnliches Schicksal zu erleiden. Um sich davor zu bewahren, fällt sein Myliusbild reichlich düster aus. Dem ziellosen Betriebsfetischismus des Verstorbenen setzt er ein geschlossenes Lebenskonzept entgegen. Er kennt die Grenzen seines Naturells zu genau, um nicht einzusehen, daß er sich in vielem in der Person dieses Glücksritters gespiegelt sehen kann.

Mit dieser Abrechnung seiner Vergangenheit bricht Lessing nun auch endgültig mit seinen journalistischen Ambitionen. Er hat nicht mehr oder weniger im Sinn, als sich nunmehr anspruchsvolleren und zeitloseren Themen zuzuwenden. Daher nimmt er all seine geistigen Kräfte zusammen, um sein kritisches Metier in Zukunft mit noch fundierteren Kenntnissen und einem noch entschiedeneren moralischen Einsatz auszuüben. In den nun folgenden Jahren steigert er sich in der Tat zu jener ethischen Instanz in Deutschland, der Goethe noch seine uneingeschränkte Bewunderung zollte. Er wurde in der Tat jener Charakter, der durch die Gewalt seines Wortes evolutionierende Wirkungen erzielen konnte.

Gerade in diesen Tagen schließt sich Lessing eng an Moses Mendelssohn an, den er nicht nur als integren Menschen, sondern auch als profunden Denker schätzen gelernt hat. Er hatte, wie wir hörten, den jungen Juden mit dessen »Philosophischen Gesprächen« in die Literatur eingeführt. Nun nimmt er mit ihm gemeinsam eine Preisaufgabe der Berliner Akademie vor, die an Hand von Alexander Popes »Essay of Man« eine kritische Überprüfung des philosophischen Optimismus vorschreibt.

Die Berliner Akademiker sind auf die abstruse Idee verfallen, Leibnizens imponierende Lehre von dieser Welt als der besten aller Welten plausibel zu widerlegen. Diese Borniertheit der etablierten preußischen Kulturfunktionäre wirkt auf Lessing wie ein Affront. Er sieht in dieser Entgleisung aber zugleich einen willkommenen Anlaß, diese Kathederphilosophen nun endlich einmal von ihrem hohen Roß herunterzuholen.

Mit Moses Mendelssohn gemeinsam unternimmt er daher eine satirische Diskreditierung der Akademiker. Beide verfassen eine Schrift mit dem Titel »Pope ein Metaphysiker« und lassen sie 1755 anonym im Danziger Verlag Schuster erscheinen. Ritterlich brechen sie eine Lanze für den großen Leibniz, an dem man Denkmalsdemontage zu betreiben im Begriff ist, obwohl er doch immerhin der Gründer der Akademie gewesen war. Dieser Schrift kann man in Lessings Gesamtwerk etwa den Stellenwert jener »Rettungen« zuschreiben, die er immer dann zu unternehmen sich moralisch verpflichtet fühlte, wenn er wieder einmal einen der wirklich Großen im Weltreich des Geistes von subalternen Geisteseunuchen von ihrem Podest gestoßen sah.

Natürlich wurde diese satirisch gemeinte Schrift nicht für den ausgeschriebenen Wettbewerb konzipiert. Sie wäre ohnehin nicht für einen Preis in Betracht gekommen, da sie die Fragestellung schnöde desavouierte. Beim Publikum jedoch verfehlte sie ihre beabsichtigte Wirkung keineswegs, nämlich Maupertuis und seine unseriöse Kumpanei der Lächerlichkeit preiszugeben. Lessing läßt den gemeinsamen Essay mit einem Wort Popes ausklingen, wonach dieser sich den philosophischen Bart nur für eine kleine Weile umgehängt habe, um ihn bald wieder abzulegen und ein Gespött aus dieser Vermummung zu machen. »Wie sehr sollte er sich also wundern, wenn er erfahren könnte, daß gleichwohl eine berühmte Akademie diesen falschen Bart für wert erkannt habe, ernsthafte Untersuchungen darüber anzustellen.«

Das dominierende und durchschlagende Ereignis in Lessings Biographie während dieser Berliner Jahre aber ist die Entstehung seines bürgerlichen Trauerspiels »Miß Sara Sampson«, das er von Ende Januar bis Mitte März 1755 in einem entlegenen Potsdamer Gartenhaus zu Papier brachte.

Wieder einmal führt er sich wie so oft schon auf: Plötzlich ist er über Nacht für ein paar Wochen aus Berlin verschwunden, ohne daß jemand weiß, wo er sich aufhält. Seine Freunde rätseln an den Gründen seines jähen Aufbruchs herum. Sie wissen, daß es zu seinen genialischen Allüren gehört, sich wie aus heiterem Himmel ihrer Gegenwart zu entziehen. So meldet Ramler am 20. März an Gleim nach Halberstadt: »Jetzt ist Herr Lessing wieder hier und läßt Sie grüßen. Was er in Potsdam, wo er gewesen, gemacht hat, will ich morgen erfahren. Heute habe ich nichts herausgekriegt. Ich glaube, er hat einen neuen Band zu seinen kleinen Schriften hinzugeschrieben.« Was er jedoch wirklich aus Potsdam mitbrachte, war nicht mehr oder weniger als das erste deutsche bürgerliche Trauerspiel.

Diesmal scheint Lessing als Stückeschreiber hoch über sich hinausgewachsen zu sein. Er hat sich genug in der internationalen Dramenliteratur umgetan, um auf die übliche Statisterie der Narren und obskuren Figuren diesmal verzichten zu kön-

Johann Wilhelm Ludwig Gleim. Gemälde von Hempel

nen. Ganz im Sinne seiner so empfindsamen Zeit will er ein bürgerliches Drama schreiben, bei dem geweint und geschluchzt werden darf.

Man hat auch schon eine Anekdote parat, um Lessings neue Vorliebe für tränenrührende Stücke zu motivieren. »Lessing war mit Mendelssohn bei der Vorstellung eines französischen Zeitstückes«, wollte man wissen. »Der letztere zerfloß in Tränen. Am Ende des Stückes fragte er seinen Freund, was er dazu sage. Daß es keine Kunst ist, alte Weiber zum Heulen zu bringen, versetzte Lessing. Das ist leicht gesagt, aber nicht so leicht getan. Was gilt die Wette, sagte Lessing, in sechs Wochen bringe ich Ihnen ein solches Stück. Sie gingen die Wette ein, und am folgenden Morgen war Lessing aus Berlin verschwunden. Er war nach Potsdam verreist, hatte sich in einer Dachstube eingemietet und kam nicht davon herunter. Nach Verlauf von sechs Wochen erschien er wieder bei seinen Freunden, und ›Miß Sara Sampson‹ war vollendet.«

Lessing hatte es auffallend eilig damit, dieses Stück, das er offenbar selbst für einen Geniestreich hielt, an die Öffentlichkeit zu bringen. Gleich nach seiner Rückkehr aus Potsdam gab er es in die Druckerei und kündete es schon am 26. April in der eigenen Zeitung mit folgenden Worten an: »Ein bürgerliches Trauerspiel! Mein Gott! Findet man in Gottscheds kritischer Dichtkunst ein Wort von so einem Dinge? Dieser berühmte Lehrer hat nun länger als zwanzig Jahre seinem lieben Deutschland die drei Einheiten vorgepredigt, und dennoch wagt man es auch hier, die Einheit des Ortes recht mit Willen zu übertreten. Was soll daraus werden?«

Es wurde einer der bedeutendsten theatralischen Erfolge Lessings daraus. Überdies eröffnete das Stück eine unübersehbare Reihe von bürgerlichen Tragödien, an denen sich Talente und Halbtalente austobten, ohne daß einer je das große Vorbild Lessings erreicht hätte.

In der Tat war dieses Drama im Stil der französischen Comédie larmoyante ein Fanal. Mit dem barocken und heroischen Schwulst auf den deutschen Bühnen schien es damit vorerst ein Ende zu haben. Lessing war sich selbst kaum im klaren darüber, daß er mit den Charakterfiguren seines Stückes die deutsche Bühne für lange Zeit mit unverwechselbaren Gestalten bereichert hatte. Sara wurde die Stammutter aller jüngeren Sentimentalen. Emilia Galotti, Goethes Stella und Schillers Luise Millerin sind von ihrem Fleisch und Blut und ohne sie nicht zu denken. Aber auch Sir William Sampson, das Urbild aller soignierten Heldenväter, und der wankelmütige Mellefont als Muster problematischer Helden wie Clavigo, Fernando oder Weislingen sind genuine Produkte von Lessings Imagination.

Inspiriert war dieser überraschende Wurf allerdings nach Lessings eigenem Eingeständnis von englischen Dramatikern, die in der Epoche der Empfindsamkeit spektakuläre Erfolge zu verzeichnen hatten. Der Londoner Juwelenhändler William

Lillo, der in seinen Mußestunden sich zum Stückemacher berufen fühlte, hatte mit seinem 1731 zuerst aufgeführten Drama »George Barnwell oder der Kaufmann von London« Theatergeschichte gemacht. Es handelte sich dabei um die Geschichte eines Lehrlings, der unter dem Einfluß einer Prostituierten in ein schlechtes Milieu gerät, mordet und stiehlt und schließlich – wie sollte es anders sein? – am Galgen landet. Selbst seine herzbewegenden Reuearien haben ihn nicht vor dem tragischen Ausgang dieser moralischen Story bewahren können.

An diesem Modell kann Lessing sich messen, als er sich nach Potsdam in Klausur begibt. »So wie ich unendlich lieber den allerungestaltesten Menschen mit krummen Beinen, mit Bukkeln hinten und vorne erschaffen als die schönste Bildsäule des Praxitiles gemacht haben wollte, so wollte ich unendlich lieber der Urheber des Kaufmanns von London als des sterbenden Cato (von Gottsched) sein«, schreibt er in seiner Vorrede. »Bei einer einzigen Vorstellung des ersten sind auch von den Unempfindlichsten mehr Tränen vergossen worden als bei allen möglichen Vorstellungen des andern auch von den Empfindlichsten nicht können vergossen werden.«

Die Fabel, mit denen Lessing sein Publikum konfrontiert und zu Tränen rührt, ist schnell erzählt. Mellefont, Angehöriger der englischen Oberschicht, verläßt um Saras willen, die ihm ihre ganze Seele geschenkt hat, seine Geliebte Marwood, mit der er ein Kind hat. In einer Begegnung der unschuldigen Sara mit der Mätresse ihres Geliebten gibt diese sich als ihre Rivalin zu erkennen und rächt sich an dem nichtsahnenden Mädchen durch Gift.

Lessing hatte diesmal mit sicherem Theaterinstinkt auf Erfolg kalkuliert und damit ins Schwarze getroffen. Er hatte nicht nur Menschen aus Fleisch und Blut geschaffen, sondern auch Gestalten, mit denen sich das Publikum voll identifizieren konnte. Die Ergriffenheit der Zuschauer erreichte dann auch schon bei der Uraufführung bis dahin unerreichte Ausmaße.

»Miß Sara Sampson« wurde am 10. Juli 1755 durch die Akkermannsche Truppe in Frankfurt an der Oder aufgeführt und von einem hingerissenen Parkett frenetisch akklamiert. Auch die Kritik testierte dem Autor, literarisches Neuland betreten und Pionierdienste geleistet zu haben. Er hatte das bürgerliche Milieu für das deutsche Theater erobert.

Es sind nun nicht mehr gekrönte Häupter, die man auf der Bühne agieren sieht. Keine statuarischen Heroen, keine abgelebten Götterbilder fungieren mehr als Protagonisten einer Handlung, die nicht bis zum Zentrum der Zeitgenossen vordringt. Lessings Geschöpfe leben individuelles menschliches Leben zu Ende. Was er in seinem »Samuel Henzi« erst zaghaft angedeutet hatte, wurde diesmal zu einem nachhaltigen theatralischen Ereignis.

Lessings »Miß Sara Sampson« war der erste wirkungsvolle Schlag gegen die inzwischen unerträglich gewordene schwulstige Barocktragödie. Natürlich hatte der Autor über viele Jahre hin nach vielen Vorübungen systematisch auf dieses Ziel hin gearbeitet. Diese Geschichte von einem tugendsamen Mädchen, das von einem gewissenlosen Verführer getäuscht wird und schließlich wie eine Heilige sterben muß, entsprach ganz dem Geschmack jener Zeit. Das Thema ist seitdem in vielen Romanen bis hinab zur reinen Trivialliteratur variiert worden.

Über die Frankfurter Uraufführung schreibt Ramler, der Lessing nach Frankfurt begleitet hatte: »Die Zuschauer haben drei Stunden und eine halbe Stunde zugehört, stille gesessen wie Statuen und geweint.«

Friedrich Nicolai berichtet von einem geradezu fulminanten Theaterabend, als das Stück ein Jahr darauf von der Schuch'schen Gesellschaft in Berlin aufgeführt wurde.

»Ehe ich Ihnen genauer von der Aufführung Nachricht gebe, muß ich Ihnen sagen, daß ich ungemein gerührt worden bin, daß ich bis an den Anfang des fünften Aktes oft geweint habe, daß ich aber am Ende desselben und bei der ganzen Szene mit Sara vor starker Rührung habe nicht mehr weinen können. Das ist mir noch bei keinem Trauerspiel begegnet.«

Gellert erging es kaum besser bei der Lektüre des Stückes. Auch er bekennt, sein Schnupftuch durch- und durchgeweint zu haben. Verständlich, das solch ein Stück, das ein völlig neues Lebensgefühl artikulierte, überall nachgespielt und in viele Sprachen übersetzt wurde.

Das Ehepaar Ackermann, das selbst die Hauptrollen des Mellefont und der Marwood bei der Uraufführung gespielt hatte, führte dieses Zugstück, das Gottsched als einen Affront gegen seine Theorien empfinden mußte, auch in Danzig vor einem erschütterten Parkett auf. In der Schönemannschen Truppe spielte sogar Ekhof den Mellefont mit beachtlicher Bravour. Sogar die Lorenzin, Lessings Freundin aus vergangenen Leipziger Tagen, inzwischen Witwe des Impresario Huber, nahm das Stück in ihr Repertoire im Wiener Kärtnertor-Theater auf. Huber hatte es noch vor seinem Tode bearbeitet und es mit dem grob verfremdenden Titel versehen: »Neues bürgerliches Trauerspiel in fünf Handlungen, aus dem Englischen gezogen, betitelt Mißsara und Sirsampson. Mit Hanswurst, des Mellefont getreuen Bedienten«. Man hatte sich an der Donau also wieder einmal einen Rückfall ins dramaturgische Mittelalter geleistet. Offenbar konnte Hubers Witwe damit einen exorbitanten Erfolg verbuchen.

Über erfolgreiche Aufführungen außerhalb des deutschen Sprachgebiets wußte später Lessings Bruder Karl zu berichten. Das Stück wurde auch, wie er nicht ohne Stolz feststellt, »mit vielen Veränderungen in das Französische und Dänische übersetzt, und die erstere Übersetzung sogar zu St. Germain bei dem Herzoge von Noailles, vor dem Herzoge von Choiseul und einem Teil des Königlichen Hofes mit großen Beifall aufgeführt«.

Nach dem säkularen Erfolg seiner »Miß Sara Sampson«, die noch Devrient als das Ei des Kolumbus der deutschen dramatischen Literatur bezeichnen konnte, legte Lessing abermals so etwas wie eine schöpferische Pause ein. Wieder einmal sucht er, wenn auch nur vorübergehend, ein neues Umfeld zur Vollendung seiner geistigen Taten. Er folgt gleichsam nachtwandlerisch seinem dunklen Drang zu reisen. Die Welt, die er bisher nur aus Büchern kennt, soll sich ihm bekanntmachen. Er hat es satt, Tag für Tag mit einer Kärrnerarbeit an seinem Schreibtisch zu verbringen. Drei ganze Jahre, so wenigstens hat er sich vorgenommen, soll die Welt nichts mehr von ihm zu hören und zu sehen bekommen.

»Ich muß allerdings zu keiner unglücklichen Stunde aus Berlin gegangen sein«, schreibt er sich vom Herzen. »Sie wissen den Vorschlag, welchen mir Prof. Sulzer wegen einer Reise in fremde Länder tat. Aus diesem wird nun ganz gewiß nichts, weil ich einen anderen angenommen habe, welcher ungleich vorteilhafter für mich ist. Ich werde nämlich nicht als ein Hofmeister, nicht unter der Last eines mir auf die Seele gebundenen Knabens, nicht nach den Vorschriften einer eigensinnigen Familie, sondern als der bloße Gesellschafter eines Manns reisen, welchem es weder an Vermögen noch an Willen fehlt, mir die Reise so nützlich und angenehm zu machen, als ich mir sie nur selbst werde machen wollen. Es ist ein junger Winkler, ohngefähr von meinen Jahren, von einem sehr guten Charakter, ohne Eltern und Freunde, nach deren Grillen er sich richten müßte. Er ist geneigt, mir alle Einrichtungen zu überlassen, und am Ende wird er mehr mit mir als ich mit ihm gereist sein.«

Lessings Pläne für die nächsten drei Jahre sind minuziös festgelegt. Der reiche Leipziger Patrizierssohn, mit dem gemeinsam er sich ein neues Stück Welt erobern will, heißt Gottfried Winkler und ist von der gleichen Fremdseligkeit wie er ergriffen.

Am 10. Mai 1756 tritt man die große Reise in der Tat von Leipzig aus mit hochgespannten Erwartungen an. In Halberstadt wird zunächst Gleim aufgesucht, dann geht es über Braunschweig nach Wolfenbüttel, wo Lessing sein späteres Domizil zum ersten Mal kennenlernen soll. Hildesheim, Hannover, Celle, Lüneburg und Hamburg sind die nächsten Stationen dieser Bildungsreise. Am 13. Juni begegnet er Klopstock, und am 20. Juli schreibt Lessing einen knappen Brief an Nicolai.

»Dieser kleine Brief sei, was im Sprichwort zu sagen pflegt, eine Wurst nach der Speckseite. Ich schreibe Ihnen nur in ein paar Worten, daß meine Reise bisher sehr glücklich gewesen ist und daß ich in Amsterdam, wo wir in acht Tagen sein werden, gern einen langen Brief von Ihnen bekommen möchte. Herr Voß weiß meine Adresse. Ich ziehe nun eben den hintersten Fuß nach, um aus Deutschland zu treten. Schreiben Sie mir alles, wovon wir geplaudert haben würden, wenn wir noch jetzt sechs Häuser voneinander wohnten. Von Holland aus will ich Ihnen auch dafür recht Vieles schreiben. Ich habe eine Menge unordentlicher Gedanken über das bürgerliche Trauerspiel aufgesetzt.«

Seine Hoffnungen und Erwartungen sind ganz auf England gerichtet, das klassische Land des Theaters, von dem er sich Anregungen verspricht, wenn er auf den Pfaden Shakespeares und Marlowes wandeln wird. An den Vater ergeht dann noch die Nachricht, daß er am 29. Juli glücklich in der holländischen Hauptstadt angekommen ist. »Sobald wir von hier aus die übrigen vereinigten Provinzen werden besucht haben, werden wir nach England übergehen«, schließt dieser so erwartungsvoll gestimmte Brief.

Nur wenig später, am 29. August 1756, überschreiten Friedrichs Truppen die Grenze nach Sachsen. Damit hat der Krieg Preußen gegen die Große Koalition begonnen, der sich über sieben furchtbare Jahre erstrecken soll. Unter diesen Umständen verzichtet Winkler auf eine Fortsetzung der Reise. Stehenden Fußes tritt man die Rückreise nach Leipzig an. Der Kaufmann Winkler muß sich vor Ort in Leipzig darum kümmern, von seinen Reichtümern soviel zu retten, wie überhaupt noch zu retten ist. Lessing zeigt sich maßlos frustriert. Er sieht sich um das wahrscheinlich bedeutendste Erlebnis seines Lebens hintergangen. Das Zerplatzen dieser schönen Illusion geht, wie er beteuert, einzig zu Lasten des preußischen Königs.

»Da sehen Sie einmal, was mir der Krieg für Schaden tut«, beklagt er sich bei Ramler. »Ich und der König von Preußen werden eine gewaltige Rechnung miteinander bekommen! Ich warte nur auf den Frieden, um sie auf eine oder die andere

Ewald Christian von Kleist

Weise mit ihm abzutun. Da nur Er, Er allein, die Schuld hat, daß ich die Welt nicht gesehen habe, wär' es nicht billig, daß er mir eine Pension gäbe, wobei ich die Welt vergessen könnte? Sie denken, das wird er fein bleiben lassen! Ich denke es nicht weniger; aber dafür will ich ihm auch wünschen, – daß nichts als schlechte Verse auf seine Siege mögen gemacht werden!«

In Leipzig legt sich Winkler mit der preußischen Besatzung an, während man Lessing munter pokulierend mit preußischen Offizieren in den Kneipen antreffen kann. Man wird sich dann noch in Prozessen, die sich über Jahre hinziehen, wegen der noch ausstehenden Honorare gehörig auseinandersetzen, bis Lessing dann endlich wenigstens die Hälfte des eingeklagten Betrages kassieren kann.

Die nächsten Monate in Leipzig stehen denn aber ganz im Zeichen der Männerfreundschaft Lessings mit Ewald von Kleist, dem damals gerade zu hohem Ruhm gelangten Dichter des »Frühling«. Kleist, der als Major in Leipzig stationiert ist, öffnet sich dem kongenialen Freund widerstandslos. Offenbar wittert er so etwas wie eine Geistesverwandtschaft. Als Leiter eines in Leipzig errichteten Feldlazaretts bleibt ihm genügend Zeit, sich mit Lessing auszutauschen und an seinem Seneca-Drama zu bosseln. Er wird später, nachdem er in Kunersdorf verwundet wurde und zehn Tage darauf stirbt, das Vorbild zu Lessings edlem Major von Tellheim, einer preußischen Idealgestalt schlechthin, abgeben. Der vierzehn Jahre ältere Offizier, dem die Literatur stets eine Sache des Herzens war, findet in Lessing einen Gesprächspartner, der ihm die monotone Muße des Lebens in der Etappe vertreibt. Monatelang leben sie in einer sie gegenseitig befruchtenden geistigen Gemeinschaft. Sie unternehmen Wanderungen und besuchen gemeinsam Konzerte und Theateraufführungen, bis Kleist im Mai 1758 wieder an der Front eingesetzt wird. Von da an bindet Lessing nichts mehr an Leipzig. So spontan, wie er damals vor drei Jahren Berlin den Rücken gekehrt hatte, taucht er nun wieder in der Stadt seiner frühen Erfolge auf, zwar ohne die von vielen erwartete Ernte neuer Dramen, aber um viele und entscheidende menschliche Erfahrungen bereichert.

Ewald von Kleist wird eine der großen Schicksalsgestalten in Lessings Leben bleiben. Monatelang wird er um sein Leben bangen, und als ihn dann das Soldatenlos bei Kunersdorf ereilt, wendet sich Lessing zutiefst betroffen an Gleim, um seinen Schmerz um den Freund abzuladen.

»Ich setze in der größten Verwirrung die Feder an«, heißt es in diesem Brief. »Ich weiß, Sie werden sich alle Posttage nach einem Brief von mir umsehen; ich muß Ihnen also nur schreiben, ob ich Ihnen gleich auch jetzt noch nichts ganz Zuverlässiges von unserem teuersten Kleist melden kann...

Er soll nicht mehr als sechs Kugeln haben, der rechtschaffene Mann! Er hat sich – und das hat nicht allein der Oberste, sondern das haben ihm noch viele andere Offiziere gesagt – an dem unglücklichen Tage außerordentlich hervorgetan. Er hat die ersten Wunden gar nicht geachtet, sondern ist vor seinem Bataillon noch immer zu Pferde geblieben, und als er endlich gestürzt, hat er noch auf der Erde seinen Leuten zugerufen und sie aufs beste angefeuert. Doch auch hier hat alles nicht helfen wollen. Er hat müssen auf der Wahlstatt liegen bleiben und ist so, nebst allen anderen schwer Verwundeten den Russen in die Hände gefallen...«

Als Lessing dann mit der Post vom 6. September die niederschmetternde Nachricht vom Tode des Majors und Dichters Ewald von Kleist erfährt, setzt er abermals die Feder an.

»Ach, liebster Freund, es ist leider wahr«, schreibt er an Gleim nach Halberstadt hinüber. »Er ist tot. Wir haben ihn gehabt. Er ist in dem Hause und in den Armen des Professor Nicolai gestorben. Er ist beständig, auch unter den größten Schmerzen, gelassen und heiter gewesen. Er hat sehr verlangt, seine Freunde noch zu sehen. Wäre es doch möglich gewesen! Meine Traurigkeit über diesen Fall ist eine sehr wilde Traurigkeit. Ich verlange zwar nicht, daß die Kugeln einen anderen Weg nehmen sollen, weil ein ehrlicher Mann da steht.

Manchmal verleitet mich mein Schmerz, auf den Mann selbst zu zürnen. Er hatte drei, vier Wunden schon. Warum ging er nicht? Es haben sich Generale mit wenigeren und kleineren Wunden unschimpflich bei Seite gemacht. Er hat sterben wollen. Vergeben Sie, wenn ich ihm zuviel tue... Er wäre auch an der letzten Wunde nicht gestorben, sagt man; aber er ist versäumt worden. Ich weiß nicht, gegen wen ich rasen soll. Die Elenden, die ihn versäumt haben!«

Dringend rät Lessing seinem Freund Gleim davon ab, einen Nekrolog in Versen einem Band beizusteuern, den der Frankfurter Professor Nicolai, ein Bruder des Berliner Verlegers übrigens, herauszugeben gedenkt. Er findet die Trauerrede des Professors höchst unzureichend und empört sich: Kleist hätte lieber eine Wunde mehr mit ins Grab genommen, als sich solch Zeug nachschwatzen zu lassen. »Hat ein Professor wohl ein Herz? Er verlangt itzt auch von mir und Ramler Verse, die er mit seiner Rede zugleich will drucken lassen. Wenn er eben das auch von Ihnen verlangt hat und Sie erfüllen sein Verlangen – Liebster Gleim, das müssen Sie nicht tun! Das werden Sie nicht tun! Sie empfinden itzt mehr, als daß Sie, wenn Sie empfinden, sagen könnten, Ihnen ist es auch nie wie einem Professor gleich viel, was Sie sagen und wie Sie es sagen. Leben Sie wohl. Ich werde Ihnen mehr schreiben, wenn ich werde ruhiger sein.«

Berlin III

Als Lessing im Mai 1758 nach Berlin zurückkehrte, hatten die Berliner den Krieg bereits in nächster Nähe miterlebt und den Horror der österreichischen Besatzung mit einigem Anstand überstanden. Berlin hatte eine merkliche Metamorphose durchgemacht. Noch stecken seinen Bürgern die Schrecken des Siebenjährigen Krieges tief in den Gliedern. Dieser Kampf gegen eine ganze Welt von fanatischen Feinden, auf den sich der König wie ein Hazardspieler eingelassen hatte, scheint sich zu einem fürchterlichen Blutbad auszuweiten. Ein Ende dieses Mordens ist jedoch noch keineswegs abzusehen. Die bedrükkenden Ereignisse lassen sich keineswegs mit leichter Hand hinwegwischen. Man verfolgt das Vabanquespiel Friedrichs nicht ohne Skepsis. Was aber um Gottes willen soll werden, wenn der König nicht nur einzelne Bataillen, sondern den gesamten Feldzug verliert? Niemand wagt so recht, diesen makabren Gedanken zu Ende zu denken.

Diesmal kehrt Lessing nicht mehr in die düsteren Redaktionsstuben der »Vossischen Zeitung« zurück. Als einflußreichster deutscher Kritiker ist er nunmehr entschlossen, sich teurer zu verkaufen. Seine journalistischen Lehrjahre hat der fast Dreißigjährige inzwischen mit einiger Bravour abgeschlossen. Nun beginnt er auffällig mit seiner Zeit zu knausern. Journalistische Kärrnerarbeit kommt für ihn nicht mehr in Frage. Er wird sich an größere und entschieden zeitlosere Vorwürfe wagen.

Sein Nachfolger in der Redaktion, der Theologe Christian Gottlieb Lieberkühn, ist keineswegs ein Mann seiner Wahl. Als dieser sich schließlich auf den Pegasus schwingt und eine Theo-

Karl Wilhelm Ramler

krit-Übersetzung vorlegt, ergeht es ihm kaum besser als dem Laubinger Pfarrer Lange mit seiner Horaz-Bearbeitung: Lessing zerfetzt auch dieses Opus unerbittlich. Wieder einmal erreicht sein totaler Verriß den Stellenwert einer geistigen Exekution, an die sich die Literaturexperten bei Lessing inzwischen längst gewöhnt haben.

Dieser dritte Berlin-Aufenthalt Lessings steht nicht so sehr im Zeichen eines exzessiven Arbeitsfanatismus. Diesmal kommt der Epikureer in ihm mehr und mehr zum Vorschein. Er kultiviert seine Freundschaft mit Karl Wilhelm Ramler, dessen Menschlichkeit so sehr für ihn einnimmt, daß Lessing zuweilen sogar seine vielgerühmte kritische Objektivität über Bord gehen läßt und diesem etwas pedantischen Lehrer der Berliner Kadettenanstalt die Vollmacht über die Korrekturen seiner eigenen Arbeiten überträgt.

Ramler gehört ebenfalls zu denen, die der König nicht zur Kenntnis nimmt. Unter dessen musischem Nachfolger Friedrich Wilhelm II., der radikal mit der Franzosenwirtschaft in der Akademie aufräumt und der deutschen Sprache wieder eine Chance bietet, was seine frankophilen Gegner bis zum Rufmord gegen ihn in Rage versetzt, wird er rehabilitiert und zum Mitglied der Akademie ernannt. 1791 wird man ihn dann zusammen mit dem Pädagogen und Popularphilosophen Johann Jakob Engel sogar die Direktion des Nationaltheaters übertragen. Immerhin geht als Frucht seiner Freundschaft mit Lessing eine Edition von Friedrich von Logaus Sinngedichten hervor, der Lessing die Vorrede und ein Logau-Wörterbuch beisteuert.

Währenddessen hat Lessing Quartier im Hause Heilige Geiststraße 52 bezogen, unmittelbar der Wohnung Ramlers gegenüber. Seine Wirtin, eine verschrobene ältliche Mamsell, muß ihren jungen agilen Mieter so sehr in ihr Herz geschlossen haben, daß sie ihn sogar in ihrem Testament bedenkt. Lessing soll dann aber nach dem Ableben der alten Dame mit der Begründung, keine Gabe unter hunderttausend Taler annehmen zu können, auf diese fragwürdige Erbschaft verzichtet haben.

Immerhin steht er nun selbstbewußt im Zenit seines Lebens. Was ihn an Berlin vor allem fasziniert, ist das zwanglose geistige Leben in dieser Stadt, in der sich langsam so etwas wie eine bürgerliche geistige Elite zu regen beginnt. Gerade in jenem Stadtviertel zwischen der Spandauer, der König- und der Poststraße haben sich viele ihm gleichgestimmte Geister angesiedelt. Hier gibt es übrigens auch eine ganz Reihe von gemütlichen Kneipen und Weinstuben, in denen man sich zu ungezwungener Konversation treffen kann. Mit Ramler besteht zudem die geheime Absprache, eine rotes Band aus dem Fenster als Signal zum Aufbruch in die Baumannshöhle flattern zu lassen.

Hier im Weinkeller von Maurer und Bracht in der Brüderstraße 27, der damaligen Flanierstraße Berlins, redet man sich die Köpfe heiß. In dieser Straße befanden sich übrigens auch die beiden Gasthöfe, die Lessing neben dem »König von Portugal« in der Burgstraße als Schauplatz für seine »Minna von

Barnhelm« inspiriert haben. Bis zum Jahre 1873, als das Lokal einem Erweiterungsbau des Warenhauses Rudolph Hertzog weichen mußte, konnte man hier in einer Ecke noch Lessings Lehnstuhl besichtigen, der dann im Lessing-Museum, dem alten repräsentablen Hause Friedrich Nicolais in der Brüderstraße 13, aufgestellt wurde.

Der Wein, der bei Maurer und Bracht ausgeschenkt wurde, soll vorzüglich gewesen sein. Lessing muß ihn zu schätzen gewußt haben. In dieses Lokal hat man übrigens auch den Schauplatz einer der bekanntesten Lessing-Anekdoten verlegt, die allerdings weniger über Lessings Charakter als über den so ganz und gar realitätsbezogenen Volksgeist der Berliner einiges aussagt.

Als er nämlich wieder einmal mit Nicolai und Mendelssohn beim Weine saß und man heftig über Mendelssohns »Phädon oder über die Unsterblichkeit« diskutierte, mischte sich ein biederer Handwerksmeister vom Nebentisch aus in die Unterhaltung ein. »Also, ick jloobe nich an ihr«, hatte er einzuwenden. Auf die verwunderte Frage Lessings, was in aller Welt ihn denn daran hindere, die Unsterblichkeit so drastisch abzulehnen, holte der Berliner umständlich aus: »Sehn Se, Herr Lessing, det is so: jloobe ick an die Unsterblichkeit und sie kommt nich, denn ärjere ick mir; jloobe ick aber nich an ihr und sie kommt denn doch, denn freu ick mir. Und so is et doch wohl besser.«

Der ewige Wanderer Lessing, der bürgerliche Behaglichkeit nie kennengelernt hatte, versuchte sich in diesen Berliner Jahren in der Kunst des Savoir-vivre. Allerdings hat seine geistige Aktivität keinen Augenblick unter diesen hedonistischen Anwandlungen gelitten. Überhaupt paßte er sich dem unfeierlichen Berliner Lebensstil widerstandslos an. So zog er im Sommer aus der Enge der Stadt hinaus ins Grüne, meist in die Nähe des Tiergartens, wo auch Nicolai und Mendelssohn ihre Sommerquartiere zu beziehen pflegten. Als Gleim im Sommer 1759 einen Anker Rheinwein schickte, hob ein fröhliches Zechen unter den Freunden an. Meist traf man sich schon am frühen Morgen zwischen sieben und neun Uhr und setzte das Treffen zuweilen bis zum Abend fort, weil der Diskussionsstoff nicht ausgehen wollte.

Gleim, der dieses lustige Treiben von Halberstadt aus nicht ohne Wehmut verfolgte, tauchte zuweilen in Berlin auf. »Ramler, Lessing, Sulzer, Agricola, Krause, Bach, Praun, kurz alles, was zu den Musen und freien Künsten gehört, gesellte sich täglich zueinander, bald zu Land, bald zu Wasser«, weiß er zu berichten. »Was für ein Vergnügen war es in solcher Gesellschaft, auf der Spree mit den Schwänen um die Wette zu schwimmen. Was für eine Lust, in dem Tiergarten sich mit der gesamten Gesellschaft unter tausend Mädchen zu verwirren.«

Lessing scheint in dieser Zeit sich gern in Gesellschaft begeben zu haben. Neben dem Montagsklub besuchte er auch den Freitagsklub, in dem man sich nach Herzenslust »satt essen, satt lachen und satt zanken« konnte, wenn einem der Sinn danach stand. Lessing wurde als zwangloser Causeur und interessanter Gesellschafter von seinen Freunden ungemein geschätzt. Seine Konzilianz im Umgang mit anderen stand in einem seltsamen Kontrast zur Schroffheit und Aggressivität seiner literarischen Attacken, an deren Schärfe ihn wohl kaum jemand übertraf.

»Schreiben Sie doch auch an Herrn Lessing, ob er gleich der ist, der alle Welt und also auch mich angreift, so schreiben Sie ihm doch nur«, beschwört Ramler am 29. Oktober Gleim. »Ich weiß, daß Herr Lessing seine Meinung sagen und durch Unterdrückung sich Luft schaffen und Platz machen will. Diese Natur ist nicht auszutreiben. Er kann unmöglich in Schriften derjenige gelinde, nachgebende, lustige Gesellschafter sein, der er doch im Leben ist. Es ist freilich schlimm. Aber wir wollen uns seiner guten Seite bedienen, da er zu alt ist, als daß wir ihm seine schlimmen Seiten abgewöhnen könnten.«

Selbst seine Freunde nahm Lessing nicht von seinen kritischen Autodafés aus. Mit Gleim hatte er sich wegen eines Liedes an die Kriegsmuse derartig angelegt, daß Ewald von Kleist noch kurz vor seinem Tode zwischen den beiden vermittelnd eingreifen mußte. Damals beschwor er Gleim: »Wie können

Sie auf den ehrlichen, braven Lessing so böse sein, daß er die Wahrheit sagt? Er ist Ihr Freund wie ein Mensch, soll er aber deswegen nicht schwarz schwarz und weiß weiß nennen?«

Der Patriotismus, der sich in Gleims Poemen für Lessings Geschmack augenscheinlich etwas zu penetrant artikulierte, fand bei diesem wenig Gegenliebe. Offenbar hatte der Patriot den Dichter in Gleim überschrien oder ihn gar nicht erst zum Zuge kommen lassen. Ganz allgemein mißtraute er den Ausbrüchen eines übertriebenen Patriotismus, mit denen er während des Krieges in Berlin konfrontiert wurde.

»Ich habe überhaupt von der Liebe des Vaterlandes (es tut mir leid, daß ich Ihnen vielleicht meine Schande gestehen muß) keinen Begriff, und sie scheint mit aufs höchste eine heroische Schwachheit, die ich recht gern entbehre«, bekennt er ein bißchen verschämt dem Freund in Halberstadt. »Doch lassen Sie mich davon nichts weiter schreiben. Ich rühme mich, daß ich von der Freundschaft desto höhere Begriffe habe und daß noch tausend solche kleine Uneinigkeiten meiner Liebe und Hochachtung gegen meinen lieben Gleim und wackeren Grenadier nicht im geringsten nachteilig sein können.«

Wie gut preußisch Lessing in Wirklichkeit dachte und fühlte, hat er in seiner »Minna von Barnhelm« am überzeugendsten bewiesen. Das wohl bedeutendste propreußische literarische Kunstwerk der friderizianischen Zeit waren nicht etwa Gleims »Lieder eines preußischen Grenadiers«, von denen der König ohnehin keine Notiz nahm, sondern eben Lessings preußisches Lustspiel vom Soldatenglück mit der preußischen Idealgestalt des Majors von Tellheim.

Im übrigen ist Lessing, an dessen deutscher Gesinnung überhaupt kein Zweifel erhoben werden kann, als der wahrscheinlich folgenreichste Befreier der Deutschen von der französischen Hegemonie in unsere Geistesgeschichte eingegangen. Er hat in einem allerdings sublimeren Sinn damit eine durchaus nationale Tat vollbracht. Nur ließ er sich so wenig wie später während der Freiheitskriege Goethe von allzu impulsiven patriotischen Ergüssen hinreißen.

Auch war er nicht der Mann dazu, sich durch eine besondere Art von preußischem Byzantinismus bei den Großen seiner Zeit anzudienern. Er hat lange auf ein Amt warten müssen, ohne daß sein natürliches Selbstgefühl darunter Schaden gelitten hätte. Für ihn traf jedenfalls zu, daß der Prophet nichts in seinem Vaterland gilt. Während er in aller Welt als bedeutender Kritiker anerkannt und gefeiert wurde, wurde er vom offiziellen Preußen geradezu vorsätzlich übersehen und ignoriert.

»Solange ich noch von meiner Arbeit leben kann und ziemlich gemächlich leben kann«, schrieb er am 3. April 1760 an seinen Vater, »habe ich nicht die geringste Lust, der Sklave eines Amtes zu werden. Trägt man mir eines an, so will ich es annehmen, aber den geringsten Schritt nach einem zu tun, dazu bin ich wo nicht eben zu gewissenhaft doch viel zu kommode und nachlässig.«

Als preußischer Patriot schrieb Lessing dann auch mitten im Kriege 1759 sein Trauerspiel »Philotas«, das trotz des antiken Schauplatzes die ganze kriegerische Erregung der Gegenwart reflektierte. In knapper, auffallend komprimierter Prosa hat er so etwas wie ein Modell eines antikisierenden Dramas für potentielle deutsche Dramatiker liefern wollen. Diese Tragödie des Patriotismus, jener »heroischen Schwachheit«, von der Lessing eben noch in einem Brief an Gleim gesprochen hatte, verdankt ihre Wirkung vor allem der geschliffenen Diktion ihres Urhebers. Hier wird, mitten in einem der mörderischsten Kriege der deutschen Geschichte, vom Forum der Schaubühne herab über den Sinn des Opfertodes für das Vaterland laut nachgedacht.

In diesem knappen einaktigen Geiseldrama tötet sich nämlich der Königssohn Philotas zum Wohle des Vaterlandes, um nicht als wertvolle Geisel in die Hand der Feinde zu fallen. Man kann in diesem Drama vom heroischen Opfertod fürs Vaterland einen Beitrag zur Durchhaltekraft im Siebenjährigen Krieg sehen. Ganz gewiß aber hat die Behandlung dieses Themas mit zur Entwicklung eines deutschen Nationalbewußtseins beigetragen. An dieser Tatsache ändert auch nichts, daß Bodmer Lessings »Heldenknaben« als »kindischen Helden« abkanzelte und sich sogar die Mühe machte, eine Philotas-Parodie zu verfertigen und Lessings Version von Heldentum öffentlich zur Debatte zu stellen. Der Schweizer Beckmesser hatte so unrecht nicht. Auf jeden Fall hatte er den neuralgischen Punkt dieses Opus erkannt.

Besonders aber beschäftigten in diesen Jahren poetologische Themen Lessings Gedanken. Mit Nicolai und Mendelssohn gab er vom Januar 1759 bis zum Juli 1765 die »Briefe, die neueste Literatur betreffend« heraus. Sie erschienen in Nicolais Verlag und unterrichteten das deutsche Leserpublikum von den Neuzugängen des damaligen Büchermarktes.

Dieses gewichtige Periodikum war das erste Verlagswerk Nicolais, das er mit dem Emblem seines jungen Verlages, dem Homerkopf, schmückte. Es stellte auf der damaligen Literaturszene in jedem Fall ein Novum dar und richtete sich mit Entschiedenheit gegen eine Monopolisierung von einzelnen Cliquen in unserer Literatur.

Lessing hat etwa ein Sechstel der »Briefe« geschrieben, mit denen er Schneisen durch den Dschungel der damaligen Literatur schlug. 1760 distanzierte er sich zunehmend von diesem Unternehmen, dessen eigentlicher geistiger Motor Nicolai blieb. Während er und seine Kombattanten ihre Giftpfeile auf die französischen Literaten schossen, brach man so manche Lanze für die englische Literatur, vor allem natürlich für den zu Recht vergötterten Shakespeare.

Lessing adressierte seine »Briefe« an »einen verdienten Offizier und zugleich einen Mann von Geschmack und Gelehrsamkeit, der in der Schlacht von Zorndorf verwundet wurde«. Es war natürlich ein offenes Geheimnis, daß kein anderer als Ewald von Kleist der fiktive Empfänger dieser Adressen sein konnte. Ihn vor allem wollte man während des Krieges durch eine minuziöse Berichterstattung über die wesentlichen deutschen Neuerscheinungen auf dem laufenden halten.

Lessing selbst schlug in den von ihm verfertigten 54 Beiträgen zu den »Briefen« einen betont geistreichen und legeren Ton an.

Natürlich attackiert er auf seinen kritischen Husarenritten seinen Intimfeind Gottsched, dem er die letzten Gnadenstöße versetzt. Aber auch dem literarischen Halbgott Klopstock rückt er kritisch zu Leibe. Dessen geistliche Lieder fand er zum Exempel so sehr mit frommen Empfindungen überlastet, daß man bei ihrer Lektüre schon nichts mehr empfinden kann. Weiter kanzelt er den »Nordischen Aufseher« ab, eine Zeitschrift aus dem Kopenhagener Klopstock-Kreis, die die Idee zu Tode reitet, niemand könnte ohne Religion ein moralisch integrer Mensch sein und bleiben.

Auch die deutschen Übersetzer werden einer genaueren kritischen Sondierung unterzogen. »Unsere Übersetzer arbeiten noch frisch von der Faust weg«, bekommen sie zu hören. »Was haben sie nicht schon alles übersetzt, und was werden sie noch alles übersetzen! Eben itzt habe ich einen vor mir, der sich an einen englischen Dichter – raten Sie einmal welchen! – gemacht hat. O Sie können es doch nicht erraten! An Popen! Und in Prosa hat er ihn übersetzt. Einen Dichter, dessen großes, ich will nicht sagen müssen: größtes Verdienst in dem war, was wir mechanische Poesie nennen. Dem der Reim keine Kleinigkeit war, einen solchen Dichter in Prosa zu übersetzen, heißt ihn ärger entstellen, als man den Euklides entstellen würde, wenn man ihn in Verse übersetzte.«

Natürlich war es zunächst und vor allem Lessing, der diesen im ganzen deutschen Sprachgebiet beachteten »Literaturbriefen« so ganz den Stempel seines weltmännischen Geistes aufgedrückt hatte. Was er beabsichtige, war eine Förderung der in statu nascendi befindlichen deutschen Literatur, und wenn es dann sein mußte mit einer erbarmungslosen Kritik. Schließlich hatte man den literarischen Weizen von der Spreu gesondert, den literarischen Augiasstall in Deutschland gereinigt und die Vorherrschaft der Gottsched und Bodmer endgültig gebrochen. Dieses Periodikum hatte in der Tat wie ein erfrischendes Gewitter in der deutschen literarischen Landschaft gewirkt.

Natürlich ging es in der literarkritischen Werkstatt des »edlen« Lessing zuweilen auch recht menschlich zu. Sein Renkontre etwa mit dem Hamburger Gymnasialprofessor Dusch, der sich in die Literatur verirrt hatte und auf den Lessing im 77. Literaturbrief mit einem Male gnadenlos einschlug, ist sicher nicht ohne eine gewisse menschliche Problematik. 1755 hatte er dem Hamburger noch testiert, er genieße »nicht erst seit gestern den Ruhm eines schönen Geistes«, dem in mehr als einer Art Großartiges gelungen wäre. Die Leser, das ist damals Lessings Meinung, würden sein neuestes Buch »schwerlich ohne Vergnügen wieder aus der Hand legen«.

Fünf Jahre später klingt Lessings Kritik dann schon wesentlich anders. Er gelangt zu höchst niederschmetternden Erkenntnissen, wenn er feststellt: »Dusch fängt lieber zehnmal von vorne an, als daß er da aufhören sollte, wo seine Gedanken aufhören.«

Inzwischen hat der Unglückliche nämlich den Fauxpas begangen, sich eine negative Kritik der »Miß Sara Sampson« einfallen zu lassen. »Einige schöne Stellen machen noch kein Trauerspiel vortrefflich«, räsonierte er. »Und wenn ich auch gestehe, daß ›Miß Sara Sampson‹ viele Schönheiten hat, so ist sie deswegen noch nichts mehr als gut, wenn die ganze Einrichtung und Erfindung etwas mehr als mittelmäßig ist.«

Lessings Retourkutsche folgt auf dem Fuße. Als Dusch sich auch noch an die »Bibliothek der schönen Wissenschaften und der freien Künste«, deren Mitarbeiter Lessing ist, mit beckmesserischem Genörgel herantraut, ist das Faß zum Überlaufen voll. Prompt bekommt er von Deutschlands prominentestem Kritiker testiert: »Herr Dusch hat geschrieben, schreibt und wird schreiben, solange er noch aus Hamburg Kiele bekommen kann. Bei ihm ist alle Kritik umsonst.« Die kleinste Kritik an ihm »gibt ihm nämlich Anlaß und Stoff zu einem Buche«.

Kommerziell erwiesen sich die »Literaturbriefe« durch Nicolais geschicktes kaufmännisches Management als ein voller Erfolg. Nachdem so bekannte Publizisten wie Thomas Abbt, Friedrich Grillo, Johann Georg Sulzer und Friedrich Gabriel Resewitz als ständige Mitarbeiter gewonnen werden konnten, legte Lessing eine schöpferische Pause ein, um der Gefahr ständiger Repetition zu entgehen. Er konnte das Unternehmen getrost dem vielgewandten Nicolai überlassen, der zuletzt die gesamte Last der Edition trug und auch die Schläge der Gegner abzuwehren hatte, in deren Schußfeld er zwangsläufig durch allzuviel Freimütigkeit geraten war.

Noch rückschauend erinnert sich Nicolai nicht ohne Wehmut an die gemeinsamen Kampfjahre mit Lessing. Über die Entstehung der »Briefe, die neueste Literatur betreffend« gibt er folgendes zu Protokoll: »Im November 1758 war ich einmal mit Lessing zusammen, als auf eine neuherausgekommene Schrift eines noch lebenden Autors die Rede kam. Wir hatten mancherlei daran auszusetzen. Ich weiß nicht mehr, wer von uns beiden zuerst wieder das zu schreibende Journal, von dem wir mehrmals gesprochen hatten, aufs Tapet brachte. Diesmal redeten wir doch ernstlicher davon; denn wir betrachteten die Schwierigkeiten einer solchen Arbeit, welche wenigen Verfassern bald beschwerlich werden mußte, wovon ich schon bei der ›Bibliothek der schönen Wissenschaften‹ die Erfahrung hatte.

Wir kamen überein, daß wir ein solches Werk nicht ausführen könnten, und doch wünschten wir, es möchte ausgeführt werden. Endlich fiel mir ein, wir könnten in Briefen niederschreiben, was wir in unseren täglichen Unterredungen sagten. Wir wollen keinen bestimmten Zweck vorstellen, wollen anfangen, wenn es uns gefällt, geradeso wie wir es machen, wenn wir zusammen plaudern. Dieser Vorschlag gefiel Lessing, und er ward auf der Stelle näher bestimmt. Es ward beschlossen, die Literaturbriefe bis zum Frieden fortzusetzen, den man damals nicht weit entfernt glaubte. Der Gedanke, an einen verwundeten Offizier zu schreiben, gehört ganz Lessing an; denn, sagte er, wie leicht kann Kleist verwundet werden, so sollen die Briefe an ihn gerichtet sein.«

Nicolai selbst hatte trotz seiner starken beruflichen Belastung den 335 erschienenen Briefen 64 beigesteuert, also etwa ein Fünftel. Ganz im Gegensatz zu der Unterstellung Goethes und Schillers in ihren »Xenien«, Nicolai habe seinen Mitstreitern Lessing und Mendelssohn nur die Lichter geschneuzt, steht fest, daß er im Grunde der treibende Motor des gesamten Unternehmens war, das er auch über Krisen und Flauten mit sicherer Hand hinweglavierte.

Die »Literaturbriefe« erfüllten nicht nur die Funktion einer radikalen Säuberung eines literarischen Augiasstalles. Sie erschlossen der deutschen Literatur darüber hinaus auch völlig neue Dimensionen. So gehörte etwa Shakespeare zu den großen Entdeckungen dieses Publikationsorgans. »Wenn man die Meisterstücke des Shakespeare mit einigen bescheidenen Veränderungen unseren Deutschen übersetzt, ich weiß gewiß, es würde von besseren Folgen gewesen sein, als daß man sie mit dem Corneille und Racine so bekannt gemacht hat«, gab er zu bedenken. »Ernstlich würde das Volk an jenem weit mehr Geschmack gefunden haben, und zweitens würde jener ganz andere Köpfe unter uns erweckt haben, als man von diesen zu rühmen weiß. Denn ein Genie kann nur von einem Genie entzündet werden, und am leichtesten von so einem, das alles bloß der Natur zu danken zu haben scheint und durch die mühsamen Vollkommenheiten der Kunst nicht abschreckt. Daß aber unsere alten Stücke wirklich sehr viel Englisches gehabt haben, könnte ich Ihnen mit geringer Mühe weitläufig beweisen.«

Anstatt diesen Beweis anzutreten, weist Lessing seinen fiktiven Adressaten auf das Volksstück von Doktor Faust hin, das seiner Idealvorstellung von einer spezifischen deutschen Dichtung zu entsprechen scheint. Er bezieht sich dabei sogar auf einen Freund, der sich an diesem urdeutschen Stoff versucht habe. Von diesem Entwurf eines Trauerspiels gibt er an, habe er bereits einen Auftritt gelesen, »in welchem viel Großes liegt«. Natürlich verrät er mit keinem Wort, daß er sich schon lange mit diesem volkstümlichen Dramenentwurf herumschlägt.

Mit einer gewissen Naturnotwendigkeit ist Lessings »Faust« ein dramatisches Fragment geblieben. Das sogenannte Berliner Szenar umfaßt nur wenige Blätter. Aber die Idee eines Faustdramas wird ihn ein Leben lang begleiten. Zuweilen steigert sich sein Interesse an diesem Stoff zu einer wahren Besessenheit.

Am 8. Juli 1758 schreibt er ganz in diesem Sinne in einem Brief an Gleim: »Herr Ramler und ich machen Projekte über Projekte. Warten Sie nur noch ein Vierteljahrhundert, und Sie sollen staunen, was wir alles werden geschrieben haben. Besonders ich! Ich schreibe Tag und Nacht, und mein kleinster Vorsatz ist jetzo, wenigstens noch dreimal so viele Schauspiele zu machen als Lope de Vega. Ehestens werde ich meinen Doktor Faust hier spielen lassen. Kommen Sie doch geschwind wieder nach Berlin, damit Sie ihn sehen können.«

In der Tat hat Lessing das deutsche Urthema des Landfahrers und Zauberers Faust angeschlagen, auch hierin das Schicksal eines Vorläufers, der anderen den Weg bahnt, teilend. Er hatte sich vorgenommen, diese zur Jahrmarktsfigur degradierte Gestalt zu sublimieren und auf ein neues, eher spirituelles Niveau zu heben. Wohlmeinende Freunde, die die Schwierigkeiten erkennen mochten, die sich einem solchen Projekt entgegenstellten, rieten ihm dringend davon ab, an diesem Sujet seine Zeit zu verschwenden.

Gleichwohl ringt Lessing in immer neuen Anläufen mit diesem gewaltigen Stoff, der ihm als Modell exemplarischer deutscher Dramatik dienen soll. Seitdem er in einer der Theaterbuden auf dem Berliner Gendarmenmarkt im Sommer 1754 einer Aufführung der Faust-Sage unter dem ausschweifenden Titel »Die unglückselige Gelehrsamkeit des weltberühmten Erzzauberers Johanns Fausti Doctoris Wittenbergiensis« beigewohnt hatte, faszinierte ihn dieses Thema pausenlos. Ein Fragment veröffentlichte er dann im 17. Literaturbrief. Die Vermutung, daß weitere fertige Teile des Faustdramas in einer Transportkiste auf dem Wege von Dresden nach Leipzig verloren gingen, kann man wohl als legendär abhaken.

Die Tatsache, daß Lessing einen »Faust« unter seinen Händen hat, spricht sich unter Theaterleuten schnell herum. Sie sind begierig, die Aufführungsrechte dafür zu erhalten. Noch Ende 1775 schreibt der Staatsrat Freiherr von Gebler aus Wien an Nicolai: »Mir hat unser großer, aber zu wenig gegen das Publikum freigebiger Freund auf mein Befragen hier mündlich vertraut, daß er dies Sujet zweimal bearbeitet habe, einmal nach der gemeinen Fabel, und dann wiederum ohne alle Teufelei, wo ein Erzbösewicht gegen einen Unschuldigen die Sache des schwarzen Verführers vertritt. Beide Ausarbeitungen erwarten nur die letzte Hand. Sie können sich leicht vorstellen, daß ich darum bat, flehte, beschwor.«

Schon um der akademischen Sterilität Gottscheds und seiner Schule zu kontern und auch etwas von der Vitalität des Volksstückes, wie es die fahrenden Komödianten pflegten, der deutschen Bühne zugute kommen zu lassen, dachte Lessing ernsthaft daran, den Doktor Faust auf seine Weise für das deutsche Theaterpublikum zurückzuerobern. Diese exemplarische deutsche Gestalt sollte mit allen Zügen eines monomanischen Wahrheitssuchers ausgestattet werden. Schließlich sollten ihn nach Lessings provisorischem Konzept die Engel der Hölle entreißen, da »die Gottheit dem Menschen nicht den edelsten der Triebe gegeben, um ihn ewig unglücklich zu machen«.

In seinem unter dem 16. Februar 1759 datierten 17. Literaturbrief befaßt sich Lessing in extenso mit den Möglichkeiten eines spezifisch deutschen Theaters. »Es wäre zu wünschen«, heißt es da, »daß sich Herr Gottsched niemals mit dem Theater vermengt hätte. Seine vermeintlichen Verbesserungen betreffen entweder entbehrliche Kleinigkeiten oder sind wahre Verschlimmerungen. Als die Neuberin blühte und so mancher den Beruf fühlte, sich um sie und die Bühne verdient zu machen, sah es freilich mit unserer dramatischen Poesie sehr elend aus. Man kannte keine Regeln, man kümmerte sich um kein Muster. Unsere Staats- und Heldenaktionen waren voller Unsinn, Bombast, Schmutz und Pöbelwitz. Unsere Lustspiele bestanden in Verkleidungen und Zaubereien, und Prügel waren die witzigen Einfälle derselben. Dieses Verderbnis einzusehen, brauchte man eben nicht der feinste und größte Geist zu sein.«

Er kann es Gottsched, der die überholte Auffassung vertrat, es wäre damit getan, den Harlekin von deutschen Bühnen zu vertreiben und französische Stücke zu spielen, nicht verzeihen, daß er sich ausschließlich auf die glatten Franzosen kapriziert und dabei Shakespeare völlig übersehen hatte. Mit seinem

Faustdrama hofft er den Beweis dafür anzutreten, daß der Vorwurf eine Menge von Szenen hergibt, die durchaus Shakespearisches Format erreichen könnten.

Ganz gewiß verfügte der verstandesklare Lessing nicht über die dämonische Natur, um eine glaubwürdige Interpretation des großen Zauberers unseres Mittelalters abliefern zu können. Immerhin aber hat er das überzogen feierliche Pathos der französischen Bühnenklassik erfolgreich abwehren können. »Nur was die Seele packt«, hatte er bald schon begriffen, kann ein ernst zu nehmendes Publikum innerlich ausgiebig beschäftigen und faszinieren. Der Meister des schlagkräftigen Dialogs verfügte mit Sicherheit nicht über die Voraussetzungen, dem vielschichtigen Phänomen Faust um einen guten Schritt näherzukommen. Er hatte dieses Sujet einem dichterisch inspirierteren Nachfolger zu überlassen. Sein unzweifelhaft vorhandenes dramatisches Genie war offenbar für andere Themenkreise disponiert, bei deren Bewältigung er auf Anhieb instinktiv den echten Ton traf.

In dem für Lessing so ereignisreichen Kriegsjahr 1759 beschäftigte den Dichter der »Miß Sara Sampson« eine Zeitlang der Gedanke, eine Sophokles-Biographie zu schreiben, die ihm sicherlich einige Klarheit über Wesen und Natur des klassischen Dramas verschafft hätte. Er ließ dieses Projekt jedoch nach einigen Vorarbeiten zugunsten anderer Aufgaben fallen. Aber die Gedanken, die er sich über ein Modegenre der Aufklärung, die Fabel, gemacht hatte, führte er zu einem bemerkenswerten Ende.

Für seine aufklärerischen Freunde verstand es sich von selbst, in der Fabel das Nonplusultra moderner Dichtkunst überhaupt zu sehen. Lessings Leipziger Lehrer Johann Friedrich Christ, der selbst Fabeln verfertigte, hatte ihm da bereits vorgearbeitet. Aber inzwischen hatte Lessing allerlei Wissen über die Fabel angehäuft. Selbstverständlich kannte er die Werke von Äsop und Phädrus ebenso gut wie die Fabeln des Lafontaine, die zum unveräußerlichen literarischen Besitzstand des damaligen Bildungsbürgertums gehörten.

Die oft penetrant moralisierende Tendenz dieser literarischen Kurzbrenner störte Lessing kaum, solange ihre Menschlichkeit den pädagogischen Zeigefinger übersehen ließ. Nachdem Gellerts »Erzählungen und Fabeln« 1746 erschienen waren, verfügte auch die deutsche Literatur über einen genuinen Fabeldichter, der sein Licht nicht unter den Scheffel zu stellen brauchte. Zweifellos hatte Gellert eine besonders glückliche Hand bewiesen, als er sich in die Fußstapfen Lafontaines begab, diesen aber keineswegs kopierte, sondern sich durchaus als deutsches Original empfand, wie er noch während seiner Audienz bei Friedrich dem Großen ausdrücklich beteuerte.

Lessing ließ der Erfolg seines Koabsolventen der Meißener Fürstenschule keineswegs unberührt. Er machte sich daran, alle nur erreichbaren Quellen zu erschließen und sie in deutsche Verse zu übertragen. Im Jahre 1753 konnte er daher bereits seine erste Sammlung »Fabeln und Erzählungen« vorlegen. Sechs Jahre darauf erschienen dann seine »Drei Bücher Fabeln nebst Abhandlungen mit dieser Dichtungsart verwandten Inhalts« bei Voß in Berlin.

Die Fabel, so führt der Autor in seiner Vorrede aus, müsse eine knappe Handlung haben, also »eine Folge von Veränderungen, die zusammen ein Ganzes ausmachen, dessen Einheit auf die Übereinstimmung aller Teile zu einem Eindruck beruht«.

Lessings weitausholende Abhandlung, in der er sich intensiv mit der Fabeltheorie Holbergs, de la Mottes und Breitingers auseinandersetzt, gipfelt in der für die damalige Zeit nun allerdings erstaunlichen Feststellung, daß es auch eine innere Handlung geben müsse. Das Fazit seiner Überlegungen lautet dann höchst lakonisch: »Wenn wir einen allgemeinen moralischen Satz auf einen besonderen Fall zurückführen, diesem besonderen Fall die Wirklichkeit erteilen und eine Geschichte daraus dichten, in welcher man den allgemeinen Satz anschauend erkennt, so heißt diese Erdichtung eine Fabel.«

Der scharfsinnige Theoretiker Lessing, der sich aus dem Kritiker herausgemausert hat, fühlt sich aus guten Gründen veranlaßt, seinen Begriff von Handlung mit den Worten zu präzisieren: »Gibt es aber doch wohl Kunstrichter, welche einen noch engeren, und zwar so materiellen Begriff mit dem Worte Handlung verbinden, daß sie nirgends Handlung sehen, als wo die Körper so tätig sind, daß sie eine gewisse Veränderung des Raumes erfordern? Sie finden in keinem Trauerspiele Handlung, als wo der Liebhaber zu Füßen fällt, die Prinzessin ohnmächtig wird, die Helden sich balgen, und in keiner Fabel, als wo der Fuchs springt, der Wolf zerreißt und der Frosch die Maus sich an das Bein bindet. Es hat ihnen nie beifallen wollen, daß auch jeder innere Kampf von Leidenschaften, jede Folge von verschiedenen Gedanken, wo eine die andere aufhebt, eine Handlung sei, vielleicht weil sie viel zu mechanisch denken und fühlen, als daß sie sich irgendeiner Tätigkeit dabei bewußt wären.«

Lessings besondere Reverenz gilt Lafontaine, dem es gelungen ist, »die Fabel zu einem anmutigen poetischen Spielwerk zu machen. Er zauberte, er bekam eine Menge Nachahmer, die den Namen eines Dichters nicht wohlfeiler zu erhalten glaubten als durch solche in lustigen Versen ausgedehnte und gewässerte Fabeln. Die Lehrer der Dichtkunst griffen zu, die Lehrer der Redekunst ließen den Eingriff geschehen.« Die Fabel stellte sich als eine durchaus legitime Lessingsche Dichtungsgattung heraus. Die äußerste Prägnanz der Diktion entsprach durchaus seiner besonderen dichterischen Natur. Zweifellos floß viel von seinem ureigenen Wesen in diese kleinen sprachlichen Gebilde ein. Auf der haarscharfen Grenze zwischen Rhetorik und Poesie konnte sich das Formtalent Lessings durchaus voll entfalten. Hier nun konnte er das Volk in unterhaltender Weise belehren. Er hatte beachtliche Erfolge für sich zu verzeichnen: seine Fabeln wurden gelesen und begriffen.

Aus der gleichen Zeit datiert übrigens auch die Übersetzung von zwei Dramen des französischen Enzyklopädisten Denis Diderot, die Lessing unter dem Titel »Das Theater des Herrn Diderot« dem deutschen Publikum vorlegte. In diesem vielseitigen Talent glaubte er wie in kaum einem anderen unter den französischen Schriftstellern seiner Zeit einen Bruder im Geist gefunden zu haben, der ihm selbst auf dem Wege zum bürgerlichen Trauerspiel um ein gutes Stück voraus war. Auch dieser dezidierte Freidenker, der das sterile französische Theater von seinem einengenden Regelzwang befreite und für eine neue Natürlichkeit plädierte, war wie er selbst einer der überzeugendsten Wegbereiter des bürgerlichen Theaters – und das nicht nur im eigenen Lande, wo seine Wirkung ungleich geringer war als anderswo.

Lessing nahm sich der beiden Diderot-Stücke »Le fils naturel« und »Le père de famille« an, und er tat es mit merklicher innerer Beteiligung. Seine gutgemeinte Absicht bei dieser Bemühung war, den Deutschen Musterbeispiele einer neuen Dramaturgie in guter Übersetzung vorzuweisen. Sowohl Diderot als auch Lessing waren sich in der Absicht einig, Regeln soweit wie möglich abzubauen und der Kreativität freien Lauf zu lassen. Sie forderten den Durchbruch der schöpferischen Natur auch im Drama, ungezwungene menschliche Empfindung an Stelle einer gestenreichen, im Grund aber nichtssagenden Rhetorik.

Mit Sicherheit hat Lessing den Dramatiker Diderot bei weitem überschätzt. Die oft allzu platte Natürlichkeit und die einförmige und zuweilen unwahrscheinlich anmutende Handlung müssen ihm als Manko seines französischen Bundesgenossen sehr wohl aufgefallen sein. Natürlich war der Moralist Diderot ein Mann nach seinem Geschmack. Darüber hinaus konnte er ihn komplikationslos gegen Gottsched ausspielen. Daher heißt es auch gleich in der Vorrede: »Ich möchte wohl sagen, daß sich nach dem Aristoteles kein philosophischerer Geist mit dem Theater abgegeben hat als er. Daher sieht er auch die Bühne seiner Nation bei weitem auf der Stufe der Vollkommenheit nicht, auf welcher sie unter uns die schalen Köpfe erblicken, an deren Spitze der Professor Gottsched steht.«

Bei aller Kritik, die man gegen Diderots Dramen anmelden muß, kann man auch rückblickend noch Lessings Überzeugung vertreten, dieser Franzose habe den Weg des Dramas zurück zu einer neuen Natürlichkeit gewiesen und sich um die in sich er-

Lessing. Gemälde von Johann Heinrich Tischbein, 1760

starrende französische Bühne unsterbliche Verdienste erworben. Er selbst aber fühlte sich durch Diderots Vorbild in seinem Vorsatz bestärkt, eine natürliche Einfachheit der Sprache zu wagen und Alltagszustände ungeschminkt auf die Bühne zu bringen. Auch in dieser Hinsicht leistete Lessing Pionierdienste. Die deutsche Trivialdramatik der Kotzebue und Iffland wäre ohne die literarische Erscheinung eines Diderot überhaupt nicht zu denken.

Zu reden bleibt an dieser Stelle noch von Lessings »Rettungen«, zu denen ihn, wie wir bereits hörten, die Bücherschätze der Wittenberger Bibliothek inspiriert hatten. Sie weisen Lessing abermals als den Gerechtigkeitsfanatiker aus, der immer seinen wahrhaft lutherischen Zorn schießen läßt, sobald er vorsätzliche und infame Fehlurteile witterte, die gedankenlos durch die Jahrhunderte mitgeschleppt wurden. Es handelt sich für ihn wieder einmal darum, intellektuelle Arroganz, die sich gewöhnlich mit Dummheit paart, unbarmherzig zu entlarven. Er ist immer voll präsent, wenn er entdeckt, daß ein Autor einer betont subjektiven Kritik oder einem bewußten Rufmord zum Opfer gefallen ist. Er unterzieht sich dann der so ganz und gar nicht populären Mühe, solche pauschalen Verdikte auf ihren Wahrheitsgehalt hin abzuklopfen.

Lessings Kritik der Kritik ist im wesentlichen ein Produkt eines starken ethischen Impulses, die Wahrheit und nichts als die Wahrheit ans Licht des Tages zu befördern. Der immer und überall gefürchtete Kritiker, der vor keiner literarischen Exekution zurückschreckt, wird zum Apologeten alle derer, deren Leistung aus der Geistesgeschichte nicht zu eleminieren ist und die sich nun nicht mehr gegen böswillige Verketzerungen wehren können, weil der Tod ihnen den Mund versiegelt hat.

Die Vorstellung, daß man über Wehrlose herfällt, beordert diesen Lessing in die vorderste Gefahrenzone geistiger Auseinandersetzungen. »Auf wen alle losschlagen, der hat vor mir Frieden«, lautete ganz schlicht der Grundsatz, nach dem er stets verfuhr, wenn er notorische Nörgler, die gerade in Deutschland eine nie aussterbende Spezies darstellen, am bösen Werke sah.

Schon im Jahre 1750 hatte er seinen geliebten Plautus gegen den Vorwurf verteidigt, er ergehe sich im Grunde nur in Platitüden und Zweideutigkeiten, was nun ganz gewiß nicht zutraf. Er wußte offenbar schon als 21jähriger, was man einem Genie schuldig ist. Man kann ihm nie gerecht werden, wenn man ihn nicht vor der Folie seiner Zeit zu sehen fähig ist. Bei ihm hört sich dieser berechtigte zeitlose Einwand dann so an: »Man muß sich durchgängig an die Stelle seiner Zeitgenossen setzen, wenn man ihm nicht Fehler andichten will, welche bei ihm keine sind.«

Der sonst so unerbittliche Kunstrichter in Lessing nimmt immer dann geradezu konziliante Verhaltensformen an, wenn es darum geht, unqualifizierten Lästermäulern ihr Handwerk zu legen. »Ich selbst kann mir keine angenehmere Beschäftigung machen, als die Namen berühmter Männer zu mustern, ihr Recht auf die Ewigkeit zu untersuchen, unverdiente Flecken ihnen abzuwischen, die falschen Verkleisterungen ihrer Schwächen aufzulösen, kurz, alles das im moralischen Verstande zu tun, was derjenige, dem die Aufsicht über einen Bildersaal anvertraut ist, physisch verrichtet«, betont er.

Ganz allgemein erblickt er die eigentliche Legitimation für sein hohes Kritikeramt in der stillschweigenden Verpflichtung, auch Diskriminierungen zu Leibe zu rücken. In diesem Sinne hat er damals in Wittenberg das dichterische Idol seiner Jugend, seinen vergötterten Horaz, vom Verdikt der Glaubenslosigkeit und der Obszönität reingewaschen. »Muß er denn alle Gläser geleert und alle Mädchen geküßt haben, die er geleert und geküßt zu haben vorgibt?« stellt er den bigotten Kritikastern seiner Zeit seine rhetorische Frage. Die Antwort kann nur lauten: »Je größer ein Dichter ist, je weiter wird das, was er von sich selbst mit einfließen läßt, von der strengen Wahrheit entfernt sein.«

Die zwischen 1753 und 1755 unter dem Titel »E. G. Lessings Schriften« herausgegebene Sammlung seiner frühen Arbeiten in sechs Bänden enthält im 2. und 3. Teil auch einige seiner »Rettungen«. Mit ihnen folgt er in vielem bewußt den Spuren des französichen Kritikers und Skeptikers Pierre Bayle, der sich ebenfalls intensiv als der Moralist, der er war, mit dergleichen Rehabilitationen befaßt hatte.

Vor allem nimmt sich Lessing des verketzerten Humanisten Lemnius, des fanatischen Luthergegners Cochläus und des italienischen Naturforschers Cardano an, die allesamt aus leicht einsehbaren Gründen von Zeitgenossen und Nachwelt mit Totschlageetiketten versehen worden waren. Hier betätigte sich Lessing ganz auf seinem ureigenen Terrain, wenn er verbogene Maßstäbe wieder zurechtrückte. »Lessing hält sich seiner polemischen Natur nach am liebsten in der Region der Widersprüche und Zweifel auf«, wußte schon Goethe ihm nachzurühmen. »Das Unterscheiden ist seine Sache, und dabei kam ihm sein großer Verstand auf das Herrlichste zustatten.«

Trotz seiner ungebrochenen Luther-Verehrung legt Lessing ein gewichtiges Wort für den Graubündner Simon Lemm oder Lemnius ein, der sich unterstanden hatte, als Wittenberger Student durch provokative Epigramme Luthers Zorn zu erregen und dementsprechend von der Universität relegiert wurde. Von Halle aus setzte er dann seine gepfefferten Attacken gegen den Reformator fort. Daß er deswegen bei eingefleischten Protestanten über Generationen hin als Persona non grata verteufelt wurde, kann nicht überraschen.

Auch der italienischen Naturwissenschaftler und Arzt Hieronymus Cardano, dem man unterstellte, er habe die heidnische, jüdische, mohammedanische und christliche Religion miteinander als gleichwertig verglichen, findet in Lessing einen scharfsinnigen Apologeten. »Was ist nötiger, als sich von seinem Glauben zu überzeugen, und was ist unmöglicher als Überzeugungen ohne vorhergegangene Prüfung?« stellt Lessing den Kritikern des Cardano die Gewissensfrage. Und schließlich bekommen sie diese Binsenwahrheit zu hören: »Der muß ein schwaches Vertrauen auf die ewigen Wahrheiten des Heilandes setzen, der sich fürchtet, sie mit Lügen gegeneinander zu halten. Wahrer als wahr kann nichts sein.« Nur »fromme Galle« kann daher am Werke gewesen sein, um einen so über-

General Bogislav Friedrich von Tauentzien

legenen Geist wie Cardano, der auch als Mathematiker Unvergleichliches geleistet hatte, in den Geruch des Atheismus und der Häresie zu bringen.

Einen weiteren kühnen Husarenritt gegen theologische Selbstgerechtigkeit und dogmatischer Verranntheit unternimmt Lessing bei seinem Rehabilitierungsversuch des erbitterten Luther-Antipoden Johann Cochläus. Dieser hatte sich mit dem Reformator in Worms auf einen theologischen Zweikampf eingelassen und erfuhr von diesem eine scharfe Abfuhr in der Schrift »Wider den gewappneten Mann C.«, die 1523 erschien. Dieser Nürnberger hätte selbst gern die Rolle eines Reformators übernommen und sah sich durch Luther um seine weltgeschichtlichen Lorbeeren geprellt.

Lessing wäscht diesen abtrünnigen Theologen von der ihm

unterstellten Behauptung rein, Luther habe die Reformation nur deswegen auf Biegen und Brechen durchgeführt, weil die Augustiner den Dominikanern ihre horrenden Gewinne aus dem Ablaßhandel nicht gegönnt hätten.

»Genug, daß durch die Reformation unendlich viel Gutes ist gestiftet worden, welches die Katholiken selbst nicht ganz und gar leugnen, genug, daß diese der Vorsehung des Himmels zu danken ist. Was gehen uns allenfalls die Werkzeuge an, die Gott dazu gebraucht hat?« ist Lessings Meinung. »Er wählt überhaupt fast immer nicht die untadelhaften, sondern die bequemsten. Mag doch also die Reformation den Neid zur Quelle haben, wollte nur Gott, daß jeder Neid ebenso glückliche Folgen hätte! Der Ausgang der Kinder Israel aus Ägypten ward durch einen Totschlag, und man mag sagen, was man will, durch einen strafbaren Totschlag veranlaßt. Ist er aber desto weniger ein Werk Gottes und weniger ein Wunder?«

Mit der literarischen Ausbeute der letzten Jahre kann Lessing also durchaus zufrieden sein. Sein Ruhm ist in ständigem Wachsen begriffen und mit ihm die Furcht seiner Gegner vor seiner scharfen Feder. Gleichwohl beendet er auch diesen Berliner Aufenthalt mit einem auffallend hektischen Aufbruch, der selbst seine engsten Freunde in Unruhe und Verwunderung versetzt. Später wird er sich selbst die Frage stellen: »Wann wirst du anfangen, mit dir selbst zufrieden zu sein? Freilich ist es wahr, daß dich eigentlich nichts aus Berlin trieb, daß du die Freunde hier nicht findest, die du da verlassen hast, daß du wenig Zeit haben wirst zu studieren. Aber war nicht alles dein freier Wille? Warst du nicht Berlins satt? Glaubtest du nicht, daß deine Freunde deiner satt sein müßten, daß es bald wieder einmal Zeit sei, mehr unter Menschen als unter Büchern zu leben?«

Breslau

Am 23. Oktober 1760 war Lessing zum Mitglied der Berliner Akademie gewählt worden. Selbst dieses Trostpflaster kann ihn nicht mehr an Berlin binden. Überhaupt wird er später aus seiner Mitgliedschaft in diesem Gremium nie Kapital schlagen. Übrigens hatte Sulzer in unüberbietbarer Arroganz gegen die Aufnahme Lessings gestimmt, da man nicht recht wissen könnte, unter welchem Titel man diesen Magister in das Mitgliederverzeichnis eintragen sollte.

Dazu kam noch dies: Am 8. Oktober hatten die Österreicher und Russen unter Lavy und Tottleben Berlin besetzt. Seinen Bruder Gottlob, der ihn gerade zu dieser Zeit besucht hatte, schickte er daher in Vorahnung kommender Heimsuchungen für die Stadt schon am 4. September wieder nach Kamenz zurück.

Die Wahrheit ist, daß Lessing einer Aufforderung des Generals von Tauentzien gefolgt war, der ihn gebeten hatte, den Posten seines Gouvernementssekretärs in Breslau zu übernehmen. Wahrscheinlich hatte noch Ewald von Kleist diesen Kontakt vermittelt. Lessing, dem der Boden Berlins unter den Füßen zu brennen schien, überlegte nicht lange: er sagte kompromißlos zu und folgte damit dem Ruf seines Schicksals.

Daß der »lustige Lessing« aus Berlin verschwunden ist, gibt auch Gleim Rätsel über Rätsel auf. »Was wird aus dir werden, Berlin?« seufzt er vernehmlich, »wenn du alle Lessinge verjagst und alle Ramler verhungern lässest?«

Im Dezember erreicht Mendelssohn dann doch ein Brief von Lessing aus Breslau, der hell in die inneren Zustände des

Absenders hineinleuchtet. »Ich reiste mit allem Bedacht aus Berlin«, heißt es da, »ohne von Ihnen Abschied zu nehmen, weil ich mich nicht der Gefahr aussetzen mochte, die Torheit meines Entschlusses auf einmal in ihrem völligen Lichte zu sehen. Die Reue wird ohnedem nicht außenbleiben, eine so gänzliche Veränderung meiner Lebensart in der bloßen Absicht, mein sogenanntes Glück zu machen, vorgenommen zu haben. Wie nahe ich dieser Reue bereits bin, weiß ich eigentlich selbst nicht. Denn noch bin ich in Breslau nicht zu mir selbst gekommen.«

Lessing scheint sich zunächst einmal von seinen Büchern verabschiedet zu haben, die weitgehend sein Leben bestimmt hatten. In der Tat beginnt nun eine dezidiert epikureische Phase in seinem Leben, »da er gegen sein mächtig arbeitendes Inneres stets ein gewaltiges Gegengewicht brauchte«, wie Goethe später Lessings »zerstreutes Wirtshaus- und Weltleben« entschuldigend begründet hat. Eben deshalb hatte er sich ins Gefolge eines preußischen Generals und seines Offizierskorps begeben.

Es fällt in der Tat schwer, sich Lessing Tag für Tag in einer preußischen Schreibstube über Akten gebeugt vorzustellen. Gleichwohl unterzieht er sich dieser administrativen Pflichtübung in derHoffnung, sich endlich auch einmal »den Beutel zu füllen«, wie er sich und anderen selbst eingesteht. Das Verhältnis zu seinem direkten Vorgesetzten Tauentzien hätte kaum besser sein können. Dieser General, der eben erst Breslau gegen den österreichischen Feldherrn Laudon verteidigt hatte und der nun die Funktion eines Festungskommandanten in Breslau zu erfüllen hat, stellt sich als ungemein generös heraus. Trotz aller Temperamentsgegensätze kam es zwischen diesem passionierten Soldaten und dem unabhängigen Journalisten niemals zu einem Eklat. Man arrangierte sich recht und schlecht.

Was Lessing in Breslau jedoch vor allem auf der Seele lastet, ist der Mangel an geistigen Kontakten. Nach einem halben Jahr kann er seine Sehnsucht nach Berlin vor den Freunden nicht länger verheimlichen. »Ach, bester Freund«, lautet sein Hilferuf an Mendelssohn, »Ihr Lessing ist verloren! In Jahr und Tag werden Sie ihn nicht mehr kennen. Er sich selbst nicht mehr. O meine Zeit, meine Zeit, mein alles, was ich habe – sie so, ich weiß nicht was für Absichten aufzuopfern! Hundertmal habe ich schon den Einfall gehabt, mich mit Gewalt aus dieser Verbindung zu reißen. Doch kann man einen unbesonnenen Streich mit dem anderen wieder gutmachen? – Aber vielleicht habe ich heute nur einen so finsteren Tag, an welchen sich mir nichts in seinem wahren Lichte zeigt. Morgen schreibe ich Ihnen vielleicht schon heiterer.«

Seine gute Laune verliert Lessing auch in seinem Breslauer Exil nicht völlig. »Liebster Freund«, wendet er sich daher in einer recht euphorischen Stimmung an Nicolai. »Endlich dringt mich die Not, an Sie zu schreiben. Und zwar eine doppelte Not. Fürs erste: ich kann unmöglich länger Ihre Briefe entbehren. Da Sie mir sie also nicht als Almosen wollen zukommen lassen –?

Sie sollten sich schämen, mit mir auf so genaue Rechnung zu leben. Zug um Zug ist eine Regel in der Handlung, aber nicht in der Freundschaft. Handel und Wandel leidet keine Freundschaft; aber Freundschaft leidet auch keinen Handel und Wandel. Und wozu machen Sie unseren Briefwechsel anders als zu einem eigennützigen Handel, wenn Sie wollen, daß er in dem eigentlichen Wortverstande nichts als ein Briefwechsel sein soll? Wenn Sie mit keinem anderen Wechsel übers Ohr gehauen werden als mit diesem, so wird Ihr Beutel ein sehr gesegneter Beutel bleiben und Ihre Freundschaft eine Kapitalistin werden. Denn jeder Ihrer Briefe, den ich nicht beantworte, ist ein Kapital, welches Sie bei mir unterbringen. Und die Interessen dieses Kapitals werden von Zeit zu Zeit zu dem Kapitale geschlagen und tragen neue Interessen, welche wieder zu dem Hauptstuhle geschlagen werden, so daß, je länger ich nicht antworte, desto größer Ihr Kapital wird.«

In diesem Brief beauftragt er den Buchhändler Nicolai, ihm aus dem Baumgartenschen Bücherkatalog eine ansehnliche

Reihe von Büchern zu ersteigern. Zu diesem zeitraubenden Geschäft bittet er Nicolai bei seiner Frau frei.

»Madame Nicolai«, bestürmt Lessing charmant die Frau des Freundes. »Unbekannterweise – das ist ein Glück für mich; denn wenn Sie mich kennten, würden Sie auf meine Bitte nicht viel geben – nehme ich mir die Freiheit, Dieselben hiermit ganz ergebenst zu ersuchen, mir zu Liebe und Ihnen selbst zur großen Ehre die Selbstüberwindung zu haben und zu erlauben, daß Ihr Mann, Ihr lieber Mann, sollte ich sagen, denn ich erinnere mich, daß Sie eben noch nicht lange verheiratet sind – daß Ihr lieber Mann also – Aber wenn es noch Ihr lieber Mann ist, so wird Ihnen die Selbstüberwindung allzuviel kosten.

Es bleibt also bei dem ersten – daß Ihr Mann solange, als die Baumgartensche Auktion dauert – es ist keine Möbel-Auktion, Madame, wo Geschmeide und Silberzeug zu erstehen ist, da werden Sie ihn wohl von selbst hinschicken – sich alle Nachmittage ein paar Stunden von Ihrer grünen Seite entfernen darf. Er soll so gut sein und Bücher für mich erstehen, wenn Sie so gut sein und es ihm erlauben wollen.

Werden Sie nicht ungehalten, Madame; für sich soll er kein Buch erstehen. Wer Frau und Kinder zu versorgen hat, muß freilich sein Geld klüger anwenden. Aber unsereins – ich bin so ein Ding, was man Hagestolz nennt. Das hat keine Frau, und wenn es schon dann und wann Kinder hat, so hat es doch keine zu versorgen.

Was machte ich mit dem Gelde, wenn ich nicht Bücher kaufte? Schlecht Geld ist es ohnedies, herzlich schlecht Geld, so schlecht, daß man sich ein Gewissen daraus machen muß, seine alten Schulden damit zu bezahlen. Lieber mögen meine alten Schulden bis auf das alte Geld meiner lieben künftigen Frau warten. Denn ich bin ein Hagestolz, der es nicht ewig bleiben will. Das Exempel unserer Freunde ist ansteckend.

Liebe Madame, haben Sie etwa eine gute Freundin mit altem Gelde, welche Sie recht hübsch untergebracht wissen möchten? Sie wissen vielleicht nicht, welchen großen Anteil ich an Ihrer Verbindung habe. Ihr Mann war außer Maßen unschlüssig, ob er Ihr Mann werden wollte oder nicht. Hätte ich ihm nicht so sehr zugeredet, ich glaube, Sie hätten ihn noch nicht. Wenn Sie nun eine erkenntliche Frau sein wollen – Ich muß toll im Kopfe sein, daß ich heute alles so ohne Überlegung hinschreibe! Wenn Sie eine erkenntliche Frau sind, so kratzen Sie mir vielleicht lieber die Augen aus dem Kopfe. – Nein, Madame, ich habe ihm nicht zugeredet. Wenigstens habe ich Ihnen nicht zugeredet. Mag in Ihrem Ehestandskalender doch für Wetter stehen, welches will: mir dürfen Sie weder den Sonnenschein noch den Sturm zuschreiben.

Aber wieder auf die Auktion zu kommen. Steht Sonnenschein im Kalender, so entlassen Sie Ihren Mann freundlich in die Auktion, steht Sturm, so jagen Sie ihn hinein. Er mag gern gehen oder nicht gern: Ihnen werde ich es in beiden Fällen zu verdanken haben. Empfangen Sie also meinen Dank.«

Dieser so kapriziöse Brief aus Peile irgendwo im Schlesischen zeigt Lessing in der besten Laune. Offenbar hat er sogar Erfolg gehabt. Als es nämlich zur Versteigerung der Bibliothek des Berliner Oberkonsistorialrates Nathanael Baumgarten kam, hatte Lessing in seinem sträflichen Übereifer neben seinen Freund Nicolai noch einen anderen Berliner Gewährsmann mit dem gleichen Auftrag, ihn bei der Versteigerung zu vertreten, versehen. Die unliebsame Folge war, daß beide gegenseitig die Auktionspreise in die Höhe trieben. »Es wurde daher ein Buch von wenigen Bänden zum allgemeinen Erstaunen bis 60 oder 70 Taler hinaufgetrieben. Als sie, um auseinander zu kommen, voneinander zu wissen verlangten, für wen sie böten, fand sich, daß sie beide für Lessing geboten hatten«, berichtet Nicolai später über diesen kostspieligen Fall Lessingscher Zerstreutheit.

Als es sich unter den Berliner Freunden herumspricht, Lessing nähme an vorderster Front an der Belagerung von Schweidnitz teil und setze sich damit kaum berechenbaren Gefahren aus, verschlägt es diesen den Atem. »Wir leben in einer düsteren, schwermütigen Zeit«, klagt Mendelssohn. »Freunde vergessen einander, Brüder kennen sich nicht mehr. Zu Wasser und zu

Lande, vom Aufgange bis zum Niedergange der Sonne ist Menschenwürgen. Könige gehen zu Fuß, Geldwechsler fahren mit Sechsen, Dichter belagern Festungen und Weltweise heiraten.«

Es geht weit über Mendelssohns Vorstellungsvermögen hinaus, sich Lessing im fernen, hart umkämpften Schlesien höchst profanen Aufgaben widmen zu sehen. Aber es ist schon so: Der Freund verbringt seine Vormittagsstunden mit Proviantbeschaffung, Auswechslung von Gefangenen oder mit dem Briefwechsel des Generals, Aufgaben, die er offenbar mit weltmännischer Grandezza bewältigt. Aber auch die Tatsache, daß Lessing in der Etappe von einer veritablen Spielleidenschaft ergriffen ist, hat sich bis nach Berlin herumgesprochen. Jedenfalls macht Mendelssohn sogleich einen Reim auf dieses Laster:

»Wenn er nicht hört, noch spricht, nicht fühlt,
Noch sieht, was tut er dann? – Er spielt.«

In der Tat hat Lessing in der Monotonie der Etappe sich angewöhnt, das Glück im Spiel herauszufordern. Mit einem Male lernt man den Bücherwurm, der sich schon als kleiner Junge mit Folianten auf den Knien porträtieren ließ, von einer entschieden anderen Seite kennen. Obwohl selbst seine Vorgesetzten sich besorgt ins Zeug legen, um ihn vor jeder Übertreibung zu warnen, scheint Lessing dieser neuen Passion bedingungslos gefrönt zu haben. Wenn ihn das Spielfieber packte, soll er in einen Zustand höchster Erregung geraten sein.

»Einer seiner Freunde«, berichtet sein Bruder Karl später, »der ihn beim Pharao-Spiel beobachtete, sah einmal, wie ihm die Schweißtropfen vom Gesicht herunterliefen. Er sah auch, daß er nicht im Unglück war, sondern diesen Abend sehr glücklich spielte. Als sie miteinander nach Hause gingen, tadelte er ihn, daß er nicht bloß seine Börse, sondern noch etwas Wichtigeres, seine Gesundheit, ruinieren würde. ›Gerade das Gegenteil‹, antwortete Lessing. ›Wenn ich kaltblütig spielte, würde ich gar nicht spielen; ich spiele aber aus Grund so leidenschaftlich. Die heftige Bewegung setzt meine stockende Maschine in Tätigkeit und bringt die Säfte in Umlauf, sie befreit mich von einer körperlichen Angst, die ich zuweilen leide.‹«

Lessings Spielsucht wächst sich in seiner Breslauer Zeit zu einer höchst fragwürdigen Gewohnheit aus. »Fast täglich ging er nach sechs gegen sieben in das Theater und dann mehresteils, ohne das Stück ausgehört zu haben, in die Spielgesellschaft, von wo er spät nach Hause zurückkehrte und den anderen Tag nicht vor acht oder neun aufstand«, berichtet sein Breslauer Freund, der Rektor Samuel Benjamin Klose. Vielsagend setzt er hinzu: »Ich habe ihn sogar noch gegen zehn Uhr im Bette gefunden.«

Eigentlich hat Lessing zeit seines Lebens nicht auf das Stimulans des Spielens verzichten können. Er schien immer bereit zu sein, das Glück herauszufordern. Noch auf dem Totenbette soll er noch die Zahlen für die nächste Ziehung des Lottos ausgewählt haben. Die angegebene Summe mußte dann nach seinem Tode ein Kollekteur für ihn zahlen.

Während seiner Verlobungszeit mokiert er sich mit Galgenhumor in einem Brief an Eva König über seine Leidenschaft: »Wenn es zwar wahr wäre, wenn man erzählt, daß vorige Woche der Teufel selbst in hocheigener Person des Nachts in Hamburg die Lotterie gezogen habe, daß eine von den gezogenen Nummern einem Nachtwächter auf den Kopf gefallen, welcher darüber an den Tod liege, daß sechs andere Teufel dabei die Deputierten vorgestellt und mit feurigen Krausen auf dem Gerüste gesessen, wenn das alles wahr wäre, so hätte ich dort fast Lust, mein Heil noch einmal zu versuchen. Denn ohne Zweifel würde mich der dumme Teufel, der sonach die Direktion der Lotterie bekommen, einbilden, daß mir vieles Geld gar nichts nütze, daß ich nichts wie Böses damit stiften würde, und würde es mir also zuschanzen. Aber hätte ich es dann nur einmal, wäre jemals der Teufel betrogen worden, so sollte er es von mir werden.«

»Tout les gens d'esprit aiment le jeu à la fureur«, wird er später seinen Riccaut de la Marlinier in seiner »Minna von Barnhelm« schwadronieren lassen. Lessing wußte genau, was er diesen betrügerischen Glücksritter, mit dem er die französischen Höflinge seines Königs karikieren wollte, von der Bühne herab verkünden ließ. Wahrscheinlich hat er in diesem Falle sogar aus eigener trüber Erfahrung gesprochen. Bekanntlich schreckte seine Kunstfigur von einem Franzosen keineswegs vor betrügerischen Manipulationen und Tricks zurück, die er mit der Wendung »corriger la fortune« zu rechtfertigen versuchte.

Die andere Leidenschaft, die Lessing in Breslau in Bewegung hielt, war seine Bibliophilie, der er schon früh verfallen war. Er hatte es sich in den Kopf gesetzt, nun, nachdem er zu Geld gekommen war, sich endlich die Bibliothek zuzulegen, von der er als armer Teufel zeit seines Lebens geträumt hatte. Er ließ keine Gelegenheit aus, sich die Bücher zu erwerben, an denen ihm gelegen war. Meist sah man ihn gleich nach Tisch in den Breslauer Buchläden oder bei Bücherauktionen. Auf diese Weise brachte er in vergleichsweise kurzer Zeit eine Bibliothek von sechstausend Bänden zusammen, die er mit Besitzerstolz vorzeigen konnte, die aber auch seine Flexibilität erheblich einschränkte.

Seine Einkünfte müssen also zum ersten Mal in seinem Leben erheblich gewesen sein. Jedenfalls konnte er endlich einmal aus dem vollen schöpfen und sogar den Eltern in Kamenz einiges zukommen lassen. Deren Notlage war in der Tat immer noch mitleiderregend. Immerhin hatten sie noch einige Kinder auf den Universitäten.

Lessing war in der Tat so etwas wie ein wohlhabender Mann geworden, der sich sogar ein paar feudale Steckenpferde und Extravaganzen leisten konnte. Hätte er weniger moralische Skrupel besessen, hätte er sich sogar ein ansehnliches Vermögen erwerben können, als er als einer der ersten von der vom König angeordneten Münzverschlechterung erfuhr. Immerhin hatte Tauentzien die Gunst der Stunde zu nutzen verstanden und 150000 Taler aus diesem Währungsschnitt herausgeschlagen. Auch Lessing hätte über Nacht ein vermögender Mann werden können, nur lag ihm offenbar mehr daran, sorgenfrei leben und schaffen zu können. Für finanzielle Transaktionen besaß er jedenfalls kein Organ. Daher sind die Wurzeln seiner Spielsucht nicht in einer materialistischen Gesinnung zu suchen. Ihn lockte viel eher der damit verbundene Nervenkitzel.

Natürlich hat Lessing auch in Breslau sein Geld nicht im

Schlafe verdient. Er hatte durchaus ein konkretes Arbeitspensum abzuleisten. Tauentzien hatte sogar allen Grund, mit seinem Sekretär zufrieden zu sein, der ihm den gesamten Briefwechsel abnahm. Der König fand während seiner Amtszeit an Briefen und Eingaben aus Breslau nichts auszusetzen. Man hat sogar Grund zu der Annahme, daß der General seinen Aufstieg in der Etappe nicht zuletzt auch der Assistenz seines Sekretärs zu verdanken hatte, der immerhin zu den glänzendsten Stilisten im deutschen Sprachgebiet gehörte. Lessing hatte sich bald in das formelle Amtsdeutsch des preußischen Militärs eingefühlt. Er beherrschte natürlich alle Sprachklischees, mit denen man höheren Orts Eindruck schinden konnte. Hin und wieder war auch der Journalist in ihm gefragt, so etwa, wenn der Mann, der jahrelang in der »Vossischen Zeitung« am Neujahrstag eine Devotionsnote mit allen guten Wünschen an den König zu formulieren hatte, Briefe ähnlichen Inhalts an Friedrich in Potsdam zu richten hatte.

Von Lessings Amtstätigkeit sind insgesamt 193 Briefe erhalten geblieben. Er hat sie alle formuliert; von Tauentzien rührt nur die Unterschrift her. Welcher schematischen Sprache sich das Sprachgenie Lessing in seiner Amtsstube zu bedienen hatte, belegt die folgende Neujahrsadresse seines Generals an den König:

»Allerdurchlauchtigster, Großmächtigster König
Allergnädigster König und Herr,

Ich unterwinde mich, Ewr. Königl. Majestät zu dem gegenwärtigen Jahreswechsel meinen untertänigsten Glückwunsch abzulegen und flehe die Vorsicht um die ununterbrochene Fortdauer Ewr. Königl. Majestät hohen Wohlseins. Zugleich empfehle ich mich und das gesamte Bataillon Ewr. Königl. Majestät ferneren allerhöchsten Gnade.

H. Lucas ist voritzt in seinen Prophezeiungen sehr brouilliert, verspricht uns aber doch noch auf das kommende Jahr den Frieden. Der ich in tiefster Devotion ersterbe,
Ewr. Königl. Majestät
alleruntertänigster und gehorsamer Knecht
B. F. Tauentzien.«

Natürlich fechten Lessing hin und wieder auch Skrupel an, ob er seine geistige Existenz bei diesem neuen Lebensstil nicht doch leichtfertig aufs Spiel setzen würde. Die Warnungen seiner Berliner Freunde geben ihm dann doch immer wieder zu denken. So klagt er am 30. März 1761 Mendelssohn sein Leid: »Ich hätte es mir vorstellen können, daß unbedeutende Beschäftigungen mehr ermüden müßten als das anstrengendste Studieren; daß in dem Zirkel, in welchen ich mich hineinzaubern lassen, erlogene Vergnügen und Zerstreuungen über Zerstreuungen die stumpf gewordne Seele zerrütten würden, daß – ach, bester Freund, Ihr Lessing ist verloren! In Jahr und Tag werden Sie ihn nicht mehr kennen!«

In der Tat bringt Lessing keines seiner Projekte in Breslau zum Abschluß. Seine Kraft reicht nur aus, um Stoff vor allem für seine »Minna von Barnhelm«, den »Laokoon« und die »Hamburgische Dramaturgie« zu sammeln. Er hat diese Monate selbst als »Rüstezeit« verstanden wissen wollen.

Im Juli 1762 war er seinem General nach Schweidnitz gefolgt, das durch einen Handstreich in die Hände der Österreicher gefallen war und nun vom General de Guasco heldenhaft verteidigt wurde. Zehntausend Preußen belagerten damals die Festung über Monate hin. Am 9. Oktober gingen dann endlich die weißen Fahnen auf den Türmen hoch. Noch im gleichen Jahr nimmt Tauentzien Lessing als Begleiter mit auf eine Reise an den Hof nach Potsdam. Und wieder nimmt der König keinerlei Notiz von ihm.

Ganz allgemein sehnt sich Lessing natürlich nach Frieden, um seine Arbeiten dort wieder aufzunehmen, wo er sie unterbrochen hatte. Am 30. Mai 1762 hatte er ganz in diesem Sinne Ramler bereits zu verstehen gegeben: »Ich bin meiner jetzigen Situation so überdrüssig, als ich noch einer in der Welt gewesen bin. Nur bald Frieden, oder ich halte es nicht länger aus!«

Der Frieden ließ aber leider noch auf sich warten. Erfreulicherweise steht die Sache des Königs aber keineswegs so schlecht, wie es lange Zeit den Anschein hatte. Wieder einmal hatte sich das Mirakel des Hauses Brandenburg bestätigt, als die Zarin Elisabeth starb, Katharina II. das Regiment übernahm und den Kampf gegen Preußen einstellte. Trotzdem war für Lessing der Krieg noch nicht zu Ende. Nach dem Frieden von Hubertusburg blieb er noch bis zum November 1764 in Tauentziens Diensten und bis zum Mai 1765 in Breslau.

Die schlesische Hauptstadt war ihm inzwischen nämlich sehr ans Herz gewachsen. Er war durch seinen Einsatz für die Stadt inzwischen so etwas wie eine Breslauer Institution geworden, an die man sich zu gewöhnen begann. Jedenfalls blieb er den Breslauern in bester Erinnerung. Thomas Thomson, ein Breslauer Bürger von einiger Reputation, machte Lessing noch nach Jahren seine Reverenz, als er sich seiner Verdienste um die Stadt erinnerte und schrieb: »Ihnen, liebster Freund, hat unsere Stadt viel zu danken. Sie waren ein mächtiger Fürsprecher bei Sr. Exzellenz, unseren liebenswürdigen Generalleutnant von Tauentzien. Wie Sie sich noch zu besinnen wissen, so wäre der Zwinger-Platz am Schweidnitzer Tor, allwo die Kaufleute ihre Lustschießen gehabt haben, verloren gegangen, wenn Sie, auf meine Bitte sich unserer nicht angenommen hätten, daß durch Sie der Platz und die Mauer um ein geringes Quantum uns eigentümlich geblieben ist.«

»Wie es weitergehen wird, ist mein geringster Kummer«, schreibt Lessing am 13. Juni 1764 an den Vater. »Wer gesund ist und arbeiten will, hat in der Welt nichts zu fürchten.« Aber eben mit seiner Gesundheit ist es um diese Zeit schlecht bestellt. Gerade in diesem Sommer des Jahres 1764 warf ihn ein mörderisches Fieber nieder und brachte ihn an den Rand des Grabes. Seine Freunde hatten allen Grund, sich große Sorgen um ihn zu machen. Mitten in seiner Arbeit an seiner »Minna von Barnhelm« ist er gezwungen, die Feder sinken zu lassen.

Schon damals wich Lessing der harten Wirklichkeit des Todes, mit dem er selbst gerechnet haben muß, keineswegs aus. In den höchsten Delirien seines Fiebers beobachtet er die Auflösungsvorgänge seines Körpers minuziös. Er will herauskriegen, wie er später bekannte, was in seiner Seele während des Sterbens vorging. Sonst aber betrachtet er diese Krankheit, durch die er hindurch mußte, als eine Schicksalsprobe, die ihn, wenn er sie bestände, auf eine höhere Stufe seines Bewußtseins befördern würde.

»Alle Veränderungen unseres Temperaments, glaube ich, sind mit Handlungen unserer animalischen Ökonomie verbunden«, schreibt er bereits am 5. August nieder. »Die ernstliche Epoche meines Lebens nahet heran; ich beginne, ein Mann zu werden, und schmeichle mir, daß ich in diesem hitzigen Fieber den letzten Rest meiner jugendlichen Torheiten verraset habe.«

Nur langsam erholte sich Lessing wieder. In den Tagen seiner Rekonvaleszenz raffte er sich zu einem Brief an Ramler auf, in dem es hieß: »Krank will ich wohl einmal sein, aber sterben will ich deswegen noch nicht. Ich bin so ziemlich wiederhergestellt, außer daß ich noch mit häufigem Schwindel beschwert bin. Ich hoffe, daß sich auch dieses bald verlieren soll, und alsdann werde ich wie neu geboren sein.« Trotzdem muß er immer wieder von Rückfällen berichten. Am 20. August heißt es etwa: »Ich war von meiner Krankheit in einem train zu arbeiten, in dem ich selten gewesen bin. Noch kann ich nicht wieder hineinkommen, ich mag es anfangen, wie ich will. Ich brenne vor Begierde, die letzte Hand an meine ›Minna von Barnhelm‹ zu legen, und doch wollte ich nicht gern mit halbem Kopfe daran arbeiten. Ich habe Ihnen von diesem Lustspiel nichts sagen können, weil es wirklich eins von meinen letzten Projekten ist. Wenn es nicht besser als meine bisherigen dramatischen Stücke wird, so bin ich fest entschlossen, mich mit dem Theater gar nicht mehr abzugeben.«

Noch kann Lessing nicht ahnen, welchen Trumpf er mit diesem preußischen Lustspiel in seinen Händen hält. Breslau kann sich rühmen, die Geburtsstätte des klassischen Lustspiels der Deutschen schlechthin zu sein. In »heiteren Frühlingsstunden« hat der Dichter, wie sein Freund Klose bemerkte, im »gelehrten Garten« viel Fleiß an die Ausarbeitung dieses Soldatenstückes gewandt.

Immer mehr fühlte sich Lessing im Laufe des Sommers 1765 gedrängt, sich seiner eigentlichen Lebensaufgabe wieder intensiv zuzuwenden. Er nahm Abschied von Schlesien und fuhr über Kamenz, wo er nach neun Jahren der Trennung endlich die Familie wiedersah, nach Berlin.

Nun stand er im Zenit seines Lebens. Noch siebzehn Jahre unentwegten Schaffens sollten ihm bleiben, die er voll auszukosten versteht. In der Tat: Die ernstliche Periode seines Lebens hatte begonnen. Als er diesmal mit Friedrich Nicolai, mit dem er auf der Leipziger Ostermesse zusammengetroffen war, wieder in Berlin einzog, geschah es nicht ohne gewichtiges geistiges Gepäck. Den Lehr- und Wanderjahren folgten nun die Meisterjahre eines geistigen Kämpfers, der Deutschland um ein gutes Stück seiner geistigen Bestimmung näherbrachte.

Berlin IV

Mitte Mai 1765 greift Lessing die Fäden in Berlin wieder dort auf, wo er sie vor fast fünf Jahren hatte fallen lassen. Der Transport seiner mittlerweile in Breslau erworbenen Besitztümer, vor allem seiner Bücher, machen seine Existenz nicht gerade flexibler. Er kostet ihn sogar einen großen Teil seiner Ersparnisse. Dazu erlebt er noch eine unliebsame Überraschung, die dann auch in die Lessing-Legende eingegangen ist.

Sein Diener, den er mit Möbeln, Koffern und Büchern vorausgeschickt hatte, stellt sich nämlich als ein Filou heraus, würdig, in einem Lessingschen Lustspiel als Charakterspieler zu figurieren. Kaum in Berlin angelangt, gibt er sich als einen Bruder seines Herrn aus und stolziert in Lessings Kleidern in der Stadt herum. Sein überzogener Lebensstil belastet Lessings Etat noch zusätzlich. Aber der sonst so unerbittliche Kritiker zeigt diesmal äußerstes Verständnis für die anrüchigen Allüren seines betrügerischen Domestiken. Offenbar besaß er ein Organ für Situationskomik.

Zu allem Überfluß erreicht ihn auch noch die Nachricht, sein Breslauer Diener habe sich auf Kosten seines Herrn so bereichert, daß für ihn ein Haus mit einem Kaffeeausschank dabei herausgesprungen sei. Wieder fällt Lessings Reaktion auf dieses Bubenstück ungewöhnlich moderat aus. Er findet auf diese Betrugsaffäre nur die für ihn so bezeichnende lakonische Antwort: »Da hat er das Geld wenigstens gut angelegt.«

Die Tatsache, daß der ehemalige Gouvernementssekretär nun mit gesteigertem Komfort in Berlin auftreten kann, beweist einen gewissen sozialen Aufstieg. Diesmal quartiert er sich im Hause des bekannten Kupferstechers Schleuen ein, der durch seine minuziösen Stiche der Nachwelt ein realistisches Bild des damaligen Berlin überliefert hat.

Hier im Hause Kupfergraben 10 residiert der freieste und wohl auch überlegenste Geist Berlins für die nächsten drei Jahre. Um die Eltern ein wenig zu entlasten, nimmt er sogar seinen Bruder Karl, der dann sein erster, allerdings etwas zweifelhafter Biograph werden und gerade diese Zeit des Zusammenlebens mit allen Details schildern soll, bei sich auf. Mit beiden teilt ein junger Herr von Brenkenhof, ein aufrichtiger Bewunderer des Schriftstellers Lessing, das Quartier.

Fast zwanzig Jahre sind ins Land gegangen, seitdem Lessing als unbekannter und mittelloser Student zum erstenmal Berliner Boden betrat, um mit der Keckheit der Jugend sein Schicksal herauszufordern. Inzwischen hat sein Name mächtig an Klang und Gewicht gewonnen. Aber es zeigt sich auch jetzt wieder einmal, daß er immer noch gezwungen ist, sich in einer klug kalkulierten Arbeitsökonomie Arbeit um Arbeit abzuringen, um seine nackte Existenz fristen zu können.

Leider läßt sich nicht sagen, daß die konzentrierte Arbeit am Schreibtisch keine Spuren zurückgelassen hat. Er verfügt keineswegs mehr über die unverwüstliche Gesundheit wie noch vor zwei Jahrzehnten. Diesmal weiß er sogar, daß er sich nur auf Abruf nach Berlin begeben hat. Es ist auf die Dauer nicht das rechte Pflaster für ihn, auf dem er produktiv wirken könnte.

»Ich gehe nach Berlin«, hat er dem immer noch um sein Seelenheil besorgten Vater mitgeteilt, »um nicht sowohl auf lange Zeit daselbst zu bleiben, als vielmehr bloß, um meine zerstreuten Sachen allda zusammenzubringen.«

Wieder einmal ist also ein längerer Berlin-Aufenthalt dieses rastlosen Wanderers nicht vorgesehen. Zuerst liegt ihm vor allem daran, die »Sachen«, die er in seinem Marschgepäck mit nach Berlin gebracht hat, zu einem guten Abschluß zu bringen. Dabei handelt es sich um seine »Minna von Barnhelm« und den »Laokoon«, die sich als zwei weitere Marksteine auf seinem

Weg zum Ruhm herausstellen sollen. Die Vorarbeiten seiner Breslauer Zeit beginnen sich also sehr wohl auszuzahlen.

Die Arbeitsbesessenheit der letzten Berliner Jahre hat sein Bruder sicher zutreffend so beschrieben: »Zerstreuungen und Abhaltungen hatte er nicht mehr außer, sondern in seiner Studierstube. Wenn er in der besten Arbeit auf und niederging, fiel ihm der Titel eines Buches in die Augen. Er sah hinein, fand einen Gedanken, der auf seine jetzige Meditation zwar ganz und gar keine Beziehung hatte, aber doch so herrlich, so vortrefflich war, daß er ihn sich wenigstens aufschreiben mußte; und im Aufschreiben konnte er seine Gedanken dabei nicht mit Stillschweigen übergehen. Diese bezogen sich wieder auf etwas anderes, dem er sogleich nachzuforschen nicht unterlassen konnte, wenn er nicht Gefahr laufen wollte, es gar nicht zu finden, wenn er es brauchte.

Welche neue Entdeckung! Welch schöner Aufschluß! Nun hatte die Sache ein ganz anderes Ansehen! – Der Buchdruckerjunge aber klopfte und verlangte Manuskripte. Ja, das war wohl fertig, nur mußte es noch einmal durchgesehen werden; und deswegen hatte er sich heute früh rechtzeitig hingesetzt. Allein, er stand von seiner Arbeit auf, und das Aufstehen hatte ihm zwar Stoff zu einem neuen Buche gegeben, aber das zu drucken angefangene Manuskript war deshalb nicht weiter durchgesehen.

Der Bursche kam, wie befohlen, wieder, und mit genauer Not hatte Lessing seine Gedanken aufs neue sammeln können. Er sah selbst ein, es werde nicht weit reichen; aber er wollte nicht eher einen Fuß aus der Stube setzen, bis er ganz mit dem Manuskripte fertig wäre. Lieber Gott! Gegen Abend war seine ganze Seele von dem Stubendunst beklemmt. Er mußte frische Luft schöpfen. Er ging nur auf eine Stunde zu einem Freunde. Der Freund unterhielt ihn von einer schönen Materie; sie kamen ins Plaudern. Zwar ging er zeitig nach Hause; aber für heute war das Manuskript vergessen. Er saß aber doch bis zwölf Uhr. Des Freundes Meinung hatte viel Anziehendes, mußte aber durch einen gewissen Umstand berichtigt werden. War der nicht außer Zweifel, so war es schöner Schein ohne Realität.

Er legte sich zu Bette, stand auf, war nicht heiter und mochte lieber alles tun als sitzen und seine eigene Arbeit durchlesen, die ihm gar nicht gefiel. Bruder, sagte er wohl endlich, die Schriftstellerei ist die ekelhafteste, die abgeschmackteste Beschäftigung. Nimm dir ein Beispiel an mir!«

Natürlich fand Lessing nach seiner langen Abwesenheit bei seiner Rückkehr ein völlig verändertes Berlin vor. Die Berliner fühlten sich von den Malaisen eines ihnen endlos erscheinenden Krieges wie erlöst. Handel und Wandel blühten wieder auf. Der Alte Fritz war zu einer legendären, fast mythischen Gestalt im Bewußtsein nicht nur seiner Preußen, sondern der gesamten Kulturwelt emporgestiegen. Er galt als unverrückbare Symbolfigur eines materiellen Aufstiegs, von dem auch die kleinen Leute keineswegs ausgeschlossen waren.

Mit den Jahren verwandelt sich auch das Stadtbild der Residenz auf eine bemerkenswerte Weise. Kaum einer bekam das mehr zu spüren als Lessing, der die Stadt nach so vielen Jahren der Trennung nun mit wesentlich anderen Augen sah. Daß die neue Dynamik und das nicht ganz unberechtigte Selbstgefühl der Berliner diesen nicht überall Sympathie verschaffte, konnte nicht überraschen. Auch Lessing hat später aus der Distanz seine Kritik gegenüber Berlin und den Berlinern freimütig geäußert.

Im Grunde hatte er, der so lange der kulturellen Szene entrückt gewesen war, wieder ganz von vorne zu beginnen. Ein Mann, der auf die Erträgnisse seiner Feder angewiesen war, hatte es schwer, sich weiterhin als alerter Weltmann unter der geistigen Elite der Stadt zu behaupten. Wenn er gehofft hatte, nie wieder den Verzweiflungskampf gegen die materielle Not aufnehmen zu müssen, so sah er sich nun getäuscht. Dieser Mann, auf den Deutschland, auf den Europa schaute, hatte jeden Tag von neuem gegen die Last der Materie anzukämpfen. Man las und lobte ihn, man wußte seine Zivilcourage, mit der er selbst heiße Eisen anzupacken pflegte, nicht genug zu rühmen, aber keiner dachte daran, ihm die nötige materielle Rükkendeckung zu verschaffen. Ein Mäzen fand sich für ihn nicht, und so hatte er nach den fetteren Breslauer Jahren wieder eine Durststrecke zu durchlaufen, in der ihm die Sorgen oft genug auf der Seele brannten.

Leise Hoffnungen auf eine Besserung seiner Verhältnisse regten sich in ihm, als der Bibliothekar des Königs, Gautier de la Croze, Anfang 1766 starb und Friedrich sich nach einem Nachfolger umsehen mußte. Auf Drängen seiner Freunde, die ihn um jeden Preis Berlin erhalten wollten, fand Lessing sich schließlich bereit, sich um die Stelle des königlichen Bibliothekars zu bewerben. Sicher wäre kaum jemand besser für diesen Posten geeignet gewesen als eben dieser große deutsche Schriftsteller, dem Berlin so viel zu verdanken hatte und der immer noch um seine nackte Existenz rang.

Einer von Friedrichs vertrauten Mitarbeitern, der Oberst Guichard, der unter dem Namen Quintus Icilius bekannt war, schlug seinem König nachdrücklich Lessing für die Besetzung des vakanten Amtes vor. Dieser winkte jedoch sogleich brüsk ab. Mit dem Namen Lessing assoziierte er nicht etwa einen bedeutenden deutschen Autor, sondern eine etwas anrüchige bürgerliche Existenz. Er hatte Lessings Rolle in der leidigen Affäre um Voltaires Druckfahnen ebenso wenig wie die rüde Kritik des jungen Mannes gegen seinen Schützling Lange vergessen. Quintus Icilius soll sogar wegen seiner Beharrlichkeit, mit der er auf seinem Vorschlag insistierte, eine Zeitlang beim König in Ungnade gefallen sein.

Der Stadt Berlin entging in jedem Fall durch die Halsstarrigkeit des Königs eine große, eigentlich vorausberechenbare Chance. Selbst Johann Joachim Winckelmann, der sich gleichfalls um diesen Berliner Posten beworben hatte, wurde mit der vielsagenden Bemerkung Friedrichs abgelehnt, die von ihm geforderten zweitausend Taler Gehalt wären für einen Deutschen einfach zu hoch. Er hatte sich nun einmal in den Kopf gesetzt, keine deutschen »Pedanten« um sich zu dulden und sie dazu noch wie Angehörige anderer Nationen zu honorieren. Die ganze Affäre ging dann wie ein Satyrspiel zu Ende: statt des für den Posten eines Bibliothekars designierten Lyoner Jacques Pernetty wurde durch eine unglaubliche Verwechselung der Pariser Antoine Joseph Pernetty, Verfasser einiger Schriften über Mythologie und Hieroglyphie, im Juli 1767 berufen. Dieser versah das Amt ohne Talent und Interesse. Er endete schließlich als Geisterseher in Valencia.

Angesichts der demütigenden Umstände seiner Ablehnung, sah sich Lessing in der Dresdener Kunstgalerie nach einer passenden Anstellung um. Er hatte die feste Absicht, Berlin, das ihn so maßlos enttäuscht hatte, je eher um so lieber zu verlassen und anderswo sein Glück zu versuchen.

»Mein Vorsatz, nach Dresden zu kommen, bleibt noch fest«, schrieb er in diesen bedrängten Tagen an den Vater. »Nur dürfte es nunmehr einige Monate später geschehen. Ich muß meine Bibliothek zuvor hier in Ordnung haben, auch vorher noch etwas drucken lassen, ohne welches meine Reise vergebens sein würde.«

Trotzdem treibt ihn seine Unruhe schon vorher aus Berlin. Lessing begibt sich wieder einmal auf Reisen. Mit dem jungen Brenkenhof fuhr er nach Pyrmont, wo er mit dem von ihm so sehr geschätzten Osnabrücker Justitiar Justus Möser zusammentraf, mit dessen Realismus ihn so vieles verband. Möser gehörte zu den Autoren, die Nicolai verlegte. Auch hatte er sich als Journalist von hohen Graden einen Namen gemacht. Bekanntlich genoß dieser urwüchsige Westfale auch eine fast überschwengliche Verehrung des jungen Goethe.

Auch Thomas Abbt, eben noch gern gesehener Mitarbeiter der »Literaturbriefe«, kreuzte seinen Weg. Auf der Rückreise machte Lessing in Göttingen Station, um seine Visite bei Kästner, dem Freund aus längst verwehten Leipziger Tagen, und bei dem Theologen Johann Friedrich Michaelis zu machen, der Lessings Genie als einer der ersten erkannt und bewundert hatte. Auch Verbindungen mit den Professoren Heyne und Dietze knüpfte er an. In Kassel allerdings zerschlugen sich seine Hoffnungen auf eine Anstellung als Kustos am Antiken-

und Münzkabinett, die Gleim vermitteln wollte. Dieser empfing seinen Freund in Halberstadt natürlich mit offenen Armen und ließ während des Besuches ein Porträt von Lessing anfertigen, dem dann im sogenannten »Freundschaftstempel« ein würdiger Platz eingeräumt wurde. Dort hing Lessings Konterfei noch lange neben demjenigen des Großen Königs, der ihm so wenig affektioniert war.

Im Oktober 1766 wieder in Berlin angelangt, vergrub sich Lessing wieder in seine Arbeit, die ihm noch am ehesten Befriedigung verschaffte. In seiner Wohnung am Kupfergraben schrieb er seinen »Laokoon« und seine »Minna von Barnhelm« zu Ende. Sein geselliges Leben beschränkte er mehr und mehr auf zufällige Kaffeehausbesuche. Die permanente sklavische Arbeit am Schreibtisch begann damals bereits, seine Gesundheit zu untergraben. Selten nur konnte er sich dazu aufraffen, einen Spaziergang zu unternehmen.

»Er leugnete es seinen Freunden nicht, daß seinem etwas stärker gewordenen Körper die sitzende Lebensart nicht behage«, bemerkte Bruder Karl zur physischen Verfassung des Dichters. »Die Breslauer Zeit, die er für Sklaverei ansah, war viel gesünder gewesen. War er da auch nicht sein eigener Herr, mußte er gleich bald dies, bald jenes tun, das schwerlich zur Erweiterung weder seiner noch der menschlichen Kenntnisse überhaupt etwas beitrug, so war es doch meistens mechanische Beschäftigung.«

Lessing muß das Verhalten des Königs, der ihn als Unperson behandelte, als demütigend empfunden haben. Seinem berechtigten Groll gegen ihn machte er allerdings erst später Luft, als er Berlin bereits den Rücken gekehrt hatte. Zwar zweifelte er keinen Augenblick an der Einzigartigkeit Friedrichs, aber als einem Mäzen der schwer ringenden deutschen Schriftsteller konnte er ihm beim besten Willen kein rühmendes Wort widmen.

»Gott weiß, ob die guten schwäbischen Kaiser um die damalige Poesie im geringsten mehr Verdienst haben als der itzige König von Preußen um die gegenwärtige«, ließ er seinen berechtigten Ärger los. »Gleichwohl will ich darauf schwören, daß nicht einmal ein Schmeichler kommen sollte, welcher die gegenwärtige Epoche der deutschen Literatur die Epoche Friedrichs des Großen zu nennen für gut findet.«

Das waren harte Worte, gewiß, aber sie zielten keineswegs an der bitteren Wahrheit vorbei. Das Fazit seiner Berliner Jahre aber zog er mit einem Wort, das geradezu leitmotivisch über seinem deutschen Schriftstellerleben stand: »Ich stand am Markte und war müßig. Niemand wollte mich dingen, ohne Zweifel, weil niemand mich zu brauchen wußte.«

Im Frühjahr 1766 erschien bei Voß in Berlin Lessings »Laokoon«, seine umfassendste kunsttheoretische Schrift mit dem Untertitel »Über die Grenzen der Malerei und Poesie. Mit Erläuterungen verschiedener Punkte der alten Kunstgeschichte«. Offenbar versucht Lessing mit dieser Publikation mit dem großen Winckelmann in einen aufbauenden Wettbewerb zu treten. Er hat sich nicht mehr oder weniger vorgenommen, als klar und eindeutig die Grenzlinien zwischen der mehr beschreibenden Malerei und der auf Aktion und Bewegung angelegten Dichtkunst zu ziehen, wie es der Titel bereits programmatisch andeutet.

Mit diesem ästhetisch-kritischen Hauptwerk wirkte Lessing durch seine plausible Argumentation ungemein klärend auf die kunsttheoretischen Vorstellungen seiner Zeitgenossen. Lessings Hauptthese, wonach der Dichter nicht zu malen und zu beschreiben, sondern zu erfinden und Handlung darzustellen habe, gehört seit dieser Zeit zu den Grundprinzipien jeder Ästhetik. Auf Anhieb hatte der klare Denker und prägnante Formulierer Lessing von Berlin aus eine europäische Diskussion entfesselt, von der alle, die sich geistig auf der Höhe der Zeit bewegten, Notiz nahmen. Nur der König schwieg sich wieder einmal aus. Er wollte nicht zur Kenntnis nehmen, daß dieser Lessing in seinem Berlin längst eine europäische Kapazität geworden war, an der sich die Geister schieden.

Lessings Gedanken waren unschwer nachzuvollziehen: Im Gegensatz zur bildenden Kunst, die sich in der Kategorie des Raumes verwirklicht, hat es die Poesie mit dem Element Zeit

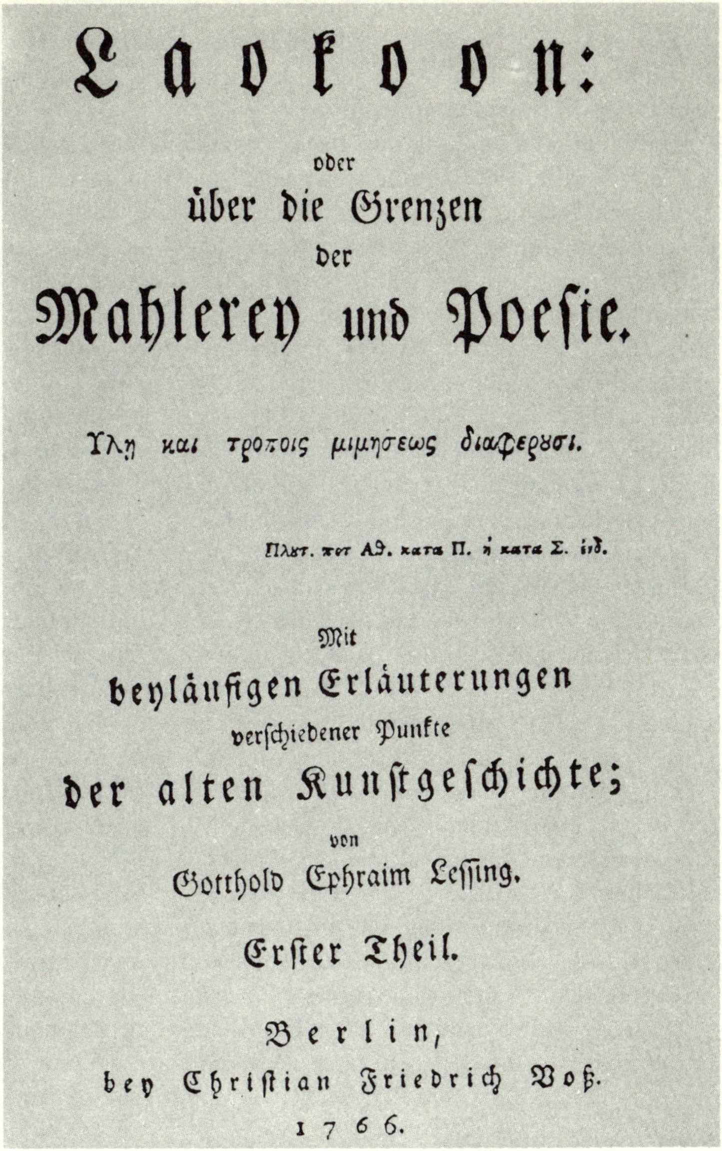

Laokoon:

oder
über die Grenzen
der
Mahlerey und Poesie.

Υλῃ και τροποις μιμησεως διαφερουσι.

Πλουτ. ποτ Αθ. κατα Π. ἠ κατα Σ. ενδ.

Mit
beyläufigen Erläuterungen
verschiedener Punkte
der alten Kunstgeschichte;
von
Gotthold Ephraim Lessing.

Erster Theil.

Berlin,
bey Christian Friedrich Voß.
1766.

Titelblatt von Lessings »Laokoon«

zu tun, in der sich Handlungen abspielen. Sie kann nur bildhaft wirken, indem sie Entwicklung durch Handlung darstellt. Homer zum Exempel beschreibt daher den Schild des Achill, indem er dessen Entstehung vorführt.

Zweifellos ist der »Laokoon« das erste bedeutende Beispiel der analytischen Betrachtungsweise geistiger Phänomene auf deutschem Boden gewesen. Bezeichnenderweise hatte sich Lessing zur Konkretisierung seiner neuen Ideen die bekannte Laokoongruppe aus dem Vatikanischen Museum ausgewählt. Damit hatte er das Stichwort für die ästhetischen Kontroversen einer neuen Generation gegeben, deren Impulse erstaunlicherweise zum erstenmal von Deutschland ausgingen. Wenn man sich nunmehr von der allegorischen Malerei in der Dichtung allmählich trennte und der malerisch ausschweifend beschreibenden Poesie ein Ende bereitete, so konnte sich Lessing diesen Fortschritt als sein Verdienst anrechnen.

Lessing war damit kraftvoll in ein allgemein europäisches Gespräch eingetreten. Sein Wunsch nach intellektueller Kommunikation weit über die Grenzen des eigenen Landes hinaus hatte sich zweifellos erfüllt. Wieder einmal ist es Goethe, der die exorbitante Wirkung gerade dieser klärenden Schrift Lessings in »Dichtung und Wahrheit« so beschwor: »Man muß Jüngling sein, um sich zu vergegenwärtigen, welche Wirkung Lessings ›Laokoon‹ auf uns ausübte, indem dieses Werk uns aus der Region eines kümmerlichen Anschauens in die freien Gefilde des Gedankens hinriß.« Selbst Winckelmann hielt nicht mit seinem Lob zurück. Er bestätigte Lessing, er habe bei seinen Analysen so viel stilistische Brillanz bewiesen und so geschrieben, »wie man geschrieben zu haben wünschen möchte«.

Lessing hatte seinen »Laokoon« zunächst auf drei Bände projektiert. Was er damit vor allem beabsichtigte, waren neue Impulse für eine deutsche Literatur, zu deren Durchsetzung er angetreten war. Er wollte den Dichter voll und ganz in seine spezifischen Rechte eingesetzt sehen.

Es war ihm ein geradezu moralisches Anliegen, anderen, die sich um Klärung noch verschwommener Begriffe ehrlich bemühten, durchschlagende Denkanstöße zu vermitteln. Er fand es längst an der Zeit, die poetologische These des griechischen Dichters Simonides, dieses antiken Voltaire, zu widerlegen, wonach die Malerei eine stumme Poesie, Poesie aber eine redende Malerei wäre.

Im besten Fall wäre Lessing bereit gewesen, dem griechischen Vordenker noch gewisse Denkfehler zu konzedieren. Seinen eigenen aufgeklärten Zeitgenossen läßt er solche antiquierten Kunstauffassungen so ohne weiteres nicht durchgehen. »Viele der neuesten Kunstrichter haben aus jener Übereinstimmung der Malerei und Poesie die krudesten Dinge der Welt geschlossen«, ereifert er sich. »Voll von dieser Idee, sprechen sie in dem zuversichtlichsten Ton die seichtesten Urteile... Ja, diese Afterkritik hat zum Teil die Virtuosen selbst verführt. Sie hat in der Poesie die Schilderungssucht und in der Malerei die Allegoristerei erzeugt, indem man jene zu einem redenden Gemälde machen wollen, ohne eigentlich zu wissen, was sie malen könne und solle, und diese zu einem stummen Gedichte, ohne überlegt zu haben, in welchem Maße sie allgemeine Begriffe ausdrücken könne, ohne sich von ihrer Bestimmung zu entfernen und zu einer willkürlichen Schriftart zu werden.

Diesen falschen Gedanken und jenen unbegründeten Urteilen entgegenzuarbeiten ist die vornehmste Absicht folgender Aufsätze. Sie sind zufälligerweise entstanden und mehr nach der Folge meiner Lektüre als durch die methodische Entwicklung allgemeiner Grundsätze angewachsen. Es sind also mehr unordentliche Collectanea zu einem Buch als ein Buch.

Doch schmeichle ich mir, daß sie auch als solche nicht ganz zu verachten sein werden. An systematischen Büchern haben wir Deutschen überhaupt keinen Mangel. Aus ein paar angenommenen Worterklärungen in der schönsten Ordnung alles, was wir nur wollen, herzuleiten, darauf verstehen wir uns trotz einer Nation in der Welt.«

Immer wieder zieht Lessing den alten Homer als Kronzeugen für seine Thesen heran. Während der Bildhauer seinen

Laokoon nur seufzen läßt, darf er bei Homer seinen Schmerz laut herausschreien. »Schreien ist der natürliche Ausdruck des körperlichen Schmerzes«, stellt Lessing fest. »Homers verwundete Krieger fallen nicht selten mit Geschrei zu Boden. Die geritzte Venus schreit laut, nicht um sie durch dieses Geschrei als die weichliche Göttin der Wollust zu schildern, vielmehr um der leidenden Natur ihre Rechte zu geben. Denn selbst der eherne Mars, als er die Lanze des Diomedes fühlt, schreit so gräßlich, als schrien zehntausend wütende Krieger zugleich, daß beide Heere sich entsetzten.

So weit auch Homer sonst seine Helden über die menschliche Natur überhebt, so treu bleiben sie ihr doch stets, wenn es auf das Gefühl des Schmerzes und Beleidigungen, wenn es auf die Äußerung dieses Gefühls durch Schreien oder durch Tränen oder durch Scheltworte ankommt. Nach ihren Taten sind es Geschöpfe höherer Art, nach ihren Empfindungen wahre Menschen.

Ich weiß, wir feineren Europäer einer klügeren Nachwelt wissen über unseren Mund und über unsere Augen besser zu herrschen. Höflichkeit und Anstand verbieten Geschrei und Tränen. Die tätige Tapferkeit des ersten rauhen Weltalters hat sich bei uns in eine leidende verwandelt. Doch selbst unsere Ureltern waren in dieser größer als in jener. Aber unsere Ureltern waren Barbaren. Alle Schmerzen verbeißen, dem Streich des Todes mit unverwandtem Auge entgegengesehen, unter den Bissen der Nattern lachend sterben, weder seine Sünde noch den Verlust seines liebsten Freundes beweisen, sind Züge des alten nordischen Heldenmutes. Palnatoko gab seinen Jomsburgern das Gesetz, nichts zu fürchten und das Wort Furcht nicht einmal zu nennen.

Nicht so der Grieche! Er fühlte und fürchtete sich; er äußerte seine Schmerzen und seinen Kummer; er schämte sich keiner der menschlichen Schwachheiten; keine mußte ihn aber auf dem Wege nach Ehre und von Erfüllung seiner Pflicht zurückhalten. Was bei den Barbaren aus Wildheit und Verhärtung entsprang, das wirkten bei ihm Grundsätze. Bei ihm war der

Heroismus wie die verborgenen Funken im Kiesel, die ruhig schlafen, solange keine äußere Gewalt sie weckt und dem Steine weder seine Klarheit noch seine Kälte nehmen. Bei den Barbaren war der Heroismus eine helle, fressende Flamme, die immer tobte und jede andere gute Eigenschaft in ihm verzehrte, wenigstens schwärzte.«

Mit seinem »Laokoon« hatte Lessing sich ins Lager jener Schriftsteller begeben, die, von Winckelmann inspiriert, für eine Rückkehr zu den strengen griechischen Formen plädierten. Winckelmann hatte nämlich nicht nur seine deutschen Landsleute dahin belehrt, im alten Griechenland ihr Heil zu suchen. Damit wurde dem vorherrschenden französischen Kultureinfluß gehörig das Wasser abgegraben. Auch die sich regende deutsche Literatur profitierte entschieden von dieser Verlagerung der künstlerischen Akzente. Man wandte sich wieder den noch keineswegs versiegten Quellen des antiken Schönheitsideals zu.

Lessing stand im Kampf seiner Zeit um die Revision konventioneller ästhetischer Grundregeln wieder einmal in der hart umkämpften vordersten Linie. Seinen »Laokoon« wird man daher als einen der großen und kompetenten Beiträge zum großen Umdenkprozeß dieser aufklärerischen Ära verstehen können. Dabei hat dieser so gänzlich unakademische Publizist keinen Anspruch erhoben, einen Beitrag zur wissenschaftlichen Archäologie geleistet zu haben. Er verfügte über genügend Selbstkritik, um zu wissen, daß er nicht im selben Maße über das nötige Fachwissen verfügte wie die Gelehrten. Aber die Schaffens- und Wirkungsgesetze der antiken Kunst hatte er dann eben doch wie nur wenige erfaßt.

Alles in allem hatte Lessing eine völlig neue Theorie der Epik geliefert und damit einen markanten Schlußstrich unter eine nur beschreibende Dichtung seines Jahrhunderts gezogen. Es war in der Tat an der Zeit gewesen, der gänzlich undichterischen und einfallslosen Beschreibungsmanie ein Ende zu bereiten und einer neuen Dichtung überhaupt erst einen geeigneten Mutterboden zu verschaffen. Daß er seine neuen Gedanken darüber hinaus auch in einer angenehm lesbaren Form darbot, macht den besonderen Rang dieser Abhandlung aus, die zwangsläufig ein Torso blieb. Mit Recht konnte er sich eigentlich Hoffnung machen, daß auch der König in Potsdam diese neuen Ideen aufnahm und deren Verfasser mit wesentlich anderen Augen als bisher zu betrachten lernte. Das geschah aber keineswegs. Hingegen wurde der »Laokoon« die Bibel der deutschen Klassik, die sich schon andeutete. Goethe jedenfalls hat Lessings »Laokoon«, wie er bemerkte, »aus der Region eines kümmerlichen Anschauens in die freien Gefilde des Denkens« hingerissen.

Die dichterische Ausbeute des Siebenjährigen Krieges hat in unserer Literaturgeschichte kaum bemerkenswerte Spuren zurückgelassen. Die Sänger von Friedrichs nicht unerheblichem Ruhm, also im wesentlichen Gleim, Ramler und die Karschin, sind durchaus drittrangig geblieben. Was sie zu Papier brachten, war in der Tat Literatur aus zweiter Hand. Ihre Hymnen und Oden wirkten allesamt blaß, akademisch konstruiert, mit einem Wort: langweilig, weil ihnen der Feueratem des unmittelbaren Erlebens fehlte. Vom Furor eines der entsetzlichsten Kriege der Militärgeschichte ist in ihnen jedenfalls nichts zu verspüren.

Es bleibt also ganz gewiß dabei: Das einzige ernstzunehmende dichterisch akzeptable Dokument dieses Krieges, den der Preußenkönig gegen eine große Koalition der europäischen Fürsten durchzustehen hatte, ist die literarische Aufarbeitung dieses eminent wichtigen historischen Ereignisses durch einen Dichter, der alles andere als ein martialisch empfindender Preuße war, geblieben.

Die erste Berliner Aufführung der »Minna von Barnhelm« unter Döbbelin ließ dann bereits keinen Zweifel mehr daran, daß hier eine Sternstunde der deutschen Theatergeschichte geschlagen hatte. Döbbelin selbst hat die Faszination, die Lessings Stück, das seitdem als das beste deutsche Lustspiel überhaupt gehandelt wird, auf ein ergriffenes Publikum ausübte, so geschildert:

»Ein unerhörter Beifall, den wir in diesem und durch dieses Stück erworben haben, macht, daß es heute zum achten Male schon von großen Herrschaften bestellt worden ist. Nie hat Deutschland diesen Zeitpunkt erlebt. Ich bin der glückliche Sterbliche, der das Werkzeug ist, wodurch ganz Berlin enthusiasmiert ist... Gestern bei der siebenten Vorstellung mußten zwölf Kutschen mit Herrschaften zurückfahren, die nicht Platz hatten, und wenigstens zweihundert Fußgänger.«

Ein Theatergenie hatte also mit der Dramatisierung einer eben erst abgeschlossenen historischen Epoche ins Schwarze getroffen. Lessing hatte aufgrund der Erfahrungen, die er vor Ort in seiner Breslauer Zeit in dieses Stück einbringen konnte, ein Zeitstück geschaffen, das sich auf Anhieb als ein besonderer Glücksfall für das deutsche Theater herausstellen sollte. Das Jahr 1767 ging zu Recht als das eigentliche Geburtsjahr des deutschen nationalen Dramas und vor allem der deutschen Komödie in die Literaturgeschichte ein.

Die Uraufführung der »Minna von Barnhelm« hatte übrigens in Leipzig in der Gegenwart des jungen Goethe stattgefunden. Er hielt das Stück für einen »glänzenden Meteor«, der wieder einmal daran erinnerte, » daß noch etwas Höheres existiere, als wovon die damalige schwache Epoche einen Begriff hatte«. Goethe fühlte sich, damals eben achtzehn Jahre alt, selbst zur Bearbeitung von Bühnenstoffen nach diesem bestechenden Eindruck animiert. Später beteiligte er sich selbst an einer Privataufführung im musischen Haus des Verlegers Schönkopf. Nur in Berlin selbst machte die Zensur zunächst erhebliche Schwierigkeiten, da die Person des Königs, wie es hieß, nicht mit der nötigen Devotion behandelt worden war. Es gehörte eben noch zu den ungeschriebenen Gesetzen der damaligen Bühnenpraxis, gekrönte Häupter mit einem besonderen Nimbus von Unantastbarkeit zu umgeben.

Nach einigen mitreißenden Aufführungen sprach schließlich ganz Deutschland von Lessings neuer Genietat, die er unter einem gewissen Erfolgszwang zustande gebracht hatte. Die großen Theater konnten es sich seitdem nicht mehr leisten, dieses Stück in ihrem Repertoire zu unterschlagen. Selbst die kleinsten Residenzen ließen sich dieses theatralische Ereignis nicht entgehen. Schließlich garantierten die Aufführungen überall volle Häuser. In Wien und Frankfurt strich man sogar, um die Empfindungen der Franzosen nicht zu verletzen, den Riccaut einfach von der Personenliste. Übrigens spielte in Wien Lessings alte Leipziger Freundin, die Lorenzin, selbst die Minna von Barnhelm. Sogar im entlegenen London wurde das Stück unter dem Titel »The disbanded Officer, or the Baroness of Bruchsall« und noch ein Jahrzehnt später unter dem Titel »The School für Honour, or the Chance of War« einem offenbar nicht sonderlich kritischen Publikum zugemutet.

Natürlich konnte ein so exorbitanter Theatererfolg andere Stückeschreiber in Deutschland nicht ruhen lassen, mit Lessing gleichzuziehen und von der von ihm initiierten Modewelle von Soldatenstücken mit abzusahnen. In den nächsten fünfzig Jahren erschienen nicht weniger als 260 Dramen, die mehr oder weniger ihre Entstehung Lessings »Minna von Barnhelm« zu verdanken hatten. Wahrscheinlich hat eine Figur wie die des edlen Tellheim bis hin zu Kleists »Prinzen von Homburg« ausgestrahlt.

Alles das deutet darauf hin, daß das deutsche Theater durch dieses Bühnenereignis im Kampf gegen die Vorherrschaft der sterilen französischen Komödie einen ersten und sogleich durchschlagenden Erfolg zu verzeichnen hatte.

Lessing hatte seine ganze Kunstfertigkeit an die Konzeption dieses Stückes gesetzt, das den eminenten Reifeprozeß andeutete, den er als Dramatiker seit seinem »Philotas« durchgemacht hatte. Hätte er diesmal das Parkett nicht erreicht und elektrisiert, wäre er entschlossen gewesen, damit seine Versuche, die deutsche Schaubühne für sich zu erobern, endgültig abzuschließen.

Erfreulicherweise heftete sich diesmal der Erfolg an seine Fersen. Die Berliner hatten sich in ihrer Eigenart in diesem Stück, das dem pulsenden Leben nachgezeichnet war, wiedererkannt. Lessing, der zum Zeitpunkt der Berliner Aufführung bereits die Stadt verlassen hatte, bekam darüber von seinem Bruder Karl folgendes zu hören:

»Ja, ja, der Döbbelin gab sie. Und ich muß Dir sagen, er hat damit das Publikum versöhnt, das in seine Bude gar nicht mehr kommen wollte. Gestern sah ich aber ein volles Parterre und, was noch seltener ist, ein vergnügtes. Gewiß, Bruder, seit langer Zeit hatte ich keinen so frohen Abend, und ich denke, ihn heute wieder zu haben... Wahrhaftig, ich dürfte nicht an Deiner Stelle sein, ich schriebe Komödie auf Komödie.«

Am 11. April fügte Karl Lessing seinem vorausgegangenen Bericht noch hinzu: »Deine Komödie wurde zehnmal unterbrochen vor einem vollen Hause aufgeführt, und es wäre noch mehrmals geschehen, wenn nicht das letzte Mal der Prinz Heinrich zugegen gewesen wäre, die Prinzessin Philippine und der Markgraf Heinrich. Aus Achtung gegen sie wurde das Stück nicht laut vom Parkett wieder verlangt. Dieses Wiederfordern ist auch durch Dein Stück eingeführt worden.«

Mit der Aufführung von Lessings Lustspiel hatte Berlin sein Stadtgespräch. Es wurde wieder aufgenommen, als im Jahre 1771 die Kochsche Truppe eine neue Aufführung darbot, nachdem kurz vorher »Miß Sara Sampson« über die Bretter gegangen war. Ramler berichtete seinem Freund Gleim über diese Aufführung in einem Brief vom 3. August: »Wir haben sie hier zwanzigmal hintereinander gespielt. Wir haben sie in Kupfer stechen und in die Kalender setzen sehen. Nur hat sie ihm (Lessing) nichts eingebracht. Das ist alles, worüber er sich beklagen kann.«

Großartiges hatte in der Tat Daniel Chodowiecki mit seinen Kupferstichen zur »Minna« geleistet. Mit seinen zwölf berühmten Kupfern zu Lessings »Minna von Barnhelm« hatte dieser preußische Hogarth als unerreichter Meister der Radiernadel seinen großen Durchbruch erkämpft. Er steuerte sie dem Genealogischen Kalender der Berliner Akademie für das Jahr 1770 bei.

Nur der König selbst nahm von diesem fulminanten Theaterereignis in seiner Hauptstadt und der damit verbundenen

Glorifizierung des preußischen Geistes keinerlei Notiz. Lessing hatte nicht anders als sein Major von Tellheim vom König eine bewußte Zurücksetzung und Demütigung zu erleiden. Trotzdem hatte er seiner Titelheldin die vielsagenden Worte in den Mund gelegt: »Daß Ihr König, der ein großer Mann ist, wohl auch ein guter Mann sein mag.«

Es war allerdings nicht zu übersehen, daß in der eigenen Hauptstadt dieses Königs ein Genie unter seinen Augen sozusagen in kühnem Zugriff in einer spielerischen Laune das deutsche Lustspiel, das nie recht eigentlich die besondere Stärke deutscher Autoren gewesen war, geschaffen hatte. Vor allem hatte er die Handlung dieser theatralischen Kostbarkeit auf Berliner Boden spielen lassen. Das sächsische Edelfräulein und ihr preußischer Geliebter treffen sich bekanntlich im Hotel »Zum König von Spanien«. Lessing verfügte dazu über den unerläßlichen geistigen Charme, die Starrheit der preußischen Haltung ein wenig aufzulockern. Im Verfertigen von schlagkräftigen Dialogen war er inzwischen ohnehin im deutschen Sprachraum unschlagbar geworden.

Im äußersten Norden rührte Matthias Claudius kräftig seine Hände zum Applaus. Er zeigte sich von diesem einmaligen Wurf augenscheinlich zutiefst gerührt. Der Wandsbecker Bote bedient sich eines Tricks, um die Meriten dieses Stückes, mit dem das deutsche Schauspiel vor aller Welt seine Existenzberechtigung angemeldet hatte, eher noch heller aufleuchten zu lassen, als es ohnehin schon der Fall war. Er läßt nämlich einen aufgeweckten Jungen, der zum erstenmal ins Parkett eines Theaters geraten ist, dieses Ereignis, das ihn überwältigt, auf seine Fasson, die freilich alles andere als naiv ist, schildern:

»Der Vorhang war hernach weggezogen, und dahinter war noch ein ganz geräumiges Wirtshaus, wo man vermutlich alles fordern und haben konnte, was man wollte; es würde gewiß den Abend was Rechtes sein verzehrt worden, denn im Saal waren viele vornehme und reiche Manns- und Frauenzimmer, wenn sich nicht von ungefähr, gerade als die Musik aufhörte, in dem Wirtshause ein besonderer Vorfall ereignet hätte. Reisende

Leute, die sich kannten und suchten und, ohne es zu wissen, in demselben Wirtshaus logierten, fanden sich.

Das war ein Lärm, da war Freud und Leid und Zank und wieder Freude und wieder Zank und Liebe und Freundschaft und Großmut, alles durcheinander. Doch es mochte eine recht gute Art Leute sein; denn die ganze Gesellschaft im Saal wunderte sich über sie, starrte mit Auge und Ohren sie an und vergaß Essen und Trinken darüber. Sie waren freigebig, rechtschaffen, edel, hart gegen sich selbst, wollten mit Gewalt glücklichmachen und nicht glücklich gemacht sein.

Da war eine hübsche Witwe, die betrübt war, ein vortrefflicher Wachtmeister, ein Kerl, der Geld hatte, und ein junges schlankes Fräulein, für die ich alles in der Welt hätte tun können – ja, aber der Major von Tellheim tat auch als ein rechtschaffener Mann bei ihr. Er hatte, konnte ich wohl merken, dem Fräulein die Ehe versprochen und wollte sie auch noch gerne haben, wollte sie aber auch nicht haben, weil er unglücklich geworden war. Das junge Fräulein freute sich herzlich, daß sie ihren Tellheim wiedergefunden hatte, und wollte ihn mit allem seinem Unglück. Sie stürmte erst mit freundlichen munteren Einfällen und edler Schalkhaftigkeit, dann mit verstelltem Unglück und einer großmütigen Entsagung auf sein Herz.

Oh! Ich kann Ihnen nicht so recht sagen, wie das alles war; aber ich will ihr Fritz nicht sein, wenn mir nicht dreimal bei dem, was diese Leute sagten, die Tränen in die Augen getreten sind. Manchmal ward's mir auch grün und gelb vor den Augen, und ich dachte, es würde tote Leute geben, doch ging alles gottlob noch gut ab. Das Fräulein war aus Sachsen und hieß Minna von Barnhelm. Sie war so witzig, so ungekünstelt, so sanft, kurz, wie gesagt, ein junges schlankes Fräulein, für die ich ungekannt und ohne Belohnung alles in der Welt hätte tun können. Ich habe auf meine eigene Hand Jubel gesungen, daß die Sache so nach ihrem Wunsche ablief. Nun wird sie wohl mit ihrem Tellheim schon auf ihre Güter in Sachsen gereist sein, und ich werde sie nicht wiedersehen. Mag sie doch, wenn's ihr nur wohl geht.

Vetter Steffen sagte mir im Vertrauen, daß ein Mann, der Lessing heißt und der sich hier aufhalten soll, diese ganze Geschichte gemacht habe. Nun so vergeb's ihm Gott, daß er dem Major und dem armen Fräulein so viel Unruhe gemacht hat. Ich will gewiß den Hut nicht vor ihm abnehmen, wenn er mir begegnet. Aber zehn Taler wollte ich ihm darum geben, wenn ich noch einmal eine solche Geschichte mit ansehen könnte. Mir war den ganzen Abend das Herz so groß und warm; ich hatte einen so heißen Durst nach edelen Taten - ja, ich glaube wahrhaftig, wenn man solche Leute oft sähe, man könnte endlich selbst rechtschaffen und großmütig mit ihnen werden.«

In der Tat war Lessing mit diesem Lustspiel vom Soldatenglück eine der »ersten aus dem bedeutenden Leben gegriffene Theaterpublikationen von einem vollkommen norddeutschen Nationalgehalt« gelungen, wie Goethe zusammenfassend meinte. Hier agierten keine papierenen Traumfiguranten, die in irgendeiner Werkstatt konstruiert waren, hier schien jeder Satz erlebt und erlitten zu sein. Nicht schematische Typen, sondern lebendige Menschen erschienen mit einem Mal auf dem Proszenium. Selbst die Nebenfiguren hatten Farbe und Kontur. Die Mischung von Ernst und Humor, Komik und Witz war geschaffen, die Zuschauer in Spannung zu halten. Der große Theatererfolg war damit bereits vorgezeichnet. In diesem Lustspiel scheint eben alles zu stimmen. Nichts von seinem Geist hat sich bis in unsere Tage abgenutzt. Und so dürfte es lange noch bleiben.

Mit der weltklugen und überlegenen Titelheldin hatte Lessing die erste moderne Frau der deutschen Theaterliteratur geschaffen. Sie versteht sich erstaunlich selbstbewußt gegen die preußische Polizei, dem herumschnüffelnden Wirt, dem Glücksritter Riccaut und den gleichgültigen und impertinenten Domestiken durchzusetzen. Alles in allem: zwar keine Emanze, aber eine Frau von Welt.

Von den Chargenspielern ist jeder auf seinen eigenen komisch wirkenden Ton eingestimmt. Auch auf dieser tieferen sozialen Ebene wurden keine Typen, sondern lebendige Menschen vorgeführt, die dem Lustspiel trotz seines im Grunde ernsten Gehaltes seine zu Recht vielgerühmte Frische verleihen. Viele von ihnen gehören zum unauswechselbaren Komödien-Repertoire: der rauhbatzige, aber gutherzige Wachtmeister Werner und der schlitzohrige Wirt. Eine der bedeutendsten Erfolgsrollen auf unseren Schaubühnen ist aber der gerissene Glücksritter Riccaut geblieben. Er kann für sich immer noch einen spontanen Lacherfolg verbuchen.

Daß der König sich am Ende dann doch noch als gerecht und großmütig herausstellt und dem gedemütigten und verfolgten Major Tellheim seine Ehre zurückgibt und damit alles zum Guten führt, erhebt dieses Stück zu einem lebendigen Dokument preußischer Glorie. Von hier aus konnte das deutsche Schauspiel, das bis dahin schlechterdings noch nicht existierte, seinen Weg in eine Zukunft antreten, die durch einige bedeutende Namen markiert ist.

Auch die sträfliche Indifferenz des Königs ihm gegenüber konnte Lessing nicht entmutigen, für die elementaren Lebensrechte der deutschen Literatur zu kämpfen. Für Friedrich den Großen wurde unsere Dichtung immer noch durch so fossile Gestalten wie Gottsched oder Gellert repräsentiert, den er in Audienz empfing und auf den er einige Hoffnungen setzte. Dieser genoß als deutscher Lafontaine eine Autorität, zu der Adel und Bürgertum verehrend aufblickten. Lessing stand ganz in seinem alles erdrückenden Schatten.

Im Grunde hätte sich der König keinen kongenialeren Gesprächspartner als eben diesen von ihm völlig übersehenen Lessing denken können. Sie huldigten beide dem gleichen Skeptizismus. Wie der König bei Roßbach seinen durchschlagenden Sieg gegen die Franzosen errang, so blieb Lessing auf den geistigen Schlachtfeldern des Jahrhunderts gegen sie erfolgreich. Daß der König ihn nicht wahrnehmen konnte und wahrscheinlich auch nicht sollte, gehört sicherlich zu den großen Enttäuschungen in Lessings Leben.

Lessings Kritik setzte daher auch betont bei der vom französischen Geist infizierten Königlichen Akademie ein. Sie war längst zu einer nur noch musealen Institution erstarrt, die keiner mehr so recht ernst nehmen konnte, weil keine stimulierenden Impulse von ihr ausgingen. Die wahre Kultur des Staates Preußen repräsentierte sie schon lange nicht mehr. Für einen Schriftsteller wie Lessing, der sich ein wenig in der Welt umgetan hatte, stand es längst fest, daß man es bei dem Berlin Friedrichs keineswegs mit dem ersehnten Spree-Athen zu tun hatte, was immer man auch darunter verstehen mochte, sondern bestenfalls mit seinem Spree-Sparta, in dem kaum eine Expansionsmöglichkeit für eine aufstrebende Kultur bestand. Die Wirklichkeit war, daß diese Hauptstadt eines sich zur Weltmacht entwickelnden Staates weder über ein repräsentatives Theater noch über eine Universität verfügte. Im Gegenteil nahm die Aversion des Königs gegenüber deutschen Dramatikern oder Schauspielern geradezu monomanische Züge an. Eine Besserung dieser blamablen kulturellen Verhältnisse war aber unter den gegebenen Umständen vorerst nicht zu erwarten.

Noch im Jahre 1766 fällt ein Bericht über das Berliner Theaterwesen ein verheerendes Verdikt über die preußische Kulturpolitik. »In der größten deutschen Residenzstadt, wo vortreffliche deutsche Genies, ein Sulzer, Moses Mendelssohn, Ramler, Lessing und Nicolai sich aufhalten, hat mit hoher obrigkeitlicher Erlaubnis gerade die schlechteste Truppe ihre Bühne.« Der König hinkte eben beträchtlich hinter dem Fortschritt der deutschen Kultur her. Er nahm von der kulturellen Emanzipation des Bürgertums so wenig Notiz wie von der Existenz hervorragender Autoren in seiner Hauptstadt.

Für einen Mann wie Lessing war demnach in Berlin nichts mehr zu hoffen. Er wartete daher nicht einmal mehr eine Berufung an die Kasseler Kunstsammlungen ab, sondern nahm, der Not gehorchend, kurzentschlossen seine Berufung an das soeben gegründete Hamburger Nationaltheater an, das seine Existenz der Initiative einer Gruppe von kulturbewußten Hamburger Kaufleuten zu verdanken hatte. Die lastende Resignation, die ihn ergriffen hatte, artikulierte er überzeugend in einem Brief, den er in den Tagen des Aufbruchs noch an seinen Halberstädter Freund Gleim richtete: »Ich hoffe, es muß mir nicht schwerfallen, Berlin zu vergessen. Meine Freunde daselbst werden mir immer teuer, werden immer meine Freunde bleiben, aber alles übrige, vom größten bis zum kleinsten – doch ich erinnere mich, Sie hören es ungern, wenn man sein Mißvergnügen über diese Königin der Städte ausdrückt. Was hatte ich auf der verzweifelten Galeere zu suchen? Wenn sie mir in Hamburg nur nichts nehmen, so geben sie mir ebensoviel, als sie mir hier gegeben haben.«

Lessing verläßt Berlin, diese »verzweifelte Galeere«, in geradezu überstürzter Hast. Er wendet sich damit demonstrativ von einer Stadt, der auch er seinen Stempel aufgedrückt hatte. Sie wird viel an ihm verlieren. Allerdings, gegen die kulturelle Überfremdung der Stadt hatte auch er vergebens angekämpft. Nun ist es so weit gekommen, daß er sich fragen muß: »Wie kann man in Berlin gesund sein? Alles, was man da sieht, muß einem ja die Galle ins Blut treiben.«

Gleim aber drückt die ohnmächtige Beklommenheit der Freunde Lessings bei dessen Abschied von Berlin eher noch drastischer aus: »Himmel und Hölle hätte ich bewegt, Sie bei uns zu behalten, wäre ich wie zum Exempel Sulzer in Berlin gewesen. Denn nicht in dem, der wegen seiner französischen Erziehung gleichgültig gegen alles, was deutsch ist, geworden, sondern all denen, die sich für deutsche Patrioten ausgeben und nicht alle möglichen Wege eingeschlagen sind, einen Lessing bei uns zu behalten, diesen leg ich es zur Last, daß wir ihn verlieren.«

Auch Gerstenberg teilt Gleims ehrliche Empörung. »Eine Schande für unsere Berliner Patrioten«, donnert er drauflos, »daß sie diesen fürtrefflichen Mann auch des Landes verweisen. Ein böser Geist bringt Berlin um den Ruhm des deutschen Athens.«

Erst nach geraumer Zeit, nachdem er die nötige Distanz zu seinen Berliner Miseren gewonnen hat, hält Lessing mit seiner verheerenden Meinung über das französierte Berlin, in dem ein ungebildeter Hofpöbel auch kulturpolitisch die Akzente setzt, in einen an Friedrich Nicolai gerichteten besonders aussagekräftigen Brief nicht länger zurück.

»Wien mag sein, wie es will«, schüttet er sein bedrücktes Herz aus. »Der deutschen Literatur verspreche ich dort immer noch mehr Glück als in Eurem französierten Berlin. Wenn der ›Phädon‹ in Wien konfisziert ist, so muß es bloß geschehen sein, weil er in Berlin gedruckt worden ist und man sich nicht einbilden könne, daß man in Berlin für die Unsterblichkeit der Seele schreibe. Sonst sagen Sie mir von Ihrer Berlinischen Freiheit zu denken und zu schreiben ja nichts. Sie reduziert sich einzig und allein auf die Freiheit, gegen die Religion soviel Sottisen zu Markte zu bringen, als man will. Und dieser Freiheit muß sich der rechtliche Mann nun bald zu bedienen schämen.

Lassen Sie es aber doch einmal einen in Berlin versuchen, über andere Dinge so frei zu schreiben, als Sonnenfels in Wien geschrieben hat, lassen Sie es ihn versuchen, dem vornehmen Hofpöbel so die Wahrheit zu sagen, als dieser sie ihm gesagt hat, lassen Sie einen in Berlin auftreten, der für die Rechte der Untertanen, der gegen Aussaugung und Despotismus seine Stimme erheben wollte, wie es itzt sogar in Frankreich und Dänemark geschieht: und Sie werden bald die Erfahrung haben, welches Land bis auf den heutigen Tag das sklavischste Land Europas ist. Ein jeder tut indes gut, den Ort, in welchem er sein muß, sich als den besten einzubilden, und der hingegen tut nicht gut, der ihm dieser Einbildung benehmen will.«

Ironie des Schicksals: In eben dem geschichtlichen Augenblick, als Berlin sich anschickt, sich als politisches Zentrum in Deutschland zu etablieren, entläßt es seinen bedeutendsten geistigen Wortführer, als wäre überhaupt kein Platz mehr für ihn in der Stadt. Fast zwei Jahrzehnte, von einigen Unterbrechungen abgesehen, war die preußische Kapitale für Lessing die Stätte seiner geistigen Wirksamkeit gewesen. Ganz gewiß hatte er zu denen gehört, die dieser Stadt, die immer noch in einem geistigen Dornröschenschlaf verharrte, neue entscheidende Impulse verliehen hatten. Durch ihn vor allem hatte sie in der literarischen Welt ein Air von Urbanität erhalten. Von Berlin aus hatte er schließlich mit seinen Kampfgefährten der deutschen Kritik die Wege geebnet und damit dem unberatenen deutschen Publikum verläßliche Maßstäbe geliefert. Allerdings hatte er jahrelang auch die unpopuläre Rolle eines Vorläufers spielen müssen. Er hätte diese Aufgabe nie bewältigen können, wäre sein Glaube an die Zukunft der deutschen Literatur nicht unerschütterlich gewesen.

Aber noch eine letzte Enttäuschung bereitete ihm dieses Berlin. Der Ausgang der Auktion seiner in Breslau mühsam zusammengekauften Bibliothek, von der er sich nur schweren Herzens trennen konnte, um überhaupt von den Erträgnissen leben zu können, fiel geradezu beschämend aus. Das literarische Interesse der Berliner, stellte sich bei dieser Gelegenheit heraus, war dann doch wohl unterentwickelter, als er selbst angenommen hatte. Einige wertvolle geschlossene Zeitschriftenjahrgänge mußte er wieder zurückziehen, weil sie nichts einbrachten.

Im April 1767 brach Lessing seine Zelte diesmal endgültig in Berlin ab. Er wollte sein Glück, das er bei den Großen dieser Welt vergebens gesucht hatte, nun bei den Schauspielern auf die Probe stellen. Er hat die preußische Hauptstadt dann nur noch zu gelegentlichen kurzen Besuchen wiedergesehen. Zuweilen stahl er sich aus seinem provinziellen Wolfenbütteler Exil wieder für ein paar Tage nach Berlin, um alte Freunde aufzusuchen, denen er sich nach wie vor eng verbunden fühlte. Bei dieser Gelegenheit pflegte er bei seinem Bruder Karl abzusteigen, der in der Stadt zurückgeblieben war und die Tochter des Verlegers Voß geheiratet hatte. Im September 1771 tauchte er noch einmal in Berlin auf, um den Druck seiner Schauspiele vorzubereiten. Nicolai versammelte bei dieser Gelegenheit die gemeinsamen Freunde in seinem repräsentablen Haus um ihn. Während dieses Berlin-Aufenthaltes entstand übrigens auch eines der lebensechtesten Lessing-Porträts von der Hand des bedeutenden Porträtisten Anton Graff.

Am 24. Januar 1776 reiste Lessing noch einmal von Dresden

nach Berlin, wo er allerdings der großen Kälte wegen seinen Aufenthalt drastisch verkürzte. Lakonisch bemerkte er zu diesem offenbar etwas mißglückten Besuch: »Üble Laune, Unentschlossenheit und Ekel gegen alles, was um uns ist«.

Damals wohnte er in der Alten Leipziger Straße Nr. 1 in einem Haus, dessen Eigentümer der als Erfinder eines populären Brustpulvers bekannt gewordene Arzt Dr. Kurella war. Natürlich nahm alles, was im literarischen Leben irgendwie Rang und Namen hatte, Kontakte mit ihm auf. Der österreichische Gesandte suchte seine Bekanntschaft ebenso wie Prinz Ferdinand, der ihn zu einem Essen in sein Palais einlud.

Die geistigen Spuren, die Lessing in Berlin zurückgelassen hatte, zeigte sich bei dieser Gelegenheit, waren keineswegs verweht und vergessen. Er hatte eben den kulturellen Aufschwung Berlins mit vorbereiten und ausbauen geholfen und damals gleichgestimmte Geister um sich versammelt. Ihm war es zu einem wesentlichen Teil mit zu verdanken, wenn ein Chronist Berlins gegen Ende des 18. Jahrhunderts feststellen konnte: »Von Berlin aus hat sich die Freiheit des Denkens in alle übrigen Staaten Deutschlands verbreitet. Es läßt sich, glaube ich, historisch beweisen, daß der philosophische Geist, der jetzt in unserem Vaterlande rege ist, der Trieb zu forschen und zu prüfen, von Berlin aus angefacht und in Wirksamkeit gesetzt worden ist.«

Bei der Nachricht von Lessings Tod herrschte tiefe Betroffenheit unter den Berliner Freunden. Am 24. Februar 1781, also nicht einmal zehn Tage nach seinem Tode, richtete man in der Stadt eine würdige Trauerfeier aus. »Emilia Galotti« wurde zu diesem Zwecke aufgeführt, und die talentierte Caroline Döbbelin trug einen von Johann Jakob Engel verfaßten Nekrolog vor.

Am 14. April 1783, also zwei Jahre später, wurde dann von der Döbbelinschen Truppe »Nathan der Weise«, Lessings geistiges Vermächtnis sozusagen, aufgeführt. Die Inszenierung, in der Prinzipal Döbbelin selbst die Titelrolle spielte, blieb angesichts des unvermeidbaren heroischen Pathos und allzu pompöser Dekorationen ohne die erwünschte Wirkung. Der hohe idealische Gehalt des Stückes konnte auch nicht von fern geahnt werden. Aber immerhin hatte Berlin, Lessings Schicksalsstadt, in der die Würfel seines Lebens gefallen waren und von der aus er die Deutschen das richtige Denken lehren wollte, wie Herder richtig bemerkte, das Wagnis übernommen, dieses menschlich so bestechende Testament eines großen Deutschen einzulösen. Mit diesem poetischen Plädoyer für die immer bedrohte Sache der Humanität hat es seinem Genius noch einmal postum gehuldigt und damit einen Teil des Dankes, dem es ihm noch schuldete, abgestattet.

Hamburg

Im April 1767 hatte Lessing endgültig Berlin verlassen. Sein vierter Versuch, in der preußischen Metropole Fuß zu fassen, war damit gescheitert. Er schied von der Stadt, der er kulturell in den Sattel zu heben mitgeholfen hatte, nicht ohne berechtigten Groll. Er hatte, da er keine Möglichkeit mehr sah, das immer riskante Leben eines freien Schriftstellers materiell abzusichern, seine Berufung als Konsulent an das neu gegründete Hamburger Nationaltheater ohne Zögern angenommen. Nun steuerte er abermals einem ungewissen Schicksal entgegen. Vielleicht gab es wenigstens an der Alster einflußreiche Leute, die von seinem Genie überzeugt waren und seine Anwesenheit in der Stadt als eine nicht unwesentliche Bereicherung der kulturellen Szene ansahen.

Der Hamburger Schauspielerprinzipal Ackermann hatte sich gerade erst Lessings »Miß Sara Sampson« angenommen und damit einen spektakulären Erfolg erreicht. Erst 1765 hatte dieser clevere Theatermann auf dem Platz des alten Opernhauses am Gänsemarkt ein neues Theater eröffnet. Offenbar entwickelte er jedoch nicht die notwendige Fortüne, um in dieser Stadt, in der weniger die Kunst, sondern der Kommerz die Akzente zu setzen pflegte, zu reüssieren.

Auch die Neuberin hatte über den kühl urteilenden, praktischen Sinn der Hamburger, denen der Stelzengang der Alexandrinertragödie so ganz und gar nicht zusagen wollte, zu klagen gehabt. Das Theater als moralische Anstalt besaß in ihrer Vorstellungswelt keinen tragenden Wert; für die leichte Muse hingegen entwickelten sie einen bemerkenswerten Sinn.

Das Hamburger Nationaltheater

Auch Konrad Ernst Ackermann hatte durch reich ausgestattete Ballette einigen Erfolg zu verzeichnen gehabt. Dann aber sank sein Stern zusehends. Johann Friedrich Löwen, ein mittelmäßiger, aber agiler Literat, der mit der Tochter des Schauspieldirektors Schönemann liiert war, machte sich diese Schwäche zunutze. Er hatte ein Auge auf das Ackermannsche Etablissement geworfen und agitierte in Flugschriften gegen den Prinzipal. Zwar hatte er seit 1757 in bescheidener Stellung als Sekretär in Schwerin gelebt, nun aber fühlte er sich zu Höherem berufen. Er hoffte, als Reformator der deutschen Bühne zu Ruhm und Reichtum zu gelangen.

Wie er in seiner kurzgefaßten »Geschichte des deutschen Theaters« ausführte, forderte er nicht nur die soziale Anerkennung der Schauspieler, die bis dahin unter das fahrende Volk gerechnet wurden. Zudem bestand Löwen auf einer Hebung des allgemeinen Bildungsstandes und auf einer höheren Moralität, die den Komödianten in diesem Lande immer noch pauschal abgesprochen wurde.

Man wird nicht behaupten können, er hätte mit diesen Thesen nicht ins Schwarze getroffen. Aber während er noch seine Reformpläne schmiedete, legte er auch schon seine Minen, um das Ackermannsche Unternehmen in die Luft zu sprengen. Es handelte sich für ihn darum, in Hamburg endlich solide Theaterverhältnisse zu schaffen.

Von der großen Theater-Misere war damals allgemein die Rede. Tatsächlich lebten die Schauspieler von der Hand in den Mund. Selbst so exzellente Mimen wie Ekhof oder Ackermann wurden damals wöchentlich mit nur vier Mark für ihre Kunst abgefertigt. Friedrich Ludwig Schröder, wahrscheinlich der größte deutsche Tragöde des 18. Jahrhunderts überhaupt, konnte nicht einmal eine Fahrgelegenheit bezahlen, als er nach Hamburg berufen wurde. Er langte mit Kind und Kegel schließlich in einem völlig desolaten Zustand in der Hansestadt an. Seine Haupteinnahme bestand später darin, durch Unterhändler Eintrittsbillets auf den Straßen verkaufen zu lassen.

Bei Lessings Freund Johann Christian Brandes, der zudem noch ein anerkannter Stückemacher und Liberettist war, kann man in seiner Autobiographie bestürzende Details über das schreiende Elend der fahrenden Künstler in jenen Zeiten nachlesen. Man fühlte sich vor Erschöpfung und Unterernährung elend und krank. Trotzdem mußte man Abend für Abend vor ein oft gänzlich indifferentes Publikum treten. Lessing half nach seinen bescheidenen Kräften seinen Schauspielerfreunden, wo er nur immer konnte. So hat er einmal Brandes' Frau, der namhaften Schauspielerin Charlotte Koch, zu einem Kleid verholfen, in der sie eine Frauenrolle Diderots spielen konnte.

Kein Wunder, daß man auch seriöse Schauspieler mit »Positurmachern«, Seiltänzern oder Kunstreitern in einen Topf warf und man ihre Kunst kaum von zirzensischer Artistik zu unterscheiden wußte. Es gehört zweifellos auch zu Lessings Verdiensten, wenn sich das lädierte Prestige der Schauspieler in der Öffentlichkeit wieder hob. Es mußte so manches Vorurteil zuerst abgebaut werden, ehe man sich bereit fand, den fahrenden Künstlern volle bürgerliche Reputation zuzusprechen.

Als geschickter Taktiker versuchte Löwen, die prominente Hamburger Heroine Friederike Sophie Hensel für seine Projekte zu gewinnen. Diese konnte einen ihrer Anbeter, den Kaufmann Abel Seyler, zur Übernahme des Theaters am Gänsemarkt überreden. Elf weitere Hamburger Kaufleute beteiligten sich an der neuen Entreprise. Sie scheinen, wie sich dann herausstellen sollte, durchaus keine Muster an hanseatischer Solidität und lutherischer Standpunktfestigkeit gewesen zu sein. Seyler selbst hatte eben erst mit Ach und Krach einen Bankerott hinter sich gebracht. Andere verfügten zwar über einen nicht unbeträchtlichen Reichtum; aber sie besaßen nicht die Hamburger Bürgerrechte, die man Reformierten und Refugiés vorenthielt.

Immerhin zahlten sich Beharrlichkeit und Bieneneifer Löwens aus. Man pachtete das Haus am Gänsemarkt mit allen Requisiten und Dekorationen vom Frühling 1767 ab für zehn Jahre und wollte damit ein neues Kapitel der deutschen Theatergeschichte beginnen. Löwen publizierte im Überschwang eines Neuanfangs eine »Vorläufige Nachricht von der zu Ostern 1767 vorzunehmenden Veränderung des Hamburgischen Theaters«. Er selbst hatte die künstlerische Leitung des Instituts übernommen, das mit dem anspruchsvollen Titel eines Deutschen Nationaltheaters bei den Hamburgern Eindruck schinden wollte.

Natürlich konnte ein Mann wie Lessing durch seine Teilnahme an diesem Unternehmen dessen Prestige mächtig aufbessern. Auch in der Hansestadt war sein Name ein fester Begriff. Man wußte dort seine gefürchtete Feder zu respektieren. Hier nun sollte er endlich ein Forum finden, vor dem er seine dramaturgischen Ideen entwickeln und verbreiten konnte. Der eben 38jährige spürte neuen Tatendrang in sich, als er bei einem ersten Besuch die freie Luft einer Stadt ohne König und strenges Regiment genossen hatte.

Von diesem Besuch berichtete Lessing am 1. Februar noch von Berlin aus in einem Brief an Gleim, in dem es heißt: »Ich weiß nicht, wie ich anfangen soll: so vielerlei habe ich Ihnen zu melden. Ja, in Hamburg bin ich gewesen; und in neun bis zehn Wochen denke ich wiederum hinzugehen, wahrscheinlicherweise, um auf immer da zu bleiben... Ich habe allerdings mit dem dortigen Theater und den Entrepreneurs desselben eine Art Abkommen getroffen, welches mir auf einige Jahre ein ruhiges und angenehmes Leben verspricht... Ich will meine theatralischen Werke, welche längst auf die letzte Hand gewartet haben, daselbst vollenden und aufführen lassen. Solche Umstände waren nötig, die fast erloschene Liebe zum Theater wieder bei mir zu entzünden.«

Hamburg zählte zur Zeit des Gastspiels Lessings in seinen Mauern bereits 18000 Häuser und 180000 Einwohner. An Urbanität konnte es in jedem Fall den Wettstreit mit Berlin und Leipzig aufnehmen. Auch literarisch war die Hansestadt kein unbeschriebenes Blatt geblieben. Der Ratsherr Barthold Hinrich Brockes hatte sich mit der Lyrik seines »Irdischen Vergnügens in Gott« in die Herzen empfindsamer Gemüter hineingesungen. Friedrich von Hagedorn, ein liebenswürdiger, aber unproblematischer Anakreontiker, bei dem auch Lessing selbst in die Schule gegangen war, hatte in Hamburg gelebt und gewirkt. Damals galt übrigens auch der »Hamburgische Patriot« als die wohl mit Abstand gehaltvollste deutsche moralische Wochenschrift, was schon einiges zu bedeuten hatte. Zu übergehen ist auch die »Staats- und gelehrte Zeitung« keineswegs. Sie hatte sich zu Beginn des Jahrhunderts zum meist gelesenen Blatt in ganz Europa gemausert. Besonders wichtig aber im Zusammenhang mit Lessings theatralischer Sendung ist die Tatsache, daß die Oper seit langem in voller Blüte stand. Nur mit dem Schauspiel tat man sich auffallend schwer, wie sich noch herausstellen sollte.

Löwen hatte dem wißbegierigen Hamburger Publikum den Dramatiker Lessing sicher ohne Übertreibung als eine Koryphäe des deutschen Theaters vorgestellt, als er 1766 seine »Geschichte des deutschen Theaters« schrieb. Natürlich hatte er es als einen Glücksfall gewertet, daß Lessing das an ihn herangetragene Engagement auch wirklich annahm. Er hatte die Lessingschen Lustspiele über den grünen Klee gelobt und selbst dem »Philotas« dichterisches Format abgewonnen.

Verständlich, daß Lessing eben doch nicht müßig am Wege stehen wollte, als man daranging, in Hamburg ein deutsches Nationaltheater aus der Taufe zu heben. Was in aller Welt hätte er sich Großartigeres vorstellen können, als seine Hebammendienste an diesem gemeinsamen Werk zu leisten?

»Ich kann Dir nur erst soviel melden«, schrieb er noch voll schöner Illusionen bei seinem ersten Besuch in Hamburg, »daß die bewußte Sache, derentwegen ich hauptsächlich hier bin, einen sehr guten Gang nimmt und daß es nur auf mich ankommt, sie mit den vorteilhaftesten Bedingungen zu schließen. Allein, Du kennst mich, daß der klingende Vorteil bei mir eben nicht der vornehmste ist; solchem nach äußern sich andere Bedenklichkeiten, derentwegen ich beruhigt sein muß, ehe ich mich völlig bestimme.«

Während seines ersten Hamburger Aufenthaltes hatte er dort mit dem Schriftsteller Johann Joachim Christoph Bode, dem Verleger des »Wandsbeker Boten« und erfolgreichem Übersetzer des Laurence Sterne, die Gründung eines Verlages ausgehandelt. »Kennen Sie einen gewissen Bode?« fragte er bei seinem Halberstädter Freund an. »Dieser Mann legt in Hamburg eine Druckerei ab, und ich bin nicht übel willens, über lang oder kurz auf eine oder die andere Weise gemeinschaftliche Sache mit ihm zu machen. Wie wäre es, wenn Sie ihm Ihre Werke in Verlag gäben? Ich habe ihm schon vorläufig davon gesprochen. Er ist zu allem bereit... Er ist ein ehrlicher Mann und kein Buchhändler. Es sollte mir lieb sein, wenn ich auf diese Weise etwas beitragen könnte, daß Sie die letzte Hand an Ihre Werke legen. Eilen Sie; wer weiß, wie lange wir atmen.

Wir müssen machen, daß wir um so viel länger leben. Kann ein Autor den anderen dringender ermuntern?«

Die Absicht des neuen Unternehmens, in das Lessing sein letztes Geld aus seinen Bücherverkäufen investiert, ist die beste. Unter dem Motto »leben und lebenlassen« beabsichtigt man eine gerechte Beteiligung der Autoren am verlegerischen Gewinn. Mendelssohn und vor allem Friedrich Nicolai, der über ausgezeichnete verlegerische Erfahrungen verfügt, warnen vergeblich. Sie halten ihren Freund für so ziemlich alles, nur eben nicht für kommerzielle Aktivitäten prädestiniert. Das Fiasko des Unternehmens zeichnet sich dann auch bald genug schon ab.

Was aber erwartet er von dem neuen »Nationaltheater«, das ihm jährlich 800 Taler versprochen hat? Wieder einmal wird er nach Herzenslust Stücke schreiben können, deren Konzept er schon lange in seinem Kopf mit sich herumträgt. Außerdem wird er den Spielplan mitbestimmen und mit seiner Kritik jeden Schritt des neuen Instituts korrigierend begleiten. Was ihm weiter vorschwebt, ist die Herausgabe einer dramaturgischen Zeitschrift, deren Gesicht er ganz allein prägen darf. An konstruktiven Ideen dazu fehlt es ihm weiß Gott nicht.

Man wird Lessing nicht nachsagen können, er habe sein neues Amt nicht mit dem notwendigen Enthusiasmus angetreten. Wahrscheinlich hat er in seiner »Ankündigung« etwas hochgestapelt. Jedenfalls verspricht er dem potentiellen Publikum das Blaue vom Himmel herunter. Er wird nicht alle Versprechungen einlösen. Die Wirklichkeit dieser neuen Schaubühne bleibt weit hinter den hochgesteckten Erwartungen zurück.

»An Fleiß und Kosten wird sicher nichts gespart werden«, hatte er den nicht gerade betont musischen Hamburgern versprochen. Aber sogleich erhebt sich für ihn die skeptische Frage: »Ob es an Geschmack und Einsicht fehlen dürfte, muß die Zeit lehren. Und hat es nicht das Publikum in seiner Gewalt, was es hierin mangelhaft finden sollte, abstellen und verbessern zu lassen? Es komme nur und sehe und höre und prüfe und richte. Seine Stimme soll nie geringschätzig verhört, sein Urteil soll nie ohne Unterwerfung vernommen werden.«

Was an ihm selbst lag, so hat er sich der nicht unbeträchtlichen Mühe unterzogen, alle aufgeführten Stücke unter seine kritische Sonde zu nehmen. Daß er bald jedoch die Schauspielerkritik wieder fallen ließ, wird man ihm nicht als Manko ankreiden können. Er scheiterte in seiner verständlichen Absicht, auch die Schauspielerleistungen zu korrigieren und diese damit zu steigern, an der Empfindlichkeit der Bühnenstars männlichen und weiblichen Geschlechts. Was aber noch schwerer wog: die kaufmännischen Manager des Unternehmens erhielten zunehmend den bestimmenden Einfluß auch auf das künstlerische Geschehen. Löwen konnte sich nicht durchsetzen und warf am Ende resigniert das Handtuch. Zu allem Überfluß wetterte auch noch die Hamburger Geistlichkeit, allen voran der ominöse Hauptpastor Goeze, von der Kanzel herab gegen das Theater, in dem man immer noch Teufelswerk erblickte.

Zunächst aber ist Lessing in Hamburg wieder einmal seine drückendsten Sorgen los. Er kann in der steifen Brise dieser Stadt wieder frei durchatmen. Man sieht ihn daher auch unbeschwert im Ratskeller im Kreise nicht unbedeutender Schauspieler. Zu Susanne Mecour, dem Urbild seiner frischen Franziska, soll er sogar eine verständliche Zuneigung gefaßt haben.

Lessing wohnte beim Kommissionsrat Schmidt auf dem Brocke und versuchte, sich so bürgerlich wie nur möglich zu etablieren. Natürlich entbehrte er seine Bücher sehr. Was ihm von ihnen übriggeblieben war, lag noch in Berlin zum Abtransport bereit. »Ich will doch hoffen, daß sie abgegangen sind«, beschwor er seinen Bruder Karl, der in Berlin zurückgeblieben war. »Ich kann weder eher in Ordnung noch in Ruhe kommen, als bis ich meine Bücher wieder um mich habe.«

Am 22. April 1767 kann er dann schon nach Berlin berichten: »Heute geschieht die Eröffnung der Bühne. Sie wird viel entscheiden; sie muß aber nicht alles entscheiden sollen. In den ersten Tagen werden sich die Urteile ziemlich durchkreuzen.«

Man eröffnet das Haus feierlich mit Cronegks Trauerspiel »Olint und Sophronia«, ein Stück, das nicht gerade nach Lessings Geschmack gewesen sein dürfte. Der Autor Johann Friedrich von Cronegk ist zu diesem Zeitpunkt bereits ein Jahrzehnt tot, und wenn er auch kein Bühnengenie war, so hatte man doch große Hoffnungen auf den jungen Mann gesetzt. »Eigentlich gründet sich sein Ruhm mehr auf das, was er, nach dem Urteil seiner Freunde, für die Bühne noch hätte leisten können, als er wirklich geleistet hat.«

Und schon waltet Lessing mit aller Umsicht seines kritischen Amtes. Endlich kann er sich einmal Zeit nehmen, seine Marginalien zu einem deutschen Stück zu Papier zu bringen. Er begnügt sich keineswegs mit einem Kurzreferat, sondern unterzieht Stück und Autor einem unerbittlichen Test.

Im wesentlichen beschäftigen ihn aber mehr als Stück und Autor die dramaturgischen Grundgesetze, die er nun minuziös zu entwickeln versucht. Was am Ende bei soviel Mut zur Analyse herausspringt, ist die berühmt gewordene »Hamburgische Dramaturgie«, die dann, über Monate hin fortgesetzt und in der eigenen Druckerei gedruckt, so etwas wie ein Kompendium deutscher Theaterkunst darstellt. Heute ist diese vom konkreten Theaterleben abstrahierte Dramaturgie längst ein Mythos geworden. Sie wird viel gerühmt, aber nur noch wenig gelesen oder studiert.

Immer wieder kann Lessing bei seinen Betrachtungen auf den »Laokoon« zurückgreifen, der noch bei deutschem Publikum in frischer Erinnerung ist. »Die Kunst des Schauspielers steht hier zwischen den bildenden Künsten und der Poesie mitten inne«, theoretisiert er vor sich hin. »Als sichtbare Malerei muß zwar die Schönheit ihr höchstes Gesetz sein; doch als transitorische Malerei braucht sie ihren Stellungen jene Ruhe nicht immer zu geben, welche die alten Kunstwerke so imponierend macht. Sie darf sich, sie muß sich das Wilde eines Tempesta, das Freche eines Bernini öfters erlauben.«

Lessing entwickelt am Ende sogar noch eine Theorie des idealen Publikums. »Die Galerie ist freilich ein großer Liebhaber des Lärmenden«, weiß er aus eigener Erfahrung zu berichten. »Selten wird sie ermangeln, eine gute Lunge mit lauten Händen zu erwidern. Auch das deutsche Parterre ist noch ziemlich von diesem Geschmacke, und es gibt Akteurs, die klug genug von diesem Geschmacke Vorteil zu ziehen wissen. Der Schläfrigste rafft sich gegen Ende der Szene, wenn er abgehen soll, zusammen, erhebt auf einmal die Stimme und überladet die Aktion... Genug, daß er das Parterre dadurch erinnert hat, aufmerksam auf ihn zu sein, und wenn es die Güte haben will, ihm nachzuklatschen. Nachzischen sollte es ihm!«

Tag für Tag bosselt Lessing als Hauskritiker des ersten deutschen Nationaltheaters, das nicht von Gnade oder Laune eines Fürsten abhängig ist, an seinen Rezensionen. »Genie ist Madame Hensel«, heißt es da beispielsweise von einer Leistung der gefürchteten Salondame dieses Theaters. »Kein Wort fällt aus ihrem Munde auf die Erde. Was sie sagt, hat sie nicht gelernt; es kommt aus ihrem eigenen Kopfe, aus ihrem eigenen Herzen. Sie mag sprechen, oder sie mag nicht sprechen, ihr Spiel geht ununterbrochen fort. Ich wüßte nur einen einzigen Fehler, aber es ist ein sehr seltener Fehler, ein sehr beneidenswürdiger Fehler. Die Aktrice ist für die Rolle zu groß. Mich dünkt, einen Riesen zu sehen, der mit dem Gewehr eines Kadetts exerziert.«

Angesichts dieser ironischen Spitzen, die Lessing wohlverpackt unter die Schauspieler verteilt, kann man verstehen, daß er mit der Zeit selbst auf jede Schauspielerkritik verzichtete, um sich keinen Ärger einzuhandeln. Gleichwohl wuchs seine Dramaturgie unter seinen Händen unversehens ins Monumentale. In den 104 Stücken dieses Periodikums hat er im ganzen 152 Vorstellungen besprochen. Das letzte Heft erschien dann zu Ostern 1769, als der Bankerott des Theaters bereits nicht mehr aufzuhalten und damit eine seiner großen Hoffnungen zertrümmert war. Daß man auch in Hamburg nur mit Wasser kochte, hatte Lessing bald begriffen. Bereits vier Wochen nach der Eröffnung schlägt er in einem Brief an seinen Bruder Karl moderatere Töne an.

»Von meinen Umständen weiß ich nicht recht, was ich Dir melden soll«, heißt es am 22. Mai 1767. »Mit unserem Theater (das im Vertrauen) gehen eine Menge Dinge vor, die mir nicht anstehen. Es ist Uneinigkeit zwischen den Entrepreneurs, und keiner weiß, wer Koch oder Kellner ist.«

Noch versucht Lessing als Konsulent des Theaters heroisch zwischen den widerstrebenden Kräften auszugleichen. Er kämpft verzweifelt gegen die Auflösungstendenzen dieses Theaters, aber er begehrt vergebens gegen die Starallüren einzelner Schauspieler auf, von denen sich jeder benachteiligt und hintergangen glaubt. Am Ende muß Deutschlands bedeutendster Kritiker resigniert den Intrigen zusehen, die sich hinter den Kulissen anspinnen. Von seinen unverbrauchten Impulsen, erzieherisch auf Schauspieler und Publikum einzuwirken, ist nicht eben viel übriggeblieben.

»Meiner Absicht nach sollten diese Blätter hauptsächlich der Kritik der Schauspieler gewidmet sein«, äußert er sich bereits nach der ersten Premierenrezension. »Ich sehe aber wohl, daß mit diesem Volke nichts anzufangen ist. Sie nehmen Privaterinnerungen übel. Was würden sie bei einer öffentlichen Rüge tun? Ich werde es also die Autoren müssen entgelten lassen.« Die Schauspieler bleiben also von diesem Kritiker verschont.

Es scheint zu Lessings Karma zu gehören, daß ihm Enttäuschungen nie erspart bleiben. Das Deutsche Nationaltheater, das mit so viel Hoffnung aus der Taufe gehoben worden war, stellte sich nur zu bald als eine Frühgeburt heraus, deren Lebensfähigkeit angezweifelt werden konnte. Daß es im Gemäuer dieses Theaters bald zu bröckeln begann, empfand auch Heinrich Christian Boie aus Meldorf, seines Zeichens Jurist und führendes Mitglied des »Göttinger Hain«, der an Gleim über Löwen und seine Protektoren folgendes zu berichten weiß: »Sie haben noch sehr wenige von ihren patriotischen Absichten ausgeführt, und ich zweifele sehr, daß sie es tun werden und tun können ... Der Geschmack des Hamburgischen Publikums ist höchst verdorben. Um einen Beweis davon zu geben, will ich nur sagen, daß Lessings ›Minna‹ fast gar keinen Beifall gefunden hat. Ich meine das Stück, denn Tellheims preußischen Offiziersrock hat man mit Vergnügen auf dem Theater gesehen, weil das etwas ganz Neues war. Es sind in Hamburg viele halbwitzige Leute, die mit allen sich gegen das neue Institut setzen. Neid und Kabale sparen nichts, um ihm zu Schaden. Eine Bande lumpichter und elender französischer Gaukler, die zur gleichen Zeit in Hamburg ist, tut ihr allen möglichen Abbruch.

Um den Pöbel zu gewinnen (denn das erfordern leider die ökonomischen Umstände der Gesellschaft), muß ein Ekhof sich herauslassen, den Claus Lustig zu machen. Vielleicht werden sie auf Weihnachten gar nach Hannover gehen.«

In der Tat spielte die Truppe im Winter in Hannover. Während dieser Zeit versuchte Lessing mit allen Finten, das neue Theater im Bewußtsein der Hamburger so wach wie nur möglich zu halten. »Ich muß um mich greifen«, berichtet er am 2. Februar an Nicolai, »um die Materie zu meiner Dramaturgie so lange zu dehnen, bis die Gesellschaft wieder nach Hamburg kommt.«

Er unterzieht sich dieser Sisyphusarbeit mit stoischer Gelassenheit und hat dabei gegen die französische Operette und Komödie anzuschreiben, die gerade wieder einmal in Hamburg gastierten. War er, so muß sich Lessing ernsthaft fragen, war er vom Regen in die Traufe gekommen, als er von Berlin nach Hamburg überwechselte? »Ruhige und heitere Augenblicke« wurden immer seltener, und er hatte Mühe, sich selbst bei guter Laune zu erhalten. Dazu verschlechterte sich seine pekuniäre Lage zusehends. Als ihn der Vater um eine Unterstützung bat, mußte er ihm widerstrebend einen Korb erteilen.

Die Arbeit an der »Hamburgischen Dramaturgie« war inzwischen das einzige geblieben, an das er sich halten konnte. Irgendwie schien er schon damals mit Hamburg abgeschlossen zu haben.

»Wenn wir einander über zwanzig Jahre wiedersehen«, schrieb er an Ramler, »was werde ich Ihnen nicht zu erzählen haben! Erinnern Sie mich alsdann auch an unser hiesiges Theater. Wenn ich den Bettel nicht schon vergessen habe, so will ich

Hamburgische Dramaturgie.

Erster Band.

Hamburg.
In Commission bey J. H. Cramer, in Bremen.

Titelblatt der »Hamburgischen Dramaturgie«

Ihnen die Geschichte desselben haarklein erzählen. Sie sollen alles erfahren, was sich in der ›Dramaturgie‹ nicht schreiben ließ. Und wenn wir dann auch alsdann noch kein Theater haben, so werde ich aus der Erfahrung die sichersten Mittel nachweisen können, in Ewigkeit keins zu bekommen.«

Nach sieben Monaten war der schöne Traum von einem deutschen Nationaltheater bereits zerplatzt. Im letzten Beitrag seiner »Dramaturgie« blickt Lessing noch einmal auf diese dramatische Etappe seines Lebens zurück. Wieder einmal sind ihm seine Pläne wie so oft schon gründlich mißlungen. Und doch hat er geistig gehörig Kapital aus diesem Intermezzo geschlagen. Immerhin hatte er in seiner »Hamburgischen Dramaturgie«, die nun ganz gewiß nicht nur für den Tag geschrieben war, dem neuen deutschen Drama den Weg gewiesen. Er hatte die Ablösung des französischen Dramas beschleunigen und eindrucksvoll den Schatten Shakespeares beschwören können. Im Grunde war er nicht einmal von den alten Regeln des Aristoteles abgerückt. Der alte Grieche blieb vielmehr sein heimlicher Mentor, von dem er sich gerne leiten ließ. Aber über allen Regelzwang hinweg plädierte er im Grunde immer nur für das Genie des großen Dramatikers, der sich nur auf das verläßt, »was er aus sich, aus seinem eigenen Gefühl hervorzubringen vermag«. Am 19. April 1768, also akkurat ein Jahr nach der Eröffnung des Nationaltheaters, schreibt er einen Epilog, der zu einer Art trauriger Lebensbeichte gerät.

»Als vor Jahr und Tag«, heißt es in diesem 104. Stück, »einige gute Leute hier den Einfall bekamen, einen Versuch zu machen, ob nicht für das deutsche Theater sich etwas mehr tun lasse, als unter der Verwaltung eines sogenannten Prinzipals geschehen könnte, so weiß ich nicht, wie man auf mich dabei fiel und sich träumen ließ, daß ich bei diesem Unternehmen wohl nützlich sein könnte...« Und schließlich folgt die bekannte Stelle, in der Lessing seine wohl anrührendste Selbstkritik vorlegt.

»Ich bin weder Schauspieler noch Dichter«, heißt es da. »Man erweist mir zwar manchmal die Ehre, mich für den letzteren zu erkennen. Aber nur, weil man mich verkennt. Aus einigen dramatischen Versuchen, die ich gewagt habe, sollte man nicht so freigebig folgern. Nicht jeder, der den Pinsel in die Hand nimmt und Farben verquistet, ist ein Maler. Die ältesten von jenen Versuchen sind in den Jahren dahingeschrieben, in welchen man Lust und Leichtigkeit so gern für Genie hält. Was in den neueren Erträgliches ist, davon bin ich mir sehr bewußt, daß ich das einzig und allein der Kritik zu verdanken habe.

Ich fühle die lebendige Quelle nicht in mir, die durch eigene Kraft sich emporarbeitet, durch eigene Kraft in so reichen, frischen, so reinen Strahlen aufschießt: ich muß alles durch Druckwerk und Röhren aus mir heraufpressen. Ich würde so arm, so kalt, so kurzsichtig sein, wenn ich nicht einigermaßen gelernt hätte, fremde Schätze bescheiden zu borgen, an fremdem Feuer mich zu wärmen und durch die Gläser der Kunst mein Auge zu stärken. Ich bin daher immer beschämt und verdrüßlich geworden, wenn ich zum Nachteil der Kritik etwas las und hörte. Sie soll das Genie ersticken, und ich schmeichle mir, etwas von ihr zu erhalten, was dem Genie sehr nahe kommt.«

Löwens Experiment war trotzdem nicht ohne greifbare Resultate ausgegangen. Immerhin hatte es auf seiner Habenseite Lessings »Hamburgische Dramaturgie« aufzuweisen. Durch diesen avantgardistischen Kanon deutscher Theaterkunst ist dieser erste Versuch eines deutschen Nationaltheaters dann doch noch in unsere Geistesgeschichte eingegangen. Wieder einmal war hier ein Theoretiker seiner Zeit weit vorausgeeilt. Wenn es den Zeitgenossen Lessings auch noch an der notwendigen Sensibilität und Scharfsichtigkeit fehlte, um die entsprechenden Folgerungen aus seinen neu gewonnenen Erkenntnissen zu ziehen oder aber ihnen mit hieb- und stichfesten Argumenten zu widersprechen, so muß sich Lessing selbst über deren Bedeutung stets im klaren gewesen sein.

Für Schiller zum Beispiel bedeutete die Lektüre der Lessingschen Dramaturgie immer noch ein durchschlagendes geistiges Ereignis. Am 4. Juni 1799 äußerte er sich Goethe gegenüber emphatisch über den Kunsttheoretiker Lessing so: »Es ist doch gar keine Frage, daß Lessing unter allen Deutschen seiner Zeit über das, was die Kunst betrifft, am klarsten gewesen, am schärfsten und zugleich am liberalsten darüber gedacht und das Wesentliche, worauf es ankommt, am unverücktesten ins Auge gefaßt hat. Liest man nur ihn, so möchte man wirklich glauben, daß die gute Zeit des deutschen Geschmacks schon vorbei sei; denn wie wenig Urteile, die jetzt über Kunst gefällt werden, dürfen sich an die seinigen stellen.«

In seinem als Epilog gedachten Kommentar zum kläglichen Ende des Deutschen Nationaltheaters mußte Lessing wohl oder übel dem Publikum ein gut Teil der Schuld beimessen. »Was hat denn das Publikum getan, damit etwas geschehen könnte?«, stellt er sich und anderen die naheliegende Frage. Dieses hat das mühsam begonnene Werk zur Emanzipation des deutschen Geistes nicht nur nicht gefördert, es hat ihm sogar einen passiven Widerstand entgegengesetzt. Lessing mokiert sich selbst über den abstrusen Einfall, den Deutschen ein Nationaltheater zu schaffen, solange sie nicht vordem eine Nation geworden sind.

»Ich rede nicht von der politischen Verfassung«, spinnt er diesen Gedanken weiter fort, »sondern bloß von dem sittlichen Charakter. Fast sollte man sagen, dieser sei, keinen haben zu wollen. Wir sind noch immer die geschworenen Nachahmer alles Ausländischen, besonders noch immer die untertänigen Bewunderer der nie genug bewunderten Franzosen. Alles, was uns von jenseits des Rheines kommt, ist schön, reizend, allerliebst, göttlich. Lieber verleugnen wir Gesicht und Gehör, als daß wir es anders finden sollten. Lieber wollen wir Plumpheit für Ungezwungenheit, Frechheit für Grazie, Grimasse für Ausdruck, ein Geklingle von Reimen für Poesie, Geheule für Musik uns einreden lassen, als im geringsten an der Superiorität zweifeln, welches dieses liebenswürdige Volk, dieses erste Volk der Welt, wie es sich selbst sehr bescheiden zu nennen pflegt, in allem, was gut und schön und erhaben und anständig ist, von dem gerechten Schicksal zu seinem Anteil erhalten.«

Das klingt nun allerdings fast wieder einmal wie die unerbittliche Abrechnung eines abermals Gescheiterten, der zu früh in die Arena geistiger Auseinandersetzungen geraten ist. Er hatte es bei seinen Deutschen eben doch mit einem Volk ohne prägnante Eigenschaften zu tun, mit Menschen, die immer bereit waren, in die Haut ihrer Nachbarn zu schlüpfen. Deshalb galt sein Kampf gegen den überbordenden französischen Kultureinfluß gar nicht einmal so sehr den Franzosen selbst, sondern ihren deutschen Imitatoren, die nichts unterließen, in immer neuen Anfällen von Nationalmasochismus alle neuen Regungen einer spezifisch deutschen Kultur kaltlächelnd zu ignorieren. Eigentlich fand sich Lessing auf die Dauer in die Rolle eines Predigers in der Wüste versetzt. Er sah jedoch keinen Grund, sich resigniert in Schweigen zu hüllen. Noch auf verlorenem Posten agierte er auf seine Weise für eine bessere deutsche Zukunft.

Natürlich empfindet Lessing die düsteren fremden Schatten, die über der deutschen Literatur liegen und ihr den Zugang zur eigenen Klassizität versperren, als ungemein schmerzlich. Wie ein Berserker kämpft er daher gegen die beiden Gefahren an, die einer Eigenständigkeit unserer Kultur im Wege stehen: Provinzialität und ein mangelndes Organ für die großen nationalen Zusammenhänge. Mögen die Franzosen auch immer noch die großen Vorbilder für das Lustspiel sein, so bleibt die griechische Antike das unerreichte Vorbild für die Tragödie. Ansonsten aber gilt ihm Shakespeare als das Idol, das uns zu den neuen Ufern einer nationalen Literatur führen kann.

Man muß gewiß einige Mühe daransetzen, um aus den 104 Beiträgen Lessings zur »Dramaturgie« die Kerngedanken herauszudestillieren. Gleichwohl sind seine Definitionen und Begriffsbestimmungen mit den Jahren Allgemeingut geworden. Schließlich hatte er an ein Generalthema seines Jahrhunderts gerührt, das ein Jahrhundert der bürgerlichen Emanzipation war. Damit hatte er ein Versprechen eingelöst, von dem bereits in seiner »Ankündigung« vom 22. April 1767 die Rede war.

»Wahrlich, ich bedauere meine Leser, die sich an diesem Blatte eine theatralische Zeitung versprochen haben, so mancherlei und bunt, so unterhaltsam und schnurrig, als eine theatralische Zeitung nur sein kann«, hatte er damals seine publizistischen Absichten dargelegt. »Anstatt des Inhalts der hier gangbaren Stücke, in kleine, lustige und rührende Romane gebracht, anstatt beiläufiger Lebensbeschreibungen drolliger, sonderbarer, närrischer Geschöpfe, wie die sind, die sich mit Komödienschreiben abgeben, anstatt kurzweiliger, auch wohl ein wenig skandalöser Anekdoten von Schauspielern und besonders Schauspielerinnen, anstatt aller dieser artigen Sächelchen, die sie erwarteten, bekommen sie lange, ernsthafte, trockene Kritiken über alte bekannte Stücke, schwerfällige Untersuchungen über das, was in einer Tragödie sein sollte und nicht sein sollte, mitunter wohl gar Erklärungen des Aristoteles. Und das sollen sie lesen? Wie gesagt, ich bedauere sie; sie sind gewaltig angeführt! – Doch im Vertrauen: besser, daß sie es sind als ich. Und ich würde es sehr sein, wenn ich mir ihre Erwartungen zum Gesetze machen müßte. Nicht, daß ihre Erwartungen sehr schwer zu erfüllen wären, wirklich nicht. Ich würde sie vielmehr sehr bequem finden, wenn sie sich mit meinen Absichten nur besser vertragen wollten...

Ich war schon willens, das Blatt selbst ›Hamburgische Didaskalien‹ zu nennen. Aber der Titel klang mir allzu fremd, und nun ist es mir sehr lieb, daß ich ihm diesen vorgezogen habe. Was ich in einer Dramaturgie bringen oder nicht bringen wollte, das stand bei mir... Aber wie eine Didaskalie aussehen müsse, glauben die Gelehrten zu wissen, wenn es auch nur aus den noch vorhandenen Didaskalien des Terenz wäre.«

Lessing hat sein Hamburger »Hauptgeschäft« erst abgebrochen, als sich der Vorhang wirklich vor der Bühne des Nationaltheaters senkte. Die Truppe war im Mai 1768 aus Hannover zurückgekehrt, und man appellierte noch einmal an das Nationalgefühl des Publikums, sich gegenüber der französischen Truppe eine gewisse Reserve aufzuerlegen und statt dessen die Darbietungen deutscher Schauspieler aufzusuchen. Die Reaktion war, wie zu erwarten, äußerst gering. An der Indifferenz der Hamburger ihrem Nationaltheater gegenüber änderte sich nichts. Auch angeworbene Akrobaten konnten sein Schicksal nicht mehr zum Guten wenden. So beendete man dann, wenn auch blutenden Herzens, ein Kapitel deutscher Theatergeschichte nach wenigen Monaten mit einer wenig glanzvollen Aufführung von Christian Felix Weißes »Richard II.« und – bezeichnenderweise – mit einem Matrosenballett. Dann übernahm Ackermann wieder sein altes Theater. Abel Seyler machte sich mit dem Stamm der alten Schauspieler aber auf die Wanderschaft. Für ein eigenständiges Theater, schien es, hatte den Deutschen die Stunde noch nicht geschlagen.

Lessings Hoffnungen waren schneller, als man erwarten konnte, wieder einmal zerronnen. Auch materiell war er in keiner Weise abgesichert. Zwar besaß er ein gewisses finanzielles Polster in seiner Druckerei und in der gemeinsam mit Bode geführten Verlagsbuchhandlung, mit der ihm im Grunde nichts anderes vorschwebte als eine Realisierung der von Leibniz bereits angeregten »Buchhandlung der Gelehrten«. Diese beabsichtigte nicht mehr oder weniger, als die Autoren angemessen am buchhändlerischen Gewinn zu beteiligen.

Die verfahrene Situation dieses Unternehmens, das weitgehend von den Aufträgen der Bühne gelebt hatte, zu diesem Zeitpunkt in Lessings Leben beschrieb Karl August Böttiger folgendermaßen: »Ein Hauptzweck bei der Vereinigung Bodes mit Lessing war nun zwar durch den schnellen Einsturz des Tempels, den so viel vereinte Hände der deutschen Schauspielkunst zu erbauen gesucht hatten, völlig vereitelt. Allein, sie ließen darum ihre Hoffnungen nicht sinken. Die gemeinschaftliche Verlagshandlung und Buchdruckerei sollte durch andere Zugänge und Erwerbsmittel das zwiefach ersetzen, was hier an barem Verlag und fröhlichen Aussichten verloren gegangen war.

Der weitumfassende Plan einer Buchhandlung der Gelehrten, die, nun selbst Verleger, nicht mehr mit den Brosamen vorlieb nehmen dürften, die ihnen der vom Autorhirn gemästete Buchhändler von seiner reichbesetzten Tafel zuwürfe, war schon damals in Bodes und Lessings Seele völlig zur Reife gekommen.«

Selbst das ansehnliche Einlagekapital, das Lessing in dieses Unternehmen investierte, reichte nicht aus, um die ersten Startschwierigkeiten zu beheben. Es dauerte dann auch nicht lange, da scheiterte dieser sozial evolutionierende erste Selbstverlag von Autoren ebenso kläglich wie die theatralische Entreprise, der sich Lessing mit Haut und Haar verschrieben hatte.

Dazu kam noch, daß Bode, kaum daß sein Kompagnon Hamburger Boden betreten hatte, zunächst einmal für ein halbes Jahr auf Reisen gegangen war und dem kaufmännisch völlig unberatenen Lessing die erdrückende Kleinarbeit des Verlages überließ.

Natürlich behielt der versierte und erfolgreiche Berliner Verleger Nicolai recht, als er seinem Freund dringend von diesem riskanten Projekt, zu dessen Durchführung ihm alle nur erdenklichen Voraussetzungen fehlten, abgeraten hatte. Später kommentierte der clevere Berliner diese Episode in Lessings Leben nicht ohne einen Anflug von Ironie so: »Bode war ein vortrefflicher Mann, hatte aber die Buchdruckerei nicht gelernt und hatte also von der Art, wie man sie mit Vorteil betreiben muß, nicht ganz richtige Begriffe. Auch vom Buchhandel, sowohl von der Art, wie er zu betreiben wäre, als von dem Vorteile, den er abwerfen könnte, hatte er viele unrichtige Ideen. Beides hat er nur nachher, als er durch Erfahrung war belehrt worden, selbst gestanden.

Lessing war auch ein vortrefflicher Mann, machte sich aber vom Buchhandel ebenfalls ganz unrichtige Vorstellungen, auf die er mit seinem gewohnten Scharfsinn ein System davon aufbauen wollte. Darüber habe ich zuweilen mit ihm mündlich, halb im Scherz, halb im Ernst, gestritten, wobei Moses, der es meistens auf allgemeine Prinzipien der Kaufmannschaft ankam, auf meiner Seite war. Obwohl Lessing sich von mir nicht überzeugen ließ, so hatte er doch durch unseren Streit so viel eingesehen, daß bei jeder Unternehmung des Buchhandels ein Risiko vorhanden ist, dessen Umfang man ohne lange Erfahrung nicht wohl voraussehen kann.«

Wieder einmal hat Lessing Lotterie gespielt und dabei nichts als Nieten gezogen. Als der Vater in Kamenz in pekuniäre Kalamitäten geraten war und seinen Sohn um eine Unterstützung bat, versuchte dieser ihn zunächst noch auf die Zukunft zu vertrösten: »Ich habe nämlich alles, was ich noch an Vermögen gehabt, bis auf den letzten Heller zusammengenommen und in Gemeinschaft mit einem Freunde allhier eine Druckerei angelegt. Der Vorschuß, der dieses Etablissement erfordert, hat mich genötigt, den größten Teil meiner Bücher zu Gelde zu machen; aber ich hoffe, es soll mich nicht reuen. Wenn das einmal im Gange ist, so hoffe ich für meinen Anteil als ein ehrlicher Mann leben zu können.«

Ein Vierteljahr später steht Lessing dem wagemutigen Objekt seiner kaufmännischen Unternehmungslust schon ungleich skeptischer gegenüber. »Es geht mir durch die Seele, daß ich Ihnen, liebster Vater, unmöglich zu Ostern mit dem Verlangten helfen kann«, klingt es da bereits weniger ermutigend. »Aber zu Johannis will ich Rat schaffen, es mag herkommen, woher es will. Alles, was ich noch gehabt, steckt in der Entreprise, von der ich in meinem vorigen Brief gemeldet und zu der ich noch dazu fremdes Geld aufnehmen müssen, das mich sehr drückt. Ich bin hier fremder als in einem Orte, wo ich noch gewesen, und kann mich kaum einem oder zwei anvertrauen.«

Dem fünfzigjährigen Predigerjubiläum des Vaters hatte der berühmte Sohn nur eine kleine Sendung von Zucker und Wein beizusteuern. Auch Bruder Theophilus erhält einen Korb, als er seinen Bruder um materielle Hilfe angeht. »Brauchst Du keinen Korrektor oder sonst eine Person, die ich leicht vorstellen könnte?« fragt er zaghaft an. »Eher will ich nach dergleichen greifen, als etwas tun, was wider Gewissen und Ehre läuft.«

Natürlich kann sich die Verlagsdruckerei Lessings keinen Korrektor leisten. Das Unternehmen kämpft damals schon verzweifelt um sein Überleben. Man plant noch einmal eine Zeitschrift, mit der man das Schicksal wenden möchte. Sogar einen Titel hat man für sie parat: sie soll »Deutsches Museum« heißen.

Für dieses neue Journal hatte man wieder einmal recht hoch gegriffen. Lessing hatte sich nicht mehr oder weniger vorgenommen, als der deutschen Literatur ein Forum zu schaffen, auf dem ihre Probleme ausdiskutiert werden konnten, um sich durch unerbittliche Kritik zur Weltgeltung aufzuschwingen. Dazu hätte es allerdings versierter Autoren bedurft, die der geplanten Zeitschrift ein unverwechselbares Qualitätssiegel hätten aufdrücken können. Doch auch diesmal meldete Nicolai, der mit seiner »Allgemeinen Deutschen Bibliothek« ein Jahrhundertwerk geschaffen und es mit Berserkerkräften über viele Jahrzehnte hin vorbildlich redigiert hatte, wieder einmal seine berechtigten Bedenken an. Er mokiert sich über den laienhaften Optimismus Lessings, der schon davon träumte, zu jeder Messe einige Bände seines imaginären »Museums« vorlegen zu können. Um jeden Preis will er ein tragfähiges Gegengewicht zu den literarischen Zeitschriften schaffen, die sein späterer Gegenspieler, der Hallenser Professor Klotz, offenbar mit einigem Erfolg erscheinen läßt, um dominierend in das literarische Leben eingreifen zu können. »Das ist doch unleidlich, was die Kerle in Halle sudeln!« ereifert sich Lessing. »Und in was für einem Tone!« Höchste Zeit also, ihnen das literarische Handwerk zu legen. Der nächste Literaturstreit scheint damit schon vorprogrammiert zu sein.

Immer wieder dämpft Nicolai die hochgespannten Pläne des dilettierenden Verlegers Lessing, der sich um Kopf und Kragen zu bringen scheint. »Für Ihr neues Journal habe ich allen Respekt«, versichert er dem unbeirrbaren Pläneschmied. »Wenn Sie lauter solche Sachen einrücken als diejenige, die ins erste Stück kommen sollen, so wird es alle, die jemals gewesen sind, übertreffen.« Aber dann setzt er, durch bittere Erfahrungen gewitzigt, nachdenklich hinzu: »Befleißigen Sie sich nur auf Vorrat von Manuskripten, und lassen Sie die besten Schriftsteller Deutschlands fein fleißig schreiben. Das ist die Hauptsache, wenn die Fortsetzung ununterbrochen folgen soll. Nehmen Sie ein Exempel an Herrn Klotz, der hat großen Vorrat von allem, was er zu seiner Bibliothek braucht. Er macht sich's aber auch nicht so schwer als Sie. Er braucht nichts als Unverschämtheit. Es freut mich schon im voraus, zu vermuten, daß Sie heute oder morgen einen Tanz mit ihm wagen wollen.«

Der Zugang an brauchbaren und spektakulären Beiträgen zur projektierten Zeitschrift ließ jedoch, wie Nicolai es vorausgesagt hatte, viele Wünsche offen. Auch dem Verlag fehlte es an erfolgversprechenden Manuskripten. Man druckte lediglich Klopstocks »Hermanns Schlacht« und Heinrich Wilhelm von Gerstenbergs »Ugolino«. Beide Werke erschienen dann im Bremer Verlag von Johann Hinrich Cramer in Kommission. Das »Deutsche Museum« hingegen entpuppte sich als eine Schimäre. Es hat das Licht der Welt nie erblickt.

Ganz allgemein hatte Lessing mit dem deutschen Verlagswesen nicht gerade ermutigende Erfahrungen gemacht. Als vielseitiger Autor und Mitinhaber eines Verlages war er jedoch durchaus die richtige Instanz, um einmal gehörig gegen die Pest der Nachdrucker vom Leder zu ziehen. Nachdrucke waren damals nämlich weder nach römischem Recht noch nach der Gesetzgebung des Reiches strafbar. Von dieser Gesetzeslücke profitierten die Raubdrucker auf eine kaum noch erträgliche Weise.

Im Schlußbeitrag zu seiner »Hamburgischen Dramaturgie« läßt sich Lessing daher die Gelegenheit nicht entgehen, noch einmal den Stab über diese verwerflichen Strauchdiebe zu brechen. Als die Leipziger Firma J. Dodsley und Kompagnie sich auch an seiner »Dramaturgie« vergreift und sie als Nachdruck auf den Markt bringt, bekommt sie in den Schlußsätzen dieses im 19. April 1768 als Torso abgeschlossenen Werkes von dessen Verfasser eine unmißverständliche Philippika zu hören.

»Wenn Dodsley und Kompagnie ihren Nachdruck der ›Dramaturgie‹ vollenden, so bitte ich sie, mein Werk wenigstens nicht zu verstümmeln, sondern auch das getreulich nachdrucken zu lassen, was sie hier gegen sich finden. Daß sie ihre Verteidigung beifügen, werde ich ihnen nicht verdenken.

Sie mögen sie auch in einem Tone verfassen oder von einem Gelehrten, der klein genug sein kann, ihnen seine Feder dazu zu leihen, abfassen lassen, in welchem sie wollen; selbst in dem so interessanten der Klotzschen Schule, reich an allerlei Histörchen und Anekdötchen und Pasquillchen, ohne ein Wort von der Sache. Nur erkläre ich im voraus die geringste Insiuation, daß es gekränkter Eigennutz sei, der mich so warm gegen sie sprechen lassen, für eine Lüge.

Ich habe nie etwas auf meine Kosten drucken lassen und werde es schwerlich in meinem Leben tun. Ich kenne, wie sonst gesagt, mehr als einen rechtschaffenen Mann unter den Buchhändlern, dessen Vermittlung ich ein solches Geschäft gern überlasse. Aber keiner von ihnen muß mir es auch verübeln, daß ich meine Verachtung und meinen Haß gegen Leute bezeige, in deren Vergleich alle Buschklepper und Wegelaurer wahrlich nicht die schlimmeren Menschen sind. Denn jeder von ihnen macht seinen coup de main für sich: Dodsley und Compagnie aber wollen bandenweise rauben.

Das beste ist, daß ihre Einladung wohl von den wenigsten dürfte angenommen werden. Sonst wäre es Zeit, daß die Gelehrten mit Ernst darauf dächten, das bekannte Leibnizische Projekt auszuführen.«

In der Tat hatte bereits der große Leibniz im Jahre 1715 allen Ernstes eine Vereinigung deutscher Autoren vorgeschlagen. Um ihrer Ausbeutung durch die Verleger zu entgehen, sollten sie ihre Werke selbst in Subskription herausgeben. Es wäre an der Zeit, so fand er, sich durch eine Eigeninitiative gegen die verständliche Profitsucht der Buchhändler und Verleger zur Wehr zu setzen.

Ostern 1768 war Lessing sogar in seiner Eigenschaft als Verleger zur Messe nach Leipzig gereist. Der wirtschaftliche Ertrag dieses Einsatzes dürfte nicht recht zu Buche geschlagen haben. Immerhin war er dort mit Nicolai und Voß zusammengetroffen und konnte sich mit ihnen endlich einmal wieder austauschen. Man sprach damals auch vom Plan einer neuen deutschen Akademie für Kunst und Wissenschaft, die Joseph II. zu gründen beabsichtigte. Goethe befand sich übrigens damals als junger Student auch in Leipzig. Er hat noch in seiner »Dichtung und Wahrheit« ehrlich bedauert, mit dem führenden deutschen

Autor nicht zusammengetroffen zu sein. »Lessing traf zu einer Zeit ein, wo wir, ich weiß nicht was, im Kopfe hatten«, beklagt er noch rückblickend diese verpaßte Gelegenheit einer Begegnung mit dem Genius. »Es beliebte uns, ihm nirgend zu Gefallen zu gehen, ja die Orte, wo er hinkam, zu vermeiden, wahrscheinlich weil wir uns zu gut dünkten, von fern zu stehen, und keinen Anspruch machen konnten, in ein näheres Verhältnis zu ihm zu gelangen. Diese unglaubliche Albernheit, die aber bei einer anmaßlichen, grillenhaften Jugend nichts Seltenes ist, bestraft sich freilich in der Folge, indem ich diesen so vorzüglichen und von mir aufs höchste geschätzten Mann niemals mit Augen gesehen.«

Auf seiner Rückreise von Leipzig verzichtete Lessing vorsätzlich auf einen Abstecher nach Halle. Ihm war unterdessen die Lust vergangen, in Halle mit Klotz zusammenzutreffen, der sich daranmachte, immer heftiger in der Literaturszene mitzumischen, und sich »mit ihm mündlich zu besprechen«, wie er sich eigentlich vorgenommen hatte. Der Konflikt mit Klotz, spürte er, war ohnehin nicht mehr zu bremsen. Hier stießen zwei Welten aufeinander, zwischen denen es keinen Konsens geben konnte.

In Hamburg nahm Lessing dann einige der Fäden, die er in seinem »Laokoon« aufgegriffen hatte, wieder auf. Im Sommer 1768 geht er in seinen »Briefen antiquarischen Inhalts« zum Angriff über. In der Nummer vom 20. Juni 1768 der »Hamburgischen Neuen Zeitung« werden die Leser durch einen Artikel mit der Überschrift »Kriegserklärung an Hrn. Klotz« überrascht.

»Herr Klotz soll mich eines unverzeihlichen Fehlers in seinem Buch von den alten geschnittenen Steinen überwiesen haben«, ereifert sich Lessing, der sich nicht gerne von Jüngeren beschulmeistern läßt. »Das hat ein Rezensent dieses Buches für nötig gehalten, mir anzumerken. Mich eines Fehlers? Das kann sehr leicht sein. Aber eines unverzeihlichen? Das sollte mir leid tun. Zwar nicht sowohl meinetwegen, der ich ihn begangen hätte, als derentwegen, die ihn mir nicht verzeihen wollen.

Denn es wäre ja doch nur ein Fehler. Fehler schließen Vorsatz und Tücke aus; und daher müssen alle Fehler allen zu verzeihen sein. Doch gewisse Rezensenten haben ihre eigene Sprache. Unverzeihlich heißt bei ihnen alles, worüber sie sich nicht enthalten können, die Zähne zu fletschen...

Herr Klotz hat in seinem Buche mir viermal die Ehre erwiesen, mich anzuführen, um mich viermal eines Besseren zu belehren. Ich wollte nicht gern, daß ein Mensch in der Welt wäre, der sich lieber belehren ließe als ich. Aber –

Soviel ist gewiß, er streitet alle viermal nicht mit mir, sondern ich weiß selbst nicht mit wem. Mit einem, dem er meinen Namen gibt, den er zu einem großen Ignoranten und zugleich zu einem unserer besten Kunstrichter macht. Wahrhaftig, ich kenne mich zu gut, als daß ich mich für das eine oder für das andere halten sollte.«

Christian Adolf Klotz, der in einer Blitzkarriere als 24jähriger bereits zum Göttinger Professor avanciert war, hatte, wie sich herausstellt, Lessings »Laokoon« ausgiebig studiert. Nun glaubt er in seiner penetrant besserwisserischen und arroganten Manier dem Verfasser darin vier Irrtümer nachweisen zu können. So hat er seinem oberflächlichen Elaborat mit dem vollen Titel »Über den Nutzen und Gebrauch der alten geschnittenen Steine und ihrer Abdrücke« die Abbildung eines Steines mit der Darstellung einer Furie beigefügt. Damit will er Lessing gegenüber den Beweis antreten, »daß die alten Künstler wirklich Furien gebildet haben, welches er leugnet.«

Lessings Intimfeinde applaudieren unbesehen den Erleuchtungen dieses jugendlichen Herrn Geheimrats in Halle. Nur hatten sie in ihrem blinden Eifer übersehen, daß Lessing die Steine der römischen Kleinkunst von dieser Einschränkung ausdrücklich ausgenommen hatte. Ihm war daran gelegen, ganz im Sinne der Laokoongruppe zu beweisen, daß die Alten dem Ausdruck wilder Leidenschaft, der Wut und der Verzweiflung keinen Platz in ihrer Kunst eingeräumt hatten.

Der alte Kampfeseifer regt sich wieder einmal in Lessing. Er brennt förmlich darauf, dem seltsamen Hallenser Geheimrat eine Lektion in Sachen publizistischer Wahrheiten und in geschliffener Polemik zu erteilen. Mit dem gleichen kämpferischen Elan, mit dem er vor Jahren unbarmherzig auf den Laublinger Pfarrherrn Lange eingedroschen hatte, stürzte er sich nun mit der entfesselten Vehemenz des geborenen Polemikers auf Klotz und die gesamte wie Pech und Schwefel zusammenhaltende Clique der Klotzianer, die sich virtuos auf gewisse Hochlobungsrituale eingespielt hatten und damit andere Autoren zu terrorisieren versuchten. Für Klotz, der nur auf eine günstige Gelegenheit gewartet hatte, sich mit seinem lästigen Antipoden Lessing anzulegen, um ihn in Grund und Boden zu stampfen, sollte die Affäre am Ende ein nicht vorausberechenbares tragisches Ende nehmen. Nachdem er die Waffen schließlich strecken mußte, blieb er nach diesem Schlagabtausch, bei dem es keineswegs zimperlich zuging, als ein erledigter Mann auf der Strecke. Drei Jahre später starb er bereits, eben 33 Jahre alt, an den empfangenen inneren Blessuren.

Lessing hatte wieder einmal durch seinen schonungslosen persönlichen Einsatz für die Sache der deutschen Literatur einen Sieg errungen. Er hatte die Monopolstellung der Klotzianer in der deutschen Literatur verhindern können. Diese wurde vor einem neuen Gottsched bewahrt, den es sich damals weiß Gott nicht leisten konnte.

Klotz hatte zum Zeitpunkt seiner höchsten Aktivität gleich drei Zeitschriften unter die Leute gebracht: die »Deutsche Bibliothek der schönen Wissenschaften«, mit der er Nicolais spektakuläre »Allgemeine Deutsche Bibliothek« aus dem Rennen werfen wollte, eine lateinisch verfaßte »Acta Literaria« und die »Neue Hallesche gelehrte Zeitung«. Mit allen dreien versuchte er, seinen konzentrischen Vernichtungsschlag gegen Lessing voranzutreiben.

Lessing hatte die leicht durchschaubaren Machinationen des Hallenser Professors zunächst mit bemerkenswerter Langmut verfolgt. Es entging ihm allerdings nicht, daß es sich bei Klotz um einen Bluffer handelte, der seine Erfolge vorzugsweise seiner hemmungslosen Unverschämtheit zu verdanken hatte, mit der er gegen anerkannte Autoritäten vom Leder zog. Der peinlich wirkende Mangel an wirklicher geistiger Substanz versetzte Lessing in Rage. Natürlich sah sich Klotz von seinem Kontrahenten durchschaut, und als dieser ihn nicht, wie versprochen, auf seiner Rückreise von Leipzig aufgesucht hatte, hatte er die Rundumschläge der Klotzianer abzuwehren. Diese hielten nämlich fälschlicherweise Lessing für den eigentlichen Spiritus rector der konkurrenzlosen »Allgemeinen Deutschen Bibliothek«, an der man sich messen mußte, wollte man ein Mitspracherecht in literarischen Fragen in diesem Lande beanspruchen.

Lessing hatte schon bald herausgefunden, daß der Angriff auch in geistigen Auseinandersetzungen immer die beste Verteidigung ist. Er verfuhr dann auch dementsprechend nach dieser Strategie.

Bei einer genaueren Sondierung der gesamten literarischen Hervorbringungen seines Lausitzer Landsmannes aus Bischofswerda zweifelte er keinen Augenblick mehr daran, »daß es nie einen unwissenderen armen Teufel gegeben, der sich des kritischen Dreifußes habe bemächtigen wollen, als eben er. Sein Ding von den geschnittenen Steinen ist die elendeste und unverschämteste Komplikation aus Lippert und Winckelmann, die er öfters gar nicht verstanden hat; und alles, was er von dem Seinigen dazugetan, ist jämmerlich.«

Das klingt wahrlich schon nach der Sprache eines Provokateurs, der kein Blatt mehr vor den Mund nimmt, weil er sich seiner Sache sicher ist. Indem er zum Gegenangriff übergeht, kreidet Lessing in seiner neuen Schrift »Briefe antiquarischen Inhalts« dem besserwisserischen jungen Professor Fehler über Fehler an, indem er dessen Publikation über die geschnittenen Steine der Antike kritisch und unbarmherzig unter seine unbestechliche Sonde nimmt.

Natürlich kämpfte Lessing auch diesmal wie seinerzeit gegen den verdutzten Pastor Lange mit schweren Säbeln, entschlossen seinem Gegner kein Pardon zu geben. Er verfuhr nach der Devise der Alten, die keine Höflichkeit kannten und einen atemberaubenden Grobianismus praktizierten, wenn es sich um die Liquidierung eines aufdringlichen und durch keine besondere Fachkenntnis legitimierten Gegners handelte.

Klotz hatte in seinen Zeitschriften sogleich scharfes Geschütz gegen Lessing auffahren lassen. Als er sich dann aber in die Enge getrieben fühlte, schreckte er nicht vor unfairen Manövern zurück. Doch als er einen Privatbrief Lessings abdrukken ließ, hatte er das Recht auf Gnade und Schonung offenbar verscherzt. Nun galten die Attacken Lessings nicht mehr dem engstirnigen Professor Klotz, sondern dem Menschen, an dessen Integrität zu zweifeln er nunmehr allen Grund hatte. Unbarmherzig prasselten von nun ab seine polemischen Keulenschläge auf sein Opfer herab. Die letzten sieben Briefe gehören daher zu den bestechendsten Proben deutscher Polemik.

Schließlich sekundierte auch Herder, durch Klotzens Arroganz ebenfalls aus der Reserve gelockt, Lessing, den er bewunderte. In seinen »Kritischen Wäldern« hatte er bereits einen kühnen Alleingang gegen die Hallenser Literaturclique gewagt. Mit dem Erscheinen von Lessings »Antiquarischen Briefen« erwachte sein Kampfeseifer aufs neue. »Welch ein hinreißender Strom!« begrüßte er emphatisch das Erscheinen dieser Kampfschrift. »Welch eine Belesenheit! Welche Kenntnis des Altertums! Welcher Scharfsinn! Schade, daß ein Lessing seine Zeit verschwenden muß, um einem Klotz das zu sagen, was ihm jetzt mehrere von Gesicht ansehen werden.«

Aus einer wissenschaftlichen Kontroverse über antike Steine und Statuen hatte sich eine atemberaubende Polemik entzündet, welche die Gemüter in diesem Lande erregte. Lessing vermeidet zuerst noch alle Invektiven und beläßt es bei sanfter Ironie, so etwa, wenn er schreibt: »Mein werter Herr, ich finde, daß Sie ein sehr belesener Mann sind oder sich wenigstens trefflich darauf verstehen, wie man es zu sein scheinen kann. Sie mögen wohl auch hübsche Kollektaneen haben. Ich habe dergleichen nicht, ich mag auch nicht ein Blatt mehr gelesen zu haben scheinen, als ich wirklich gelesen habe. Ich finde manchmal sogar, daß ich für meinen gesunden Verstand schon viel

Lessing. Gemälde von G. O. May, 1767

zuviel gelesen habe. Mein halbes Leben ist vergangen, um zu lernen, was andere gedacht haben. Nun wäre es bald Zeit, selbst zu denken...

Sie sammeln noch, und ich werfe schon wieder weg. Ich möchte Sie wohl um mich haben, um Sie als ein lebendiges Register zu nutzen. An Seitenzahlen würden Sie auch nicht Mangel leiden müssen, nur für die Gedanken müßte ich selbst sorgen. Wohl zu behalten, daß ich Ihnen auch die Seitenzahlen nachzuberichten nicht versäumte! Denn oft sagt das Register etwas ganz anderes als das Buch. Ich versprach mir an Ihnen einen Mann, der mit mir denken würde, und ich finde einen, der für mich nachschlagen und in den Kupferbüchern Bilder ansehen will.«

Der im persönlichen Umgang als ungemein konziliant und verbindlich geschilderte Lessing bediente sich eines betont rüden Tones, sobald er zur publizistischen Attacke überging. Dergleichen Grobheiten hatte man seit den Tagen Huttens und Luthers in diesem Lande nicht mehr zu hören bekommen. Aber über einen bloß gewalttätigen Grobianismus war man im Zeitalter der Aufklärung dann eben doch ein wenig hinausgewachsen. Trotzdem verfuhr Lessing stets nach dem Grundsatz, auf einen groben Klotz gehöre ein grober Keil. In eben diesem Sinne erging er sich über den Delinquenten Klotz über viele Seiten.

»Klotz war bis in das Jahr 1766 ein Mann, der ein lateinisches Büchelchen über das andere hat drucken lassen«, schüttet er im 56. Brief die Schale seines Spottes über Klotz aus. »Die ersten und meisten dieser Büchelchen sollten Satiren sein und waren ihm zu Pasquilen geraten. Das Verdienst der besten war zusammengestoppelte Gelehrsamkeit, Alltagswitz und Schulblümchen. Bei solchen Talenten konnte er seinen Beruf zum Journalisten von Profession nicht lange verkennen. Er ward es, doch auch nur erst auf Latein. Man lernte aus seinen »Actis literaris«, daß er manch gutes Buch zu Gesicht bekommen, aber daß er über ein gutes Buch selbst etwas Gutes zu sagen wisse, davon sollen uns diese Acta noch den ersten Beweis geben.«

Lessing führt den Begriff »Klotzianismus« für die »Unart elender Kunstrichter, zur Mißbilligung oder Verspottung des Schriftstellers die Züge von dem Menschen, dem Gliede der bürgerlichen Gesellschaft, zu entlehnen«, in unseren kommunen Sprachgebrauch ein. Er empfindet es schlechterdings als skandalös, daß dieser ehrgeizige Karrierist und Blender sich zum Richter über ihm weit überlegene Autoren wie Klopstock, Mendelssohn, Ramler oder Gerstenberg aufzuspielen wagt. Sie alle hatte er nämlich im Laufe der Jahre großsprecherisch vor sein kunstrichterliches Tribunal gefordert. Aber hat dieser alerte und geschmeidige Geheimrat wirklich ein legitimes Recht, sein Autodafé über Männer zu veranstalten, die ihm hoch überlegen sind? Lessing verneint diese Frage natürlich kategorisch.

»Wenn Herr Klotz Staatsminister wäre und wenn er der

größte lateinische Stilist, der erste Philologe von Europa wäre, was geht uns das hier an?« wettert er drauflos. »Hier wollen wir seine Verdienste um die deutschen schönen Wissenschaften kennen, und welche sind die? Was hat unsere Sprache von ihm erhalten, worauf sie gegen andere Sprachen stolz sein könnte? So steht es mit dem Haupte, wie mit den Gliedern. Ich frage nicht, wer die Freunde des Herrn Klotz sind ... Es mögen sich mehr Geheimräte unter ihnen finden oder nicht; sie mögen Professoren oder aber Studenten, Kandidaten oder Pastoren sein ... Nicht aus dem, was sie sind, laßt uns beurteilen, was sie schreiben, sondern aus dem, was sie schreiben, laßt uns urteilen, was sie sein sollten. Wahrlich, keiner von ihnen sollte Professor sein, wenigstens nicht Professor der schönen Wissenschaften. Alle sollten sie noch Studenten, und fleißige, bescheidene Studenten sein. Denn welcher von ihnen verrät im geringsten mehr Kenntnisse, gründlichere Einsichten, als jeder angehende Student haben sollte? Welches ist die Gattung des Vortrags oder der Dichtung, sie sei so klein, als sie wolle, worüber einer von diesen Großsprechern nur eine einzige neue und gute Anmerkung gemacht hätte?«

Geheimrat Klotz bekam bald die Überlegenheit des Magisters Lessing, dem er das Gesetz des Handelns aufzwingen wollte, zu spüren. Er hatte sich, wie er bald selbst herausfand, wohl zu weit nach vorn gewagt. Nun empfanden selbst seine eingeschworenen Jünger, daß es ihr Herr und Meister mit einem weit überlegenen Gegner zu tun hatte. Dieser Mann war für sie um ein paar Nummern zu groß. Herder stimmte ihm wieder einmal in der Beurteilung Klotzens und seiner Clique zu. Er bestätigte damit übrigens den allgemeinen Eindruck der Literarischen Öffentlichkeit in Deutschland, daß seit den Tagen Gottscheds niemand seine »innere Seichtigkeit« so vehement herausgeschrieen habe wie eben dieser unglückliche Klotz, der auf dem besten Wege war, sich sein eigenes Grab zu schaufeln. Diesen Kampf gegen einen ebenso einflußreichen wie verderblichen Exponenten des Zeitgeistes auf einsamem Posten mit einiger Bravour durchgestanden zu haben gehört ganz gewiß zu den besonderen Verdiensten Lessings. Es handelt sich dabei weniger um eine intellektuelle Leistung als um einen charakteristischen Einsatz ersten Ranges. Die reine Wahrheit, an deren Findung ihm so sehr gelegen war, hatte wieder einmal durch ihn eine Durchbruchsschlacht gewonnen.

Seinen »Briefen antiquarischen Inhalts« ließ Lessing unmittelbar seine Schrift »Wie die Alten den Tod gebildet« folgen. Auch dieser Exkurs über ein keineswegs so peripheres Thema, wie es zunächst den Anschein haben mochte, war mittelbar ein Produkt der Querelen mit Klotz. Im Sommer 1769 entstanden, stellt dieser Essay in der Tat den krönenden Abschluß von Lessings archäologischen Studien dar. Auch diesmal brach er wieder eine Lanze für den antiken Schönheitskult, der selbst dem Tod jeden Anflug von Grausamkeit nehmen wollte und ihn daher im Gewande der Anmut figurieren ließ. Noch die Klassiker fanden sich in diesem Essay in ihrer Auffassung von der Antike voll bestätigt. In Goethes »Dichtung und Wahrheit« findet sich sogar ein Passus über das helle Entzücken, das die Lektüre dieser Schrift bei ihm ausgelöst hatte.

»Uns entzückte die Schönheit jenes Gedankens«, läßt er sich da über seinen Eindruck bei der Lektüre aus, »daß die Alten den Tod als den Bruder des Schlafes anerkannt und beide, wie es Menächmen geziemt, zum Verwechseln gleich gebildet. Hier konnten wir nun erst den Triumph des Schönen höchlich feiern und das Häßliche jeder Art, da es doch einmal aus der Welt nicht zu vertreiben ist, im Reiche der Kunst nur in den niederen Kreis des Lächerlichen verweisen.«

Lessing mochte gute Gründe haben, ausdrücklich darauf hinzuweisen, daß in der Antike im Gegensatz zum Christentum der Tod in der bildenden Kunst nicht als Gerippe mit Stundenglas und Hippe dargestellt wurde, sondern als geflügelter Knabe mit gesenkter Fackel. Er rührte damit dezent an die tiefe Kluft zwischen Heidentum und Christentum, wobei er ohne alle Abstriche für die antike Version optierte. Was den Griechen ein sanftes Erlöschen des menschlichen Ich war, das wurde nach der christlichen Lehre der Beginn eines schrecklichen Bußganges. Lessing mochte als Symbol der furchtbarsten Höllenstrafen, die jeden Sünder erwarteten, das trostlose Gerippe, das auf christlichen Gräbern thronte, verabscheuen. Er unterschied sich in dieser Auffassung entschieden von Matthias Claudius, dem der Knochenmann mit der Sense mehr zusagte.

»So steht er in unserer Kirche, und so hab ich ihn mir immer von klein auf vorgestellt, daß er auf dem Kirchhof über den Gräbern hinschreite, wenn eines von uns Kindern des Abends zusammenschauerte und die Mutter dann sagte, der Tod sei übers Grab gegangen«, präzisierte Claudius seinen Standpunkt. »Er ist auch so, dünkt mich, recht schön, und wenn man ihn lange ansieht, wird er zuletzt ganz freundlich aussehen.«

Herder hingegen kam 1774 in einem Aufsatz unter dem Titel »Wie die Alten den Tod gebildet? Ein Nachtrag zu Lessings Abhandlung desselben Titels und Inhalts« zu folgendem Ergebnis: »Der Tod war den Griechen ein so fürchterliches, verhaßtes Wesen, daß sie seinen Namen nicht gern nannten. Aus Sprache und Kunst ward er verbannt, und in der letzteren ein Genius an seine Stelle gesetzt, der nicht den Tod vorstellen, sondern vielmehr verhüten sollte, daß man an ihn dächte.« Die Genien auf den Särgen der Alten waren nach seiner Meinung »bloß eine allegorische Bezeichnung der Ruhe im Grabe« gewesen.

Noch lange nach Lessings Tod greift Herder noch einmal das Thema des Todes auf und schrieb sein »Gespräch an Lessings Grabe«:

»Himmlischer Knabe, was stehst du hier? Die verglimmende Fackel
Nieder zur Erde gesenkt, aber die andere flammt?«
»Mich erkannte Lessing an meiner sinkenden Fackel,
Und bald zündet' ich ihm glänzend die andere an.«

»Totsein hat nichts Schreckliches«, will Lessing seine Zeitgenossen wieder einsehen lehren. »Insofern Sterben nichts als ein Schritt zum Totsein ist, kann auch das Sterben nichts Schreckliches haben.« Erst das Christentum, das den Gedanken aufbrachte, »daß auch der natürliche Tod die Frucht und der Sold der Sünde sei«, konnte den Tod als Gerippe darstellen. Allerdings gibt es in der Bibel auch Passagen, die von einem Engel des Todes sprechen. Sollten die Künstler da nicht lieber den Tod als einen Engel bilden? »Nur die mißverstandene Religion kann uns von dem Schönen entfernen. Und es ist ein Beweis für die Wahre, für die richtige Religion, wenn sie uns überall auf das Schöne zurückbringt.«

»Immer glaubt Herr Klotz mir auf den Fersen zu sein. Aber immer, wenn ich mich auf sein Zurufen nach ihm umwende, sehe ich ihn ganz seitab in einer Staubwolke auf einem Wege einherziehen, den ich nie betreten hatte«, heißt es noch in der »Veranlassung«, die Lessing seinem Essay vorausschickte, ehe er sich an die »Untersuchung« selbst machte. Indirekt haben wir also Klotzens Starrsinn auch diese Schrift Lessings zu verdanken. Allerdings verwischen sich dann im Verlauf seiner Ausführungen die Spuren seines Gegners immer mehr. Er hatte ihn ganz einfach innerlich überwunden, weil er ihn widerlegt und entlarvt hatte.

Mit einigen beigefügten Kupferstichen konnte Lessing seine Thesen über die Art, »wie die Alten den Tod gebildet«, geschickt untermauern. Natürlich schlug sein Herz in diesem Fall für die Griechen. Auch er hatte die Vorstellung von einem langsamen Erlöschen der Persönlichkeit, wenn er an den Tod dachte. Dieser Gedanke stimmte ihn außerordentlich tröstlich. Er entsprach überhaupt ganz allgemein dem Empfinden seiner Zeitgenossen, die sich immer mehr von mittelalterlichen Denkschablonen zu emanzipieren begannen. Für ihn hatte der Tod eigentlich nie eine Katastrophe bedeutet. Die Vorstellung von der Erbsünde nachzuempfinden, fiel ihm zugegebenermaßen außerordentlich schwer. Er begegnete dann auch dem Tod, als ihm die Stunde schlug, mit der Gelassenheit eines Stoikers.

Lessing hatte auch diese Attacke gegen Klotz wieder allein durchgefochten. Er hielt nicht einmal nach Sekundanten Ausschau, weil er wußte, daß ein Mann, nur auf sich gestellt, am meisten ausrichtet, wenn er eine gerechte Sache in der Welt vertritt. Im 55. Brief seiner »Antiquarischen Briefe« hatte er sich daher auch sicher zu Recht mit einer Windmühle mitten in seiner Landschaft vergleichen können.

»Da stehe ich auf meinem Platze«, hatte er nicht ohne betontes Selbstgefühl gemeint, »ganz außer dem Dorfe, auf einem Sandhügel allein, und komme zu niemandem und helf niemandem und lasse mir von niemandem helfen. Wenn ich meinen Steinen etwas aufzuschütten habe, so mahle ich es ab, es mag sein, mit welchem Winde es will... Von der ganzen weiten Atmosphäre verlange ich nicht einen Fingerbreit mehr, als gerade meine Flügel zu ihrem Umlaufe brauchen. Nur diesen Umlauf lasse man ihnen frei. Mücken können dazwischen hinschwärmen, aber mutwillige Buben müssen nicht alle Augenblicke sich darunter durchjagen wollen. Noch weniger muß sie eine Hand hemmen wollen, die nicht stärker ist als der Wind, der mich umtreibt. Wen meine Flügel mit in die Luft schleudern, der hat es sich selbst zuzuschreiben. Auch kann ich ihn nicht sanfter niedersetzen, als er fällt.«

Überzeugender und zugleich plastischer hätte der einsame Kämpfer und Wahrheitsfanatiker Lessing sein ungebrochenes Selbstbewußtsein nicht ausdrücken können. Auf wen träfe schließlich auch das bekannte Schiller – Wort, wonach der Starke am mächtigsten allein ist, mehr zu als eben auf Lessing, der ohne alle Rückendeckung, nur seinem schneidenden und geschliffenen Wort vertrauend, in die geistige Arena seiner Zeit trat und seine geistigen Scharmützel je nach Lage der Dinge mit Florett oder schwerem Säbel bis zum oft schrecklichen Ende ausfocht.

Im Kampf um die geistige Emanzipation der in einen geistigen Jahrhundertschlaf versunkenen Deutschen war sein Einsatz gar nicht hoch genug zu veranschlagen. Er bewegte sich, ohne nach rechts oder links zu blicken, immer auf das Ziel zu, das er sich gerade gesteckt hatte, und bemerkte kaum den Sumpf widerstrebender Kräfte rings um sich herum. Sein Rebellentum, das sich vor allem gegen die Despoten, die eine absolute Herrschaft im Reiche des Geistes anstrebten, richtete, weckte jedesmal neue schöpferische Kräfte in ihm. Insofern war er für die Deutschen schon ein besonderer Glücksfall, zumal er nicht nur seine Zivilcourage, sondern auch seine treffsichere Sprache mit ins Spiel bringen konnte. Wenn auf jemanden Buffons Wort, wonach der Stil der Mensch selber ist, zutrifft, so eben auf Lessing, der für sich den Ruhm beanspruchen konnte, einer der bedeutendsten Stilisten, die sich der deutschen Sprache jemals bedienten, gewesen zu sein.

»Seine Schreibart ist ganz wie sein Charakter«, stellte bereits Heinrich Heine fest, der wußte, was er an diesem gradlinigen Mann zu bewundern hatte. Er versah dessen gehämmerten Stil mit Attributen wie »wahr, fest, schmucklos, schön und imposant durch die innewohnende Stärke«.

»Sein Stil war ganz der Stil der römischen Bauwerke: höchste Solidität bei der höchsten Einfachheit«, hatte er herausgefunden. »Gleich Quadersteinen ruhen die Sätze aufeinander, und wie bei jenen das Gesetz der Schwere, so ist bei diesen die logische Schlußfolge das unsichtbare Bindemittel. Daher in der Lessingschen Prosa so wenig von jenen Füllwörtern und Wendungskünsten, die wir bei unserem Periodenbau gleichsam als Mörtel gebrauchen. Noch viel weniger finden wir da jene Gedankenkaryatiden, welche die Franzosen la belle phrase nennen.«

In der Tat: Man kann sich zuweilen nicht des Eindrucks entziehen, Lessing brauche seine Worte gar nicht erst zu wählen. Sie standen ihm mit einer schönen Selbstverständlichkeit zu Gebote. Es läßt sich von ihnen sogar sagen, daß sie ihn selbst wählten. Jedes Wort in einem Satzgefüge hatte zuletzt einen unverrückbaren Platz. An jedem dieser Satzgebilde meißelte und ziselierte er allerdings auch, bis sie die letzte Transparenz erreicht hatten. Was der äußersten Klarheit noch im Wege stand, mußte rücksichtslos weichen. Er verstand sich nämlich exzellent auf die in allen Lebensbereichen so unerläßliche Kunst des Weglassens.

Wie in seinen gezielten Rundumschlägen gegen den naiven Horaz-Verhunzer Lange hatte Lessing, einmal aus seinen Gedanken aufgeschreckt und aus seiner Reserve hervorgelockt, auch seinem Kontrahenten Klotz mit der Waffe der Sprache das Gruseln gelehrt. Aus Luthers kerniger Schriftsprache herausgewachsen, hatte er in seinem Handwerk des Schreibens inzwischen eine Bildkraft und Elastizität erlangt, die man bis dahin kaum für erreichbar gehalten hatte. Er machte das Französische als Umgangssprache im Verkehr mit Literaten mit einem Schlage überflüssig. Nicht umsonst war er lange genug bei Äsop in die Schule gegangen und hatte schließlich seine Fabeln als Muster sprachlicher Lakonie und Prägnanz vorgelegt. Mit der Überwindung Gottscheds hatte er sich zugleich von allen französischen Vorbildern losgesagt. Das betraf selbstverständlich auch seinen Umgang mit der Sprache. Vor allem seine Polemik profitierte von diesem Läuterungsprozeß. Sie wirkte geradezu entwaffnend.

Lessing ist dem polemischen Schlagabtäuschen keineswegs nachgerannt. Fühlte er sich allerdings provoziert, wehrte er sich seiner Haut, so gut er nur konnte. Seine vom Vater geerbte »liebe Irascibilität« schwappte dann jedesmal leicht über. Gegen sein furioses Temperament war er augenscheinlich machtlos. Man wird aber nicht sagen können, er hätte nicht immer wieder heroisch dagegen angekämpft. Seine Gegner profitierten nicht eben wenig von ihrem Kräftemessen mit Deutschlands bedeutendstem Polemiker. Sie wurden durch ihn aus ihrer Mittelmäßigkeit herausgehoben und gingen damit in die kleine literarische Unsterblichkeit ein. Mit einem Wort: Sie wurden wie ein Insekt im Bernstein der Nachwelt überliefert, wie Heinrich Heine sarkastisch meinte.

Ansonsten hatte Lessing aber auch in Hamburg seine kommunikativen Bedürfnisse keineswegs auf Eis gelegt. Seine Weltgier trieb ihn auch hier unter die Menschen. In dieser Hinsicht kam er in der Hansestadt voll auf seine Kosten. Hamburg galt damals nämlich nicht nur als reichste deutsche Stadt. Als Umschlageplatz für den kontinentalen Handel nach Holland, England und Frankreich standen die Tore zur Welt hin weit geöffnet. Man bewegte sich ganz auf der Höhe der Zeit. Schließlich war man vom Siebenjährigen Krieg verschont ge-

Lessing mit Freunden auf der Galerie des Baumhauses

blieben und hatte daher anderen Städten, allen voran auch Leipzig, spielend den Rang ablaufen können. Der Kaufmannsgeist dieser Bürgerrepublik sorgte ständig für eine frische geistige Brise.

Lessing, von Berlin, dieser »verzweifelten Galeere«, herkommend, fühlte sich einer Freiheit zurückgeschenkt, die er bis zur Neige auszukosten bereit war. Die Weltluft, die an der Alster wehte, stimulierte nicht nur seine Produktivität, sie steigerte auch seine gesellschaftlichen Bedürfnisse.

Er nimmt nicht nur am geistigen Leben dieser selbstbewußten Stadt teil, auch das gesellschaftliche Leben scheint ihn immer mehr zu absorbieren. Man sieht ihn an den bürgerlichen Stammtischen, in den Lokalen der Künstler und in musischen und wissenschaftlichen Zirkeln. Eine Zeichnung zeigt ihn im Freundeskreis aus der Galerie des Baumhauses vor einem vollen Humpen sitzen. Natürlich ziehen ihn auch diesmal wieder die Spielsäle magisch an. Wieder wird er einige Mühe haben, seine Spielleidenschaft wie in Breslau einigermaßen in Grenzen zu halten.

Sein Hausherr, im Neustädter Bereich von St. Michel, Kommissionsrat Schmidt, führt ihn in den Kreis seiner eigenen Freunde ein. Bei einer solchen Gelegenheit erfolgt auch die schicksalhafte Begegnung mit dem Arzt Albert Hinrich Reimarus und seiner klugen Schwester Elisabeth, die ihre Verehrung für den Meister des Wortes nicht verhehlen. Ihr Vater ist der Polyhistor Hermann Samuel Reimarus, der als Theologe, Philosoph, Philologe und Zoologe längst über das Niveau eines nur dilettierenden Privatgelehrten hinausgewachsen ist. Lessing wird dann noch in den folgenden Jahren dem guten Hamburger Namen Reimarus zu einiger Unsterblichkeit verhelfen, als er nach dem Tode des progressiven Deisten aus dessen Nachlaß die »Fragmente eines Ungenannten« öffentlich zur Diskussion stellt und damit nicht nur in der literarischen Welt für einen Furor ohnegleichen sorgt.

Die Ironie des Schicksals will es aber auch, daß der Konsulent des Nationaltheaters dem Hamburger Hauptpastor Goeze begegnet, der als streitbarer Orthodoxer sich mit so viel Temperament von der Kanzel herunter ereifert, daß der Senat ihn schließlich zur Ordnung rufen muß. Lessing ist jedoch flexibel genug, um die Bibelsammlung und den gut sortierten Weinkeller des geistlichen Herrn zu schätzen. Auch gegen die kämpferische Standpunktfestigkeit dieses streitbaren Theologen hatte er damals nichts einzuwenden.

Der erzwungene Abschied von Hamburg wird Lessing am Ende nicht eben leichtfallen. Er hatte, wie sich bei dieser Gelegenheit herausstellte, in wenigen Jahren bereits tiefe Wurzeln in der Stadt geschlagen. »Ich bin leider hier so tief eingenistet, daß ich mich gemächlich losreißen muß, wenn nicht hier und da ein Stück Haut mit sitzen bleiben soll«, muß er sich und anderen schließlich gestehen. Mit einiger Sicherheit hat ihn die Familie Reimarus am festesten an Hamburg gefesselt. In ihrem Kreise fühlte er sich in seinen Absichten verstanden und geistig angeregt. Aber auch Matthias Claudius ist ihm trotz aller Temperamentsgegensätze nicht ganz gleichgültig. Er wittert als einer der ersten den begnadeten Poeten in ihm. Auch der

Wandsbecker Bote hat lange an seinem journalistischen Kollegen herumgerätselt und schließlich tiefsinnig gemeint: »Zerstreuter ist in dieser Gegend kein Mensch als er. »Auch Carl Philipp Emanuel Bach, Sohn des großen Johann Sebastian und ein alter Freund aus Berliner Tagen, traf Lessing als Generalmusikdirektor in der Hansestadt wieder.

Schließlich trat die Familie des Kaufmanns Engelbert König in Lessings Leben ein. Kommissionsrat Schmidt hatte diese folgenreiche Beziehung angeknüpft. Bei dem Seidenfabrikanten König muß es sich um einen weltgewandten Unternehmer gehandelt haben. In seinem Hause soll Lessing sich am behaglichsten gefühlt haben. Der ausstrahlende Charme der Hausherrin, einer geborenen Heidelbergerin, zog ihn offenbar unwiderstehlich an. Sie war seit 1756 mit König verheiratet. Von ihren sieben Kindern waren noch vier am Leben.

Schicksalhafte Dimensionen erlangte die Beziehung erst, als König, der in Wien eine Tapetenfabrik unterhielt, nach Österreich aufbrach und wahrscheinlich in einer bangen Vorahnung Lessing dringend ans Herz legte, für Frau und Kinder zu sorgen, falls ihm etwas zustoßen sollte. In der Tat sah er Hamburg nicht wieder. Als er sich eines Abends auf den meerumspülten Friedhof Venedigs bei Betrachtung eines Sonnenuntergangs eine Erkältung zuzog, erlag er schnell einem Nervenfieber. Lessing nahm sich damals in der Tat der 34jährigen Eva König an. Er konnte noch nicht ahnen, daß er damit eine der großen Schicksalsfügungen seines Lebens erfüllen würde.

In der Regel pflegte sich Lessing damals mit seinen Freunden im Ratskeller zu treffen. Hier konnte er im engeren Kreise seine ganze geistige Brillanz entfalten. In seinem großzügigen Lebensstil und angesichts seiner Vorliebe für gediegenen Luxus und eine lässige Eleganz in der Kleidung, die ihn als wahren Weltmann auswiesen, war er durchaus ein Mann nach dem Geschmack der Hanseaten.

Die Korrespondenz mit seinen Berliner Freunden geriet immer mehr in Verzug. Nur seinem Bruder Karl gegenüber machte er eine rühmliche Ausnahme. Dieser spielte lange Zeit die Rolle des Adressaten für ihn, dem er über seine Sorgen, Fehlschläge und Enttäuschungen freimütig berichten konnte. Gleichwohl war er froh, Berlin für immer entronnen zu sein. Selbst als ihm der Bruder begeistert von dem fulminanten Erfolg einer Aufführung seiner »Minna von Barnhelm« in Berlin berichtete, winkte Lessing lässig und ein wenig überdrüssig ab. Ihn zog nichts, aber auch gar nichts wieder in die preußische Hauptstadt zurück.

»Ich sehne mich darum doch nicht wieder nach Berlin und wünsche sehr, daß auch Du mit guter Manier wieder heraus wärest«, bekommt Karl Lessing zu hören. »Ich hätte Dich gern wieder bei mir, aber ich bin jetzt weder so logiert noch sonst in den Umständen, daß es wohl möglich ist. Gott sei Dank, bald kommt die Zeit wieder, daß ich keinen Pfennig in der Welt mein nennen kann als den, den ich erst verdienen soll. Ich bin unglücklich, wenn es mit Schreiben geschehen muß! Nimm meinen brüderlichen Rat an und gib den Vorsatz auf, vom Schreiben zu leben. Den, mit jungen Leuten auf die Universität zu gehen, billige ich auch nicht sehr. Was soll am Ende dabei herauskommen? Sieh, daß Du ein Sekretär wirst oder in ein Kollegium kommen kannst. Es ist der einzige Weg, über kurz oder lang nicht zu darben. Für mich ist es zu spät, einen anderen einzuschlagen.«

So skeptisch dachte Deutschlands erster freier Schriftsteller über sein Metier, daß er jedem davon abriet, in seine Fußstapfen zu treten und nur vom Schreiben zu leben. Er hatte gute Gründe, so radikal zu denken: selten hatte er in seinem Leben Phasen zu verzeichnen, in denen er ein gesichertes Leben führen konnte.

Ein Lichtblick bedeutete es immerhin für Lessing, als Johann Gottfried Herder im Frühjahr 1770 auf seiner Reise von Riga nach Frankreich in Hamburg Station machte. Auf der Rückreise kommt es dann abermals zu einem diesmal ausgiebigeren Rendezvous mit Lessing. Herder, das war immerhin der Autor der »Kritischen Wälder«, die Lessing immer mehr zu faszinieren begannen. Ihre Lektüre vermittelte ihm den beglückenden

Eindruck, hier einem Geistesverwandten begegnet zu sein, wahrscheinlich sogar dem einzigen, der ihm für die geplante Fortsetzung des »Laokoon« die entsprechenden Stichworte hätte liefern können.

Des Ostpreußen Herder »Fragmente über die neuere Literatur« waren in den Jahren von 1766 bis 1769 in drei Heften im fernen Riga erschienen und hatten für einiges Aufsehen gesorgt. Dabei hatte der bedingungslose Bewunderer Lessings offen bekannt, bei jeder Schrift, die er aus seiner schriftstellerischen Werkstatt entließ, sich zuerst die Frage zu stellen: »Was wird Lessing dazu sagen?« Außerdem hatte er eindeutig bekannt: »Der einzige, der mich, wohin er sich schlage, interessiert, ist Lessing.«

Die mit Herder gemeinsam verbrachten Hamburger Tage müssen offenbar Sternstunden im Leben der beiden gewesen sein. Es war wie eine Begegnung mit dem Genius, von der beide profitierten. Herder war dem Älteren mit allem Respekt genaht. »Solch ein Mann kann Deutschland erleuchten!« hatte er enthusiastisch in einem Brief an Friedrich Nicolai im Januar 1769 bekannt. Das waren große Worte, gewiß, aber sie sprechen eben das aus, was viele über die Position, die Lessing damals im deutschen Geistesleben errungen hatte, dachten.

Auf der Rückreise nahm sich Herder für seinen Hamburg-Aufenthalt vierzehn Tage Zeit, um seine flüchtige Bekanntschaft mit Lessing zu vertiefen. Man sprach, wie sich denken läßt, vor allem über die Kunsttheorien, die damals im Mittelpunkt des Interesses standen. Auch eine potentielle Fortsetzung des »Laokoon« stand damals noch zur Debatte. Nach der heftigen Polemik mit Klotz, die noch in ihm nachzitterte, fühlte sich Lessing durch die Erscheinung des damals erst 25jährigen Herder, der sich ihm mit der Unbefangenheit der Jugend ganz öffnete, ungemein angeregt und in seinen Intentionen bestätigt.

»Es hat mir geahnt, daß sich meine Abreise von hier wohl nicht ohne Ursache so lange verziehen müssen«, ließ Lessing am 3. März 1770 seinen Freund Johann Arnold Ebert wissen, der sich mit allem Nachdruck für seine Berufung in Braunschweigische Dienste einsetzte. »Ich würde es bedauert haben, wenn ich jetzt schon weg wäre. Denn raten Sie, wer vor einigen Tagen hier ankam! Herder. Daß er von Riga vor einiger Zeit auf einmal weg und nach Frankreich gegangen, das wissen Sie. Von da hat ihn der Bischof von Lübeck verlangt, dessen Prinzen er als Prediger auf Reisen begleiten soll. Es hat mir notwendig sehr angenehm sein müssen, diesen Mann von Person kennenzulernen. Ich kann Ihnen jetzt nur soviel sagen, daß ich sehr wohl mit ihm zufrieden bin. Er geht die ersten Tage künftiger Woche nach Eutin, und sobald er weg ist, werde ich mit Ernst an meine Abreise denken.« Kein Zweifel, Herder rechnete diese Tage, die er mit Lessing in ungezwungenem Gespräch verbringen konnte, zu den unbeschwertesten seines Lebens überhaupt. Jedenfalls gab er darüber zu Protokoll: »Mit Lessing habe ich vierzehn vergnügte Tage gehabt und wacker umhergeschwärmt.«

Inzwischen macht sich Lessing aber selbst nichts mehr vor: »Des Sperlings Leben auf dem Dach« kann er unmöglich länger in Hamburg fortsetzen. Er muß zusehen, wie er wieder zu Geld kommt. Ganz allgemein hat er freilich keinen Grund, mit seinen Hamburger Jahren unzufrieden zu sein. Sein Name hat, nicht zuletzt durch sein imponierendes Durchstehen der Affäre mit Klotz, beträchtlich an Glanz gewonnen. Weiter kann er seine »Hamburgische Dramaturgie«, seine »Antiquarischen Briefe« und seinen Essay »Wie die Alten den Tod gebildet« auf die Habenseite im Hauptbuch seiner geistigen Existenz verbuchen. Leider war seine Illusion von Deutschlands Musterbühne unerfüllt geblieben. Selbst seine »Dramaturgie« blieb notgedrungen ein Fragment, und sein tollkühnes verlegerisches Abenteuer endete mit einem empfindlichen Fiasko. Das alles hatte ihm das Leben in Hamburg nicht eben leichter gemacht. Aber immerhin trug er auch ein neues Drama in seinem Gepäck, das in den Hamburger Jahren gewachsen und fast bis zum Abschluß gereift war: »Emilia Galotti«.

Diesmal verlegt Lessing seine Tragödie, die das alte Virginia-

Thema variiert, in eine kleine italienische Rokokoresidenz. Er war sich bei der Konzeption sicher selbst kaum darüber im klaren, daß er mit dieser Darstellung des Konflikts zwischen Angehörigen des privilegierten Adels und eines aufstrebenden Bürgertums so etwas wie ein kühnes Manifest der bürgerlichen Emanzipation seiner Zeit vorgelegt hatte.

Lessing hatte dieses Virginia-Motiv lange mit sich herumgetragen, ehe es Form und Gestalt annehmen konnte. Immer stand es für ihn fest, daß er eines Tages diesen Stoff des Livius in die Gegenwart übertragen würde. Unter seinen zupackenden Händen wird die Fabel, an der sich bereits so viele Autoren versucht hatten, in der Tat zu einer unverblümten sozialen Anklage, geradezu zu einem politischen Manifest, das die Problematik zwar noch verfremdet aussprach, aber immerhin so, daß aufgeklärten Zeitgenossen sie sehr wohl begreifen konnten.

Die Erzählung von der Plebejertochter Virginia hat schon die Imaginationskräfte römischer Autoren beschäftigt. Historisch verbürgt ist in jedem Fall der Name des römischen Bürgers Virginius, der dadurch in die Geschichte einging, daß er seine Tochter erstach, um sie nicht in die Hände des Dezemvir Appius Claudius fallen zu lassen. Diese Geschichte wird insofern zu einem Politikum, als das Volk von Rom, durch diesen Opfertod leidenschaftlich erregt, sich erhebt und die Plebejer ihre Gleichberechtigung mit den Patriziern erlangen.

Eine Thematik für Lessings Gegenwart auf alle Fälle, aber auch ein Stoff für die Zukunft, die dann in Europa die Schranken der sozialen Gegensätze heftig abbauen sollte. Sicher hat auch Lessings bürgerliches Trauerspiel in fünf Aufzügen einiges zur Klärung der sozialen Fronten beigetragen. Jedenfalls zeigte sich der junge Goethe noch von dieser dichterischen Gestaltung eines sich regenden bürgerlichen Selbstbewußtseins merklich beeindruckt. Er empfand dieses Stück als einen »entscheidenden Schritt zur sittlich erregten Opposition gegen die tyrannische Willkürherrschaft«. Jedenfalls bewunderte er ehrlich den Mut des Autors, der ein heißes Eisen angepackt hatte.

»Wir jungen Leute ermutigten uns daran und wurden Lessing deshalb schuldig«, wird er noch in »Dichtung und Wahrheit« niederschreiben. Und Deutschlands bedeutendstes Theatergenie, Friedrich von Schiller, bescheinigte Lessing mit betonter Blickrichtung auf seine »Emilia Galotti«, er habe wirkungsvolle Trauerspiele »voll Salz, voll epigrammatischer Nadeln« zustande gebracht.

Natürlich hatte Lessing deutsche Verhältnisse im Sinn, auch wenn er die Handlung nach Italien seiner Zeit verlegte. Diese Lokalisierung in eine fremde geographische Region milderte etwas die Anklage dieses im Grund kerndeutschen Stückes. Was er zur sozialen Misere seiner Zeit zu sagen wußte, versuchte er für jeden nachdenklichen Leser zwischen den Zeilen auszusprechen. Es war sicher, daß er in jedem Fall verstanden wurde.

Lessing selbst hat die junge italienische Protagonistin erfunden, die am Ende den eigenen Vater bittet, sie zu töten, da sie selbst nicht sicher ist, ob sie den Verführungskünsten des Prinzen Gonzaga von Guastella widerstehen würde. In diesen fünf Akten legte er ein wirkungsvolles Trauerspiel vor, in dem im Grunde deutsche Menschen agieren und deutsche Probleme abgehandelt werden. Darüber hinaus bot er einer jungen Generation von Dramatikern ein Schulstück für ihre künftigen Taten. Schiller konnte dann in seiner »Kabale und Liebe« nur zwölf Jahre später schon bedeutend deutlicher werden und ähnliche Schandtaten von deutschen Feudalherren geschehen lassen. Er wagte bereits, sein »In Tyrannos!« vor der Kulisse eines Absolutismus, der reif zum Fall war, hinauszuschreien.

Ohne Zweifel hatte Lessing in Hamburg beträchtlich als Dramaturg des Nationaltheaters an Bühnenerfahrung hinzugewonnen. Zumindest auch in dieser Hinsicht war er anderen um ein gutes Stück voraus. In der Tat hatte er mit diesem Stück ein »Rechenexempel dramatischer Algebra« statuiert, nachdem er vorher in den 104 »Stücken« seiner »Hamburgischen Dramaturgie« die Gelegenheit wahrgenommen hatte, die Gesetze der dramatischen Dichtung auszuloten. Er hatte soviel an psychologischem Feingefühl und menschlicher Reife gewonnen, daß er dem Thema eine überraschende Version verleihen konnte: das Wissen seiner Heldin von ihrer eigenen Verführbarkeit und ihre Bereitschaft für einen höchst dramatischen Opfertod.

»Ich habe Blut, mein Vater, so jugendliches, so warmes Blut als eine. Auch meine Sinne sind Sinne. Ich stehe für nichts. Ich bin für nichts gut«, bricht es geradezu eruptiv aus ihr heraus. Lessing versteht es, den dunklen Trieb des Menschen als Stimulans für eine heillose dramatische Verwirrung sehr wohl zu nutzen. Überhaupt führt er seinem Publikum keine konstruierten oder gestanzten Figuren vor, die druckreife Sätze vor sich hin deklamieren, sondern volle Menschen aus Fleisch und Blut. Eben das weist ihn als einen berufenen Dichter aus. Sicher war er ein größerer Dichter, als er selbst von sich vermutete. Und wenn er auch zuweilen ein ganzes Drucksystem von Röhren in Aktion setzen mußte, um seine dichterische Phantasie schweifen zu lassen, so war das Ergebnis am Ende doch allein entscheidend. Und dieses Ergebnis war im Falle der »Emilia Galotti« geradezu überraschend. Er hatte lang genug das Leben um sich herum studieren können, um nun Menschen von praller Sinnlichkeit auf die Bühne zu bringen. Darüber hinaus befand er sich beim Abschluß dieses fulminanten bürgerlichen Trauerspiels in Wolfenbüttel bereits auf dem Weg zum großen Humanisten, als der er in unsere Geistesgeschichte eingehen sollte.

Will sagen: Der reife Lessing hat in dieser Tragödie ein ganzes Pandämonium scharf profilierter Charakterfiguren entfesselt. Die Konturen, mit denen er sie souverän zeichnet, prägen sich dem Zuschauer unvergeßlich ein: der ehrbar-bürgerliche Vater, der in seiner Schlichtheit anrührende Bräutigam der Titelheldin, Emilia selbst in ihrer unschuldigen Schönheit, die sich dann doch zum Äußersten entschlossen zeigt und damit hoch über sich hinauswächst, die Orsina, die in ihrer monomanischen Eifersucht eine der unvergeßlichen Gestalten des deutschen Theaters geblieben ist, und nicht zuletzt der Prinz selbst, der sich skrupellos über alle Schranken menschlicher

Gesittung hinwegsetzt, um an sein Ziel zu gelangen. Nicht zu vergessen natürlich die devote Hofschranze Marinelli, der mit seiner kriminellen Intellektualität in der Umgebung des Prinzen zum Schurken wird.

Mit diesem großen Wurf bewegt sich Lessing zweifellos ganz auf den Höhen seiner dichterischen Möglichkeiten überhaupt. Ihm ist in seiner »Emilia Galotti« ein Meisterwerk gelungen, berstend von innerer Spannung und doch voll unüberhörbarer seelischer Zwischentöne, wie man sie bis dahin kaum jemals von einem deutschen Bühnenautor gehört hatte. Das auch ist das Geheimnis, warum die Faszination gerade dieses Stückes bis zum heutigen Tage keineswegs abgerissen ist.

Lessing hatte sich weit von seiner antiken Vorlage entfernt und auf weite Strecken hin bereits geistige Dimensionen erreicht, die in vielen an Shakespeare erinnern. Die Bühne, zeigte sich wieder einmal, war sein eigentliches Instrument, mit dem er humanisierend tief in seine Zeit hineinwirken konnte. Er hatte von dieser Göttergabe uneingeschränkt Gebrauch gemacht.

Das neue Stück sollte zum Geburtstag der verwitweten Braunschweiger Herzoginmutter uraufgeführt werden. Erstaunlicherweise hatte der Herzog selbst gegen die zweifellos revolutionierende Tendenz nichts einzuwenden. So konnte Döbbelin mit seiner Truppe, die damals gerade in Braunschweig gastierte, das Stück am 13. März 1772 mit nachhaltigem Erfolg aus der Taufe heben. Gleichzeitig wurde es von Voß in Berlin gedruckt und verlegt. Es ist seitdem ein unverzichtbares Repertoirestück nicht nur des deutschen Theaters geblieben, obwohl es selbstredend einiges von seiner anfänglichen Schockwirkung eingebüßt hat.

Lessing selbst war bei dieser wichtigen Uraufführung nicht anwesend. »Ich bin nicht bei der Aufführung gewesen, denn ich habe seit acht Tagen so rasende Zahnschmerzen, daß ich mich nicht herübergetraut habe«, schrieb er an Eva König. »Morgen wird es zum zweitenmal gespielt, aber ich glaube schwerlich, daß ich es werde sehen können, ob ich schon ausdrückliche

Einladung erhalten habe. Wie angenehm mir der geringste Beifall sein würde, versteht sich von selbst. Dazu würde ich mich gegen ihn wegen einer Arbeit entschuldigen müssen, die itzt meine Arbeit nicht sein sollte: und ich entschuldige mich so ungern.

Gelegentlich werden Sie ihm wohl sagen, daß es wirklich eine Arbeit ist, die schon vor einigen Jahren größten Teils getan war und an die ich itzt nur die letzte Hand gelegt. Auch heute kann und mag ich das Stück noch nicht spielen sehen. Kann nicht, weil ich krank bin. Mag nicht, weil mir der Kopf davon noch warm ist, und es mir erst wieder fremd werden muß, wenn mir das Sehen etwas nützen soll.«

Die Aufführung ließ die empfindsamen Gemüter der Zuschauer natürlich nicht unberührt. Schon am anderen Tage vermittelt Ebert seinem Freund seine Eindrücke von einem großen Theaterabend.

»Oh, liebster, bester, unvergleichlicher Lessing«, schrieb er mit allem Überschwang, »wie gern wollte ich Ihnen meine Bewunderung, Rührung und Dankbarkeit lebhaft ausdrücken. Aber eben diese Empfindungen machen es unmöglich. Nur soviel kann ich Ihnen sagen, daß ich durch und durch, mit Klopstock zu reden, laut gezittert habe. Selbst die komischen Szenen oder Züge haben eine ähnliche Empfindung mit der bei mir hervorgebracht, die ich einmal bei Durchlesung der ersten Szene Ihrer ›Minna‹ hatte. O Shakespeare! Zu anderen als Ihnen werde ich vielleicht noch mehr sagen. Gott segne Sie dafür mit seinem besten Segen! Ich habe davor fast nicht einschlafen können und hernach einen sehr unruhigen Schlaf gehabt. Und jetzt, da ich aufgestanden bin, kann ich nichts anderes denken und vornehmen. Die Geister Ihrer Personen spuken noch immer um mich her und schweben mir auf jedem Blatte, das ich lesen will, vor Augen.«

Auch Goethe hatte auf Anhieb den exzeptionellen Rang dieses Stückes erkannt. Er war sogar noch im vorgeschrittenen Alter des Lobes voll, sobald er sich des Handlungsgefüges dieses bürgerlichen Trauerspiels entsann. »In seiner Zeit stieg dieses Stück wie eine Insel Delos aus der Gottsched – Gellert – Weißeschen Wasserflut, um eine kreißende Göttin barmherzig aufzunehmen«, schrieb er noch rückblickend an seinen Freund Zelter. »Wir jungen Leute ermutigten uns daran und wurden Lessing viel schuldig.«

»Emilia Galotti« war die eigentliche dichterische Tat der Hamburger Jahre, die Lessing vorwiegend seinen dramaturgischen Studien gewidmet hatte. Obwohl er sich verpflichtet hatte, dem Spielplan des Theaters entsprechende Stücke hinzuzufügen, blieb es bei diesem Versprechen. Zwar hatte er sich an einem »Alcibiades« versucht und von einem Lustspiel mit Namen »Schlaftrunk« zwei Akte sogar drucken lassen. Aber er befand sich als kreativer Mensch dauernd in einer neuen Metamorphose, und die Weiterarbeit an alten und begonnenen Projekten hätte für ihn einen Rückfall in die Zeit seiner noch unausgesprochenen frühen Lustspiele bedeutet.

Auch seine Version der so oft variierten »Witwe von Ephesus« fand nun keine Gnade mehr vor seinen geschärften und geschulten Augen. Jeder Dramatiker, der sich seit den Tagen des Petronius an diese bittere Satire auf die weibliche Treue gewagt hatte, war damit recht eigentlich auf dem Theater gescheitert. Im 36. Stück seiner »Hamburgischen Dramaturgie« hatte Lessing sich ausdrücklich mit gutem Grund mit der Problematik dieses dramatischen Vorwurfs auseinandergesetzt. Er war dabei zu dem hörenswerten Ergebnis gelangt, dieser Vorwurf wäre auf dem Theater überhaupt nicht zu realisieren.

»Der Charakter der Matrone, der in der Erzählung ein nicht unangenehmes höhnisches Lächeln über die Vermessenheit der ehelichen Liebe erweckt, wird in dem Drama ekel und gräßlich«, glaubt er feststellen zu können. »Wir finden hier die Überredungen, deren sich der Soldat gegen sie bedient, bei weitem nicht so fein und dringend und siegend, als wir sie uns dort vorstellen. Dort bilden wir uns ein empfindliches Weibchen ein, dem es mit seinem Schmerz wirklich ernst ist, das aber den Versuchungen und ihrem Temperament unterliegt. Ihre Schwäche dünkt uns die Schwäche des ganzen Geschlechts zu sein. Wir fassen also keinen besonderen Haß gegen sie. Was sie tut, glauben wir, würde ungefähr jede Frau getan haben... Aber im Drama findet diese Vermutung nicht statt. Was wir dort nur hören, daß es geschehen sei, sehen wir hier wirklich geschehen. Woran wir dort nicht zweifeln können, davon überzeugt uns unser eigener Sinn hier zu unwidersprechlich. Der Einfall vergnügte unseren Witz, aber die Ausführung des Einfalls empört unsere ganze Empfindlichkeit. Wir wenden der Bühne den Rücken.«

Mit soviel neuen Erkenntnissen ausgestattet, wird man verstehen können, warum Lessing dieses Projekt endgültig fallen ließ. Aber auch andere Pläne hielten vor seinem kritischen Blick nun nicht mehr stand, so etwa eine Nachdichtung von Falbaires »Galeerensklaven« und ein Spartakus-Drama, eine »antityrannische Tragödie« aus der Zeit der römischen Sklavenkriege. Offenbar hatte Lessing seine Vorstellung von dem vielschimmernden Begriff Freiheit im Laufe der Jahre gründlich revidieren müssen. Er war bei der Arbeit an diesem Stück über einige zaghafte Vorentwürfe nicht hinausgekommen.

Nach dem Fiasko des Deutschen Nationaltheaters und dem Bankerott seiner eigenen Druckerei kann Lessing sich in der Tat wie ein neuer Hans im Glück von allem materiellen Ballast befreit fühlen. Wenigstens in dieser Hinsicht steht er vor einem völlig neuen Anfang. Alles, was er besessen und woran er seine Hoffnungen geklammert hatte, war unversehens den Fluß hinuntergegangen. Sollte er sich deshalb vollkommen geschlagen geben? Wie immer beschäftigen ihn neue Pläne. Es fehlt ihm nur die Möglichkeit, sie auch den zwingenden Realitäten anzupassen.

»Ich gehe künftigen Februar von Hamburg weg«, läßt er seinen Freund Nicolai am 28. September 1768 in seine Karten blicken. »Und wohin? Geraden Wegs nach Rom. Sie lachen, aber Sie können gewiß glauben, daß es geschieht... Was ich in Rom will, werde ich Ihnen aus Rom schreiben, von hier aus kann ich Ihnen nur so viel sagen, daß ich in Rom wenigstens ebensoviel zu suchen und zu erwarten habe als an irgendeinem

Ort in Deutschland. Hier kann ich Jahres nicht für 800 Rthlr. leben, aber in Rom für 300 Rthlr. So viel kann ich ungefähr noch mit hinbringen, um ein Jahr da zu leben. Wenn das alle ist, nun so wäre es auch hier alle, und ich bin gewiß versichert, daß es sich lustiger und erbaulicher in Rom muß hungern lassen als in Deutschland.

Zur Ersparung der Kosten bin ich entschlossen, von hier nach Livorno zu Schiffe zu gehen. Es ist also gewiß, daß wir einander so bald nicht wieder zu sprechen bekommen dürften, wenn Sie nicht noch nach Hamburg kommen. Ich dächte, sie kämen, um zugleich auch noch unser Theater zu sehen, welches auf Ostern gleichfalls auffliegt. Die besten Akteurs gehen alle ab; denn Ackermann übernimmt es wieder. Damit wäre es also auch vorbei.

Von meiner Verbindung mit Bode habe ich mich auch bereits losgesagt, und nichts in der Welt kann mich länger hier halten. Alle Umstände scheinen es so einzuleiten, daß meine Geschichte die Geschichte von Salomons Katze werden soll, die sich alle Tage ein wenig weiter von ihrem Hause wagte, bis sie endlich gar nicht wiederkam. Indeß habe ich noch viel zu tun. Ich muß meine ›Dramaturgie‹ fertigmachen.«

Ein paar Tage zuvor hatte er auch seinen Bruder Karl über seine Reisepläne informiert. »Auf den instehenden Februar gehe ich mit dem ersten Schiff von hier nach Livorno und von da geraden Wegs nach Rom. Ich verkaufe alle meine Bücher und Sachen, wovon der Katalog bereits gedruckt und die Auktion auf den 16. Februar gesetzt ist.«

Vorher möchte Lessing allerdings noch Klopstock in Kopenhagen aufsuchen. Seine freundschaftlichen Beziehungen zum Dichter des »Messias« waren ungetrübt. Klopstock vertraute ihm daher auch den Druck seiner »Hermanns Schlacht« an.

Im Mai 1769 hat Lessing dann allerdings seine Reisepläne wieder total geändert. Er befindet sich damals nach wie vor in Hamburg und möchte im Juni, wie er versichert, nach Wien aufbrechen, wo Joseph II. die Gründung einer deutschen Akademie plant, wobei er natürlich auf eine so starke geistige Persönlichkeit wie Lessing nicht verzichten kann. Lessing hofft, als Akademiemitglied mit einem passablen Jahresgehalt ausgestattet zu werden. Aber die Realisierung dieses für ihn so wichtigen Projekts zögert sich von Monat zu Monat hinaus und zerschlägt sich schließlich vollends. Nach Klopstocks Vorstellung, der mit dem Kaiser in Wien in ständigem Gedankenaustausch stand, wäre Lessing die Intendanz eines nun wirklichen deutschen Nationaltheaters zugefallen.

Lessing wird so wenig nach Rom wie nach Wien reisen. Seine Illusionen zerplatzen und machen der nüchternsten Realität Platz. Er wird den norddeutschen Raum nicht verlassen und schließlich im Braunschweigischen Wolfenbüttel die letzte Bastion seines Lebens beziehen.

»Das Rad ist lange gedreht worden«, schreibt er an Gleim, »und siehe, endlich kommt eine Zahl heraus, von der ich mir nie etwas versprochen hatte ... Aber die Freundschaft hatte sie mir ganz besetzt. Kurz, mein lieber Gleim, es ist wahr, was Sie gehört oder gelesen haben. Ich habe die Bibliothekarstelle in Wolfenbüttel angenommen mit der Versicherung, daß meine Reise nach Italien dadurch nicht rückgängig, sondern nur so lange verschoben werden soll, bis ich meinen Platz hinlänglich kennenlernen werde.«

Lessings Braunschweiger Freund Johann Arnold Ebert hatte sich diesmal als der Retter in der höchsten Not herausgestellt und die vakante Wolfenbütteler Stelle vermittelt. Dem Braunschweiger Erbprinzen Karl Wilhelm Ferdinand war in der Tat vor allem daran gelegen, den berühmten Lessing für die Leitung seiner Bibliothek, die zu den bedeutendsten der Zeit gehörte, zu gewinnen. Er wollte mit einem so illustren Namen das kulturelle Prestige seines Landes ein wenig aufbessern.

Im Dezember machte sich Lessing nach Braunschweig auf, um den Vertrag für die neue Verpflichtung auszuhandeln. Das Ergebnis fiel offenbar zu seiner Befriedigung aus. Ihm wurde ein Jahresgehalt von 600 Talern, eine freie Wohnung und eine Gelehrtenreise nach Italien versprochen.

Nun zeigte sich freilich erst, wie eng Lessing mit Hamburg

verwachsen war. Unzählige menschliche Verbindungen banden ihn noch an diesen Ort. Er sah sich einem »Morast« ausgeliefert, in den man immer tiefer sinkt, je heftiger man sich daraus befreien will. Vor allem fühlte er sich Eva König stark verbunden, die als seine »verlobte Braut« galt und die er unter schwierigen geschäftlichen Bedingungen zurücklassen mußte. Ihre Vermögensverhältnisse waren noch immer nicht nach dem Tode ihres Mannes geregelt und machten ihre Abwesenheit von Hamburg erforderlich. Erst am 4. Mai hält Lessing endlich seinen Einzug in die Stadt, die ihm als letzte so etwas wie eine irdische Heimat bieten sollte.

Noch kurz vor seinem Abschied aus Hamburg, das ihm fast drei Jahre Gastrecht gewährt hatte, schrieb er einen letzten Brief an Ebert, um sich wegen seines Zögerns zu entschuldigen. »Bereiten Sie meine Entschuldigung bei unserem Erbprinzen ja vor«, heißt es da beschwichtigend. »Die schlimmen Wege, die so unvermutet einfielen, und mein darauf folgendes Fieber sind in der Tat und Wahrheit eigentlich schuld, daß ich über die Zeit ausgeblieben. Hamburg, ob es gleich Ihr unvergleichliches, göttliches Hamburg ist, würde mich nicht allein gehalten haben. Nicht allein, sage ich. Denn im Grunde will ich es Ihnen nur gestehen, daß ich verschiedene Freunde hier sehr ungern verlasse, und noch ungerner verlassen würde, wenn ich nicht ihresgleichen wieder zu finden hoffen dürfte.«

Im letzten so inhaltsreichen Kapitel seiner »Dramaturgie« nimmt Lessing auch vom Hamburger Publikum Abschied. Das Urteil fällt vernichtend aus. Die Hamburger haben nichts getan, findet er nämlich, um ein deutsches Nationaltheater zu ermöglichen. »Nicht genug damit, daß es das Werk nicht allein befördert: es hat ihm nicht einmal seinen natürlichen Lauf gelassen«, bekommen sie abschließend zu hören.

Noch ist das mangelnde Nationalgefühl das größte Hindernis auf dem Wege zu einer eigenständigen deutschen Kultur. Solange man die Franzosen völlig unkritisch und in Verkennung der eigenen Möglichkeiten bewundert, wettert er drauflos, können sich die Exponenten einer neuen deutschen Kunst kaum Chancen ausrechnen. Unter diesen Gesichtspunkten hat sich das Deutsche Nationaltheater zuviel vorgenommen und seine Ziele zu hoch gesteckt. Es ist am mangelnden Selbstgefühl der Deutschen gescheitert, die immer noch, wie von einem Basiliskenblick verhext, auf die Kultur der Nachbarn blicken und ihre eigene Kunst darüber ignorieren.

Immerhin hat Lessings »Dramaturgie« das verfrühte Experiment, den Deutschen ein eigenes Theater zu bieten, überlebt. Ansonsten bereut er es auch nicht, an der Gründung des ersten deutschen Nationaltheaters nach besten Kräften mitgewirkt zu haben. Er war wieder einmal seiner Zeit vorausgeeilt. Seine »Hamburgische Dramaturgie« strahlte jedoch wichtige Impulse aus. Sie ist aus der Geschichte des deutschen Theaters einfach nicht fortzudenken. Auf jeden Fall war sie ein wichtiger Meilenstein auf dem Wege zu einer deutschen Bühne, die bald ihre ausländischen Vorbilder überbieten sollte.

Wolfenbüttel

Abermals ein neuer Beginn für Lessing, der sich auf das Vagantenleben eines freien Schriftstellers eingelassen hatte. Dabei war er noch niemals so wenig auf einen Ortswechsel eingestimmt gewesen wie dieses Mal. Hamburg, so schien es, wollte ihn einfach nicht freilassen. Jedenfalls hatte er instinktiv den Abreisetermin immer wieder hinausgeschoben, bis Freund Ebert, beunruhigt über sein Zögern, ihn mit alarmierenden Nachrichten aus seinem Refugium an der Alster hinauslockte. Schließlich diktierte ihm diesmal die dringendste materielle Not das Gesetz des Handelns auf.

Immerhin waren die Bedingungen, die er für Wolfenbüttel ausgehandelt hatte, durchaus akzeptabel. Zudem mußte ihn eine der bedeutendsten Bibliotheken der Zeit reizen. Ihn erwartete ein Arsenal von Büchern, die ihm ungeahnte geistige Entdeckungen und Eroberungen versprachen. Immer schon hatten ihn dergleichen Exkursionen ins Reich des Geistes verlockt. Aber daß er den geselligen Umgang mit seinen Hamburger Freunden mit der Monotonie einer gottverlassenen ehemaligen Residenz vertauschen mußte, stimmte ihn dann eben doch melancholisch. Was anders als lähmende Langeweile hatte ihm dieses verlorene Städtchen in der letzten deutschen Provinz zu bieten?

Lessing wäre aber nicht er selbst gewesen, hätte ihn seine intellektuelle Neugier nicht geradezu beflügelt, aus seinem Wolfenbütteler Exil doch noch Kapital für seine literarische Arbeit zu schlagen. Zeit seines Lebens hatte er fast ausschließlich in großen Städten wie Leipzig, Berlin, Breslau oder Hamburg verbracht. Wahrscheinlich hatte er sogar immer ein gewisses Fluidum von Urbanität gebraucht, um seine Kreativität anzufachen.

Gleichwohl mußte er auch diesmal gute Miene zum bösen Spiel machen und seine ganze Lebenstechnik in das neue Unternehmen investieren, um das Beste aus der nun einmal gegebenen Situation zu machen und nicht in Resignation zu versinken. Kam noch hinzu, daß man ihm im dritten Stock des verlassenen Schlosses eine Zimmersuite eingerichtet hatte, in der er sich wie ein verzauberter Prinz im Märchen erscheinen mußte. Nach ein paar Tagen des Eingewöhnens konnte er daher an Ebert schreiben: »Euch Schwärmern, die ihr alle Tage hofiert, alle Tage zu Gast seid, muß freilich ein solches Leben Tod dünken. Ruft immer mit jenem französischen Bedienten: ›Es lebe das Leben!‹ Ich rufe: ›Es lebe der Tod.‹«

Einige Wochen später, genauer am 27. Juli 1770, erstattet der neue Bibliothekarius dem Vater in Kamenz seinen ersten Lagebericht aus Wolfenbüttel, in dem es heißt: »Eigentlich ist es der Erbprinz, welcher mich hierher gebracht. Er ließ mich auf gnädigste Art zu sich einladen, und ihm allein habe ich es zu verdanken, daß er die Stelle des Bibliothekars, welche gar nicht leer war, für mich eigentlich leer gemacht ward. Auch der regierende Herzog hat mir hierauf alle Gnade erwiesen, deren ich mich von dem gesamten Hause zu rühmen habe, welches aus den leutseligsten besten Personen von der Welt besteht. Ich bin indes der Mensch nicht, der sich zu ihnen dringen sollte, vielmehr suche ich mich von allem, was Hof heißt, soviel als möglich zu entfernen und mich lediglich in den Zirkel meiner Bibliothek einzuschränken.

Die Stelle selbst ist so, als ob sie von jeher für mich gemacht wäre, und ich habe darauf um so viel weniger zu bedauern, daß ich bisher alle anderen Anträge von der Hand gewiesen. Sie ist auch einträglich genug, daß ich gemächlich davon leben kann, wenn ich nur erst wieder auf dem Trockenen, das ist, aus meinen Schulden sein werde: Sechshundert Taler Gehalt nebst freier Wohnung und Holz auf dem fürstlichen Schlosse.

Das allerbeste aber dabei ist die Bibliothek, die Ihnen schon dem Ruhme nach bekannt sein muß, die ich aber noch weit vortrefflicher gefunden habe, als ich sie mir jemals eingebildet hätte. Ich kann meine Bücher, die ich aus Not habe verkaufen müssen, nun sehr wohl vergessen. Ich wünschte in meinem Leben noch das Vergnügen zu haben, Sie hier herumführen zu können, da ich weiß, was für ein großer Liebhaber und Kenner Sie von allen Arten von Büchern sind. Eigentliche Amtsgeschäfte habe ich dabei keine andere, als die ich mir selbst machen will. Ich darf mich rühmen, daß der Erbprinz mehr darauf gesehen, daß ich die Bibliothek, als daß die Bibliothek mich nutzen soll. Gewiß werde ich beides zu verbinden suchen, oder eigentlich zu reden, folget schon eines aus dem anderen.«

Lessing hat ganz gewiß keinen Grund zum Klagen. Bestenfalls bedauert er, daß das Leben in Wolfenbüttel seltsam abgestorben und museal wirkt, seitdem die Residenz in das lebendigere Braunschweig verlegt worden ist. Das Städtchen bot kaum die Voraussetzungen, sein natürliches Kommunikationsbedürfnis ausreichend zu befriedigen. Aber immerhin blieb ihm ja dieser Kosmos von Büchern, die ihm immer schon eine ganze Welt, wenn auch nur vorübergehend, ersetzen konnten.

Was die Wolfenbütteler Bibliothek anbelangt, so war sie eine Gründung des 1666 verstorbenen Herzogs August, der ein wahrer Bibliomane und sicherlich der gelehrteste Fürst seiner Zeit war. Von ihm stammt übrigens ein lange maßgebliches Buch über das Schachspiel. Immerhin hatte dieser bemerkenswerte Fürst während seiner Regentschaft eine Bibliothek von 180000 Bänden zusammengetragen, darunter wertvolle Handschriften. Er hatte sich sogar selbst an die Arbeit gemacht, einen mehrbändigen Katalog eigenhändig zu schreiben. Mitten im Dreißigjährigen Krieg war dieser Herrscher dem friedlichen Metier des Büchersammelns nachgegangen. Mit Recht trägt die Wolfenbütteler Bibliothek daher auch bis heute seinen Namen: Bibliotheca Augustana.

Erst Augusts Sohn, Herzog Anton Ulrich, ließ in ruhigeren und friedlicheren Zeiten zwischen 1706 und 1710 für diese immensen Bücherschätze einen würdigen Rundbau von erstaunlichen Ausmaßen errichten. Braunschweig wußte allem Anschein nach also immer schon, was es seinem kulturellen Ansehen in der Welt schuldete. Schließlich engagierte man niemand sonst als den großen Leibniz zum Leiter dieses Bücherarsenals. Sechsundzwanzig Jahre lang, von 1690 bis 1716, unterließ dieser Polyhistor nichts, um den Ruf dieser Büchersammlung in der gelehrten Welt zu verankern. Allerdings hat er sein Amt stets von Hannover aus verwaltet. Aber immerhin erlebte er noch drei Jahre vor seinem Tode den Einzug der Bibliothek in die imposante Rotunde, die schließlich für die kulturbesessenen Mitglieder des Braunschweiger Hauses so etwas wie ein Statussymbol bedeutete.

Der Wunsch Lessings, seinen Vater noch einmal in diesen Räumen umherführen zu dürfen, ging allerdings nicht in Erfüllung. Schon wenige Wochen nach Empfang der Einladung seines Sohnes nach Wolfenbüttel starb der Kamenzer Primarius Johann Gottfried Lessing, eben 77 Jahre alt. Er konnte in dem beruhigenden Gefühl sterben, seinen begabtesten Sohn nun endlich in Amt und Würden zu wissen.

Das Leben Lessings spielt sich von nun ab in dem engen Zirkel zwischen dem völlig verödeten Schloß und dem Rotundenbau der Bibliothek ab. In der Augustana ist nicht einmal eine Heizung installiert, so daß im Winter die Tintenfässer einfrieren. Außer ein paar dienstbaren Geistern bekommt Lessing kaum einmal eine Menschenseele in seinem Berufsalltag zu Gesicht. Die Honoratioren des wie ausgestorben wirkenden Städtchens reiben sich angesichts ihres neuen Mitbürgers die Augen. Da sie keine Bücher zu lesen pflegen und ihnen die deutsche Literatur ohnehin ein Buch mit sieben Siegeln ist, bedeutet ihnen der Name Lessing überhaupt nichts.

Aber immerhin geht ihm der Ruf voraus, zu den Koryphäen der deutschen Literatur zu rechnen. Auf der Bühne soll er sich bereits mit einigem Erfolg versucht haben, was nicht unbedingt für ihn zu sprechen braucht.

Als er seinen Antrittsbesuch bei Hofrat Ernst Daniel von

Liebhaber macht, der die Justizkanzlei führt, wundert sich dieser über den agilen und gewandten Bibliothekar, den sich sein Prinz da nach Wolfenbüttel geholt hat.

»Die Hamburgischen Verhältnisse scheint dieser genau zu kennen«, gibt der scharf beobachtende Jurist über die Person seines Besuchers zu Protokoll. »Er hat für die dasige Komödie früher etwas geschrieben, sprach aber sehr verächtlich davon, als ich die Rede darauf brachte. In Braunschweig scheint man sich große Dinge von ihm zu versprechen. Eberts Lob überschreitet alles Maß. Eschenburg war zurückhaltender. Ein tüchtiger Gelehrter wird Lessing sein; ansehen kann man es ihm freilich nicht.

Was machte er doch für einen Eindruck auf mich? Wie soll ich sagen? Er entschuldigte sich höflich, daß er den Brief nicht schon vor ein paar Tagen abgegeben habe. Ein Gelehrter gewöhnlichen Schlages ist er nicht, das habe ich weg. Er hat überhaupt etwas Ungewöhnliches an sich, etwas Festes. Ich sähe ihn lieber in Uniform als in der Bibliothek. Ob der wohl lange hierbleibt? Ein vorzüglicher Mensch im Umgange scheint er zu sein. Ob er am Hofe verkehren wird? Vielleicht mit dem Erbprinzen.«

Wenig später begegnet dieser Jurist dem neuen Bibliothekar im Weghause, einem Gasthaus auf dem Wege nach Braunschweig. »Wir waren einige Stunden beisammen«, berichtet er von diesem Zusammentreffen. »Ist das ein Mann! Ich bewundere nicht so sehr die Tiefe seines Wissens wie die Klarheit, mit der er sich mitzuteilen weiß. Das wäre ein Theologus geworden! Je eindringlicher und überzeugender er redet, desto tiefer sinkt seine Stimme herab, fast bis zum Flüstern. Er will eine Geschichte Luthers und der Reformation schreiben, sobald er nur Zeit dazu gewinnen kann. Ich glaube, in der Bibliothek steckt dazu manches, und Herr Lessing scheint unermüdlich zu sein. Dieser Mann besitzt einen hocherleuchteten Geist und eine antike Seele.«

Leider ist die hier angesprochene Luther-Biographie nie geschrieben worden. Anstatt zu einer großen literarischen Tat auszuholen, versank Lessing zunächst einmal in seinen Bücherschätzen, die ihn zu immer neuen Entdeckungen ermunterten. Dann aber verschwendete er seine besten schöpferischen Kräfte für seine aufreibenden Polemiken gegen die kirchliche Orthodoxie. Fast gegen seinen eigenen Willen brach noch ein letztes Mal der geborene Polemiker in ihm durch, der sich dazu berufen fühlte, Standpunkte zu klären und abzugrenzen oder unerträgliche Gelehrtenarroganz in die Schranken zu weisen. Wenn sich ihm dergleichen Gelegenheiten boten, zeigte es sich, daß er mit den ihm zugemessenen geistigen Energien nicht gerade haushälterisch umgegangen ist. Nach Gottsched, Lange, Dusch und Klotz wird er nunmehr noch ein letztes Mal sein Mütchen an dem Hamburger Hauptpastor Melchior Goeze kühlen. Und es wird so wie immer sein: Goeze wird durch sein Geplänkel mit Lessing in unsere Literaturgeschichte eingehen.

Zunächst aber begibt sich Lessing wie ein Wünschelrutengänger auf Schatzsuche. Er ist froh, seiner Bücherleidenschaft, die er offenbar schon als Kind kaum bändigen konnte, die Zügel schießen zu lassen. In seinem letzten Brief an den Pastor Primarius von Kamenz kurz vor dessen Tod kann er von seinem ersten Fund berichten: »Gleich anfangs habe ich unter den hiesigen Manuskripten, deren an 60000 vorhanden, eine Entdekkung gemacht, welche sehr wichtig ist und in die theologische Gelehrsamkeit einschlägt. Sie kennen den Berengarius, welcher sich in dem 11. Jahrhundert der Lehre der Transsubstantiation widersetzte. Von diesem habe ich nun ein Werk aufgefunden, von dem ich sagen darf, daß noch kein Mensch etwas weiß, ja dessen Existenz die Katholiken schlechterdings geleugnet haben.«

Diese erste Entdeckung Lessings, eine Schrift des Berengar von Tours, warf auf das Charakterbild dieses vielumstrittenen Theologen aus dem Frankreich des 11. Jahrhunderts ein gänzlich neues Licht. Seinen Berengar-Kommentar kann man getrost auch als ein höchst persönliches Credo Lessings lesen. Diese Arbeit bewegt sich durchaus noch im Rahmen seiner sonstigen »Rettungen«, wenn er für diesen verketzerten Kirchenmann, der sich mit Gott und der Welt angelegt hatte, eine Lanze brach. Auch Berengar war, ganz allein auf sich gestellt, als mutiger Bekenner gegen die kirchliche Autorität und jede Art von Buchstabenglauben seiner Zeit weit voraus. Auch er hatte den Kampf dort aufgenommen, wo er das Recht der freien Meinungsäußerung in Gefahr sah. Das war in Hinsicht auf die Transsubstantiation bei ihm durchaus der Fall.

»Ich weiß nicht, ob es Pflicht ist, Glück und Leben der Wahrheit aufzuopfern. Wenigstens sind Mut und Entschlossenheit, welche dazu gehören, keine Gaben, die wir uns selbst geben können. Aber das, weiß ich, ist Pflicht, wenn man Wahrheit lehren will, sie ganz oder gar nicht zu lehren, sie klar und rund, ohne Rätsel, ohne Zurückhaltung, ohne Mißtrauen in ihre Kraft und Nützlichkeit zu lehren, und die Gaben, welche dazu erfordert werden, stehen in unserer Gewalt. Wer die nicht hat, oder, wenn er sie erworben, nicht brauchen will, der macht sich um den menschlichen Verstand nur schlecht verdient, wenn er grobe Irrtümer uns benimmt, die volle Wahrheit aber vorenthält und mit einem Mitteldinge von Wahrheit und Lüge uns befriedigen will. Denn je größer der Irrtum, desto kürzer und gerader der Weg zur Wahrheit. Dahingegen der verfeinerte Irrtum uns auf ewig von der Wahrheit entfernt halten kann, je schwerer uns einleuchtet, daß es Irrtum ist.

Weil Berengarius schwach, muß er darum mit Vorsatz auch falsch gewesen sein? Weil ich ihn beklagen muß, soll ich ihn auch verachten müssen? Der Mann, der bei drohenden Gefahren der Wahrheit untreu wird, kann die Wahrheit doch sehr lieben, und die Wahrheit vergibt ihm seine Untreue um seiner Liebe willen. Aber wer nur darauf denkt, die Wahrheit unter allerlei Larven und Schminke an den Mann zu bringen, der möchte wohl gern ihr Kuppler sein, nur ihr Liebhaber ist er nie gewesen.

Ich wüßte kaum etwas Schlechteres als einen solchen Kuppler der Wahrheit, und der Verdacht, daß Berengarius dergleichen gewesen sein könnte, ist dessen, den er trifft, und dessen, der ihn hegen konnte, gleich unwürdig.«

Dieser französische Abt Berengar beginnt Lessing mit einem Schlage zu faszinieren. Der passionierte Querdenker hat nämlich gleich zwei Päpste in die Schranken gefordert und sich nur durch unerträglichen psychischen Terror dazu bewegen lassen, seine Meinung über die Abendmahlslehre in Rom zu widerrufen und eine Glaubensformel zu unterzeichnen.

Als er dann der Gewissensfolter des Vatikans entronnen war, widerrief er sogleich in seiner sicheren Klause in Tours. Pardon aber wird ihm nicht gegeben. Man setzt einen der bekanntesten Theologen der Zeit, Lanfrancus, den späteren Erzbischof von Canterbury, auf ihn an, um ihn durch eine intensive Seelenmassage in die Knie zu zwingen. Die Bekehrungstiraden dieses geistlichen Herrn bezeichnet Lessing, der weiß Gott an verbale Attacken von letzter Unerbittlichkeit gewöhnt ist, als »ein niederdonnerndes Werk, voll der triumphierendsten Sünde«. Offenbar hat Lanfranc seinen ketzerischen Rivalen zum Schweigen gebracht. Hat dieser aber wirklich seine geistigen Waffen gestreckt?

Lessing war nunmehr in der Lage, aufgrund seines Fundes das glatte Gegenteil zu beweisen. In seiner Schrift »Berengarius Turonensis« legt er die Gegenschrift des französischen Abtes gegen Lanfranc vor, nach Jahrhunderten ein triftiges Indiz für die ungebrochene Überzeugungskraft und die moralische Integrität Berengars.

Mit dieser Ehrenrettung des wackeren Südfranzosen tangiert Lessing natürlich auch gleichzeitig eine Problemlage seiner Gegenwart, die er um jeden Preis aus ihrem dogmatischen Muff herausführen möchte. In jedem Fall aber wünscht er seiner Zeit so tapfere Männer wie ihn.

»Ein Mann wie Berengarius hätte die Wahrheit gesucht, hätte die gesuchte Wahrheit mutig bekannt und mit Gründen andere gelehrt, wäre bei der bekannten und gelehrten Wahrheit trotz allen Gefahren, trotz seiner eigenen Furchtsamkeit vor diesen Gefahren dreißig, vierzig Jahre beharrt. Und auf einmal in eben dem Augenblicke, da unter allen erworbenen Schätzen, dem Menschen keiner werter sein müssen als die

Schätze der Wahrheit, die einzigen, die er mit sich zu nehmen Hoffnung hat, eben da, auf einmal, hätte seine Seele so umgekehrt werden können, daß Wahrheit für ihn Wahrheit zu sein aufhörte?« fragt sich der auf Fährtensuche befindliche Bibliothekar mit Recht. »Wer mich dieses bereden könnte, der hätte mich zugleich beredet, allen Untersuchungen der Wahrheit von nun an zu entsagen. Denn wozu diese fruchtlosen Untersuchungen, wenn sich über die Vorurteile unserer ersten Erziehung doch kein dauerhafter Sieg erhalten läßt, wenn diese nie auszurotten, sondern höchstens nur in eine kürzere oder längere Flucht zu bringen sind, aus welcher sie wiederum auf uns zurückstürzen? Nein, nein, einen so grausamen Spott treibt der Schöpfer mit uns nicht.«

Trotz aller polemischer Brisanz betreibt Lessing die Kunst des Understatements, wenn er seinen Berengar-Kommentar lediglich als die Zufallsarbeit eines Bibliothekars verstanden wissen will, »die mit dem Staubabkehren in einer Klasse steht«. Im Grunde, das weiß er selbst, hat er sich damit bereits auf ein keineswegs ungefährliches Spiel mit dem Feuer eingelassen, mit einer der theologischen Polemiken, die ihn während der letzten Jahre seines Lebens noch in Atem halten sollen. Der zukünftige Herausgeber der skankalumwitterten »Fragmente eines Ungenannten« kündet sich damit schon unübersehbar an.

Die emanzipierten Geister in Deutschland akklamierten Lessing spontan für seinen Spürsinn und überhaupt für diese Apologie eines bereits halb vergessenen Scholastikers, dessen besondere Aktualität er nicht herauszustreichen brauchte. Selbst einige orthodoxe Lutheraner entdeckten ihr Herz für diesen Lessing der »Rettungen«, der Bewegung in die so leicht stagnierende geistige Landschaft dieses Landes brachte.

Allerdings war eine wissenschaftliche Edition der Beringar-Handschrift nicht Sache des Wolfenbütteler Bibliothekars, der im Grunde Journalist war und es auch blieb. Diese blieb daher auch bis 1834 ungedruckt. Vom Jahre 1773 ab machte sich Lessing aber konzentriert daran, wertvolle Funde seiner Bibliothek in den »Wolfenbütteler Beiträgen« der Öffentlichkeit systematisch vorzulegen. »Zur Geschichte und Literatur. Aus den Schätzen der Herzoglichen Bibliothek zu Wolfenbüttel« lautete der volle Titel dieser Publikationsreihe dann.

Immerhin hatte Lessing wieder einmal mit seinen 189 Seiten umfassenden Beringar-Beitrag, den er in der Braunschweiger Waisenhausbuchhandlung erscheinen ließ, der Emanzipation in Deutschland einen unschätzbaren Dienst erwiesen. Er hatte mit dem Nachweis, daß der Scholastiker bereits Luthers Abendmahlslehre vertreten hatte, Wasser auf die Mühlen der Lutheraner geleitet. Bis dahin schien es festzustehen, Berengar hätte sich Lanfrancs diktatorischen Argumenten wortlos gefügt und sich widerspruchslos am Ende zur Transsubstantiationslehre bekannt. Trotzdem wollte es dem Realisten Nicolai in Berlin scheinen, Lessing habe sich mit diesem Vorstoß auf rein theologisches Terrain wieder einmal Ärger eingehandelt. Er wenigstens, der im Laufe seines Lebens unzählige polemische Rundumschläge seiner Kontrahenten zu ertragen hatte, warnte den Freund dringend davor, »mit Theologen handgemein zu werden«, und riet, »sich immer lieber mit Klotz und Riedel als über Orthodoxie und Heterodoxie« zu streiten.

Als Adressat für die fingierten Briefe über Berengar hatte Lessing sich den Theologieprofessor Konrad Arnold Schmidt, Dozent am Braunschweiger Collegium Carolinum, vorgestellt. Im Umfeld dieser Hoch- und Hofschule fand der Dichter dann übrigens auch die meisten seiner Gesprächs- und Korrespondenzpartner der kommenden Jahre. Der regierende Herzog Karl I. hatte dieses Institut 1745 gegründet und den Abt Jerusalem, dessen Sohn bekanntlich für Goethes »Werther« Pate gestanden hat, mit dessen Leitung betraut. Ansonsten sorgte die Herzogin Philippine Charlotte, Schwester Friedrichs des Großen, mit bemerkenswertem Engagement dafür, daß bei Gründung des Carolinums vorwiegend Lehrkräfte aus dem literarischen Kreis der sogenannten »Bremer Beiträge« mit Ämtern betraut wurden.

Lessings Freund Johann Arnold Ebert, Dichter und Übersetzer, den Klopstock übrigens in einer seiner bekanntesten

Oden besungen und der Lessing seine Wolfenbütteler Stelle vermittelt hatte, gehörte ebenso zu den Lehrkräften dieser Hofschule wie Karl Christian Gärtner, der eigentliche Initiator der »Bremer Beiträge«, in denen bekanntlich im Jahre 1748 die drei ersten Gesänge von Klopstocks »Messias« erschienen waren, die dann gehörig für literarisches Aufsehen sorgten. Johann Joachim Eschenburg, Shakespeare-Übersetzer und überhaupt Experte für englische Literatur, der dann in der Biographie Lessings noch eine tragende Rolle spielen sollte, und Justus Friedrich Wilhelm Zachariä, Verfasser komischer Heldengedichte und Übersetzer von Miltons »Verlorenem Paradies« in Hexametern, gehörten als Lehrer des Carolinum ebenfalls zum geistigen Umfeld Lessings. Sie alle teilten sich in das Verdienst, Braunschweig zu einem literarischen Zentrum in Deutschland erhoben zu haben.

Aber auch zu den Berliner Freunden riß der Kontakt keineswegs ab. Moses Mendelssohn schwang sich sogar im Oktober 1770 zu einer Reise in die Provinz auf und stattete bei dieser Gelegenheit Lessing in seiner »toten Stadt« eine Visite ab. Wie zu erwarten, soll er vor den gewaltigen Büchermassen vor Bewunderung wie erstarrt gestanden haben und dann in den Ruf ausgebrochen sein: »Welch erstaunliche Menge von Büchern, und wie wenig weiß man.« Wie dieser Weise über das Bücherwissen im allgemeinen dachte, artikulierte er dann selbst in der beiläufigen Bemerkung: »Ich bin zu Ihnen aber nicht darum, sondern um Ihretwillen gekommen. Nur Ihre Meinungen will ich wissen, nicht was in diesen schönen Särgen ist.«

Leider schlägt der Umgang mit seinen nächsten Mitarbeitern in der Bibliothek Lessing mit den Jahren immer mehr zum Ärgernis aus. Der Bibliothekssekretär Karl Johann Anton von Cichin, der übrigens noch bis weit über Lessings Tod im Amte blieb, erwies sich als etwas stupider Routinier und leider eben auch als unerträglicher Querulant. Trotzdem räumte Lessing mit dem alten Schlendrian auf. Bald spürte man schon an allen Ecken und Enden seine ordnende und gestaltende Hand. So hat er die neue Katalogisierung der Bestände eher gegen den passiven Widerstand seines Sekretärs vorgenommen. Noch heute kann man in Wolfenbüttel die hämischen Marginalien nachlesen, mit denen Cichin die Anordnungen seines Chefs versehen hat. Sicher hat dieser Subalternbeamte Lessing, sooft er nur konnte, desavouiert. Dieser scheint sich von diesen Intrigen nicht besonders beeindruckt gefühlt zu haben. Er nahm seine Pflichten übrigens durchaus genau.

Mit seinem Domizil im Schlosse mußte sich Lessing wohl oder übel abfinden. Wohl aber hat er sich in dieser Behausung jedoch eigentlich nie gefühlt. Jedenfalls bemerkt er in einem Brief an Nicolai darüber: »Ich wohne in einem großen verlassenen Schlosse ganz allein, und der Abfall von dem Zirkel, in welchem ich in Hamburg herumschwärmte, auf meine gegenwärtige Einsamkeit ist groß und würde jedem unerträglich sein, der nicht alle Veränderungen von Schwarz in Weiß so sehr liebt wie ich... Auf Jahr und Tag werde ich sogar meine Reise aus den Gedanken verlieren; denn ich sehe so viel andere Nahrung für mich, daß ich kaum weiß, worauf ich zuerst fallen soll. Fürs erste werde ich ganz Buridans Esel spielen.«

In all seinen Briefen aus dieser Wolfenbütteler Anfangszeit schwingt zunächst noch ein leicht elegischer und resignativer Unterton mit. Eva König, mit der er von nun ab eine lebhafte Korrespondenz führt, schüttet er immer wieder sein Herz über seine Isolation aus. »Ich bin den ganzen Tag unruhig, wenn ich nach Hamburg schreibe und drei Tage vergehen, ehe mir alles wieder so recht gefällt, als es mir gefallen soll«, klagt er seiner Braut, die die undankbare Rolle einer Beichtmutter für ihn eingenommen hat. »Sie dürfen zwar nicht meinen, als ob ich nicht vergnügt hier wäre. Nur wenn man sich erinnert, daß man anderswo oft sehr vergnügt gewesen, kann man sich kaum überreden, daß man es noch ist... Sie mit Ihrer Familie befinden sich doch wohl? Was macht Malchen, und was macht mein Pate? Es ist itzt alles so weitläufig und öde um mich, daß ich zu mancher Stunde gern viel darum geben wollte, wenigstens von meinen kleinen Gesellschaftern in Hamburg etwas um mich zu haben.«

Unter diesen Umständen einer trostlosen Monotonie ist es

für Wolfenbüttel bereits geradezu eine Sensation, als die Akkermannsche Truppe ein Gastspiel gibt. »Übermorgen fängt er an«, berichtet der Bibliothekar Lessing nach Hamburg hinüber. »Das Theater ist auf dem Schlosse, und ich habe es so nahe, als ich es noch nie gehabt habe. Mir ist gar nicht gelegen, und ich glaube, der Teufel hat ein Spiel, daß mir die Komödie immer auf den Hacken bleibt.«

Lessing hat nämlich dem Komödienschreiben inzwischen entsagt. Nun ist die Bibliothek seine Welt, die er bereits vor vierzehn Jahren einmal auf seiner Reise mit Winkler gebührend bewundern konnte. Man hat diese Bücheransammlung einmal als das achte Weltwunder bezeichnet. Lessing wäre nicht Lessing, wenn er sich dessen nicht bewußt wäre. Er weiß es zu schätzen, daß er im Zentrum eines Kommunikationssystems sitzt, das Verbindungen zu vielen Gelehrten in aller Welt herstellt. Viele von ihnen sind auf die Bücher der Augustana dringend angewiesen. Es handelt sich bei dieser Einrichtung keineswegs um eine weltabgewandte Eremitage, über deren Schwelle sich kaum ein Uneingeweihter wagt. Lessing wußte wie kaum ein anderer die Gunst seiner Situation zu nutzen. Ihm war offenbar die Gabe verliehen, intuitiv wertvolle Schätze aus dem Bücherkosmos auszugraben und aus scheinbar toter Literatur noch Funken zu schlagen.

Es lohnt sich in diesem Zusammenhang, noch einmal zu dem erst fünfjährigen Gotthold Ephraim zurückzublenden, der sich bekanntlich von einem simplen Provinzmaler mit Büchern porträtieren ließ, um zu begreifen, daß Lessing mit dieser Wolfenbütteler Position dann doch irgendwie am Ziel seiner Wünsche angelangt war. Mehr als dieses Bücherarsenal hätte keine Bibliothek der Welt seine Büchermanie befriedigen können. In diesem Zeughaus des Geistes konnte er ganz nach seinen Vorstellungen und Absichten schalten und walten. Daß nebenbei so manche Schrift, die im Verborgenen dahindämmerte, ans Licht des Tages befördert wurde, war ein Glücksfall für die deutsche Geistesgeschichte.

Natürlich wird er angesichts der Zeit, die er in lauter Kärrnerarbeit investieren muß, zuweilen geradezu in depressive Phasen verfallen. »Lauter Dinge«, so macht er seiner Empörung Luft, »die, ohne mich zu rühmen, auch wohl ein größerer Stümper ebensogut hätte machen können«. Während er über seinen »Wolfenbütteler Beiträgen« brütet, hofft er immer noch, daß er »Lust und Kräfte wiederbekomme, etwas Gescheites zu arbeiten«.

Selbstverständlich möchte er, ginge es nach ihm, wieder zu einer umfassenden dichterischen Arbeit ausholen oder seine »Luther-Biographie« beginnen, die unter seinen schriftstellerischen Desideraten seit langem gleich vornan rangiert. Was immer er nun anpackt, läuft in der Regel wieder auf Polemik hinaus, die er seinem zornigen Temperament zuzuschreiben hat. Schließlich gilt er angesichts seines cholerischen Temperaments nicht umsonst als der streitbarste Geist unserer gesamten Literaturgeschichte. Er ließ sich allzu leicht aus seiner Reserve locken, wenn es darum ging, die verqueren Gedanken anderer wieder zurechtzubiegen.

Lessing, daran gibt es nun einmal nichts herunterzuhandeln, war mit Abstand der größte Hasser unserer Literatur. Haß und Eifer stempelten ihn zum erbarmungslosen, oft allzu grausamen Polemiker, der erst dann von seinem Opfer abließ, wenn es zerschmettert am Boden lag und sich nicht mehr rühren konnte. »Kein Kopf war vor ihm sicher, ja, manchen Schädel hat er sogar vor Übermut heruntergeschlagen, und dann war er dabei noch so boshaft, ihn vom Boden abzuheben und dem Publikum zu zeigen, daß er inwendig hohl war«, meinte Heinrich Heine nicht gerade wohlwollend. Aber man wird nicht behaupten können, der hätte mit diesem Urteil nicht ins Schwarze getroffen.

Seine späten polemischen Waffengänge gegen die verkalkte und verkrustete orthodoxe Theologie soll man daher nicht, wie man uns weismachen will, als Verzweiflungstaten eines Märtyrers für die Sache der Libertät in diesem Land hochstilisieren. Indem er auf den Hamburger Hauptpastor Goeze einschlug, präzisierte er zugleich seine eigene religiöse Stellung in der Welt, an der ihm zeit seines Lebens so viel gelegen war.

Damals war er zwar ein gutes Stück weiser geworden, aber die letzte Gelassenheit hatte er dann doch wohl noch nicht erreicht. Auch seine überzeugungstreuesten Apologeten können ihm nicht Friedensliebe um jeden Preis unterstellen. Er blieb eben bis zuletzt das große Streitroß, als das er in diese turbulente Welt ausgezogen war. Selbst sakrosankte Autoritäten konnten ihm keinen Respekt einflößen.

Schon seine Lehrer in St. Afra mußten ihm testieren, er wäre »etwas moquant«. Diese Eigenschaft wird man diesem universal gebildeten Einzelgänger und Magister, den die Arroganz der Kathedergelehrten in Rage versetzen konnte, nicht absprechen können. Jede nur rezeptive Gelehrsamkeit verachtete er im Grunde. Nur so versteht man, warum er sich nie auf die Seite der stärkeren Bataillone geschlagen hat. Es geschah, weil er nichts mehr verabscheute als eine Mittelmäßigkeit, die mit falschen hochgetriebenen Ansprüchen die Wahrheit aus dem Felde schlagen wollte. Keiner konnte Lessing daher so recht für sich oder seine Koterie in Anspruch nehmen. Daran hat sich bis heute überhaupt nichts geändert, obwohl er immer wieder von falschen Freunden in Anspruch genommen wird.

Andererseits läßt sich unschwer der Beweis dafür antreten, daß der Kritiker Lessing nicht immer das richtige Witterungsvermögen für junge Talente besessen hat. Diese Grenze seines Kritikvermögens bekamen vor allem Wieland und später sogar Goethe zu spüren. So hatte Eschenburg ihm gleich nach dem Erscheinen die »Leiden des jungen Werther« zugespielt, und bereits am 26. Oktober dankte Lessing ihm für die Zusendung und hielt dabei mit seinem Urteil über diesen deutschen Bestseller, der eine ganze Generation prägte, nicht hinter dem Berg.

»Wenn ein so warmes Produkt nicht mehr Unheil als Gutes stiften soll«, heißt es in diesem Brief, »meinen Sie nicht, daß es noch eine kleine Schlußrede haben müßte? Ein paar Winke hinterher, wie Werther zu seinem abenteuerlichen Charakter gekommen, wie ein anderer Jüngling, dem die Natur eine ähnliche Anlage gegeben, sich davor zu bewahren habe. Denn ein solcher dürfte die poetische Schönheit leicht für die moralische nehmen und glauben, daß der gut gewesen sein müsse, der unsere Teilnehmung so stark beschäftigt. Und das war er doch wahrlich nicht. Ja, wenn unseres Jerusalems Geist völlig in dieser Lage gewesen wäre, so müßte ich ihn fast verachten. Glauben Sie wohl, daß je ein römischer oder griechischer Jüngling sich so und darum das Leben genommen? Gewiß nicht. Die wußten sich vor der Schwärmerei der Liebe ganz anders zu schützen... Solche kleingroße, verächtlich schätzbare Originale hervorzubringen, war nur der christlichen Erziehung vorbehalten, die ein körperliches Bedürfnis so schön in eine geistige Vollkommenheit zu verwandeln weiß. Also, lieber Goethe, noch eine Kapitelchen zum Schlusse, und je zynischer – je besser.«

Auch die erstaunliche Tatsache, daß bei Werthers Selbstmord Lessings »Emilia Galotti« aufgeschlagen auf dessen Pult lag, konnte diesen nicht dazu bewegen, sich für diese Liebestragödie zu erwärmen. Obwohl er dem Autor seine Genialität nicht absprechen konnte und wollte, war das Ganze so ganz und gar nicht nach seinem Geschmack. Der Epoche der großsprecherischen Kraftmeier und »Genies«, die er um sich heraufdrängen sah, hatte er als gestandener Mann mit einem gestrichenen Maß von Lebenserfahrung nur seine Skepsis entgegenzusetzen. Dieser neuen Generation gegenüber bezieht er augenscheinlich eine bewußte Gegenposition. Aber auch das junge Literatenvölkchen, das sich seinen Platz an der Sonne erkämpfen möchte, geht ihm wohlweislich aus dem Wege. Lessing kann bei alledem immerhin für sich in Anspruch nehmen, die verheerenden demoralisierenden Wirkungen des »Werther« vorausgesehen zu haben. Die Selbstmordwelle des »Wertherfiebers«, das bald darauf ganz Europa erfaßte, bestätigte ihm bald schon seine trüben Ahnungen.

Seltsamerweise war Lessing mit Karl Wilhelm Jerusalem, dem Sohn des Braunschweiger Carolinum-Direktors, der Goethe bei der Konzeption seines Werther Modell gestanden hatte, bekannt. Dieser hatte eine Zeitlang unter anderem auch als

Jurist in Wolfenbüttel gewirkt und war dort mit Lessing in engeren Kontakt getreten. Als sich daher die Nachricht in Braunschweig herumsprach, der junge Jerusalem hätte als Sekretär der Braunschweigischen Gesandtschaft am Wetzlarer Reichskammergericht wegen einer Liebesaffäre mit einer verheirateten Frau Selbstmord begangen, gehörte Lessing ebenfalls zu den unmittelbar Betroffenen. Dieser Selbstmord wurde zudem mit den Pistolen jenes Johann Christian Kestner begangen, dessen Braut Charlotte Buff dem 23jährigen Juristen Goethe beinahe das Herz gebrochen hatte. Goethe konnte sich damals nur noch durch seine jähe Abreise von Wetzlar der seelischen Katastrophe entziehen und sein Erlebnis in seiner Dichtung von den Leiden des jungen Werther sublimieren. Dabei hat ihm das Schicksal des jungen Jerusalem augenscheinlich sehr zu denken gegeben. Übrigens soll bei dessen Selbstmord in der Tat die »Emilia Galotti« aufgeschlagen auf seinem Fauteuil gelegen haben.

Während Nicolai mit einer keineswegs geistlosen, eher sogar gescheiten Satire mit dem Titel »Die Freuden des jungen Werther« auf dieses durchschlagende literarische Ereignis, das den Namen Goethes in aller Mund brachte, reagiert, verwirft Lessing sehr bald schon wieder einen ähnlichen Versuch mit dem Titel »Werther der Bessere«, den er bereits unter den Händen hatte. Statt dessen ringt er sich dazu durch, ein weitaus positiveres Bild seines so jung dahingeschiedenen Freundes Jerusalem zu entwerfen.

»Die Neigung zu deutlicher Erkenntnis, ein Talent, die Wahrheit bis in ihre letzten Schlußwinkel zu verfolgen«, rühmt er dem Toten nach. »Es war der Geist der kalten Betrachtung. Aber ein warmer Geist und so viel schätzbarer, der sich nicht abschrecken ließ, wenn ihm die Wahrheit auf seinen Verfolgungen öfters entwischte, nicht an ihrer Mittelbarkeit verzweifelte, weil sie sich in Abwege vor ihm verlor, wohin er schlechterdings nicht folgen konnte ...«

Lessing erfüllte dem Toten noch einen letzten Liebesdienst, indem er dessen verstreute Aufsätze zusammenstellte und veröffentlichen ließ. Es handelte sich dabei um fünf philosophische Abhandlungen eines überzeugten Leibnizianers. Auch diesmal, sieht man, vollzieht er einen Akt der Ehrenrettung, um das Zerrbild, das Goethe von dem Toten entworfen hatte, zu korrigieren und die Gestalt dieses hoffnungsvollen Braunschweigers ins rechte Licht zu rücken.

»Der junge Mann schenkte mir seine Freundschaft, als er hier in Wolfenbüttel sein bürgerliches Leben antrat«, heißt es daher im Vorwort dieses Bändchens. »Ich genoß sie nicht viel über Jahr und Tag. Aber gleichwohl wüßte ich nicht, daß ich einen Menschen in Jahr und Tag lieber gewonnen hätte als ihn. Und dazu lernte ich ihn eigentlich nur von einer Seite kennen. Allerdings war das diejenige Seite, von der sich meines Bedünkens so viel auf alle gleich übrigen schließen läßt... Wie empfindsam, wie warm, wie tätig sich dieser junge Grübler auch wirklich erhielt, wie ganz ein Mensch er unter Menschen war, das wissen seine übrigen Freunde noch besser als ich... Aber warum wollen einige unter ihnen mir nicht glauben, daß dieser feurige Geist nicht immer sprühte und loderte, sondern unter ruhiger und lauer Asche auch wieder Nahrung an sich zog, daß dieses immer beschäftigte Herz nicht zum Nachteil seiner höheren Kräfte beschäftigt war und daß diesen Kopf ebensowenig Licht ohne Wärme als Wärme ohne Licht befriedigten?«

Im Zuge seiner Wünschelrutengänge unter den Beständen der Augustana befördert Lessing immer wieder Bemerkenswertes zutage. Nach seiner Berengar-Entdeckung beginnt ihn ein schlesischer Dichter zu faszinieren, der sich das Pseudonym Andreas Scultetus zugelegt hatte. In zwei einführenden Briefen an Zachariä deckt er einige bis dahin unbekannte Details aus dem Leben dieses verschollenen Poeten auf, der wahrscheinlich bereits als Gymnasiast starb. Dieser frühe Tod läßt Lessing über manche künstlerische Unzulänglichkeiten dieses Lyrikers hinwegsehen, der allzu penetrant mit seiner angelesenen Gelehrsamkeit auftrumpft. Dieses verständliche Imponiergehabe wiegelt Lessing verständnisvoll als verzeihliche Jugendsünde ab. »Wenn ein Mann diesen Fehler hat«, so zeigt er

Verständnis, »so ist es ekle Pedanterei. Aber wenn ein Jüngling darein verfällt, zeugt es von einem vollen Kopfe.«

In der geistlichen Dichtung dieses hoffnungsvollen Talentes mit dem prall-sinnlichen Titel »Österliche Triumphposaune« findet Lessing, wie er den Lesern versichert, »den wahren Ton des Opitz, wo er am meisten Opitz ist, die Gedanken richtig, edel und neu, der Ausdruck leicht und doch stark, gewählt und doch natürlich.«

Nach dieser Wiederentdeckung schöpft Lessing zur Abwechslung wieder einmal aus eigenen Quellen, als er einen mit Holzschnitten verzierten Inkunabeldruck aus Bamberg aus dem Jahre 1451 entdeckt. An Hand des vorliegenden Textes konnte er nämlich nachweisen, daß das 1757 von den Zürichern Bodmer und Breitinger herausgegebene Manuskript mittelalterlicher Fabeln keineswegs die ersten waren, die gedruckt vorlagen, wie diese es noch ihrem Publikum versichert hatten. Lessing verfügte über soviel literarische Witterung, daß er den Predigermönch Boner für den Autor der aufgefundenen Fabeln hielt, eine Vermutung übrigens, die dann durch genauere Untersuchungen bestätigt wurde.

Ganz allgemein bewies Lessing eine ungewöhnlich glückliche Hand bei der Entdeckung wesentlicher Bücherschätze. So stieß er auch unversehens auf einen »Deutschen Äsop«, den der Ulmer Drucker Johann Zainer im Jahre 1480 gedruckt und verlegt hatte. Mit viel Scharfsinn klärte er die Frage nach ihrer Herkunft und ihren lateinischen Vorlagen auf.

In einer abgestellten Kiste fand Lessing schließlich einen weiteren »Beitrag«, der ihm der Veröffentlichung wert erschien. Es handelte sich dabei um eine vom Tübinger Orientalisten Wilhelm Schickard hergestellte Stammtafel der türkischen Herrscher aus dem Jahre 1628. Diesen Fund übergab Lessing unter dem Titel »Von dem Schickard-Marchtalerschen Tarich Beni Adam« den Orientalisten zur weiteren Überprüfung.

Zu erwähnen bleibt in diesem Zusammenhang vor allem noch das letzte Stück der Lessingschen Sammlung, »Leibniz von den ewigen Strafen«, das recht eigentlich bereits die stattliche Reihe von Lessings theologischen Polemiken eröffnet, mit denen seine folgenden Jahre ausgiebig ausgefüllt sein werden. Als versierter Leibniz-Kenner kann er sich weitgehend mit den Grundideen des großen Denkers identifizieren. Beide schauderten sie nämlich bei der Vorstellung von der ewigen Verdammnis und der Ewigkeit der Höllenstrafen.

Voll ins literarische Geschehen seiner Zeit griff Lessing dann allerdings erst wieder ein, als er im Jahre 1774 die ominösen »Fragmente eines Ungenannten« zu publizieren begann und damit erheblich viel Staub aufwirbelte. Damit riß seine Herausgebertätigkeit für die »Wolfenbütteler Beiträge« schlagartig ab. Die letzten beiden Bände dieser Sammlung erschienen daher erst im Jahre 1781 unter der Herausgeberschaft von Johann Joachim Eschenburg. Lessing hatte auch in seiner Funktion als Bibliothekar Ungewöhnliches in die Wege geleitet. Immer mehr aber konnte er sich des Gefühls nicht erwehren, er könnte als Mensch verlieren, was er als Gelehrter gewann. Auf die Dauer vermochten die Bücher, diese »toten Gesellschafter«, eben doch nicht den Umgang mit gleichgestimmten Menschen ersetzen.

Seiner geselligen Natur entsprechend, wuchs der Freundeskreis in Braunschweig ständig um Lessing. Mit dem Erbprinzen selbst ergab sich ein im großen und ganzen ungetrübter Kontakt. Im Bewußtsein, nun endlich versorgt zu sein und relativ sorglos leben zu können, hatte er zum erstenmal einen Eid auf einen deutschen Fürsten abgelegt. Daß er sich mit dieser Verpflichtung für den Rest seines Lebens in eine bedenkliche Abhängigkeit begab, war für ihn damals kaum im voraus berechenbar gewesen.

Als Förderer der Kultur stellte Karl Wilhelm Ferdinand immerhin unter den Fürsten seiner Zeit eine rühmliche Ausnahme dar. Sonst unterschied ihn nur wenig von den anderen Regenten des Spätbarock. Er betrieb eine blühende Mätressenwirtschaft und empfand auch keine Skrupel, wenn er zur Finanzierung dieses feudalen Luxus einen schwunghaften Han-

Erbprinz Karl Wilhelm Ferdinand

del mit Soldaten in die Wege leitete. Obwohl er als ein besonders aufgeklärter Fürst galt, ließ er seine Landeskinder auf eine menschenunwürdige Art und Weise nach Übersee verschachern. Er legte bei diesem makabren Geschäft allerdings vor allem Wert darauf, daß man ihm Krüppel und Invaliden, die für seine Interessen ihre Knochen hingehalten hatten, nicht wieder aus Amerika zurückschickte.

Diese bemerkenswerte seelische Robustheit hinderte ihn keinen Augenblick, Schöngeister und Wissenschaftler an sich heranzuziehen und sie um sich zu versammeln. Auch diente es wesentlich seinem Prestige, berühmte Schönheiten an seinen

Hof zu ziehen. Seine Hauptmätresse Branconi ersetzte er später durch ein Potsdamer Hoffräulein. Als ein herausragendes Verdienst kann er für sich verbuchen, daß er dem bedeutendsten Publizisten seiner Zeit eine Existenzmöglichkeit geboten und ihm später sogar Rückendeckung bei dessen Schlagabtäuschen mit den allmächtigen orthodoxen Kirchenleuten geboten hat.

Vor allem als Militär konnte dieser musische Souverän, der übrigens virtuos Violine spielte, brillieren und damit in die Geschichte eingehen. Lange Zeit galt er als der führende strategische Kopf unter den deutschen Fürsten, als ein Mann, dem man unbesehen ein Oberkommando anvertrauen konnte. Sein kriegerischer Ruhm datierte aus der Zeit des Siebenjährigen Krieges, als er seinem Onkel, Friedrich dem Großen, als dessen Favorit er galt, an der Spitze seiner Braunschweiger wichtige Hilfsdienste leistete. Zu besonders glücklichen Aktionen, an die sich die Glorie seines Namens hätte knüpfen können, kam es damals indessen nicht.

Später nahm er am Bayerischen Erbfolgekrieg teil und befehligte 1787 unter der Regierung Friedrich Wilhelms II., nachdem er selbst durch den Tod seines Vaters zur Regentschaft gelangt war, das preußische Expeditionskorps gegen die Niederlande. Weniger Fortüne und Geschick bewies er allerdings als Oberbefehlshaber der Alliierten im Koalitionskrieg gegen die französischen Revolutionsarmeen. Das verpfuschte Unternehmen kulminierte bekanntlich nicht zuletzt durch die wenig zügigen und hinhaltenden Operationen des Braunschweigers in der ominösen Kanonade von Valmy, die zweifellos eine entscheidende Peripetie im geschichtlichen Ablauf dieses Kontinents darstellte. Die militärische Laufbahn des Braunschweigers endete schließlich wenig rühmlich bei Jena und Auerstedt, wo er, blind geschossen, nach der preußischen Katastrophe den Tod fand, den er gesucht hatte. Es sprach allerdings für seinen politischen Weitblick, daß er das Fiasko des alten Systems gegen den welterobernden Elan Napoleons genau voraussah und entsprechend reagierte. Der Tod erlöste ihn von der Schande, den Untergang des absolutistischen Zeitalters, das er noch einmal überzeugend repräsentiert hatte, überleben zu müssen.

In der bereits stickig gewordenen geistigen Atmosphäre eines niedergehenden Absolutismus fand Lessing auf die Dauer dann eben doch nicht die Luft, in der er hätte frei durchatmen können. Die Nähe des Hofes und der damit verbundene Byzantinismus, für den er so ganz und gar nicht geschaffen war, bereitete ihm je länger je mehr ein schleichendes Unbehagen. Er mußte sogar all seine menschlichen Reserven dagegen einsetzen, um nicht in Weltekel und Hypochondrie zu versinken.

Die menschenleeren Räume des Geisterschlosses, in das hinein er sich verbannt fühlte, stimulierten seine Schaffensfreude kaum merklich. Er hatte sich daher der Not gehorchend im November 1770 ein Ausweichquartier in Braunschweig geschaffen, wohin er vor seiner deprimierenden Einsamkeit, die ihn zuweilen überfiel, fliehen konnte. Hier im Hause des Weinhändlers Angott hat er sich dann auch zurückgezogen, als ihm die Stunde des Todes schlug.

»Mir ist itzt nicht selten das ganze Leben so ekel – so ekel«, heißt es unter diesen Umständen in einem Brief an Eva König, der er laufend von seinen Malaisen berichtet, so daß die noch erhaltenen Briefe an sie präzise den Pegelstand seiner jeweiligen Gemütsverfassung anzeigen. »Ich verträume meine Tage mehr, als daß ich sie verlebe. Eine anhaltende Arbeit, die mich abmattet, ohne mich zu vergnügen, ein Aufenthalt, der mir durch den gänzlichen Mangel allen Umgangs – (denn den Umgang, welchen ich haben könnte, den mag ich nicht haben) – unerträglich wird, eine Aussicht in das ewige liebe Einerlei – das alles sind Dinge, die einen so nachteiligen Einfluß auf meine Seele und von der her auch auf meinen Körper haben, daß ich nicht weiß, ob ich krank oder gesund bin. Wer mich sieht, der macht mir ein Kompliment wegen meines gesunden Aussehens, und ich möchte dieses Kompliment lieber immer mit einer Ohrfeige beantworten. Denn was hilft es, daß ich noch gesund aussehe, wenn ich mich zu allen Verrichtungen eines gesunden Menschen unfähig fühle? Mein Trost ist, daß dieser Zustand unmöglich anhalten kann.«

Eine Besserung solcher hypochondrischen Anwandlungen war freilich kaum unter den gegebenen Umständen zu erwarten. In einem Brief vom 26. Oktober 1772 heißt es dann abermals: »Ich bin schlimmer als krank gewesen: mißvergnügt, ärgerlich, wild, wider mich und wider die ganze Welt aufgebracht – Sie allein sind ausgenommen.«

Damals fallen Eva König gegenüber auch schon so exaltierte Worte wie: »Sie wissen, meine Liebe, was ich Ihnen oft gestanden habe, daß ich es auf der Länge hier unmöglich aushalten kann. Ich werde in der Einsamkeit, in der ich hier leben muß, von Tag zu Tag dümmer und schlimmer. Ich muß wieder unter Menschen, von denen ich hier so gut als gänzlich abgesondert bin. Denn was hilft es mir, daß ich hier in Braunschweig diesen oder jenen besuchen kann? Besuche sind kein Umgang, und ich fühle es, daß ich notwendig Umgang mit Leuten haben muß, die mir nicht gleichgültig sind, wenn noch ein Funken Gutes an mir bleiben soll. Ohne Umgang schlafe ich ein und erwache bloß dann und wann, um eine Sottise zu begehen.«

Schlimme Aussichten also für einen hochexplosiven Menschen, der auf den geistigen Austausch einfach nicht verzichten kann! Seine Korrespondenzen stehlen ihm viel von seiner ohnehin knapp bemessenen Zeit und befriedigen ihn immer weniger. Dazu erreichen ihn zunehmend Jammerbriefe seiner verwitweten Mutter und der verbitterten Schwester, die von dem berühmten Sohn und Bruder mehr Hilfe als bisher erwarten. Aber eben dazu ist er nicht imstande. Zu seinen seelischen Malaisen sind inzwischen auch finanzielle Schwierigkeiten getreten, die er nur schwer bewältigen kann und die ihn zwingen, seinen Lebensstandard auf das Nötigste zu reduzieren. Es muß ihm sicher nicht ganz gleichgültig gewesen sein, daß er mit seinen 600 Talern eigentlich doch nur von der Hand in den Mund lebte, während der Maitre de plaisir am Hofe jährlich 30000 Taler kassierte.

Im Frühjahr 1773 scheint sich Lessings finanzielle Lage doch noch zu seinen Gunsten ändern zu wollen. Der Erbprinz gewährt ihm eine Audienz und bietet ihm zusätzlich die freigewordene Stelle des Hofarchivars an. Diese Ämterhäufung hätte selbstverständlich Lessings Etat merklich aufmöbeln können.

Aber wieder einmal erweisen sich Lessings Erwartungen als übereilt. Der Plan zerschlägt sich. Jahrelang muß Lessing nun wieder als bescheidener Bibliotheksbeamter eines unbedeutenden Kleinstaates auf eine angemessene Honorierung seiner Arbeit warten. Immer wieder muß der berühmteste damalige deutsche Schriftsteller seine Eheschließung hinausschieben. Im September 1771 hatte er sich nämlich offiziell mit Eva König verlobt.

»Möchte ich nun nicht rasend werden«, schüttet er der Braut sein vor Wut überschäumendes Herz am 3. April 1773 aus. »Ohne die geringste Veranlassung von meiner Seite läßt man mich ausdrücklich kommen, tut, wer weiß wie schön, mit mir, schmiert mir das Maul voll, und nachher tut man gar nicht, als ob jemals von etwas die Rede gewesen wäre. Ich bin zweimal seitdem wieder in Braunschweig gewesen, habe mich sehen lassen und verlangt zu wissen, woran ich wäre. Aber keine oder doch so gut wie keine Antwort! Nun bin ich wieder hier und habe es verschworen, den Fuß nicht eher wieder nach Braunschweig zu setzen, bis man ebenso von freien Stücken die Sache zu Ende bringt, als man sie angefangen hat. Bringt man sie aber nicht bald zu Ende und läßt man mich erst hier in der Bibliothek und mit gewissen Arbeiten fertigwerden, so soll mich sodann auch nichts in der Welt hier zu halten vermögend sein. Ich denke überall soviel wiederzufinden, als ich hier verlasse. Und wenn ich es auch nicht wiederfände: lieber betteln gegangen, als so mit sich handeln lassen!«

An anderer Stelle klingt sein verhaltener Zorn noch rigoroser auf: »Schlechterdings will ich in der elenden Lage, in der ich mich befinde, kein Jahr länger aushalten, es komme, wohin es wolle. Der Unbeständigkeit dürfen mich meine Freunde darum nicht beschuldigen. Es ist nie mein Wille gewesen, an einem Orte wie Wolfenbüttel, von allem Umgang, wie ich ihn brauche, entfernt, zeit meines Lebens Bücher zu hüten. Morgen tue ich es schon vier Jahre, und da ich es nur allzu sehr empfinde, wieviel trockener und stumpfer ich an Geist und Sinnen diese vier Jahre trotz aller meiner sonst erweiterten historischen Kenntnis geworden bin, so möchte ich es um alles in der Welt willen nicht noch vier Jahre tun.

Aber ich muß es auch nicht *ein* Jahr mehr tun, wenn ich noch sonst etwas in der Welt tun will. Hier ist es auch, hier kann ich nicht mehr tun. Du wirst diese Messe auch nicht von mir lesen; denn ich habe den ganzen Winter nichts getan und bin sehr zufrieden, daß ich nur das eine große Werk von Philosophie (oder Poltronnerie) zustandegebracht, – daß ich noch lebe. Gott helfe mir in diesem edlen Werke weiter, welches wert ist, daß man alle Tage darum ißt und trinkt.«

Allein, die Staatskasse in Braunschweig scheint wieder einmal in einer beklagenswerten Verfassung zu sein. Durch maßlose Verschwendung treibt man rapide auf den Staatsbankrott hin. Selbst der blühende Sklavenhandel des Herzogs mit seinen Landeskindern nach Übersee kann das Defizit nicht mehr auffüllen. Lessing sieht sich übrigens ganz zu Recht als Opfer dieser unsagbaren Mißwirtschaft bei Hofe. Die Knauserei der Verschwender, die ihn über Jahre hin um den versprochenen und sicher auch verdienten Lohn prellen, drückt seine Stimmung erheblich.

Am 1. Dezember 1773 zieht er noch einmal heftig vom Leder. »Noch immer die alte Leier«, heißt es da. »Ich bin mißvergnügt, ärgerlich, hypochondrisch, und das in einem so hohen Grade, daß mir noch nie das Leben so zuwider gewesen. Soll ich fortfahren, Ihnen das so recht zu beschreiben?

Ich bin nur zweimal auf ein paar Stunden in Braunschweig gewesen, denn ich habe es verredet, in meiner gegenwärtigen Lage niemals wieder eine Nacht in dem Braunschweig zu bleiben, wo man sich gegen mich (Sie wissen wer) auf solche Art beträgt, die mir unerträglich fällt, auf eine Art, die ich zu anderer Zeit unter anderen Umständen um alles in der Welt solange nicht ertragen hätte. Ich will ihm daher schlechterdings nicht in die Augen zu kommen Gefahr laufen. Wenn er mich an der Nase herumgeführt haben will, so hab er es! Aber ich werde es ihm in meinem Leben nicht vergessen. Künftigen Januar wird es ein Jahr, daß er mir den ersten Antrag eigenhändig tat. So lange warte ich nur noch, um ihm alsdann meine Meinung so bitter zu schreiben, als sie gewiß noch keinem Prinzen geschrieben worden.«

Bei soviel Gleichgültigkeit bei Hofe bleibt Lessing keine andere Wahl, als sich wieder in seine Bücher zu vergraben, bei deren Studium er noch am ehesten seine Miseren vergißt. Er igelt sich nun sogar immer mehr in seine unfreiwillige Klausur ein. Sogar seine lebhafte Korrespondenz stellt er fast ganz ein. Nur bis zu Eva nach Wien tönen seine Hilferufe hinüber. Mutter und Brüder können nicht einmal mehr auf eine Beantwortung ihrer Briefe rechnen. Er spielt eine Zeitlang in seiner Frustration sogar mit dem makabren Gedanken, ein Zirkular mit dem Hinweis, ihn »für tot zu achten«, an Freunde und Bekannte zu versenden.

Sein Menschenüberdruß nimmt mit der Zeit immer mehr monomanische Züge an. So heißt es am 8. April bereits in einem seiner Briefe: »Hier ist es länger nicht auszuhalten. Es wird von Tag zu Tag schlimmer. Von dem Erbprinzen, wie ich ihn nunmehr kenne, wenn er heute oder morgen zur Regierung kommen sollte, kann ich mir gewiß versprechen, daß er die ganze Bibliothek mitsamt dem Bibliothekar lieber verkaufen wird, sobald sich nur ein Käufer dazu findet.«

Lessing steigert sich förmlich in diese verderbliche Grundstimmung von Lebensüberdruß. Es kann auch nicht verwundern, daß er seine Fühler ausstreckt, um anderswo unter würdigeren Verhältnissen sein Leben fortzusetzen. Vor allem spielt er immer noch mit dem Gedanken, nach Wien überzusiedeln, sobald der Kaiser seine so bestechende Idee von einer Akademie zu realisieren gedenkt. Als Joseph II. dann jedoch ausgerechnet einen früheren Mitstreiter und Kumpanen Klotzens in ein führendes Amt in der Kulturadministration des Vielvölkerstaates beruft, läßt Lessing auch in dieser Hinsicht alle Hoffnung fahren, in absehbarer Zeit aus seiner Wolfenbütteler Ödnis erlöst zu werden.

Ein Lichtblick in diesem seelischen Tief immerhin, als er mit Eva König auf ihrer Durchreise nach Wien in Braunschweig zusammentrifft. Es sollte damals jedoch ein Abschied für weitere drei Jahre werden, da sich die Abwicklung ihrer Geschäfte über einen so qualvoll langen Zeitraum hinziehen wird.

Ansonsten bringen ihm seine gelegentlichen Abstecher nach Braunschweig und die Begegnung mit Freunden nicht mehr die erwünschte geistige Ablenkung und Anregung, nach der er sich so sehr sehnt. Zwar sieht man ihn hin und wieder mit Bekannten bei einem Glas Punsch sitzen, aber die Resignation, die ihn ergriffen hat, kann er auch durch eine aufgesetzte Fröhlichkeit nicht übertünchen. Er schließt sich ganz der Überzeugung der Weisen an, die sich beizeiten aus der Welt zurückzogen, ehe sie entschiedene Misanthropen werden konnten. Trotzdem kann er sich selbst nicht vorlügen, daß er auch ohne menschliche Kommunikation leben und sogar angenehmer leben könnte. »Besser ist, unter nicht so bösen Menschen leben als fern von allen Menschen«, schreibt er am 6. Feburar 1774 an Gleim, um diesen Satz sogleich folgendermaßen zu variieren: »Besser ist, sich vom Sturm in den ersten besten Hafen werfen zu lassen, als in einer Meeresstille mitten auf der See zu verschmachten.«

Der stets kampfbereite Lessing ist bald nicht wiederzuerkennen. Lustlos läßt er die Flügel hängen. Nicht einmal Eva kann eine Zeitlang mit einem Lebenszeichen von ihm rechnen. Am 8. April geht dann doch wieder ein Hilferuf zu ihr hinüber: »Lassen Sie es mich bald wissen, daß doch wenigstens noch eine Seele auf der Welt lebt, der ich nicht gleichgültig bin.«

Im November ist sein Stimmungsbarometer wieder beängstigend tief gesunken. »Ich sehe meinen Untergang hier vor Augen und ergebe mich endlich drein«, heißt es damals nicht gerade ermutigend für seine Braut. Einen Tag später lautet es an Ramler eher noch deprimierender: »Mit mir ist es aus.

Jeder dichterische Funke, deren ich ohnehin nicht viel hatte, ist mir erloschen... Ich, der ich die ganze Welt ausreisen wollte, werde, allem Anschein nach, in dem kleinen Wolfenbüttel unter Schwarten vermodern und wohl auch Berlin nie wiedersehen.«

Lessing findet es zwar durchaus erträglich, eine Zeitlang in einer großen Bibliothek seinen Studien nachzugehen, aber ewig darin begraben zu sein, entsprach so ganz und gar nicht seiner Gemütslage. Die Vorstellung von einem solchen Ende versetzte ihn in diesen Jahren geradezu in Panik – und am Ende in Raserei. Sein Leben stagniert, wie es den Anschein hat, in dieser Phase wirklich. Diese Stagnation ist allerdings keine schöpferische Pause, in der er neue Kräfte für kommende Taten schöpfen könnte. Sein sanguinisches Temperament rebelliert allzu vehement gegen das Wolfenbütteler Exil, in das er sich sehenden Auges begeben hat.

Als Evas Bruder, der Utrechter Professor Hahn, an die Universität seiner Heimatstadt Heidelberg berufen wird und der Kurfürst von der Pfalz sich über alle Konfessionsschranken hinwegsetzt, nur um seiner Universität ein globaleres Air zu verleihen, rührt Lessing keinen Finger, sich in Heidelberg zu bewerben, obwohl er gerade in diesem Falle seine Beziehungen hätte spielen lassen können.

Als die Kamenzer Verwandtschaft dann aber fortfährt, ihre Hilferufe an den berühmten und vermeintlich wohlsituierten Sohn und Bruder zu richten, bekommt Bruder Theophilus am 8. Dezember 1774 von ihm die ganze Wahrheit über sein glänzendes Elend zu hören. »Ich befinde mich seit zwei Jahren in den allerverwirrtesten kümmerlichsten Umständen und versinke immer tiefer. Was soll ich also der Mutter antworten? Soll ich ihr wirklich sagen, wie es mit mir steht? Soll ich ihr Hoffnungen machen, die ich keine Möglichkeit sehe zu erfüllen? Ich kann jetzt so wenig jemandem helfen, daß, wenn mir Gott nicht bald hilft, ich schlechterdings hier zugrunde gehen muß. Ich habe längst alles bis auf den letzten Heller verloren, was ich besaß. Ich habe mein Gehalt auf Jahr und Tag vorausnehmen müssen, um mich keiner Prostitution auszusetzen. Und jetzt lebe ich von Borg und von dem kleinsten Verdienste, was meine Schreiberei abwirft. Alles dieses schreibe ich Dir nicht, lieber Bruder, um Dich für mich besorgt zu machen. Sei ohne Sorge um mich. Ich kann für mich allerlei Umstände aushalten, nur Verdacht, Geringschätzung und Haß von denen nicht, für die ich gern in einer besseren Lage alles tun wollte.«

Dann aber, im Februar 1775, bricht er plötzlich aus seiner unerträglichen Einsamkeit auf. Er läßt sich vom Herzog Urlaub geben, um sich »durch einen gewaltsamen Schritt anderwärts Luft zu machen«. Er kann sich nämlich nicht länger des Gefühls erwehren, wie er meint, in lauter Schlamm zu erstikken. Unter dramatischen Umständen erreicht er mitten im kältesten Winter Leipzig, wo er mit Freund Weiße zusammentrifft. Dann bricht er ebenso impulsiv nach Berlin auf und sieht die alten Freunde wieder, denen er sich nach wie vor verbunden fühlt. Aber bald jagt es ihn schon weiter über Dresden und Prag nach Wien, wo er dann endlich am 31. März eintrifft.

Seine Wiener Tage scheinen dann wirklich einmal unter einem besonders günstigen Stern zu stehen. Evas Gegenwart stimuliert seinen schon erlahmenden Elan merklich. Sie kann nicht ohne Stolz und Genugtuung erleben, mit welcher Hochachtung ihr Verlobter überall in Wien aufgenommen wird. Nach Lessings Abreise kann der Staatsrat von Gebler an Nicolai nach Berlin berichten: »Noch nie ist ein deutscher Gelehrter hier mit solcher Distinktion aufgenommen worden als unser vortrefflicher gemeinschaftlicher Freund – und das von unseren Souveräns angefangen bis auf das allgemeine Publikum herab.«

Kaiserin Maria Theresia beehrte den Magister Lessing sogar mit einer Audienz. Im Theater führte man in seiner Gegenwart »Minna von Barnhelm« und »Emilia Galotti« auf. Lessing ließ nach so viel Jahren der gänzlichen Abgeschiedenheit und einer völligen Resonanzlosigkeit den Applaus nicht ohne Rührung über sich ergehen. Er erlebte es mit Genugtuung, daß er inzwischen so etwas wie eine europäische Zelebrität geworden war, um die sich die Öffentlichkeit sehr im Gegensatz zu seinem Heimatlande riß.

Zu seiner euphorischen Stimmung trug noch entscheidend bei, daß Evas Verhandlungen über den Verkauf der Fabrik so gut wie abgeschlossen waren. Das Ergebnis war sogar durchaus zufriedenstellend ausgefallen. Nun, endlich, konnte man an die Zukunft denken und Heiratspläne schmieden. Doch auch diesmal, da er sich seinem Ziel schon so nahe fühlte, spielt wieder einmal eine unsichtbare Hand eine verwirrende Regie in Lessings Leben. Anstatt, wie er gehofft hatte, mit seiner Braut gemeinsam die Rückreise antreten zu können, taucht plötzlich der 23jährige Prinz Leopold von Braunschweig, der zweite Sohn des Herzogs, wie das personifizierte Schicksal in Wien auf und entführt Lessing als Reisebegleiter in das Land seiner ehemals so geheimen Sehnsüchte, also nach Italien. Zu keinem Zeitpunkt hätte Lessing diese Reise weniger in sein Lebenskonzept gepaßt als in diesem Augenblick.

Wieder einmal muß er auf viele Monate hin Abschied von Eva nehmen. Während diese nicht gerade in der besten Laune in den Norden zu ihren Kindern reist, entführt die Equipage ihren Verlobten am 25. April 1775 über die Alpen. Wehmütig schickt Eva ein Billet hinter ihm drein mit den bezeichnenden Worten: »Gott möge es Ihrem Prinzen Leopold verzeihen, daß er mich um Ihre Gesellschaft gebracht hat; ich verzeihe es ihm nimmermehr.«

Das also war nun die italienische Reise, von der Lessing jahrelang geträumt und mit der er seinen Freunden schwärmerisch in den Ohren gelegen hatte. Mit der gutgemeinten Absicht, auf den Spuren Winckelmanns das Land der Sehnsucht mit offenen Augen zu durchstreifen, konnte unter den jetzt gegebenen Umständen natürlich keine Rede sein. Statt dessen hatte Lessing als Hofmeister eines deutschen Prinzen diesen auf seiner Kavaliersreise zu begleiten, Museen zu besichtigen und Empfänge hinter sich zu bringen. Kaum je blieb ihm bei dieser Besichtigungstour die Muße, die empfangenen Eindrücke auch sinnvoll zu verarbeiten.

Natürlich führte Lessing ganz nach dem Stil der Zeit auch ein Tagebuch. Aber bezeichnenderweise wurde daraus nicht mehr als nur eine Sammlung von trocken hintereinandergereihten Notizen. Man merkt jeder Zeile die Unlust ihres Autors an, sich dieser ihm aufoktroyierten Pflichtübung zu entledigen. Kaum von ferne ist der Autor des »Laokoon« aus diesem abstrusen Konglomerat von oft belanglosen Aufzeichnungen herauszuspüren. Offenbar waren seine Augen für die Schönheit der Kunstobjekte, denen er sich in so überaus großer Zahl konfrontiert sah, nicht mehr aufnahmebereit. Ganz im Gegensatz zu Goethe, der nur ein Jahrzehnt später Italien mit all seinen Sinnen erlebte, ergriff Lessing kaum Besitz von den Eindrükken, die wie wesenlos an ihm vorüberglitten. Er hat deswegen nicht einmal mit dem Gedanken gespielt, ein Reisetagebuch zu publizieren, sondern absolvierte nur ein ihm aufgezwungenes Reiseprogramm, auf dem ein Ort nach dem anderen und eine Sehenswürdigkeit nach der anderen relativ lustlos abgehakt wurde.

Zwar soll Lessing stundenlang vor dem Original der Laokoon-Gruppe gesessen haben. Selbst Papst Pius VI. empfing ihn und zeigte sich über Rang und Bedeutung dieses Kritikers aus dem deutschen Norden durchaus informiert. Aber von alledem erfährt man so gut wie nichts aus Lessings Papieren. Er scheint nur körperlich in diesem fremden Land gewesen zu sein. Bestenfalls vernimmt man einen Seufzer aus seinem Munde, daß die Reise, die ihn schließlich bis nach Neapel führt, sich so ungebührlich in die Länge zieht. Kommt noch hinzu, daß der Briefwechsel mit Eva König völlig abgerissen ist und er sich berechtigte Sorgen macht, sie wäre krank oder am Ende sogar gestorben. Später sollte sich dann herausstellen, daß seine Wiener Vermittler in ihrer maßlosen Schlampigkeit die Briefe nicht weitergeleitet, sondern bei sich gestapelt hatten.

Nur zuweilen, wenn er Widerspruch gegen vorgefaßte Meinungen anzumelden hatte, griff Lessing einmal ausführlicher zur Feder. Das war etwa der Fall, als er bei dem Reiseschriftsteller Baretti gelesen hatte, den Norditalienern aus der Umgebung von Turin fehle die sonst übliche südländische Heiterkeit völlig.

»Es ist allerdings sonderbar, daß Baretti so vielen Reiseschreibern geradezu widerspricht, welche alle die Piemonteser sehr lustig gefunden haben«, tritt Lessing aus seiner Reserve heraus. »Und dennoch glaube ich selbst bemerkt zu haben, daß wenigstens in Turin das gemeine Volk weit ernster und zurückhaltender ist als in anderen Städten Italiens. Auf ihrem Markte, der mit Liedsängern, Gauklern, Improvisatoren angefüllt ist, versammeln sie sich zwar um sie, aber ohne die Teilnehmung, die man anderwärts in Italien findet. Ihre Spaziergänge sind sonntags und festtags zwar sehr voll, aber alles geht ruhig auf und ab, und man sieht das Gewühle, ohne es zu hören. Dieses mußten mir einige Gewährsleute selbst zugestehen. Sie sagten aber, daß dieses von Turin gelte, wo die Nähe des Hofes und die Menge der Anbringer besonders unter voriger Regierung alle sorgsam und scheu gemacht habe.«

Selbst das bunte und flirrende Neapel stimuliert Lessings Lebensfreude nicht. Kein Sterbenswörtchen äußert er über diese dynamische und faszinierende Stadt, über den Vesuv oder den sinnlichen Eindruck des südlichen Meeres, dem er noch nie begegnet war. Keinerlei Emotionen auch über das Volksleben. Statt dessen schreibt Deutschlands großer Homme de lettres Kochrezepte auf: »Gnocco sind eine Art von Mehlknödeln, die, wenn sie etwas besser wie gewöhnlich sein sollen, aus Reismehl und Milch gemacht und sodann in Brühe gekocht werden. Das Wörterbuch della Crusca erklärt es falsch ... Bisciono sagt, daß das Wort neapolitanisch sei und von dem Schalle gemacht, che fanno soloro, che von particular gusto ed appetenza gli mangiano.«

In Neapel fällt Lessing nichts Besseres ein, als eine Liste von Büchern, »die ich noch zu haben suchen muß«, anzulegen. Erst in Rom geht er wieder ein wenig aus sich heraus. Dort trifft er im wesentlichen schon die gleichen Künstler an, mit denen Goethe dann intensiven Umgang pflegte. Über seine Papstaudienz, die er selbst mit keinem Wort erwähnt, berichtet eine deutsche Zeitung damals folgendes: »Der Papst unterhielt sich viel mit Herrn Lessing und soll in deutscher Sprache mit ihm gesprochen und ihn aufgefordert haben, eine Beschreibung von Rom und den Merkwürdigkeiten dieser Stadt aufzusetzen. Herr Lessing als ein Kenner von Menschen spricht jetzt mit den größten Lobsprüchen von Ihro Heiligkeit.«

Welches ungewöhnliche Ansehen Lessing selbst in Italien genoß, belegt auch ein Bericht aus Schubarts »Deutschen Chronik«. »Der Papst, der sehr gut deutsch spricht, hat den besten deutschen Schriftsteller in seiner Privatbibliothek empfangen«, heißt es darin. »Neulich ließ er den großen deutschen Gelehrten zu sich kommen und ersuchte ihn um einige seiner Schriften, die ihm noch abgingen. Durch sein Ansehen hat es Lessing dahin gebracht, daß das Nachgraben im Tiber, welches einige Zeit eingestellt war, wieder aufs Neue vor sich geht. Mit dem tiefen Forschgeiste, der Lessingen eigen ist, durchwühlt er jetzt die Schätze des Vatikans. Auch die Heidelbergische Bibliothek, die leider durch undeutsche Sorglosigkeit unserer Vorfahren nach Rom kam, steht ihm offen, und er soll da bereits ganz besondere Aufschlüsse der verworrensten Begebenheiten in der alten und mittleren deutschen Geschichte gefunden haben. Wie vieles läßt sich von einem Manne erwarten, der beinahe den Kreis des menschlichen Wissens ausmaß!«

Kaum war Lessing in Deutschland eingetroffen, dementierte Schubart seinen Bericht über Lessings Papstbesuch, der seiner blühenden Fantasie entstammte. »Der Papst hat zwar gesprochen«, korrigierte man sich, »aber sein Gespräch war sehr unerheblich.«

Endlich nach acht Monaten, als Prinz Leopold die Nachricht erreicht, er wäre zum Inhaber eines preußischen Regiments in Frankfurt an der Oder ernannt worden, unterbricht man abrupt den italienischen Schlendrian und eilt über Piacenca, Pavia, Parma und Modena wieder über die Alpen nach Deutschland zurück.

Prinz Leopold begibt sich sogleich nach Frankfurt an der

Oder. Dort wird er noch viel Gutes wirken. Allerdings fand er bereits im April 1785 einen frühen Tod, bezeichnenderweise als er bei einer Überschwemmung der Oder einigen Bewohnern in niedrig gelegenen Hütten mit einem Boot zur Hilfe eilen wollte. Die Stelle, an der seine Leiche dann später an Land gespült wurde, ist von den Frankfurtern noch lange als ein besonderes Heiligtum verehrt worden.

Lessing hingegen begab sich zuerst wieder nach Wien, wo er am Heiligen Abend 1775 anlangte. Er gab sich alle Mühe, die Eindrücke seiner etwas bizarren Rundreise durch ein südliches Land zwar nicht aufzuarbeiten, sondern eher zu verdrängen. In Wien konnte er dann auch die gesammelten Briefe Evas einsammeln. Sie hatte wenigstens den Vorteil gehabt, hin und wieder durch Zeitungsartikel vom Aufenthalt Lessings zu erfahren. Ihn selbst hatte die Nachlässigkeit der Wiener über ihr Schicksal völlig im unklaren gelassen. »Ich brenne vor Verlangen, es von Ihnen selber zu erfahren, daß Sie sich gesund und wohl befinden und mir Ihre Liebe trotz der fatalen Reise nach wie vor schenken«, beschwor er sie.

Sechs Wochen später schreibt er ihr dann schon von Berlin aus, das er auf dem Weg über Dresden und Kamenz erreichte, wo er am Grabe seines Vaters weilte und seiner Mutter zum letztenmal begegnete. »Das eigentlich Wichtige für uns muß sich die ersten Tage in Braunschweig entscheiden«, heißt es in einem Brief vom 11. Februar 1776. »Und dann trauen Sie mir doch zu, meine Liebe, daß ich keinen Augenblick versäumen werde, Ihnen davon Nachricht zu geben. Wenn ich dann, wenn ich eigentlich weiß, was und wie ich Ihnen schreiben kann, Ihnen zu schreiben verschiebe, wenn ich dann lässig bin, so sollen Sie es mir nie vergeben – so will ich mir selbst es nie vergeben – so will ich mich selbst verachten, was ich wahrlich jetzt noch nicht tun kann, weil ich es doch am besten wissen muß, wieviel es mich kostet, wie nahe es mir geht, wenn ich schlechter scheinen muß, als ich bin.«

Lessing tritt nun ungleich resoluter als früher nach seiner Rückkehr von einer aufgezwungenen Reise in Braunschweig

Eva König. Gemälde von Georg Desmarées

auf. Durch die bemerkenswerte Resonanz, die er unterwegs überall gefunden hatte, ist sein Selbstgefühl erheblich gestiegen. Bei einer Audienz beim Prinzen wird ihm endlich eine Zulage von 200 Talern jährlich genehmigt. Allerdings hatte er ernsthaft mit seinem Ausscheiden aus Braunschweigischen Diensten gedroht. Endlich wird Lessing auch aus seinem verwunschenen Schloß befreit und ihm eine Dienstwohnung am Schloßplatz zugewiesen. Außerdem wertet man die soziale Stellung des Magisters durch seine Ernennung zum Hofrat erheblich auf. Lessing scheint fürs erste wieder für Braunschweig gewonnen zu sein. Auch seiner Vermählung mit Eva steht nun endlich nichts mehr im Wege.

In seiner Zuneigung zu der energischen und stets zupackenden Eva König, Tochter eines wohlhabenden Heidelberger Kaufmanns, ist er in den sieben Jahren ihrer Trennung nie schwankend geworden. Er kann sich auf sein Gefühl verlassen, die einzige Frau für sich gewonnen zu haben, mit der er sein Leben teilen möchte. Er ist 47 Jahre alt geworden, ehe ihm die materiellen Grundlagen geboten wurden, das Wagnis einer Ehe einzugehen.

Inzwischen hat Lessing in der Tat den Zenit seines Lebens überschritten. Er sieht seine Jahre schnell dahinschwinden, und mitunter zieht er bereits die Summe seines Lebens. Sicherlich hat er manche geistige Spur hinterlassen, die auch die Zukunft nicht so ohne weiteres verwischen wird. Viele Kräfte hatte er unterdessen verschwenden müssen. Mehr als bei andern ist bei diesem ersten freien Schriftsteller in Deutschland das Leben ein fortwährender Kampf gegen eine ihm nicht gerade freundschaftlich gesonnene Umwelt gewesen. Nun, endlich, ist er der Frau begegnet, von der er annehmen darf, daß er an ihrer Seite noch einmal zu Hohem, vielleicht sogar zum Höchsten, was ihm noch vorschwebt, ausholen kann. Eva König, so jedenfalls ist sein Eindruck, hat ihm ein guter Geist über den Weg geschickt. Sie erfüllt alle Voraussetzungen, ihm jenes Stück Heimat zu schaffen, das er zeit seines Lebens gesucht, aber nie besessen hat. Schließlich möchte er es auch einmal so gut haben wie andere.

Der langen Trennung während der Verlobungszeit verdanken wir immerhin einen Briefwechsel, der zu den großartigsten unserer Literaturgeschichte rechnet. Um was handelt es sich dabei eigentlich? Zwei reife Menschen, hinter denen bereits ein ganzes Menschenleben zu liegen scheint, entdecken, daß sie zueinander gehören. Der Dialog, der sich zwischen ihnen entwickelt, blättert ein besonders bestechendes Kapitel menschlichen Austausches auf. Lessings Bruder Karl hat später nach Lessings Tod diese Briefe der Öffentlichkeit vorgelegt. Und wirklich: An keiner Stelle beschleicht den Leser bei der Lektüre das Gefühl peinigender Indiskretion. Im Gegenteil überrascht die Nüchternheit und die reservierte Kühle dieser

Episteln, die von beiden Seiten in die Welt hinausgehen und die den Stempel stilistischer Vollkommenheit tragen. Der private Lessing ersteht in ihnen in einem völlig neuen Licht.

Eva weiß ungemein anschaulich zu schildern, so zum Beispiel in einem Brief vom 30. August 1770, in dem sie mit einer bestechenden Farbigkeit Impressionen von ihrer Reise wiedergibt. »Von Ilmenau werden Sie meinen Brief erhalten haben, wo ich endlich des Nachts um 12 Uhr wegkam, mit einem besoffenen Postillon und einem Halbblinden, der mir leuchtete, der aber nach einer Viertelstunde kein Licht mehr hatte«, heißt es in eine Passage dieses Briefes. »Und just im Thüringer Walde, wo man auf zwei Meilen keine Hütte trifft und wo solche Wege sind, die man am Tage mit Lebensgefahr passiert. Nun glauben Sie, daß mir der Mut gefallen sei? Wahrhaftig nicht! Ich stieg aus und suchte Tannenzapfen, die steckten wir an, und so halfen wir uns fort.«

In Salzburg erlebt sie auf der gleichen Reise noch weit Schlimmeres, als ihr Dienstmädchen sich betrinkt und sie für deren Weitertransport sorgen muß.

»Mein Mädchen ist entsetzlich besoffen«, teilt sie Lessing mit. »Ich bin ihre Wärterin. Eine angenehme Beschäftigung! Da ich ohnedem vor nichts in der Welt mehr Abscheu habe als vor Betrunkenen. Eben ist sie eingeschlafen. Ich wünsche nur, daß sie beim Erwachen sich so befindet, daß wir abreisen können. Das Schönste ist, so habe ich mir die größten Sottisen müssen vorsagen lassen... Sie brauchen deswegen nicht zu denken, daß ich des Reisens müde bin; nein, ich treffe überall so viel gute Leute, die mich alles wieder vergessen machen.«

Als Lessing seiner Braut berichtet, Klopstock habe sich gleich mit einem ganzen Damenflor umgeben, dem das Schlittschuhlaufen zu lehren sich redlich bemühe, verfällt Eva in den gleichen leicht ironischen Ton Lessings und schreibt ihm unter dem 16. März 1771: »Die Klopstockschlittschuh- und Lesegesellschaften haben mich herzlich lachen gemacht. Meine Imagination stellte mir gleich den ganzen Kreis von Damen vor und ihn mitten darin voller Entzückung, indem er bei einer rührenden Stelle die Tränen von den Wangen seiner Zuhörerinnen herunterrollen sah. Was ich aber befürchte, war, daß er einigen nach Hause folgen und da Entdeckungen machen möchte, die seine Zufriedenheit stören könnten. Was sagen Sie dazu, hatte ich recht? Und habe ich recht, wenn ich Sie bitte, sich um kein Patent für mich zu bemühen? Es würde Sie viel kosten; denn Klopstock nimmt gewiß lauter hübsche Frauen auf – und am Ende möchte ich doch nur eine schlichte Rolle unter ihnen spielen.«

In die Verlobungszeit mit Eva fällt auch die Episode Lessings mit der Leipziger Professorenfrau Ernestine Christine Reiske, deren intensiven Verlockungen er tapfer widerstanden hat. Reiske war als Gräcist und Orientalist eine europäische Kapazität. Er hatte Lessing mit seiner begabten Frau, die sich übrigens hervorragend in seine wissenschaftlichen Disziplinen eingearbeitet hatte und ihm bei seinen Arbeiten zur Hand ging, im August 1771 in Wolfenbüttel aufgesucht, um die weltberühmte Bibliothek zu besichtigen und sich mit dem nicht weniger berühmten Bibliothekar der Augustana geistig auszutauschen.

»Meine Frau läßt Euer Wohlgeboren ihrer Hochachtung versichern«, hatte Reiske bereits vor Antritt der Reise an Lessing geschrieben. »Sie hauptsächlich ist an dieser Reise schuld. Sie freut sich darauf wie ein Kind auf den heiligen Christ. Sie hat mich bei dem Entschlusse dazu erhalten.«

Die erst 35jährige Professorengattin kommt also voller Erwartung nach Wolfenbüttel, und ihre Begegnung mit Lessing ist, von ihrer Seite her wenigstens, ein faszinierendes Erlebnis. Lessing, bleibt zu vermuten, ist ebenfalls von ihrer menschlichen Ausstrahlung nicht ganz unberührt gewesen.

»Meine Frau denkt oft an Sie und betrachtet Ihr Porträt von Bause, ob es Ihnen gleich wenig ähnlich sieht«, amüsiert sich Reiske noch Ende 1772 über das verdächtige Interesse seiner Frau an Lessing. Allein, ein paar Wochen darauf nimmt er die Angelegenheit keineswegs mehr ganz so unproblematisch auf die leichte Schulter. »Ihnen ins Ohr gesagt, liebster Lessing«, heißt es da schon bedeutend weniger tolerant, »Sie stehen bei meiner Frau sehr wohl angeschrieben. Sie bekennt es Ihnen ja selber, daß sie Sie liebt. Was wollen Sie mehr? Ich werde darüber nicht eifersüchtig. Hier hat es allemal nichts zu bedeuten. Und Sie dürfen nicht eben sehr stolz auf diese Zuneigung sein. Das Ding hat Absichten. Durch Sie und unter Ihrer Maske liebt sie sich selber. Eine Hand wäscht die andere. Doch vielleicht tue ich der guten Frau Unrecht. Meine Frau hat freilich, wie leicht zu denken ist, wider Ihre Flatterien nichts einzuwenden. Ich aber dagegen desto mehr. Ich habe Ursache, darüber zu zürnen und auf Sie zu schmähen. Denn Sie verderben und verführen mir meine Frau. Unangemessene Lobsprüche rücken immer gerne dem Frauenzimmer den Kopf von der rechten Seite weg.«

Reiske starb bereits im Sommer 1774. Wahrscheinlich hat seine Witwe noch eine Zeitlang ihre Korrespondenz mit Lessing fortgesetzt, wobei sie sich sicherlich obskuren Hoffnungen hingab. Auf seiner Rundreise im Frühjahr 1775, als Lessing auch in Leipzig Station machte, sahen sich beide wieder. Ernestine Reiske hat von dieser Begegnung dann auch prompt ihrem gemeinsamen Bekannten Ebert nach Braunschweig berichtet.

»Recht unerwartet und angenehm war mir die Ankunft des mir so sehr teuren Freundes«, läßt sie sich über den Besuch aus. »Allein, nun ist meine Glückseligkeit wieder aus. Was hilft es mir, daß ich einige Augenblicke höchst selig war? Ich war es nur und bin es nicht mehr. Meine Freude, meine herzinnige Freude war nur ein schöner Traum. Nun bin ich erwacht und beweine die Vergänglichkeit der irdischen Freuden. Den Freund zu sehen, den man über alles schätzt, welch Entzücken muß nicht ein zärtliches Herz da fühlen! Allein, sich sogleich wieder von ihm zu trennen, welcher Schmerz! Was bleibt alsdann noch übrig? Nichts als eine verschmachtende Sehnsucht nach einem Gute, das uns auf immer versagt ist. Wäre es nicht besser, man hätte die Vortrefflichkeit eines Gutes, das man nie besitzen kann, nicht kennen lernen?«

Lessings Wolfenbütteler Haus

Lessings Visite im Hause Reiske blieb den aufgeweckten Leipzigern kein Geheimnis. Schon bemächtigte sich der Stadtklatsch dieses Ereignisses. Man sprach sogar von ernsthaften Heiratsabsichten.

»Heute sah ich Lessing noch einmal in Hillers Konzert«, heißt es damals in einem Bericht eines Leipziger Augenzeugen an Johann Heinrich Voß nach Hamburg. »Er sieht gar pfiffig aus, aber doch sehr angenehm. Hiller sagt, daß er sich aus Musik nichts mache. Alle sprechen ihm auch den geringsten Grad von Freundschaft und Empfindung ab. Er geht nach Berlin und kommt in einigen Wochen wieder.«

Lessing ist dann jedoch nicht wie geplant noch einmal in Leipzig aufgetaucht. Im Gegenteil hat er in Zukunft diese Stadt gemieden.

Inzwischen nehmen die Hochzeitspläne Lessings immer konkretere Formen an. Zu Michaelis 1777 zieht er in ein ihm bereitgestelltes Haus im Schloßbezirk ein, das einmal als das Lessing-Haus in die Stadtgeschichte Wolfenbüttels eingehen soll.

»Mein angewiesenes Haus ward nur erst vor Michaelis leer«, unterrichtet er Eva, »und dies als wohlüberlegt, habe ich für das Beste befunden, gleich da hineinzuziehen, als mich erst in einem fremden Haus herumzusielen. In Ordnung, sobald es leer ist, soll es bald sein. Denn da es jetzt auch sehr gut möbliert und mit Hausgerät versehen ist, so ist meine Meinung, alles, was wir ungefähr nötig haben, aus der Auktion zu erstehen: Spiegel, Stühle, Schränke, kurz alles, was gut und nicht eben teuer ist, als wenn man es neu anschaffte. Auf eine gute Köchin stelle ich überall aus, und gestern ist mir eine vorgeschlagen worden, die sehr gut sein soll, aber dreißig Taler verlangt. Wenn ich nicht bald eine ebenso gute wohlfeiler finde, so miete ich sie. Einem Mädchen pflegt man hier zehn bis zwölf Taler und vier bis fünf Taler Biergeld, wenn sie sich gut führt, zum heiligen Christ zu geben.«

Während Lessing sich mit den höchst profanen Problemen des neuen Hausstandes herumschlägt, drängt Eva immer energischer auf die Erledigung der Hochzeitsformalitäten. »Ich kann mir nicht helfen«, fährt es geradezu leidenschaftlich aus ihr heraus. »Mein Blut ist in solcher Wallung, daß mir die Hände wie Espenlaub zittern. Ich bin jetzo eine fatale Kreatur, die nicht viel ausrichten kann... Meine Kinder küssen Ihnen die Hand, und ich umarme Sie tausendmal in Gedanken und sehne mich recht sehr nach dem Tage, da ich es wirklich tun kann.«

Dieser Brief widerlegt schlagend die Legende von der von Lessing geschlossenen Vernunftsehe. Auf beiden Seiten war durchaus Leidenschaft dabei mit im Spiele. Vielleicht will Lessing gerade deswegen die Hochzeit ohne viel Aufhebens hinter sich bringen und den Kreis der daran Beteiligten so klein wie nur irgend möglich halten. Angesichts des bevorstehenden Wechsels seiner Lebensgewohnheiten und der Vorstellung, sein Eremitenhaus nunmehr mit einer Frau und vier Kindern teilen zu sollen, gerät er augenscheinlich und verständlicherweise ein wenig außer Fassung.

Eva unterbreitet er den Vorschlag, sich nach vollzogener

Hochzeit so schnell wie nur möglich wieder zurückzuziehen oder aber, falls sie Wert auf ein längeres Zusammensein mit Hochzeitsgästen legen würde, ihm nach ein paar Tagen nachzufolgen.

»Das ist doch wohl nicht Ihr wahrer Ernst, wenn Sie vorschlagen, vor mir abreisen zu wollen«, bekommt der ewige Junggeselle eine empfindliche Abfuhr von ihr. »Was sollte mich wohl in York halten, wenn Sie nicht dawären! Der konfuse Empfang schreckt mich auch nicht. Ich bin nun beinahe sieben Jahre an ein konfuses Leben gewöhnt, so daß ich es auch wohl noch eine Weile aushalten kann.«

Am 8. Oktober 1776 wird in York im Alten Lande geheiratet. Der Hamburger Konsul Schuback hat ihnen sein Haus für diesen Zweck zur Verfügung gestellt, und Bekannte haben die Hochzeit liebevoll ausgerichtet. Von den Verwandten war nur Evas Schwager, Wilhelm König, zugegen. Lessing selbst hatte seine Angehörigen von diesem Termin erst gar nicht benachrichtigt. Erst am 19. Dezember schrieb er an seinen Bruder Karl: »Meine Frau kennst Du, ob Du gleich Ihrer Dich wohl schwerlich erinnern wirst, weil sie Dich nur ein einziges Mal gesehen und sie es mir noch oft vorwirft, daß ich Dich damals nicht in ihr Haus gebracht. Wenn ich Dich versichere, daß ich sie immer für die einzige Frau in der Welt gehalten, mit welcher ich mich zu leben getraute, so wirst Du wohl glauben, daß sie alles hat, was ich an einer Frau suche. Wenn ich also nicht glücklich mit ihr bin, so würde ich gewiß mit jeder anderen noch unglücklicher geworden sein.«

Daß Lessings Ehe einen durchaus glücklichen Verlauf zu nehmen versprach, haben seine Freunde, die ihn in dieser Zeit aufsuchten, immer wieder bestätigt. Von Johann Joachim Eschenburg liegt ein entsprechender Bericht am 26. Oktober 1776 vor, in dem es heißt: »Unser Lessing ist, wie Sie vermutlich wissen, seit vierzehn Tagen Ehemann. Ich weiß nicht, ob Sie seine Frau, die gewesene Madam König, persönlich kennen. Wenn das ist, so darf ich's Ihnen nicht erst sagen, daß sie eine sehr verehrungswürdige Frau ist. Sie hat ihm fünf Kinder zugebracht, wovon er drei bei sich hat. Ich weissage ihm nach allem Anschein ein glückliches Leben.«

Ein glückliches Leben konnte, wie sich bald herausstellen sollte, einem Manne wie Lessing auf die Dauer aber keineswegs beschieden sein. Sowohl Eva als auch er selbst sehnten sich nach den langen enervierenden Jahren der Trennung nach nichts mehr als nach Ruhe und Behaglichkeit. Für sich selbst erhoffte sich der Dichter neue schriftstellerische Impulse. In den zurückliegenden Jahren hatte er Projekte, an die er so gern letzte Hand angelegt hätte, vor sich herschieben oder gänzlich zurückstellen müssen. Seine Schrift über den jungen Jerusalem war seine letzte Publikation seit langem gewesen. Nun aber schien endlich der Weg wieder frei für Leistungen, mit denen er an seine früheren Arbeiten anknüpfen konnte.

In dem glücklichsten Jahr seines Lebens, das ihm nun beschieden war, übermittelt ihm der bekannte Mannheimer Buchhändler Schwan, Schillers späterer Verleger übrigens, den Vorschlag, sich um eine führende Position beim Mannheimer Nationaltheater umzusehen. Kurfürst Karl Theodor von der Pfalz war es durchaus ernst damit, Kultur und Wissenschaften in seinem Land zu einem neuen Auftrieb zu verhelfen. Lessing schien ihm gerade der rechte Mann dafür zu sein, der kulturellen Szene am Rhein durch seinen Namen einen neuen Glanz zu verleihen.

Der kurpfälzische Minister von Hompesch überraschte Lessing dann auch bald mit dem Versprechen, ihn zum ordentlichen Mitglied der Mannheimer Akademie zu ernennen. Seine Reisen nach Mannheim sollten ihm vergütet werden. Außerdem versprach man ihm für seine Abhandlungen ein fürstliches Honorar.

Lessing reagierte auf den Plan mit seiner bedingungslosen Zustimmung. Nach seiner Ernennung zum Mitglied der Akademie erhielt er dann auch prompt die Einladung, noch im laufenden Winter nach Mannheim zu reisen, um in den Aufbau des Nationaltheaters seine profunden Erfahrungen einzubringen. Seine trüben Hamburger Erfahrungen stimmten ihn jedoch nicht gerade in besondere euphorische Empfindungen ein. »Künftige Woche reise ich nach Mannheim, und ich wollte wohl wünschen, daß ich schon wieder hier wäre«, gibt er seinem Bruder seine Halbherzigkeit gegenüber dem neuen Projekt zu erkennen. »Mich schaudert, wenn ich nur daran denke, daß ich mich werde wieder mit dem Theater bemengen müssen.«

Seine böse Vorahnung hatte ihn diesmal nicht getäuscht. In Mannheim geriet er in ein geradezu betäubendes und kaum noch übersehbares Verwirrspiel von Intrigen und Hofkabalen. Am Ende war er froh, diesem Inferno wieder mit heiler Haut entronnen zu sein. Man hatte ihm als Entschädigung den Posten eines Kurators an der Heidelberger Universität angetragen, für den sich Lessing jedoch in keiner Weise prädestiniert fühlte. Mit Recht winkte er unwillig, sogar grollend ab.

»Wie das nun alles in der Folge gegangen und was für seltene Auftritte dabei vorgefallen, davon könnte ich ein ganzes Buch schreiben, welches dem damaligen Ministerio in Mannheim nicht viel Ehre machen würde, ob ich gleich dem Kurfürsten selbst sowie dem damaligen Minister, Herrn vom Hompesch, dabei am wenigsten zur Last legen würde«, erinnert sich Christian Friedrich Schwan, der Lessing von Wolfenbüttel fortlokken wollte, später. »Ersterer wollte immer das Gute und war jederzeit bereit, zur Ausführung desselben alles Mögliche beizutragen. Aber er hatte bekanntlich nicht Selbständigkeit genug, etwas gegen den Willen seines Ministers oder anderer Leute, die ein Gewicht bei ihm hatten, durchzusetzen. Der Herr vom Hompesch war allein zu ohnmächtig, den Kabalen seiner Herren Kollegen im Ministerium zu widerstehen. Und so nahm denn die ganze Geschichte mit des Herrn Lessing Berufung eine so schiefe Wendung und ein so lahmes Ende, daß auch sogar von den 600 Gulden, die ihm doch ohne Rücksicht auf das Theater bloß als ordentliches Mitglied der Akademie der Wissenschaften versichert waren, in der Folge keine Rede mehr war und er nie einen Kreuzer davon wirklich bezogen.«

Lessing empfand die Behandlung durch die Mannheimer Bürokraten als offene Kränkung. Kaum heimgekehrt, macht er seinem berechtigten Zorn wieder einmal gewaltig Luft und schreibt einen Brief an Hompesch, dessen ätzende Schärfe wieder einmal echt Lessingisch anmutet:

»Ich darf Ewr. Exzellenz meine Antwort auf Dero Letztes vom 7. April nicht länger schuldig bleiben, da ich doch nur vergebens auf eine nähere Auskunft über die Seylersche Angelegenheit warte, welche vielleicht einiges Licht über meine eigene verbreiten könnte.

Wahrlich bedürfte ich auch eines solchen Lichtes recht sehr, um weder gegen Ewr. Exzellenz ungerecht zu werden noch mir den Vorwurf zuzuziehen, daß ich mich mutwillig durch Vorspiegelung und Intrige als ein Kind behandeln lasse.

Denn nur einem Kinde, dem man ein getanes Versprechen nicht gern halten möchte, dreht man das Wort im Munde um, um es glauben zu machen, daß es uns nunmehr je selbst freiwillig von diesem Versprechen lossage. Das Kind fühlt das Unrecht wohl; allein weil es ein Kind ist, weiß es das Unrecht nicht auseinanderzusetzen.

Wenn mich dann aber Ewr. Exzellenz nur für kein solches Kind halten, so bin ich schon zufrieden. Ich werde mich auch wohl hüten, mit Auseinandersetzung eines so geringfügigen Handels jemandem beschwerlich zu fallen. Nur eins muß ich mir dabei vorbehalten.

Ich bin nicht ohne Vorwissen des Herzogs von Braunschweig, in dessen Diensten ich stehe, nach Mannheim gereist. Ich habe ihm sagen müssen, was für Versprechungen mir von dort aus gemacht worden, die ich anzunehmen kein Bedenken tragen dürfen. Wenn er nun erfährt, daß aus diesen Versprechungen nichts geworden, was soll ich ihm sagen? Ihm Schritt für Schritt erzählen, wie die Sache gelaufen? Ihm Schwans, Ewr. Exzellenz und die anderen gewechselten Briefe vorlegen und ihn urteilen lassen, was er will?

Doch so neugierig wird der Herzog schwerlich sein; und ich besorge ganz ein anderes. – Da zur Zeit so manches von dem Deutschen Theater geschrieben wird, da in Kalendern und Journalen der neuen Einrichtung des Mannheimer Theaters, ohne mich dabei zu vergessen, bereits gedacht worden, so kann es nicht fehlen, daß man der Fortsetzung derselben nicht ferner gedenken und mich dabei ins Spiel bringen dürfte.

Hier muß ich Ewr. Exzellenz meine Schwäche gestehen. Ich vergebe tausend gesprochene Worte, ehe ich ein gedrucktes vergebe. Auf die erste Silbe, die jemand über meinen Anteil an dem Mannheimer Theater gedruckt und anders entfallen läßt, als es sich in Wahrheit verhält, sage ich dem Publico alles rein heraus.

Denn darin belieben Ewr. Exzellenz doch wohl nur mit mir zu scherzen, daß ich demohngeachtet die Mannheimer Bühne nicht ganz ihrem Schicksal überlassen und von Zeit zu Zeit besuchen würde. Ich dränge mich zu nichts, und mich Leuten, die, ungeachtet sie mich zuerst gesucht, mir dennoch nicht zum besten begegnen wollen oder können, mich solchen Leuten wieder an den Kopf zu werfen, würde mir ganz unmöglich sein.«

Lessing, zeigt sich nun, ist zutiefst in seinem Selbstgefühl getroffen. Auch als sein Mannheimer Freund, der Maler Müller, die Sache noch einmal ins rechte Lot zu bringen versucht und Lessing einen unmittelbaren Kontakt mit dem Kurfürsten verschaffen will, bekommt er eine deutliche Abfuhr, die ihm zu denken gibt.

»Sehr gern, mein lieber Müller, will ich tun, was Sie verlangen«, antwortet Lessing ihm. »Ich will an den Kurfürsten schreiben, und der Kurfürst soll wahrlich noch wenige Briefe von der Art erhalten haben. – Aber wird er meinen Brief auch wirklich erhalten? Da wir eine so große Kabale wider uns haben, wird man den Brief nicht unterschlagen? – Er ist ja wohl der Mann nicht, gegen den man so etwas nicht wagen dürfte! – Also auf freier Post darf ich es doch nicht tun? Soll ich Ihnen oder Seilern den Brief schicken? Doch wenn Seiler sein Memorial nicht einmal anbringen können, wie will er einen Brief von mir anbringen? Ihnen aber die Übergebung desselben zuzumuten, wäre unfreundschaftlich.«

Nur langsam beginnt Lessings Zorn zu verrauchen. Er kann sich nicht verkneifen, Hompesch, diesem »kleinen kriechenden

Minister«, gehörig die Leviten zu lesen. Er ist nicht der Mann, der vor aufgeblähten Autoritäten zurückschreckt. Byzantinismus ist seine Sache so wenig wie Opportunismus. Nie hat er sich den Großen aufgedrängt. Im Gegenteil: »Ein Großer und ich merken bald, daß keiner für den anderen gemacht ist.«

Mit dieser maßlosen Enttäuschung enden Lessings Beziehungen zu deutschen Bühnen. Wieder einmal ist ein erstaunlicher Mann an der Kläglichkeit deutscher Zustände gescheitert. Dem größten deutschen Dramatiker der Zeit ist damit jede Chance genommen, unmittelbar gestaltend auf die deutsche Schaubühne einzuwirken.

Das Gewitter, das die üble Mannheimer Affäre ausgelöst hatte und die sein erstes Ehejahr überschattete, verzog sich bald wieder. Lessing wirkte damals, traut man den Berichten jener, die in dieser Zeit seinen Weg kreuzten, so gelöst und selbstsicher wie schon seit Jahren nicht mehr. Er hatte sich mit Eva im Hause Schloßplatz 2 für die damaligen Verhältnisse ungemein komfortabel eingerichtet und führte ein offenes Haus. Da seine Frau durchaus über die Gabe ungezwungenen Konversierens verfügte, herrschte in den Räumen des neuernannten Hofrats eine heitere und ungezwungene Geselligkeit, die sich wohltuend von der lastenden Einsamkeit der vergangenen Jahre unterschied.

Der Historiker Spittler, der damals in der Bibliothek Studien betrieb und oft als Gast im Hause Lessing weilte, überlieferte den sicher überzeugendsten Zustandsbericht aus Lessings glücklichstem Jahr.

»In Wolfenbüttel war ich fast drei Wochen, und es waren drei der glücklichsten und lehrreichsten meines Lebens, da mir Lessing einen völlig freien Zutritt in sein Haus und einen ebenso ungehinderten Gebrauch der dasigen Bibliothek gestattete. Ich weiß nicht, ob Sie Lessing persönlich kennen. Ich darf Sie versichern, daß er der größte Menschenfreund, der tätigste Beförderer aller Gelehrsamkeit, der hilfreichste und herablassendste Gönner ist. Man wird unvermerkt so vertraut mit ihm, daß man schlechterdings vergessen muß, mit welch großem Manne man umgeht, und, wenn es möglich wäre, mehr Menschenliebe, mehr tätiges Wohlwollen irgendwo anzutreffen als bei Lessing – so wär's bei Lessings Gattin. Eine solche Frau hoffe ich nimmermehr kennen zu lernen. Die unstudierte Güte des Herzens, immer voll von der göttlichen Seelenruhe, die sie auch durch die bezauberndste Sympathie allen mitteilt, welche mit ihr umzugehen das Glück haben. Das Beispiel dieser großen, würdigen Frau hat meine Begriffe von ihrem Geschlecht unendlich erhöht, und vielleicht bin ich noch viel zu kurz in Wolfenbüttel gewesen, um sie nach allen ihren Vorzügen kennenzulernen.«

Selbst Lessings Freunde in Berlin und anderswo bekamen durch seine Briefe etwas von der großen Ruhe zu verspüren, die sich seiner damals bemächtigt hatte. So schrieb ihm der alte Menschenkenner Mendelssohn am 11. November aus Hannover: »Sie scheinen jetzt in einer ruhigen zufriedenen Lage zu sein, die mit meiner Denkungsart unendlich besser harmoniert als jene geistreiche, aber auch etwas bittere Laune, die ich an Ihnen vor einigen Jahren bemerkt zu haben glaubte. Ich war nicht stark genug, das Aufbrausen dieser Laune niederzuschlagen, aber ich habe es herzlich gewünscht, daß es Zeit und Umstände und Ihre eigene Vernunft tun möchten. Mich dünkt, und alles, was ich von Ihnen höre und sehe, bestätigt mich in diesem angenehmen Dünken, mich dünkt, mein Wunsch sei nunmehr erfüllt. Ich muß Sie in dieser besseren Lage Ihres Gemütes notwendig sprechen, wäre es auch nur, um mich zu belehren, was am besten zu dieser Besänftigung beigetragen: die Frau oder die Freimaurerei, bessere Vernunft oder reifere Jahre.«

Lessing hat wirklich keinen Grund zum Klagen. Er wohnt relativ feudal in einer Art Miniaturschloß, das für den Oberkammerdiener des Herzogs gebaut worden war. In einem Flügel dieses Atriumhauses hat der Hausherr selbst seine literarische Werkstatt, abgeschirmt von allem Tageslärm, errichtet. Hier kann er in aller gebotenen Ruhe seinen Gedanken nachhängen und sie formulieren.

Dann aber bricht mitten in diesem trügerischen Idyll die Katastrophe über das so friedliche Haus Lessing herein. Weihnachten 1777 wird Lessings Sohn geboren. Er lebt nur 24 Stunden. Eva liegt zehn Tage ohne Bewußtsein. Noch einmal scheint Lessing einige Hoffnung für sie geschöpft zu haben. Dann aber greift der Tod abermals und diesmal unerbittlich zu. Eva Lessing stirbt am 10. Januar 1778 nur wenige Tage nach der Geburt ihres Kindes und läßt ihren Mann in einer ausweglosen Einsamkeit zurück. Zwar versucht er in den Briefen, in denen er seinen Freunden über diesen Schicksalsschlag berichtet, Haltung zu bewahren, dann aber bricht der Schmerz unaufhaltsam aus ihm heraus.

Lessings Briefe an Eschenburg in diesen wohl kritischsten Tagen seines Lebens sind erschütternde menschliche Dokumente, die zu Recht in die Literatur eingegangen sind. Während er noch, zwischen Hoffnung und Verzweiflung schwankend, Tag und Nacht am Lager Evas wacht, schreibt er am letzten Tag seines an sich glücklichsten Jahres 1777 an den Freund: »Ich ergreife den Augenblick, da meine Frau ganz ohne Bewußtsein, um Ihnen für Ihren gütigen Anteil zu danken. Meine Freude war nur kurz. Und ich verlor ihn so ungern, diesen Sohn! Denn er hatte so viel Verstand! So viel Verstand! Glauben Sie nicht, daß die wenigen Stunden meiner Vaterschaft mich schon zu so einem Affen von Vater gemacht haben! Ich weiß, was ich sage. – War es nicht Verstand, daß man ihn mit eisernen Zangen auf die Welt ziehen mußte? Daß er so bald Unrat merkte? War es nicht Verstand, daß er die erste Gelegenheit ergriff, sich wieder davonzumachen? Freilich zerrt mir der kleine Ruschelkopf auch die Mutter mit fort! – Denn noch ist wenig Hoffnung, daß ich sie behalten werde. – Ich wollte es auch einmal so gut haben wie andere Menschen. Aber es ist mir schlecht bekommen.«

Am 10. Januar 1778 heißt es dann abermals in einem an Eschenburg gerichteten Brief: »Meine Frau ist tot, und diese Erfahrung habe ich nun auch gemacht. Ich freue mich, daß mir viel dergleichen Erfahrungen nicht übrig sein können zu machen, und bin ganz leicht. – Auch tut es mir wohl, daß ich mich Ihres und unserer übrigen Freunde in Braunschweig Beileids versichert sein darf.«

An Karl Lessing ergeht am 5. Januar, also in einem Augenblick, als die Katastrophe noch abwendbar erscheint, die Nachricht von Lessings »traurigsten vierzehn Tagen« nach Berlin hinüber.

»Ich lief Gefahr, meine Frau zu verlieren, welcher Verlust mir den Rest meines Lebens sehr verbittert haben würde«, schildert er dem Bruder sein Unglück. »Sie ward entbunden und machte mich zum Vater eines recht hübschen Jungen, der gesund und munter war. Er blieb es aber nur vierundzwanzig Stunden und war hernach das Opfer der grausamen Art, mit welcher er auf die Welt gezogen werden mußte. Oder versprach er sich von dem Mahle nicht viel, zu welchem man ihn so gewaltsam einlud, und schlich sich von selbst wieder davon? Kurz, ich weiß kaum, daß ich Vater gewesen bin. Die Freude war so kurz, und die Betrübnis ward von der größten Besorgnis so überschrien! Denn die Mutter lag ganze neun bis zehn Tage ohne Verstand, und alle Tage, alle Nächte jagte man mich ein paarmal von ihrem Bett mit dem Bedeuten, daß ich ihr den letzten Augenblick nur sauer mache. Denn mich kannte sie noch bei aller Abwesenheit des Geistes. Endlich hat sich die Krankheit auf einmal umgeschlagen, und seit drei Tagen habe ich die zuverlässige Hoffnung, daß ich sie diesmal noch behalten werde, deren Umgang mir jede Stunde, auch in ihrer gegenwärtigen Lage, immer unentbehrlicher wird.«

Am 12. Januar trug Lessing auch seine Frau zu Grabe. Er stand mit ihren Kindern wie verloren an ihrer frischen Gruft. Den Tag darauf schrieb er sich folgende Worte vom Herzen: »Wenn ich nur mit der einen Hälfte meiner übrigen Tage das Glück erkaufen könnte, die andere Hälfte in Gesellschaft dieser Frau zu verleben, wie gern wollt' ich es tun? Aber das geht nicht, und ich muß nun wieder anfangen, meinen Weg allein so fortzusetzen.« Mit dieser erschütternden Einsicht in die Unabdingbarkeit unseres Schicksals schließt sich eines der erregendsten Kapitel in der Vita des erstaunlichen Mannes Lessing.

Epilog

Ein glückliches, von Sorgen unbeschwertes Dasein war für einen so exaltiert-streitbaren Geist wie Lessing von vornherein nicht zu erwarten. Das Höchste, was ein Mensch auf dieser Erde erringen kann, hatte er schon bald einsehen gelernt, konnte bestenfalls ein heroischer Lebenslauf sein. Mit dem Tode Evas war der Zenit seines Lebens ohnehin überschritten. Was nun noch folgte, konnte nur noch der Abgesang eines kämpferischen, ganz dem Geist verpflichteten Lebens sein, ein Epilog, der allerdings nach dem Gesetz, wonach Lessing angetreten war, kein Diminuendo kannte, sondern sich noch zu einem machtvollen Finale steigerte.

Der Schicksalsschlag hatte ihn in seine Einsamkeit zurückgetrieben, für die er offenbar geboren war. Sie hatte ihn, als er eben dabei war, ihr zu entrinnen, am Ende eben doch wieder eingeholt. Er hatte für seinen fragwürdigen Ruhm teuer, vielleicht allzu teuer zu zahlen. Das Schicksal forderte offenbar Entsagung und Verzicht von ihm, konzessionslose Preisgabe seines Glücksverlangens. Es lehrte ihn aber auch, daß ein Mann, ganz allein auf sich gestellt, am stärksten ist.

Seine letzte, seine wahrscheinlich sogar wirkungsvollste Karte hatte Lessing offenbar noch nicht ausgespielt. Nun, da er in die letzte Phase seines Lebens eingetreten war, stehen bezeichnenderweise zunehmend religiöse Fragen im Mittelpunkt seines Interesses. Seine hitzige Kontroverse mit dem Hamburger Hauptpastor Goeze ist mit einiger Sicherheit die heftigste Polemik der deutschen Literatur überhaupt geblieben. Für deutsche Verhältnisse war der Impetus, den Lessing in seinem

Kampfeseifer entwickelte, ohne Beispiel. Man muß schon in die Tage Luthers und Huttens zurückgehen, um ähnliche Töne in unserer Sprache zu vernehmen. Hier wurde endlich wieder einmal deutsch gesprochen.

Gerade wegen seiner überzogenen Tonart hatte Lessing entscheidend zur Klärung der theologischen Standpunkte in diesem Land beigetragen. Nie hat er sich in seinem Leben wohl so persönlich engagiert und soviel von seinem ureigenen Ich mit in die Debatte eingebracht wie in diesem Kampf der Geister. Kaum einer auch hat bei uns zulande so gezielt und wirkungsvoll gegen einen festgefahrenen weltanschaulichen Doktrinarismus gewettert wie er. Und niemals hat einer so überzeugend für eine ungezwungene Frömmigkeit des Herzens und eine Innerlichkeit des Gefühls plädiert.

Für Lessing hatten dergleichen Auseinandersetzungen am Rande auch die Funktion von geistigen Häutungsprozessen. Mit ihrer Hilfe wuchs er zu guter Letzt hoch über die Aufklärung hinaus, in die er nun einmal hineingeboren war und als deren wohl bedeutendster Exponent auf deutschem Boden er neben Immanuel Kant gelten kann. Seine »Erziehung des Menschengeschlechts«, die er als sein eigentliches Vermächtnis hinterließ, deutet schlüssig seinen schrittweisen Aufstieg aus den rationalen Denkprozessen der Aufklärung zu einem höheren Menschentum an. Zuletzt fügte er noch den Gedanken der Reinkarnation, die den Menschen sukzessiv seiner Vollendung entgegenführt, als Schlußstein in sein imposantes Denkgebäude ein.

Im Oktober 1774 hatte Lessing bereits damit begonnen, die erste Folge seiner »Fragmente eines Ungenannten« publik zu machen. Deren Erscheinen war zunächst in der Öffentlichkeit ohne merkliche Resonanz geblieben. Man entsinnt sich: Die Kinder des Hamburger Philosophen Hermann Samuel Reimarus, den Lessing kurz vor dessen Tode noch selbst kennen und schätzen gelernt hatte, hatten ihm ein Manuskript ihres Vaters zur freien Verfügung übergeben. Der vielseitige Theologe Reimarus hatte zeit seines Lebens ganz im Banne der Aufklärung redlich mit seinen Zweifeln an dem Wahrheitsgehalt gewisser christlicher Inhalte gerungen, die er mit seiner Ratio nicht so recht in Einklang bringen konnte.

Sein Gewissen hatte ihn offenbar dazu überredet, seine Bedenken gegenüber der göttlichen Herkunft Christi, dem Wunder der Auferstehung oder der Ausgießung des Heiligen Geistes anzumelden. Aber dieser verängstigte Wahrheitssucher hatte zu seinen Lebzeiten seine Aufzeichnungen vor den Augen der Außenwelt verborgen gehalten. Es galt damals immerhin noch als ein unabwägbares Wagnis, die Bibel einer historisch-philologischen Kritik zu unterziehen und an ihrem Offenbarungscharakter Zweifel anzumelden. Wahrscheinlich wollte Reimarus es der Zeit überlassen, daß einmal eine nachwachsende Generation ein Organ für seine Evangeliumskritik entwickelte. Er wollte das Dokument seines inneren Ringens als eine »Schutzschrift für die vernünftigen Verehrer Gottes« verstanden wissen und überließ alles andere der Zukunft. Es gehörte dann schon der bekannte geistige Heroismus eines Lessing dazu, eine öffentliche Provokation zu riskieren und den Kampf gegen die Meute der Rechtgläubigen aufzunehmen und am Ende auch durchzutragen.

Mit der Publikation dieses hochexplosiven Textes hatte Lessing in der Tat wieder einmal eine publizistische Tretmine losgetreten. Was man da aus der Feder eines Anonymus zu lesen bekam, war von ungeheurer geistiger Brisanz. Dieser Versuchung einer Aufwiegelung gegen theologische Autoritäten versetzte orthodoxe wie liberale Theologen in einen so nie dagewesenen Alarmzustand. Man verwahrte sich energisch gegen diesen tollkühnen Versuch einer Entmythologisierung tabuisierter Glaubensinhalte. Lessing stand wieder einmal als lästiger Einzelgänger zwischen allen Lagern, dem man seine Tiefschläge gegen das konventionelle Christentum in seiner konfessionellen Institutionalisierung nicht ungestraft durchgehen lassen konnte. Er hatte also in den nächsten Jahren und recht eigentlich auch bis zum Ende seines Lebens seine eigene religiöse Position mit Zähnen und Klauen zu verteidigen.

Die Aufzeichnungen des Reimarus hatte Lessing als angeblichen Fund seiner Wolfenbütteler Bibliothek avisiert, um die Familie seiner Hamburger Freunde nicht unnötig wütenden Angriffen auszusetzen. Vier Jahre lang erschien von nun ab Folge um Folge dieser provokativen »Fragmente eines Ungenannten«, von denen sich zumindest sagen läßt, daß sie einige der zentralen Fragen der Zeit tangierten. Erstaunlich allerdings, daß sich zunächst überhaupt keine Stimme rührte, um die Herausforderung des mysteriösen »Ungenannten« anzunehmen und seinen vorgebrachten Thesen mit aller Entschiedenheit zu kontern. Dann aber, wie auf ein geheimes Kommando hin, bricht der Sturm los. Das ganze Unwetter entlädt sich auf den Herausgeber der ominösen Aufzeichnungen, der wieder einmal mit dem Rücken zur Wand hin steht.

Ausgerechnet kurz nach dem Tode seiner Frau tritt mit dem Erscheinen des siebenten Bandes dann eben doch nach vielen Vorgefechten und Plänkeleien mit kleineren Geistern der Hamburger Hauptpastor Goeze in Aktion, um die Fehde, die Lessing da vom Zaun gebrochen hat, mit ungewöhnlichem Furor aufzunehmen. Diesmal hat Lessing es mit einem entschieden gefährlicheren Gegner zu tun als mit den Langes und Klotzens. Diesmal geht es auch nicht um ein pures Philologengezänk, um Übersetzungsfehler oder Fehlinterpretationen antiker Texte. In diesem Duell geht es um Gott und Teufel, letztlich sogar um den puren Fortbestand der institutionalisierten Kirche, um die letzten Glaubenswahrheiten, um die in diesem Lande schon verheerende Kriege geführt worden waren.

Lessings Hauptkontrahenten, den Hauptpastor Johann Melchior Goeze, kann man keineswegs zu einem nichtssagenden Popanz herunterspielen, wie man das immer wieder versucht hat. Er ist ein versierter, sogar ein brillanter Theologe, mit allen Wassern seiner Zunft gewaschen. Dazu ist er zum Oberaufseher des gesamten Schulwesens im nördlichen Deutschland avanciert, alles in allem also der eigentliche Doyen der Theologen in dieser Region und Wortführer der Orthodoxen.

Lessing hat keinen Grund, in Goeze einen engstirnigen und daher um so fanatischeren Gegenspieler seiner eigenen theologischen Einsichten zu sehen. Er hat, wie wir wissen, in seinen Hamburger Tagen sogar zuweilen als Gast im gastfreien Hause Goezes geweilt. Als diesem dann Anfang 1777 das Kapitel »Von Verschreiung der Vernunft an den Kanzeln« der »Fragmente« in die Hände gerät, stoben die Funken, die man so lange unter der Asche verborgen gehalten hatte. Am Ende kam es dann zu einer Explosion, die das gesamte geistige Deutschland aufschreckte. Lessing sieht sich auf einmal von einer ganzen Meute von Gegnern in die Enge getrieben. Nun ist es an ihm, sich vor seinen «Ungenannten« zu stellen, mit dem alle Welt ihn identifiziert, und sich somit seiner Haut zu wehren.

Natürlich ist dieser Lessing Realist genug, um zu wissen, daß er gerade mit dieser Folge eine ganze Welt von Eiferern gegen sich mobilisieren würde. Mit der lutherischen Orthodoxie sich anzulegen, wußte er nur zu gut, war eine Herausforderung des Schicksals.

Und doch mußte er der Stimme seines Gewissens folgen und zwischen Orthodoxie, Pietismus und einem eher liberalen Deismus einen eigenen Standort beziehen und ihn dann auch mit letzter Entschlossenheit behaupten. Daher hatte er sich auf den Hamburger Pfarrer einzuschießen, der mit schwerem Geschütz gegen ihn angetreten war, um ihn zu erledigen.

Immerhin war der Hamburger ein gestandener Mann, eine Persönlichkeit mit unleugbarem Charisma, die man nicht einfach zur Unperson erklären konnte. Bei ihm handelte es sich um einen Gegner, gegen den man nicht mit leichten Waffen antreten konnte. Man hatte all seine geistigen Reserven zu mobilisieren, wollte man sich nicht am Ende als ein Abgeschlagener dem Gespött der Öffentlichkeit ausliefern.

Gleich nach Evas Tod begann die große Kampagne gegen Lessing. Im Verlauf des Jahres 1778 schrieb sich der ohnehin in seinem Zentrum tödlich getroffene Witwer einen Brief um den anderen seines »Anti-Goeze« von der Seele. Es handelte sich dabei für ihn nicht nur um ein Kräftemessen mit den Wortführern antiquierter Auffassungen, sondern um einen selbstverständlichen Einsatz für die Freiheit der Gedanken und der Wissenschaft in diesem Lande, aber auch um eine Präzisierung seines höchst individuellen religiösen Credos.

Friedrich Schlegel, Deutschlands bedeutendster Kritiker nach Lessing, verfügte schon über die richtige Witterung, wenn er die Meinung vertrat, Lessings »Anti-Goeze« verdiene nicht bloß in Rücksicht auf seine zermalmende Kraft der Beredsamkeit, seine überraschende Gewandtheit und den glänzenden Stil, sondern auch im Hinblick auf Genialität, Philosophie und sittliche Erhabenheit unter allen seinen Schriften den allerersten Rang. Denn nie habe dieser so aus seinem tiefsten Selbst geschrieben wie in diesen Briefen, die er aus sich herausschleudert und »in denen der Adel seines Gemüts im reinsten Glanz so unzweideutig hervorstrahlt«.

Es dauerte eine beachtliche Weile, bis sich Schlegels Meinung vom exzeptionellen Rang dieser theologischen Streitschrift durchsetzte. Auf jeden Fall hatte dieser verzweifelte publizistische Gegenschlag die Wirkung eines reinigenden Gewitters, das über Deutschland hinweggegangen war. Hier hatte sich ein unbeugsamer Charakter durchgesetzt, der mit einmaliger Geistesschärfe einen Kampf ausfocht, in dem sich ihm die Chance bot, alle Register seiner diffizilen Sprachkunst zu ziehen. Schließlich ging es diesmal wirklich um nicht mehr oder weniger als um die großen existentiellen Fragen, die die Fundamente des sogenannten christlichen Abendlandes zutiefst zu erschüttern anfingen.

Es begann damit, daß Goeze vom Dezember 1777 an in der sogenannten »Schwarzen Zeitung«, dem Hamburger Theologenblatt, und außerdem im Altonaer »Reichspostreuter« einen Brandartikel nach dem anderen gegen Lessing unter die Leute brachte. Einige von ihnen faßte er dann schon bald in einer Schrift mit dem provokativen Titel »Lessings Schwächen« zusammen. Zweifellos ist dieser Goeze ein unbequemes polemisches Talent. Echter lutherischer Zorn, spürt man heraus, hatte ihm die Feder bei seinen Pamphleten geführt. Er wollte, was alle buchstabengetreuen Christen damals erhofften, nämlich Lessing in die schwächere Position bugsieren und ihm das Handwerk legen, indem er ihm eine klare Antwort auf sein Verhältnis zum Christentum abzufordern versuchte.

Ganz gewiß ist der Prediger an der Hamburger Katharinenkirche nur der Sprache seines Gewissens gefolgt, als er sich der Mühe unterzog, einem theologischen Liberalismus bereits in seinen Anfängen den Wind aus den Segeln zu nehmen, ehe er den Auflösungsprozeß der kirchlichen Ordnung beschleunigen würde. Er wußte also durchaus, worauf er sich einließ, wenn er die in vielem sicher reformbedürftigen Grundeinsichten Luthers mit Zähnen und Klauen verteidigte. Lessing, noch merklich von den Spuren des schweren Schicksalsschlages gezeichnet, mußte sich nun wohl oder übel ganz auf seine Repliken konzentrieren.

Natürlich hatte er herausgefunden, daß sich die orthodoxe Theologie auf dem Rückzug befand und daß sie viele ihrer Positionen nicht lange mehr würde halten können. Die Liberalen gewannen nämlich zusehends an Terrain. Auch die schriftstellerischen Aktivitäten Voltaires, der 1778 übrigens gestorben war, hatten ihre Spuren hinterlassen. 1762 hatte der große Franzose Auszüge aus dem antichristlichen Testament des Pfarrers Meslier herausgegeben. Ein Jahr darauf schrieb er seinen »Traité sur la tolérance«, der auf Anhieb Furore machte. Lessing hatte sich als Schriftsteller der deutschen Aufklärung lange genug im geistigen Gewässer des Franzosen bewegt, um nicht von diesen Schriften beeindruckt gewesen zu sein. Eben hatte er ihm eine vielsagende Grabschrift verfaßt, in der es hieß: »Hier liegt – wenn man euch glauben wollte, ihr frommen Herrn! – der längst hier liegen sollte. Der liebe Gott verzeih aus Gnade ihm seine Henriade und seine Trauerspiele und seiner Vers'chen viele; denn was er sonst ans Licht gebracht, das hat er ziemlich gut gemacht.«

Ein Mann, der sich selbst zum Parteigänger Voltaires deklarierte, mußte zwangsläufig mit den Relikten der lutherischen Orthodoxie kollidieren. Reimarus hatte nämlich schon kritische Ideen aufgegriffen, die damals ohnehin in der Luft lagen. Aber er gerierte sich im großen und ganzen dann eben doch radikaler als andere Kritiker des christlichen Dogmatismus. Als er die göttliche Natur Christi in Frage stellte, sah er sich selbst von seiner Gefolgschaft im Stich gelassen.

Lessing packte zugleich mehrere heiße Eisen an, als er die Thesen des Reimarus zur Diskussion stellte, um eine Erneuerung des verkrusteten Luthertums zu bewirken. Er machte demnach von seinem Protestantenrecht des freimütigen Protestierens uneingeschränkt Gebrauch und sah sich dabei in enger Waffenbrüderschaft mit Luther selbst, der auch den Geist gegenüber dem Buchstaben verteidigt hatte. Er bestand vor allem auf einem »Evangelium der Liebe«, das er verkünden wollte. Als man ihm die Möglichkeit dazu entzog, schrieb er sich seinen »Nathan« vom Herzen, um das letzte auszusprechen, was er der Welt noch zu hinterlassen hatte.

Im ersten Halbjahr 1778 entstanden die ersten elf Briefe des »Anti-Goeze« und seine Traktate »Parabel« und »Axiomata«. Sie alle tangieren die Frage nach dem Wesen des Christentums. Ist ohne den festen Glauben an die Inspiration des Buchstabens in der Bibel überhaupt noch das Christentum glaubhaft in der Welt zu vertreten?

Es gibt nichts daran zu rütteln: Die Aufklärung hatte bereits mit dem alten Wunderglauben rücksichtslos aufgeräumt. Skepsis und Zweifel machten sich dort breit, wo man bisher noch gewisse irrationalistisch anmutende Passagen der Bibel für bare Münze genommen hatte. Die Argumentation des »Ungenannten«, der es sich mit seinem christlichen Glauben ein Leben lang hatte sauer werden lassen, stieß also bei vielen längst nicht mehr ins Leere. Nur elf Jahre vor der großen Französischen Revolution, die dann bereits die Göttin der Vernunft auf den Thron Gottes erhob, hatte Lessing im Grunde den Wind des Zeitgeistes durchaus im Rücken. Schon Reimarus hatte sich auf die Deisten und Freidenker in England und Frankreich berufen können. Selbst die Kirche in Deutschland befand sich damals auf dem besten Wege, beträchtlich gegenüber dem alles in Zweifel ziehenden Rationalismus gehörig Boden zu verlieren.

Lessing sah daher keine Veranlassung, aus seinem Herzen eine Mördergrube zu machen. Er hatte seit seinen Leipziger Tagen, als er, damals ein literarischer Debütant, seinen »Freigeist« schrieb, seiner Wahrheitsmanie keinen Augenblick Zügel angelegt. In allen Fragen des Lebens war er gewohnt, die Elle der Vernunft zu verwenden und dem gesunden Menschenverstand eine reelle Chance einzuräumen. Nun hatte er selbstredend auch in einem Augenblick, in dem es um die Klärung der letzten Fragen ging, die Partei der praktischen Vernunft zu vertreten.

Die zweitausend Manuskriptseiten, die ihm die befreundeten Geschwister Reimarus zu treuen Händen überlassen hatten und die ihr Vater als Extrakt seiner lebenslangen Denkbemühungen über alle fragwürdigen Probleme des Christentums unter dem Titel »Apologie oder Schutzschrift für die vernünftigen Verehrer Gottes« hinterlassen hatte, waren für ihn hochwillkommene Aufhänger, ein Plädoyer für den unumschränkten Gebrauch der menschlichen Vernunft auch in Fragen religiöser Mystifikationen zu riskieren.

»Wenn kein vernünftiges Christentum heutigen Tages mehr geduldet werden will, was haben diejenigen zu hoffen, welche sich bloß an die gesunde Vernunft in der Erkenntnis und Verehrung Gottes halten?« fragte er, um sogleich zu antworten: »Die reine Lehre Christi, welche aus seinem eigenen Mund geflossen ist, sofern dieselbe nicht besonders in das Judentum einschlägt, sondern allgemein werden kann, enthält nichts als eine vernünftige poetische Religion. Folglich würde ein jeder vernünftige Mensch, wenn er eine Benennung der Religion brauchte, sich von Herzen christlich nennen.«

Nun hatte er sich mit solchen Überzeugungen den leibhaftigen Papst der deutschen Orthodoxen auf den Hals gezogen. Goeze verstand sich durchaus auf volkstümliche Formulierungskünste. Er war schließlich nicht umsonst bei Luther in die Schule gegangen und hatte ihm seine sprachliche Drastik vom

Johann Melchior Goeze

Munde abgesehen. So klingt es dann auch in seinen Attacken höchst lutherisch: »Wahrlich, Herr Lessing muß wissen, daß sein Vorrat an Stinktöpfen unerschöpflich sei, daß er sich kein Bedenken macht, in einem einzigen Bogen soviel davon auf einmal zu verschießen.«

Lessings Gegenschläge, mit denen er diese Attacken pariert, fallen nicht weniger grobianisch aus: »Jetzt ist mein Bogen voll, und mehr als einen Bogen sollen Sie nicht auf einmal von mir erhalten. Es ist erlaubt, Ihnen den Eimer faulenden Wassers, in welchem Sie mich ersäufen wollen, tropfenweise auf den entblößten Schädel fallen zu lassen.«

»Der Buchstabe ist nicht der Geist, und die Bibel ist nicht die Religion«, bekamen Lessings Gegner zu ihrem Entsetzen zu hören. »Folglich sind Einwürfe gegen den Buchstaben und gegen die Bibel nicht eben auch Einwürfe gegen den Geist und gegen die Religion. Denn die Bibel enthält offenbar mehr als zur Religion Gehöriges, und es ist bloß Hypothese, daß sie in diesem Mehrern gleich unfehlbar sein müsse. Auch war die Religion, ehe eine Bibel war. Das Christentum war, ehe Evangelisten und Apostel geschrieben hatten. Es verlief eine geraume Zeit, ehe der erste von ihnen schrieb, und eine sehr beträchtliche, ehe der ganze Kanon zustande kam. Es mag also von diesen Schriften noch so viel abhängen, so kann doch unmöglich die ganze Wahrheit der Religion auf ihnen beruhen.«

Dieses tollkühne Infragestellen der biblischen Offenbarung bedeutet natürlich eine Provokation, die alle Orthodoxen im Lande auf den Barrikaden sieht. Goeze als ihr Wortführer unterstellt dem vorlauten Journalisten Lessing nicht mehr oder weniger als »mittelbare und unmittelbare feindselige Angriffe auf unsere allerheiligste Religion und auf den Lehrgrund derselben«, wie es bereits der Untertitel seiner Schrift: »Etwas Vorläufiges« andeutet.

Goezes Empörung ist keineswegs nur posiert. Sie ist vielmehr echt und auch leicht verständlich. »Die ›Fragmente eines Ungenannten‹, welche der Herr Hofrat Lessing durch den Druck der Welt mitgeteilt, sonderlich das fünfte unter denselben, in welchem der Verfasser die Wahrheit der Auferstehung Christi zu stürzen und die Apostel als die ärgsten Betrüger und Lügner darzustellen versucht, sind gewiß das Ärgste und Äußerste, was man denken kann«, wettert er los. »Nur derjenige kann Unternehmungen von dieser Art als etwas Gleichgültiges ansehen, der die christliche Religion entweder für ein leeres Hirngespinst oder gar für einen schädlichen Aberglauben hält und der nicht eingesehen hat, daß die ganze Glückseligkeit der bürgerlichen Verfassung unmittelbar auf derselben beruhe, oder der den Grundsatz hat: sobald ein Volk sich einig wird, Republik sein zu wollen, so darf es folglich die biblischen Aussprüche, auf welchen die Rechte der Obrigkeit beruhen, als Irrtümer verwerfen.«

Er unterstellt Lessing also nicht mehr und nicht weniger als subversive Absichten, um die Autorität der weltlichen Obrigkeit ins Wanken zu bringen. »Ich habe die Hoffnung zu Gott«, beteuert er daher, »daß die Zeit nahe sei, welche diesem unsinnigen Unfug ein Ende machen wird, und daß große Herren ihrer eigenen Sicherheit willen oder wenigstens, zu verhüten, daß sie als Gottes Statthalter, als Liebhaber des Lebens nicht nötig haben mögen, Schwert und Rad zur Rache über die Übeltäter gebrauchen zu dürfen, solchen Toren und den verwegendsten Ausbrüchen ihres Unsinns Grenzen setzen werden.«

Natürlich ist es ein perfider taktischer Schachzug Goezes, der betont theologischen Thematik der Querelen einen Drall ins Politische zu verleihen, um auch die Regierenden gegen Lessing zu alarmieren. Am Ende wird er damit sogar Erfolg haben, wie noch zu zeigen ist. Vorläufig aber zieht sich das Geplänkel mit wie mit Ekrasit geladenen Worten noch über Monate hin, in denen das geistige Deutschland in Atem gehalten wird und sich über die bombastischen Grobheiten, aber auch über die geschliffenen Wendungen Lessings schockiert oder amüsiert fühlt.

»Lieber Herr Pastor!« so hatte Lessing gleich zu Beginn des ersten Briefes seines »Anti-Goezes« seine Zügel temperamentvoll schießen lassen. »Poltern Sie doch nicht so in den Tag hinein. Ich gehe ungern daran, daß ich meiner ›Absage‹ schon so bald nachleben muß. Aber Sie glaubten wohl sonst, es sei mein Ernst nicht. – Sehen Sie also, welchen Plan zu meiner Fehde gegen Sie ich hiermit anlege. Auch schließen Sie aus dem Ton, aus dem Lemma des Tertullian und den ferneren Worten, die ihm folgen: Überschreien sollen Sie mich gewiß nicht.

Gott weiß es, ich habe nichts dagegen, daß Sie und alle Schulrektoren in Niedersachsen gegen meinen Ungenannten zu Felde ziehen. Vielmehr freue ich mich darüber; denn eben darum zog ich ihn an das Licht, damit ihn recht viele prüfen, recht viele widerlegen können. Ich hoffe auch, er wird noch Zeit genug unter die rechten Hände kommen, unter welchen er mir noch nicht zu sein scheint, und sodann glaube ich, der christlichen Religion durch seine Bekanntmachung einen größeren Dienst erwiesen zu haben als Sie mit all Ihren Postillen und Zeitungen.

Wie? Weil ich der christlichen Religion mehr zutraue als Sie, soll ich ein Feind der christlichen Religion sein? Weil ich das Gift, das im Finstern schleicht, dem Gesundheitsrate anzeige, soll ich die Pest in das Land gebracht haben? Denn kurz, Herr Pastor, Sie irren sich aber, wenn Sie glauben, daß der Ungenannte ganz aus der Welt geblieben wäre, wenn ich ihm nicht hineingeholfen hätte.

Vernehmen Sie, daß das Buch ganz existiert und bereits in mehreren Abschriften existiert, wovon, ich weiß nicht wie, nur Fragmente des ersten Entwurfs sich in die Bibliothek verlaufen haben, die ich der Welt freilich nutzbar hätte machen können, wenn ich alle darin befindlichen plattdeutschen Bibeln von Wort zu Wort für Sie konferiert hätte ... Der wahre Lutheraner will nicht bei Luthers Schriften, er will bei Luthers Geist geschützt sein; und Luthers Geist erfordert schlechterdings, daß man keinen Menschen in der Erkenntnis der Wahrheit nach seinem eigenen Gutdünken fortzugehen hindern muß. Aber man hindert alle daran, wenn man auch nur einem verbieten will, seinen Fortgang in der Erkenntnis anderen mitzuteilen. Denn ohne diese Mitteilung im einzelnen ist kein Fortgang im Ganzen möglich.

Herr Pastor, wenn Sie es dahin bringen, daß unsere lutherischen Pastores unsere Päpste werden, daß diese uns vorschreiben können, wo wir aufhören sollen, in der Schrift zu forschen, daß diese unserem Forschen, der Mitteilung unseres Erforschten Schranken setzen dürfen, so bin ich der erste, der die Päpstchen wieder mit dem Papst vertauscht.

Hoffentlich werden mehrere so entschlossen denken, wenngleich nicht viele so entschlossen reden dürfen. Und nun, Herr Pastor, arbeiten Sie nur darauf los, so viele Protestanten als möglich wieder in den Schoß der katholischen Kirche zu scheuchen. So ein lutherischer Eiferer ist den Katholiken schon recht. Sie sind ein Politikus wie ein Theolog.«

Aus der Treffsicherheit, mit der Lessing aus der Verteidigung heraus seine Gegenschläge führt, kann man immer noch den genuinen Dramatiker herausspüren, der ungemein effektvoll seine Argumente vorträgt. Natürlich liegt ihm daran, auch im Schlagabtausch dieser Kontroverse seine Leser in Spannung zu halten. Manche seiner Passagen, das läßt sich ohne Übertreibung sagen, verfügen über die ansteckende Aggressivität von Luthers bekanntesten Flugschriften, von denen man sagte, sie besäßen genügend Sprengkraft, um ganze Armeen von Glaubenskämpfern zu ersetzen.

Gegen jeden seiner Gegner zog Lessing ein höchst individuelles sprachliches Register. Gegen Goeze, den er selbst keineswegs unterschätzte, fährt er natürlich mit dem stärksten Kaliber auf, das ihm für seine polemischen Attacken zur Verfügung steht. Dabei gerät er im Eifer des Gefechts immer mehr von seiner eigentlichen Absicht ab, seine eigenen Gedanken durch Abgrenzung gegenüber den theologischen Theoremen seiner Gegner zu präzisieren.

Man dient Lessing nur wenig, wenn man seinen gefährlichsten Gegner zum Popanz herunterspielt, auf den mit Berserkerkräften einzudreschen das schiere Vergnügen gewesen sein muß. Das eben war es nicht. Lessing schwebte immer in Gefahr, in einem unbedachten Augenblick den kürzeren zu ziehen. Neuralgische Punkte konnte er sich jedenfalls angesichts der Militanz der orthodoxen Fanatiker nicht leisten. Ganz im Gegensatz zu ihnen besaß er nämlich keinen einzigen Sekundanten, auf den er sich im Notfall hätte verlassen können oder der ihm wenigstens moralische Waffenhilfe geleistet hätte. Es bestand also Grund genug, sich den Rücken freizuhalten.

An der äußersten Entschlossenheit Goezes konnte überhaupt kein Zweifel bestehen. Nicht umsonst hatte er gleich am Anfang der Kontroverse vollmündig verkündet: »Ich würde vor meiner Todesstunde zittern, wenn ich besorgen müßte, daß von der Ausbreitung dieser boshaften, vielen Seelen höchst gefährlichen und der Ehre unseres großen Erlösers so nachteiligen Aufsätze die Rechenschaft an jenem Tage von mir würde gefordert werden. Ich wünsche, daß uns der Herr Herausgeber aus den Schätzen der Bibliothek, welcher er vorgesetzt ist, künftig etwas Besseres liefern möge als Gift und Ärgernisse.«

Goeze hatte keineswegs so ungeschickt taktiert, wenn er die rigorose Bibelkritik des »Ungenannten« in die Nähe der politischen Subversion rückte. Er spielte die Solidarität zwischen Thron und Altar mit allem bösen Vorbedacht gegen Lessing aus. Die Fürsten hatten begriffen, warum sie ihre schützende Hand über die Kirche hielten. Sie war für sie ein sicheres Instrument zur Disziplinierung der Massen in einem eminent volkspädagogischen Sinne. Wer daher wagte, den kirchlichen Dogmatismus zu zerpflücken, machte sich zugleich verdächtig, zur Aufmüpfigkeit gegen die absolutistische Gesellschaftsordnung aufzurufen. Schon zeichneten sich nämlich deutliche Schwachstellen im Ordnungsgefüge der alten Staaten ab, die bereits Grund hatten, sich mit dem Gedanken ihres Überlebens zu befassen.

Auch am Braunschweiger Hof konnte man daher den Kampf der Geister, den der Wolfenbütteler Bibliothekar und Hofrat entfesselt hatte, mit geradezu selbstmörderischer Toleranz aus der Distanz verfolgen. Bisher hatte der Herzog wie einst Luthers Kurfürst über den Reformator seine Hand über diesen Feuerkopf gehalten, der einen Extremismus betrieb, der inzwischen längst zu einem Politikum geworden war. Die bewahrenden und reaktionären Kräfte im Lande begannen nun, unüberhörbar Alarm zu schlagen, und so konnte er sich der Pflicht nicht entziehen, die Zensurfreiheit, die er Lessing bei seinem Dienstantritt versprochen hatte, zu widerrufen.

Als daher am 6. Juli 1778 der Direktor der Waisenhaus-Buchhandlung in Braunschweig, in welcher der »Anti-Goeze« erschien, aufgefordert wurde, den weiteren Druck einzustellen, bedeutete diese Maßnahme praktisch das Publikationsverbot für Lessing. Man hatte ihn schlicht mit einem Maulkorb versehen.

Unter dem 13. Juli 1778 empfing er vom Herzog ein Schreiben, das noch einmal präziser die Gründe des Verbotes darlegte.

»Euch ist zwar bei Gelegenheit der von euch untertänigst nachgesuchten Erlaubnis zur Herausgabe der sogenannten Beiträge aus den Schätzen unserer Fürstlichen Bibliothek zu Wolfenbüttel die Zensurfreiheit, jedoch allein in Ansehung dieser Beiträge und für dasmal, wiewohl auch in dem zum Überfluß dabei ausdrücklich vorausgesetzten Vertrauen, daß nichts, was die Religion und gute Sitten beleidigen könne, darin werde abgedruckt werden, in Gnade erteilt worden; wie ihr aber wider solches besseres Vertrauen nicht nur gewisse Fragmente eines Ungenannten, die Fürtrefflichkeit und Hinlänglichkeit der natürlichen Religion und die göttliche Offenbarung betreff; in diese Beiträge mit eindrucken, sondern auch außer selbigen verschiedene andere zum Anstoß und öffentlichen Ärgernis gereichende Schriften, insbesondere ein Fragment eben dieses Ungenannten unter dem Titel ›Von dem Zweck Jesu und seiner Jünger‹, welches nichts Geringeres als die christliche Religion aufs Schlüpfrige zu setzen, wo nicht völlig einzureißen, zur Absicht zu haben scheint, zum Vorschein kommen lassen; diesem ganz unleidlichen Unwesen und fast unerhörten Bestreben aber, die Religion in ihrem Grund erschüttern, lächerlich und verächtlich machen zu wollen, nicht nachgesehen werden mag; als wird, nachdem bereits an die Waisenhaus-Buchhandlung das Nötige ergangen, euch vorerst, das Mehrere vorbehältlich, hierdurch allen Ernstes befohlen, die Handschrift des Ungenannten, woraus solche Fragmente genommen, so wie sie vorhanden sind, integraliter nebst den etwa davon genommenen Abschriften binnen acht Tagen ohnfehlbar einzuschicken und euch aller ferneren Bekanntmachung dieser Fragmente und anderer ähnlichen Schriften bei Vermeidung schwerer Ungnade und schärferen Einsehens gänzlich zu enthalten. Wie denn auch die euch ehmals verliehene Dispensation von der Zensur hiermit gänzlich aufgehoben und die Zurücklieferung des Originals davon euch hiemit befohlen wird.«

Lessing blieb nichts anderes übrig, als sich zähneknirschend dieser Anordnung zu fügen. Trotzdem riskierte er es, noch einen Exkurs gegen Goeze unter dem Titel »Nötige Antwort«

in Berlin drucken und verlegen zu lassen. Er reichte dieses Pamphlet sogar dem Herzog mit der Bitte ein, künftig wenigstens außerhalb Braunschweigs publizieren zu dürfen. »Da ich nun ein Mehreres daselbst drucken zu lassen im Begriffe bin«, hieß es in dem Begleitschreiben, »so flehe ich Ew. Durchlaucht untertänigst, Höchstdero Ministerio zu befehlen, sich deutlich über diesen Punkt zu erklären, als von welcher Erklärung allein die Möglichkeit abhängt, ob ich gehorchen kann oder nicht.«

In einer Anordnung vom 3. August wird Lessing, wie zu erwarten, dann auch die Erlaubnis entzogen, auswärts drucken zu lassen. Verständlich, daß der Zurückgewiesene eine Zeitlang mit dem Gedanken spielt, sein Wolfenbütteler Amt zu quittieren. Nach seiner »Nötigen Antwort« verstummt er nun unfreiwillig in diesem Schlagabtausch, ohne daß man ihn auch nur entfernt für den Unterlegenen gegen die Mächte der Reaktion zu halten Grund hätte. Recht eigentlich war er über diesen Streit, wie sich bald zeigen sollte, bereits hoch hinausgewachsen.

»Ich bin von einem Mann angegriffen worden, von dem es genugsam bekannt ist, wie intolerant er gegen die unschuldigsten Meinungen ist, sobald es nicht vollkommen seine Meinungen sind«, versuchte Lessing sich noch kurz vor seinem Herzog zu rechtfertigen. »Ich bin von ihm mit einer Wut angegriffen worden, gegen welche das Bitterste, was ich ihm noch zur Zeit geantwortet habe, nur Komplimente sind.«

Es hilft nichts: Lessing ist durch herzoglichen Erlaß mundtot gemacht worden. Er hat alle Mühe, seine alte Zornmütigkeit heroisch niederzukämpfen. Wahrscheinlich hat er diesmal durchaus Grund, Menschenverachtung zu empfinden. Er fühlt sich gedemütigt und erniedrigt.

In einer spontanen Aufzeichnung, die man in seinem Nachlaß fand, hat sich Lessing nach Empfang des herzoglichen Verbotes seiner maßlosen Empörung auf folgende Weise Luft gemacht: »Nun wohlan, meine liebe Irascibilität! Wo bist du! Wo stehst du? Du hast freies Feld! Brich nur los! Tummle dich brav!

Spitzbübin! So, du willst mich nur überraschen? Und weil du

mich hier nicht überraschen kannst, weil ich dich hetze, selbst sporne, willst du mir zum Trotze faul und stetisch sein. Nun mach' bald, was du machen willst, knirsch mit den Zähnen, schlage mich vor die Stirn, beiß' mich in die Unterlippe!

Indem tue ich das letztere wirklich, und sogleich steht vor mir, wie er leibte und lebte – mein Vater seliger. Das war seine Gewohnheit, wenn ihn etwas zu wurmen anfing. Und sooft ich ihn mir vorstellen will, darf ich mich nur auf die nämliche Art in die Unterlippe beißen ...

Jawohl, Alter, jawohl. Ich fühle es oft genug. Und doch will ich es heute nicht fühlen, so gern ich es auch heute fühlen möchte. Ich bin bei der verwünschtesten Nachricht so ruhig, so kalt, daß ich ohne Mühe bei der Nicäischen Kirchenversammlung wieder gegenwärtig bin und im Gelasius weiter fortfahre.«

In der Tat muß es Lessing die Galle ins Blut getrieben haben, das Erbe des einzigartigen großen Reformators von seinen bornierten und engstirnigen Erben und Jüngern so miserabel in der Welt vertreten zu sehen. »Großer, verkannter Mann«, beschwor er daher noch einmal emphatisch den Schatten des Reformators. »Großer, verkannter Meister, Du hast uns von dem Joche der Tradition erlöst, aber wer erlöst uns von dem unerträglichen Joche des Buchstabens? Wer bringt uns endlich ein Christentum, wie Du es itzt lehren würdest, wie es Christus selbst lehren würde!«

Lessing kam, das zumindest läßt sich nach alledem sagen, der Idealvorstellung eines »Luthers von itzt« bedeutend näher als seine Kontrahenten, die unnachgiebig auf die Bibel pochten und sich dabei immer mehr von allem Lebendigen und vom schöpferischen Geist, der nie stagniert, entfernt hatten, ohne es überhaupt zu bemerken. Aus Lessing sprach alles andere als der schiere Unglauben. Im Gegenteil, er verkörperte die Frömmigkeit eines neuen Zeitalters, das nicht mehr jedem Köhlerglauben aufsaß. Um das Luthertum, in dem er groß geworden und das ihm ans Herz gewachsen war, vor seinen Adepten zu retten, begab er sich wagemutig auf den Markt und mischte sich in die »Händel« dieser Welt, als er sie längst überwunden zu haben glaubte. Aber er mußte der Stimme seines Gewissens folgen. Schließlich bewegte sich dieser große Protestant durchaus in den Fußstapfen des Reformators, wenn er dessen Werk gegen die beamteten Glaubensbesitzer, die nicht über den Tellerrand eines sterilen Buchstabenglaubens hinwegblicken konnten, zu verteidigen und zu retten versuchte.

Das Publikationsverbot zwang Lessing, sich nunmehr aus der Arena, in der die Tagesquerelen nicht immer ganz fair ausgetragen wurden, fast unhörbar zurückzuziehen. Der Fall Goeze ist für ihn damit ausgestanden und erledigt. Auch seine Gegner hüllen sich in Schweigen. Der Sturm flaut merklich ab. Aber es ist keineswegs die Ruhe des Grabes, die sich Lessings bemächtigt. Sein Zorn löst sich zunehmend in Milde und in eine leise Heiterkeit auf. Ehe er ganz zu schweigen gezwungen ist, blüht noch einmal Lessings volle Menschlichkeit zur letzten Reife auf. Noch allerdings hat er sein letztes Wort nicht gesprochen.

Lessing hatte sich in diesen Monaten der theologischen Auseinandersetzung mit allen Fibern seines Wesens eingesetzt. Goeze war ja schließlich nur einer von denen gewesen, die ihre Empörung über die Thesen des »Ungenannten« bis zur reinen Panikmache hochspielten. Zunächst hatte Lessing in seiner »Duplik« den Wolfenbütteler Superintendenten Heinrich Reß ins Schußfeld seiner Polemik nehmen müssen. Dieser hatte anonym sechs Gespräche von ungewöhnlicher Schärfe publiziert, die Lessing nicht gleichgültig sein konnten. Stehenden Fußes schrieb er seine »Duplik« auf die Replik seines Wolfenbütteler »Nachbarn«. Damit hatte er gerade in der kritischsten Zeit seines Lebens, als seine Frau im Sterben lag, ein literarisches Dokument von hohen Graden geschaffen, von dem Moses Mendelssohn bereits meinte, er gäbe dafür eines der besten Dramen Lessings her.

Die »Duplik« nimmt im Oeuvre Lessing schon deswegen einen zentralen Rang ein, als er an dieser Stelle den für seine Auffassung reichlich abgegriffenen und so oft mißbrauchten Begriff der Wahrheit präzisierte und dabei eine Definition zustande brachte, die dann zu Recht in den Zitatenschatz der deutschen Literatur eingegangen ist.

»Was also ist die Wahrheit?« fragte Lessing mit Pilatus, um zu antworten: »Nicht die Wahrheit, in deren Besitz irgendein Mensch ist oder zu sein vermeint, sondern die aufrichtige Mühe, die er angewandt hat, hinter die Wahrheit zu kommen, macht den Wert des Menschen. Denn nicht durch Besitz, sondern durch die Nachforschung der Wahrheit erweitern sich seine Kräfte, worin allein seine immer wachsende Vollkommenheit besteht. Der Besitz macht ruhig, träge, stolz.«

Darauf folgen die berühmten Worte, die mit einiger Sicherheit alle herbeigesuchten Argumente seiner Gegner glatt ausstechen: »Wenn Gott in seiner Rechten alle Wahrheit und in seiner Linken den einzigen immer regen Trieb nach Wahrheit, obschon mit dem Zusatze, mich immer und ewig zu irren, verschlossen hielte, und spräche zu mir: Wähle!, ich fiele ihm mit Demut in seine Linke und sagte: Vater, gib! Die reine Wahrheit ist ja doch nur für dich allein!«

Natürlich mußte Lessing nach den bedrückenden Ereignissen des Jahres 1778, als ihm mitten im Ansturm auf die letzten Bastionen seiner Gegner die Waffen aus der Hand geschlagen wurden, ein seelisches Tief überwinden. Verständlich, daß er damals für Trost und Zuspruch durchaus empfänglich war. Mit vielen engagierten Bundesgenossen konnte er jedenfalls nicht rechnen. Am intensivsten waren noch die Kinder des »Ungenannten«, also seine Hamburger Freunde Hinrich und Elise Reimarus, an diesem Kampf mit verstellten Fronten innerlich beteiligt. Doch Dr. Reimarus neigte dazu, für Frieden zu plädieren, während seine temperamentvolle Schwester eher noch Öl ins offene Feuer zu schütten imstande war. Als Lessing dann sehr gegen seinen eigenen Willen aus dem Gefecht gezogen wurde, sandte sie ihm am 29. Juli den folgenden so sehr bezeichnenden Brief:

»So gleichgültig und ekelhaft mir die meisten Gerüchte zu sein pflegen, so unruhig macht mich eine seit gestern sich hier verbreitende Sage, daß Sie Wolfenbüttel verlassen. Und warum verlassen? Ich kann den Gedanken nicht denken ohne ein Gefühl, gleich Totschlag vorrückend, damit zu verbinden.

Lieber Herr Lessing, wenn es wahr ist, daß Ihre Anti-Goezen verboten, Ihre Fragmente konfisziert sind, wenn alles wahr ist, oh, so gönnen sie der Dummheit nicht auch den Sieg, daß Sie fliehen. Konfiskationen sind von jeher stillschweigende Zeugnisse für die Wahrheit gewesen, und je mehr sie gewalttätig unterdrückt wird, je mehr gewinnt sie Anhänger; aber das Reich der Lügen wächst nur in der Abwesenheit des ehrlichen Mannes. Um alles daher, was Ihnen lieb ist, nein, um Ihres ärgsten Feindes willen verlassen Sie Wolfenbüttel jetzt nicht. Vielleicht haben Sie nie daran gedacht, vielleicht ist es Unsinn, mir einzubilden, daß meine Bitten etwas über die Entschließung eines Mannes vermögen sollten. Aber wie dem auch sei, so hab' ich es meiner Unruhe nicht versagen können, mich ohne jemandes Wissen an Sie selbst zu wenden, und wenigstens vergeben Sie den Versuch Ihrer Freundin Elise Reimarus.«

Auch Lessings Berliner Freunde zeigten sich am Fortgang der Affäre, in die dieser verstrickt worden war, durchaus innerlich beteiligt. Ihre offene oder latente Zustimmung hatte dem Einzelkämpfer Lessing lange Zeit den Nacken gesteift. Sie hatten im Autor des »Anti-Goeze«, in dem die Fetzen nur so flogen, ihren alten Kampfgefährten wiedererkannt.

Erfreulich für Lessing war vor allem der kompromißlose Zuspruch Herders, der selbst Theologe war und in exponierter kirchlicher Position in Weimar wirkte. Sicherlich konnte er keineswegs in allem und jedem den Darlegungen des Fragmentisten zustimmen, aber ihm kam es erst gar nicht in den Sinn, den Stab über einen Mann zu brechen, der sich auf eine gar nicht ungefährliche Weise exponierte, um einem von allen unhaltbaren Konventionen unbelasteten neuen Denken über die letzten Dinge den Weg zu bahnen.

Seine verläßlichste Kombattantin in diesen schweren Tagen aber war die kongeniale Hamburgerin Elise Reimarus, die auch aus ihrer menschlichen Zuneigung zu Lessing kein Hehl machte. Mit ihrem untrüglichen weiblichen Instinkt hatte sie herausgefühlt, daß Lessing im Grunde nicht mehr viel an seinem Leben gelegen war. Das Spiel war für den völlig Vereinsamten bereits aus. Was nun noch kommen würde, konnte nur noch das dissonante Nachspiel eines allerdings großartigen Lebens sein. Zu helfen war diesem Manne kaum noch. Er hatte inzwischen schmerzlich seinen Tribut für seine Genialität entrichten müssen.

»Ich bin mir hier ganz allein überlassen«, klagt Lessing am 9. August 1778 Elise Reimarus sein ganzes Elend. »Ich habe keinen einzigen Freund, dem ich mich ganz anvertrauen könnte. Ich werde täglich von hundert Verdrießlichkeiten bestürmt. Ich muß ein einziges Jahr, das ich mit einer vernünftigen Frau gelebt habe, teuer bezahlen. Ich muß alles, alles aufopfern, um mich einem Verdachte nicht auszusetzen, der mir unerträglich ist. Wie oft möchte ich es verwünschen, daß ich auch einmal so glücklich sein wollte als andere Menschen! Wie oft wünsche ich, nichts zu sein, nichts zu wollen, nichts zu tun, als was der gegenwärtige Augenblick mit sich bringe!

Sehen Sie, meine gute Freundin, so ist meine wahre Lage. Haben Sie also bei so bewandten Umständen auch wohl recht, daß Sie mir raten, in einem Zustande auszudauern, der mir längst zur Last geworden? Ach, wenn er wüßte, dieser elende Feind, wie weit unglücklicher ich bin, wenn ich ihn zum Possen hier aushalte! – Doch ich bin zu stolz, mich unglücklich zu denken, knirsche eins mit den Zähnen und lasse den Kahn gehen, wie Wind und Wellen wollen. Genug, daß ich ihn nicht selbst umstürzen will.«

In dieser Phase seines Lebens mochte es Lessing erscheinen, es wäre ihm alles fehlgeschlagen. Frau und Sohn waren ihm gestorben, er saß tief in Schulden, hatte für seine Stiefkinder zu sorgen, der Herzog hatte ihm einen Maulkorb verordnet, die geistige Tätigkeit, die ihm das Leben bedeutete, war unterbrochen worden und der Bibliotheksdienst in diesem weltverlorenen Wolfenbüttel zerrte an seinen ohnehin lädierten Nerven. Was hatte er unter solchen Umständen eigentlich noch vom Leben zu erwarten? In dieser anscheinend so verfahrenen Situation schlägt aber plötzlich und unversehens der schöpferische Funke Lessings wieder durch und mobilisiert seine geistigen Kräfte.

In der Nacht vom 10. zum 11. August überkommt ihn der »närrische Einfall«, ein schon lange projektiertes Schauspiel nun endlich auszuführen und zu Ende zu bringen. Es sollte das Thema der religiösen Toleranz, das ihn in all diesen Wochen und Monaten in Atem gehalten hatte, auf der Bühne realisieren. Schon am 11. August kann er daher seinem Bruder Karl nach Berlin hinüber berichten: »Wenn Ihr, Du und Moses, ihn wissen wollt, so schlagt das Decamerone des Boccaccio auf: Giornata I. Nov. III. Melchisedech Guisdeo.«

Es handelt sich bei diesem Literaturhinweis um die Parabel von den drei Ringen, um die sich Lessings letztes Drama »Nathan der Weise« ranken wird. Er ist sich damals dessen durchaus bewußt, daß er sich noch einmal seinen verschworenen Gegnern auf eine sublimere Weise stellen muß, nachdem man ihm schnöde genug das Wort abgeschnitten hat. »Ich muß versuchen, ob man mich auf meiner alten Kanzel, auf dem Theater wenigstens, noch ungestört wird predigen lassen«, gibt er zu bedenken.

In der Tat: Lessing versteht diesen letzten schöpferischen Impuls seines Lebens effektvoll auszunutzen. Er hat augenscheinlich seinen »Nathan« als das letzte Kapitel seines »Anti-Goeze« verstanden wissen wollen, um noch einmal klärend und zugleich anfeuernd in seine Zeit hineinzuwirken. Allerdings, mit der Stimme des weisen Nathan spricht er auch noch durchaus vernehmlich in unsere Zeit hinein.

Seit den Kreuzzügen hat die tiefsinnige Parabel von den drei Ringen, also die Fabel von jenem Vater, der jedem seiner drei Söhne einen Ring vermacht und jeden dabei in dem Glauben läßt, er besäße den echten Ring, die dichterische Imagination bewegt. Jeder hat sie anders interpretiert und für seine Zwecke entsprechend variiert. Man kann die Anfänge dieser dichterischen Bemühungen sogar bis ins 12. Jahrhundert zurückverfolgen. Rabbi Salomo ben Verga hat diese Story dann gegen Ende des 15. Jahrhunderts gültig fixiert.

Lessing benutzt diese ergiebige epische Vorlage für seine besonderen Zwecke, die sich aus dem so gänzlich unfreiwilligen Abbruch seines Kräftemessens mit Melchior Goeze ergaben. Nur derjenige erfährt die geheime Kraft des Ringes, der vor Gott und den Menschen hohes Ansehen verleiht, so will er uns sagen, der ihn in dieser Zuversicht trägt. Jeder darf sich im Besitz dieses Wunderringes wähnen. Daraus aber ergibt sich ein souveränes Gefühl von Toleranz, die auch den extrem Andersgläubigen ein ungeschmälertes Lebensrecht einräumt. Lessing plädiert diesmal also nicht unmittelbar, sondern durch das Medium der Schaubühne als einer hochsensiblen moralischen Anstalt für das absolute Geltenlassen und die Anerkennung aller anderen, die ihrer geistigen Disposition entsprechend zwangsläufig zu anderen Ergebnissen ihrer Denkprozesse gelangen müssen.

Es ist wie ein Wunder: Lessing ist nach einer depressiven Phase mit einem Male als Künstler wieder völlig präsent. Über Nacht ist ihm die Erleuchtung gekommen. Nun befeuert das neue Projekt seine Phantasie voll und ganz. Eben noch hatte er nach so gravierenden Schicksalsschlägen beteuert, mit ihm wäre es nun für immer aus und vorbei. Nun aber beflügelt ihn der Gedanke, doch noch nicht sein letztes Wort gesagt zu haben, bereits wieder zu neuen Taten des Geistes. Er nimmt in einer geradezu euphorischen Stimmung seinen Dramenentwurf von den drei Ringen dort wieder auf, wo er ihn vor Jahren abgebrochen hatte. Aus einigen flüchtig hingeworfenen und dann beiseite gelegten Skizzen entsteht nun nach verzweifelten inneren Kämpfen so etwas wie ein Menschheitsdrama von hohem moralischem Aussagewert. »Es wird nichts weniger als ein satirisches Stück, um den Kampfplatz mit Hohngelächter zu verlassen«, so präzisiert der Dichter selbst seine Intentionen. Ein »rührendes Stück« soll es werden, was er da unter seinen Händen hat. Es soll den Menschen zu denken geben.

Vielleicht hat Lessing schon damals die trübe Ahnung beschlichen, ihm bliebe nicht mehr allzu viel Zeit, seine Religion der Humanität weithin vernehmbar zu verkünden. Dem nach einem schicksalsschweren Leben weise gewordenen Nathan, einer keineswegs nur erklügelten und am Schreibtisch konstruierten Kunstfigur, will er die Summe der Erkenntnisse, zu denen er gerade in den letzten Jahren gelangt ist, in den Mund legen. »Nathans Gesinnung gegen alle positiven Religionen ist von jeher die meine gewesen«, erläutert der Dichter seine Absicht, ehe er sich dem poetischen Plädoyer für Duldsamkeit und Menschlichkeit zuwendet.

Lessings »dramatisches Gedicht in fünf Aufzügen« stellt seinen letzten Versuch dar, die Welt mit den Mitteln der Dichtung zu verändern und womöglich sogar zu bessern. Er hat die Zensur, an der er juristisch gescheitert ist, längst überwunden. Mit der Zeit hat er einen geistigen Status erreicht, der es ihm dringend ans Herz legt, sich nicht mehr auf einen Kleinkrieg mit subalternen Geistern einzulassen, sondern auf dem höheren Niveau einer sublimen Weltweisheit den Kampf um so wirkungsvoller fortzusetzen. Nur deshalb kann er seinem Weisen Worte in den Mund legen, die auch heute noch zu den Pretiosen abendländischer Welterfahrung rechnen.

Erstaunlich eigentlich, wie schnell Lessing die Erregungen des eben erst abgeklungenen polemischen Kampfes abreagieren konnte. Die milde Heiterkeit, die sein neues Opus überstrahlt, verrät nichts mehr von den fulminanten Spannungen der vorangegangenen Zeit. Der eben Fünfzigjährige hatte damit eine erstaunliche Abgeklärtheit und Reife erreicht. Sie vermittelten ihm eine geistige Überlegenheit, die dem zeitlosen Ideengehalt dieser dramatischen Dichtung ungemein zustatten kam. Man hat sie daher aus guten Gründen immer wieder in die unmittelbare Nachbarschaft von Goethes »Faust« gerückt.

Trotz genauer Kenntnis der verschiedenen Versionen der Ring-Parabel hielt Lessing sich vor allem an die dritte Erzählung des ersten Tages des »Dekameron«. Allerdings hat er einschneidend den poetischen und vor allem den ethischen Gehalt dieser Erzählung auf ein beträchtlich höheres Niveau gehoben.

Nach seiner Version will der Vater die Tyrannei des einen echten Ringes in seinem Haus nicht länger dulden. Die Söhne treten schließlich vor den Richter. Dieser erklärt alle drei Ringe für unecht, solange sie nicht ihre Wunderkraft beweisen, echte Menschenliebe zu wecken.

Mit einem Wort: Die wahre Religion ist kein toter Besitz; sie weist sich durch Menschlichkeit und Toleranz aus. Nicht im Buchstabenglauben, so wiederholt Lessing nun auf einer höheren künstlerischen Ebene seine Grundthesen des »Anti-Goeze«, sondern in der Frömmigkeit des Herzens und im sittlichen Handeln offenbart sich Wert und Sinn einer Religion. Nathan, der im Grunde so wenig Jude ist wie der Tempelherr Christ oder der Sultan Muselmann, verkündet als Lessings Alter ego eine Religion der Humanität.

Die bestimmende Rolle des Zeichen setzenden Nathan hätte Lessing der Grundidee des Werkes entsprechend ebenso gut einem Christen oder Moslem übertragen können. Seine Phantasie hatte diesen Protagonisten erschaffen, damit er selbst durch seinen Mund all das noch einmal formulieren und aussprechen konnte, was ihm noch das Herz bewegte, da er sich bereits so ganz am Ende der ihm zugemessenen Frist sah. In diesem Lehr- und Ideendrama wird noch einmal all das zusammengefaßt, was die ausklingende Aufklärung, die sich bereits merklich dem Deutschen Idealismus zuneigte, der Nachwelt zu überliefern hatte.

Hier hatte noch einmal ein dezidierter Humanist, den das Leben in eine harte Schule genommen und der mit sich und der Welt seinen Frieden gemacht hatte, die Summe seiner geistigen und menschlichen Erfahrungen gezogen. Der Mann, der über Jahrzehnte hin Widerspruch und Polemik als Stimulans für seine schöpferischen Impulse benötigte, wandelt sich zu guter Letzt noch zum Anwalt des menschlichen Ausgleichs und der Duldsamkeit um jeden Preis. Lessing ist nicht anders als sein Nathan durch die harte Schule des Lebens gegangen und dabei ein wenig weise geworden. Vielleicht indiziert der weltanschauliche Standort, den er inzwischen bezogen hat, einen Rest von Resignation. Er wird in Zukunft ohne Schwierigkeiten darauf verzichten können, den Leuten ihre windschiefen Gedanken auszureden oder ihnen den Star zu stechen. Er hatte sich ganz allgemein immer mehr von den Phänomenen der Gegenwart entfernt und war unversehens in sein mystisches Lebensalter hineingewachsen.

Indem Lessing den echten Ring für verloren erklärt, verzichtet er darauf, die eigene Meinung auf Biegen und Brechen in der Welt durchzusetzen. Einen verklärenderen menschlichen Ausklang hätte die oft so streitbare deutsche Aufklärung nicht finden können. Eben aus diesem Grunde hat man über manche formale Unzulänglichkeiten des »Nathan« großzügig hinwegsehen können. Das Drama, dem der innere dramatische Nerv ohne allen Zweifel fehlt, hat sich seines ethischen Gehaltes halber auf der deutschen Schaubühne bis heute behaupten können. Es fasziniert auch noch nach vielen Generationen ein ehrfürchtig lauschendes Publikum.

Die didaktischen Absichten Lessings sind für sensible Ohren immer noch unüberhörbar, obwohl sie keineswegs zu dick aufgetragen sind. Ohne alle Absicht ist er mit den Jahren immer näher an das preußische Ethos herangerückt, das ihm eben doch im Blut gesteckt haben muß. In seinem Schwanengesang überwand er seinen sicher berechtigten Skeptizismus zugunsten einer positiven Religionsauffassung, die man ihm so nie zugetraut hätte, obwohl eine Existenz Gottes für ihn nie außer Zweifel gestanden hat. Aber selbst der beste Glaube bleibt ein Phantom, und nicht einmal ein erfreuliches, wenn er sich nicht in eine durch nichts zu erschütternde Menschenliebe übertragen läßt. Sieht man von dem Patriarchen ab, den Lessing bewußt als eine durchaus zutreffende Karikatur eines Orthodoxen vom Schlage seiner früheren Kontrahenten in sein im Grunde so überlegenes und heiteres Schauspiel hineingeheimnist hat, so bleibt die Distanz, die er in so kurzer Frist seinen weltanschaulichen Gegnern gegenüber errungen hat, bewundernswert.

Noch einmal hat die literarische Welt Gelegenheit, Lessings

Dichtertum, das er oft so gerne herunterspielte, in diesem Menschheitsdrama bestätigt zu finden. Da er mit dem Einsatz seiner ganzen Person am Werke war, erlangten seine fünffüßigen Jamben, die er damit in die deutsche Literatur einbürgerte, einen unwiderstehlichen Glanz von innen her, am überzeugendsten vielleicht in seiner Nacherzählung der Parabel von den drei Ringen, welche die drei großen Weltreligionen symbolisieren:

»Vor grauen Jahren lebt' ein Mann im Osten,
Der einen Ring von unschätzbarem Wert
Aus lieber Hand besaß. Der Stein war
Opal, der hundert schöne Farben spielte,
Und hatte die geheime Kraft, vor Gott
Und Menschen angenehm zu machen, wer
In dieser Zuversicht ihn trug. Was Wunder,
Daß ihn der Mann im Osten darum nie
Vom Finger ließ und die Verfügung traf,
Auf ewig ihn bei seinem Hause zu
Erhalten. Nämlich so. Er ließ den Ring
Von seinen Söhnen dem geliebtesten
Und setzte fest, daß dieser wiederum
Den Ring von seinen Söhnen dem vermache,
Der ihm am liebsten sei und stets der Liebste
Ohn' Ansehn der Geburt, in Kraft allein
Des Rings, das Haupt, der Fürst des Hauses werde...«

Natürlich ist die Ringparabel das Kernstück des »Nathan«. Die Frage, der Lessing nachspürt, lautet ganz schlicht und einfach, ob die jüdische, mohammedanische oder christliche Religion nun die echte und allein gültige sei. Es ist nämlich menschlich nur zu verständlich, daß jede dieser drei Religionen sich für die wahre und alleinseligmachende ausgibt. Mit diesem engstirnigen Alleinvertretungsanspruch beginnen die grausamen Glaubenskriege, die immer wieder diese Welt erschüttert haben.

»Kaum war der Vater tot, so kommt ein jeder
Mit seinem Ring, und jeder will der Fürst
Des Hauses sein. Man untersucht, man zankt,
Man klagt. Umsonst: der echte Ring war nicht
Erweislich; fast so unerweislich als
Uns jetzt – der rechte Glaube.«

Lessing legt sein letztes Wort in den Mund des salomonischen Richters, den die Brüder angerufen haben:

»Der Richter sprach: ›Wenn Ihr mir nun den Vater
Nicht bald zur Stelle schafft, so weis' ich Euch
Von meinem Stuhle. Denkt Ihr, daß ich Rätsel
Zu lösen da bin? Oder harret Ihr,
Bis der echte Ring den Mund eröffne? –
Doch halt! Ich höre ja, der echte Ring
Besitzt die Wunderkraft, beliebt zu machen,
Vor Gott und Menschen angenehm. Das muß
Entscheiden! Denn die falschen Ringe werden
Doch das nicht können! – Nun, wen lieben zwei
Von Euch am meisten? – Macht, sagt an! Ihr schweigt?
Die Ringe wirken nur zurück? Und nicht
Nach außen? Jeder liebt sich selber nur
Am meisten? – Oh, so seid Ihr alle drei
Betrogene Betrüger! Eure Ringe
Sind alle drei nicht echt. Der echte Ring
Vermutlich ging verloren. Den Verlust
Zu bergen, zu ersetzen, ließ der Vater
Die drei für einen machen.«

Seitdem lästerlicher Egoismus die Wirkungskraft des Ringes entwertet hat, haben die Religionen sich selbst ihres Gottesgnadentums beraubt. Dogmenstreit und Machtansprüche haben ihre Überzeugungskraft unterhöhlt. Nur die Gläubigen selbst können durch ihr integres menschliches Verhalten ihnen ihren alten Glanz wieder verleihen. Den Vater, der den wahren

Sachverhalt allein noch aufdecken könnte, kann man nicht mehr herbeirufen. Ein Grund mehr also, durch den Adel der Empfindungen und den sittlichen Rang der Taten zu beweisen, welcher der drei Religionen die Krone zufallen müßte. Wahre Religion, so will Lessing uns lehren, ist ohne eine Vereinigung von Vernunft und Gefühl nicht zu denken. Mit diesem Postulat hat sich Lessing bereits hoch über die Aufklärung seines Jahrhunderts, die ihren Kotau allein vor der Vernunft machte, erhoben.

Lessing kann am Ende seines Weges von Kamenz nach Wolfenbüttel immerhin auf eine imposante Entwicklungslinie verweisen. Der jugendliche Debattierer, der Meister der Feder, der in einem monomanischen Wahrheitsfanatismus rücksichtslos auf alle einschlug, die er auf dem falschen Wege sah, hatte sich zu einem Weltweisen geläutert, der dem Arsenal abendländischer Weisheitsworte einiges Unvergängliche beizusteuern hatte.

Man sollte beim Lesen des »Nathan« keinen Augenblick vergessen, daß aus dem alten, arg vom Leben gebeutelten Juden stets Lessing selbst spricht. Beider geistige Identität steht außer Frage. Wenn er am Ende ganz im Geiste des Evangelisten Johannes zur Menschenliebe aufruft, so spricht nicht mehr der Kamenzer Pfarrerssohn, der längst seinen Kinderglauben verlor, seit er vom Baume der Erkenntnis gegessen hatte, sondern ein gestandener Mann, der es sich mit seinem Glauben hatte sauer werden lassen. Irgendwie war er inzwischen über Luther hinausgewachsen. Für sich selbst wenigstens hatte er so etwas wie eine zweite Reformation eingeleitet. Es handelte sich bei dem Ergebnis seiner Exkursionen durch den Dschungel der Religionen um ein Bekenntnis zu religiöser Innerlichkeit, die ihn ganz in der großen Tradition der deutschen Geistes- und Religionsgeschichte zeigen.

Ein dramatisierter »Anti-Goeze«, den seine Freunde, denen er seine Pläne verraten hatte, erwarteten, wurde der »Nathan« nun ganz und gar nicht. Immer mußte Lessing nun abwiegeln, um hochgespannte Erwartungen nicht zu enttäuschen.

Am 7. September 1779 hatte er seinem Berliner Bruder kurz die Umrisse seines neuen Dramenprojektes skizziert: »Mein ›Nathan‹ ist ein Stück, welches ich schon vor drei Jahren gleich nach meiner Zurückkunft von der Reise vollends aufs Reine bringen und drucken lassen wollen. Ich habe es jetzt nur wieder vorgesucht, weil mir auf einmal beifiel, daß ich, nach einigen kleinen Veränderungen des Plans, dem Feinde auf einer anderen Seite damit in die Flanke fallen könnte.«

Bis Weihnachten, meldet er, wäre das neue Stück fertig, doch wolle er daran in aller Muße noch ein wenig feilen. Zur Ostermesse könnte es dann vorliegen. Aber die Überprüfung des Textes zog sich dann doch noch bis Mitte April hin. Dann aber wurde das Manuskript zum Druck sofort nach Berlin gesandt.

Lessing mußte zu diesem Zeitpunkt ungemein viel daran gelegen sein, seine erschöpften Finanzen durch eine Neuerscheinung, die mit einem optimalen Publikumsinteresse rechnen konnte, aufzumöbeln. Wieder einmal waren ihm die Schulden bedrohlich über den Kopf gewachsen. Er hatte allein dreihundert Taler an den Berliner Bankier Moses Wesseley zurückzuzahlen und daher den »Nathan« unter Zeitdruck schreiben müssen. Daß er sich schließlich als »Sklaven dieser dramatischen Arbeit« ansah, wird man verstehen können. Erfreulicherweise hatten sich aber bereits vor Abschluß der Arbeit tausend Subskribenten gefunden. Allerdings hatte er sich selbst die Frage vorgelegt, ob dieses Ideendrama jemals die Bühne erobern würde. Daß ihn seine Zeit nicht auf Anhieb verstehen könnte, focht ihn nicht groß an. Er war sich auch in dieser Hinsicht seiner Vorläuferposition durchaus bewußt. Über viele Jahre hin hatte er sich in die Kunst des Wartens einüben müssen.

Lessings Pessimismus war, wie sich bald herausstellen sollte, unberechtigt gewesen. Bereits im Erscheinungsjahr 1779 konnten drei Auflagen des anspruchsvollen Dramas nacheinander erscheinen. Natürlich stieß es nicht überall auf offene Ohren, aber es löste auch nicht eine neue Welle von Kontroversen aus.

Gegen das idealistische Ethos dieses großen Wurfs ließ sich so gut wie nichts einwenden. Selbst die streitsüchtigen orthodoxen Theologen hüllten sich diesmal in ein vielsagendes Schweigen. Es zahlte sich für sie nicht mehr so recht aus, sich mit diesem Giganten Lessing anzulegen.

Nur ganz am Rande der Ereignisse rührten sich zaghafte Stimmen des Protestes. Ein zu Jahren gekommener Breslauer Arzt namens Tralle, der die versöhnliche Tendenz des Stückes offenbar in die falsche Kehle bekommen hatte, rang die Hände angesichts der »Dreistigkeit, ohne allen Rückhalt und vorhergegangene zulängliche Überlegung mit der Religion öffentlich ein Gespött zu treiben«. Lessing konnte dessen Pamphlet unbesehen niedriger hängen.

Nur die theologische Fakultät der Leipziger Universität konnte es sich nicht verkneifen, das Stück der Zensur zur Ergreifung drakonischer Maßnahmen zu empfehlen. In der entsprechenden Eingabe an die Behörde hieß es, man müsse vom christlichen Standpunkt aus gegen die Lessingsche Interpretation der Ringparabel energisch Einspruch erheben. Die Sache verlief dann doch im Sande. Nur in Frankfurt an der Oder untersagte der Rat auf energische Vorstellungen der örtlichen Geistlichkeit hin den Verkauf des Schauspieltextes wegen des »skandalösen Inhalts in Rücksicht der Religion«.

Bezeichnend für den internationalen Ruf, den Lessing sich im Laufe der Jahre errungen hatte, ist vor allem die Tatsache zu werten, daß der »Nathan« in mehrere fremde Sprachen übersetzt wurde. 1780 erschien eine englische Buchausgabe, ein Jahr darauf eine holländische und schließlich eine französische und dänische.

Auch Lessings Freunde nahmen das neue Opus mit ungeteilter Zustimmung auf. Von Hamann hieß es beispielsweise, er habe sich bereits an den ersten Bogen, die erschienen waren, »geweidet«. »Das Werk lobt den Meister, und dies ist Manneswerk«, lobte auch Herder diesen großen Wurf seines Freundes. Goethe, der im gleichen Jahr seine »Iphigenie« in der Prosafassung erscheinen ließ, zeigt sich nach der Lektüre »ordentlich prosterniert« und pries das Werk emphatisch als »das höchste Meisterwerk menschlicher Kunst«. Friedrich Heinrich Jacobi fühlte sich beim Lesen der fünf Akte zu »tausend Ausrufen des Entzückens« bewogen. Auch Moses Mendelssohn meldete sich wie stets freundschaftlich zu Wort und traf sicher ins Schwarze, wenn er meinte: »Er konnte nicht höher steigen, ohne in eine Region zu kommen, die sich unseren sinnlichen Augen völlig entzieht.«

Lessing konnte sich über die lebhafte Resonanz auf sein dichterisches Vermächtnis weiß Gott nicht beklagen. Frau von Staël meldete sich mit überschwenglichem Lob aus Frankreich. Selbst die so kritischen Romantiker wußten über jedes engere Schuldenken hinweg dem letzten Drama Lessings vorwiegend positive Seiten abzugewinnen. Wahrscheinlich traf Friedrich Schlegel sogar den Nagel auf den Kopf, wenn er feststellte: »Wer den ›Nathan‹ recht versteht, kennt Lessing.« Dieses schmeichelhafte Urteil traf selbstredend auf den späten Lessing zu, der immer mehr auf eine letzte, eher spirituelle Lebensstufe zusteuerte.

Die Schaubühnen in deutschen Landen verhielten sich diesem offenbar gedankenüberfrachteten Lehrstück gegenüber entschieden zurückhaltender. Lessing sollte dann in der Tat dessen Aufführung nicht mehr erleben. Er hatte selbst die Schwierigkeiten, die sich in der Aufführungspraxis ergaben, klar vorausgeahnt und notiert: »Noch kenne ich keinen Ort, wo dieses Stück schon jetzt aufgeführt werden könnte. Aber Heil und Glück dem, wo es zuerst aufgeführt wird.«

Dieses zweifelhafte Glück widerfuhr dem bekannten Prinzipal Theophil Döbbelin, der den »Nathan« am 14. April 1784, also zwei Jahre nach Lessings Tod, aus der Taufe hob. Friedrich Ludwig Schröder hatte sich die Realisierung dieses Textes auf seiner Bühne nicht zugetraut. Er mochte so unrecht nicht haben, wenn er vor dieser Aufgabe zurückschreckte. Natürlich wurde Döbbelin, der erste Nathan der Theatergeschichte, den Anforderungen dieses »Bühnenweihefestspieles« kaum gerecht. Aber immerhin überredete er die Berliner, die dem toten

Lessing so viel zu verdanken hatten, zur Abstattung ihrer Dankespflicht. Natürlich verstand man an der Spree Lessings engagiertes Plädoyer für Menschlichkeit und Toleranz, nur konnten die pompösen Dekorationen, die Döbbelin sich hatte einfallen lassen, die mäßige Besetzung der einzelnen Rollen nicht ausgleichen. Eine weithin ausstrahlende Wirkung ging jedenfalls von diesem Theaterereignis in der Berliner Behrenstraße nicht aus.

Erst 1801 wurde der »Nathan« wieder in Magdeburg in Szene gesetzt. Am 28. November 1802 versuchte sich dann Iffland in der Titelrolle am Weimarer Hoftheater. Diese Aufführung in Schillers Bearbeitung muß irgendwie modellhaften Charakter besessen haben. Jedenfalls folgten nun Schlag auf Schlag viele andere deutschen Schaubühnen, die an diesem Repertoirestück einfach nicht vorübergehen konnten. Niemand witterte mehr hinter diesem eindeutigen Text eine Verunglimpfung des christlichen Glaubens. Das Wiener Burgtheater konnte allerdings erst 1819 diese religiösen Bedenken der österreichischen Zensur zerstreuen. Nur mit Erlaubnis des Wiener Erzbischofs und mit erheblichen Streichungen wurde dem Wiener Publikum dieses Hohe Lied der Toleranz zugemutet.

Inzwischen hat sich Goethes Wunsch längst erfüllt: »Möge doch die bekannte Erzählung, glücklich dargestellt, das deutsche Publikum auf ewige Zeiten erinnern, daß es nicht nur begreifen wird, um zu schauen, sondern auch um zu hören und zu vernehmen! Möge zugleich das darin ausgesprochene göttliche Duldungs- und Schonungsgefühl der Nation heilig und wert bleiben.«

Nach Abschluß der Arbeiten am »Nathan« muß Lessing das Gefühl beschlichen haben, nun den Zenit seines Lebens überschritten zu haben. Sein körperlicher Verfall war nicht mehr zu verheimlichen. Dieser hatte eigentlich schon mit Evas Tod eingesetzt, nur hatte sein kämpferischer Elan, den er sich der Not gehorchend abzwang, darüber hinweggetäuscht. Nach den gegen ihn verhängten Zensurmaßnahmen fand er sich abgeschlagen einer namenlosen Einsamkeit ausgeliefert. Ohne daß er seine Verzweiflung betont artikulierte, mußte er sich ganz aus der Defensive heraus nach neuen Möglichkeiten umsehen, noch einmal in das literarische Geschehen, das er so lange maßgebend in diesem Lande bestimmt hatte, einzugreifen.

Indem er »seine alte Kanzel, das Theater« zum Tribunal erhob, um vor einem auserlesenen Gremium zugunsten der Toleranz und Humanität zu plädieren, erzwang er noch einmal das Interesse der literarischen Öffentlichkeit bei uns zulande. Daß er sich nicht mehr zu der gewohnten künstlerischen Souveränität aufraffen konnte und dem »Nathan« die übliche Straffheit des Aufbaus und die Elastizität der Diktion fehlten, entging seinen Freunden keineswegs. Aber nun handelte es sich für ihn schon längst nicht mehr um ästhetische Probleme. Eine betont ethische Fragestellung hatte sie stillschweigend, aber zwingend abgelöst. Was nun noch von ihm zu erwarten war, konnte höchstenfalls nur noch der Abgesang eines sicherlich heroischen Lebens sein. Der alte Feuergeist, der sich jeder Bewährungsprobe gestellt hatte, sehnte sich nach nichts mehr als nach Ruhe. Seine Gedanken umkreisten mehr und mehr die Vorstellungen von Tod und Unsterblichkeit.

Lessing hatte noch ein Nachspiel zum »Nathan« mit dem Titel »Der Derwisch« und ein Schauspiel in fünf Aufzügen »nach der Erfindung des Herrn Jesu Christi« mit dem Titel »Der fromme Samariter« geplant. Zur Ausführung gelangten sie allerdings beide nicht mehr. Wahrscheinlich ist der deutschen Literatur dadurch kein gravierender Verlust entstanden. Lessing hätte sich nur noch in unergiebigen Repetitionen ergehen können. Was er in Sachen Religion noch zu sagen hatte, war im wesentlichen ausgesprochen worden. Eigentlich konnte er sogar mit der Gewißheit eines Humanisten aus der Welt gehen, die Liebe, die er gepredigt hatte, würde bald auch noch die widerstrebendsten Elemente der Menschheit miteinander verbinden.

Lessings menschheitsbeglückende Ideen deckten sich weitgehend mit freimaurerischen Vorstellungen, die damals zur ideologischen Grundausstattung eines jeden Mannes, der im bürgerlichen Sinne auf sich hielt, gehörten. Das auch war der Grund, warum Lessing schon 1771 in Hamburg dem Orden »Zu den drei Rosen« beigetreten war. Kurz vorher hatte er sich noch über die Geheimniskrämerei der Ordensbrüder mokiert. Jahrelang hatte er sich mit der freimaurerischen Literatur vertraut gemacht, aber sein Freund Bode, selbst ein Hochgradfreimaurer, riet ihm dringend von einem Eintritt in den Orden ab. Er mochte mit Recht fürchten, der Feuerkopf Lessing würde über kurz oder lang ohnehin mit den Ordensbrüdern kollidieren, da der von ihnen vertretene Fortschritt ihm viel zu langsam erfolge.

Gleichwohl: Seit dem 14. Oktober 1771 war Lessing Freimaurer. Aber schon nach kurzer Zeit stellte sich heraus, wie wenig er für ein solches geistiges Abhängigkeitsverhältnis geschaffen war. Der freieste deutsche Schriftsteller ließ sich nicht gern in seine Karten blicken. Der Berliner Großmeister forderte ihn dann auch bereits im gleichen Jahr auf eine verblüffende Weise auf, Rechenschaft über eine Schrift abzulegen, die er zu veröffentlichen beabsichtigte. Lessing reagierte auf eine solche Zumutung ungewöhnlich allergisch. Es kam, wie es kommen mußte: Die Hamburger Loge hat er nie wieder betreten. Mit den Braunschweiger Logenbrüdern aber nahm er gar nicht erst Kontakte auf. Dabei war der Erbprinz selbst einer der führenden deutschen Freimaurer. Nein, zum Logenmitglied brachte dieser dezidierte Einzelgänger kaum die erforderliche Disposition mit. Und doch: freimaurerische Ideen haben ihn noch eine Zeitlang ständig beschäftigt.

Mit einiger Sicherheit handelte es sich bei der oben erwähnten Schrift, deren Edition er vorbereitete, bereits um seine »Gespräche für Freimaurer«, die er dann erst sieben Jahre später unter dem Titel »Ernst und Falk« an die Öffentlichkeit gelangen ließ. Der Moralist in Lessing konnte damals an der Freimaurerei, deren geistige Ausstrahlung in der Zeit der ausklingenden Aufklärung nicht hoch genug eingeschätzt werden kann, nicht vorübergehen. Er besaß sogar den Ehrgeiz, ihr neue und durchschlagende Impulse zu verleihen, um mit ihrer

Hilfe dieser höchst unzulänglichen Welt ein neues und bestechenderes geistiges Air zu verleihen. Nach seiner Überzeugung konnte sie durchaus imstande sein, aufklärerische Menschheitsideen durch ihre geschlossene Organisation durchzusetzen.

Natürlich war Lessing wie alle aufgeklärten Deutschen seiner Zeit ein überzeugter Weltbürger. Angesichts der Misere der deutschen Kleinstaaterei war für einen deutschen Nationalismus überhaupt kein Lebensraum. »Vielleicht ist der Patriot bei mir nicht ganz erstickt, obgleich das Lob eines eifrigen Patrioten nach meiner Denkungsart das Letzte ist, wonach ich geizen würde, des Patrioten nämlich, der mich vergessen lehrt, daß ich ein Weltbürger sein sollte«, gesteht Lessing sich schon 1758 ein, als sich die gebildete Welt noch ausschließlich der französischen Sprache bediente. Lessing nahm gleichwohl als einer von wenigen den Kampf für den deutschen Geist, der sich erst zaghaft zu regen begann, auf. Er stand in der vordersten Front bei der Bekämpfung ausländischer Kultureinflüsse. Durch seinen Einsatz für die deutsche Sprache und ein deutsches Nationaltheater hat er sich für die deutsche Sache unabwägbare Verdienste erworben.

Es war zu Lessings Zeit durchaus noch kein Ehrentitel, ein Deutscher zu sein. »Ich muß zu meiner Schande gestehen«, heißt es bezeichnenderweise noch in Lessings Jugenddrama »Die Juden«, »ich bin nur ein Deutscher.« Es war schon eine harte Schicksalsprobe, Angehöriger eines zerrissenen und in sich zerstrittenen Volkes zu sein, das dazu noch an den politischen Wirklichkeiten vorbeiagierte, während sich seine Nachbarn die Welt aufteilten. Die meist französisch gebildeten Despoten, die in diesem Lande das Zepter schwangen, vertraten nur die egoistischen Interessen ihrer Dynastien.

Um Lessings volle Bedeutung für seine verspätete Nation ganz zu begreifen, muß man immer wieder rekapitulieren, daß er durch jedes seiner Werke erheblich zur Erhöhung des deutschen Selbstbewußtseins beigetragen hat. Er ließ sich nicht durch die vermeintliche geistige Überlegenheit der Nachbarn imponieren und war sich darüber durchaus im klaren, daß überall nur mit Wasser gekocht wurde. Indem er Buch um Buch der Öffentlichkeit vorlegte, begann man langsam zu begreifen, welcher Überzeugungskraft auch unsere Sprache mächtig war. In ganz Europa pflegte man auf die Stimme Lessings zu hören. Er hatte eine erste Durchbruchsschlacht für den deutschen Geist geschlagen, und er hatte sie für Deutschland gewonnen.

Lessing, so hieß es schon zu seinen Lebzeiten, hatte auf geistigen Schlachtfeldern einen Sieg errungen, den man mit Friedrichs des Großen Triumph über die Franzosen bei Roßbach verglich. Aber als Angehöriger einer Nation, die in nicht weniger als dreihundert Vaterländer zerfiel, konnte sich Lessing so wenig wie seine Zeitgenossen in eine nationale Euphorie steigern. Die besten unter ihnen träumten damals von einem Reich, das »jedem würdigen Mann von gehöriger Anlage, ohne Unterschied des Vaterlandes, ohne Unterschied der Religion, ohne Unterschied seines bürgerlichen Standes« Bürgerrechte gewährte.

In einem Aufsatz innerhalb seiner Kollektaneen, den er der »Deutschen Freiheit« gewidmet hatte, konnte man seine politischen Grundüberzeugungen schwarz auf weiß zur Kenntnis nehmen. Natürlich plädierte er für ein geeintes Deutschland mit einem Herrscher an der Spitze, »welcher der natürlichen Billigkeit durch positive Gesetze zu Hilfe kommen könnte und wollte«. Wäre es nach seiner politischen Überzeugung gegangen, so wäre er einer der Wortführer im Kampf gegen den despotischen Absolutismus geworden. Das deutsche Volk, so jedenfalls lautet seine Meinung, hat vor allem dem sterilen und egoistischen fürstlichen Absolutismus seine politische und soziale Misere zu verdanken.

Zwar blieben dem Dichter des »Nathan« noch die Eruptionen der Großen Französischen Revolution erspart. Immerhin hatte er noch einige ihrer unangenehmen Vorwehen zu spüren bekommen. Sie reichten aber nicht aus, um durchschlagende politische Emotionen in ihm zu wecken. Ganz im Gegensatz zu dem leicht zu enthusiasmierenden Klopstock beobachtete er auch die amerikanischen Unabhängigkeitskriege mit der Gelassenheit eines Unbeteiligten. Er hielt nicht viel von der Methode, sich zur Erlangung von politischen Zielen und sogar der Freiheit des mobilisierten und demagogisch in Rage versetzten Pöbels zu bedienen. »Was Blut kostet«, so lautete seine Meinung in dieser Frage, »ist gewiß kein Blut wert.« Er hatte sich gründlich genug in der Weltgeschichte umgetan, um zu wissen, daß jede Revolution am Ende ihre Kinder frißt.

Im Herbst 1778 erschienen die drei ersten von Lessings Freimaurergesprächen unter dem Titel »Ernst und Falk«. Lessing widmete sie – was hätte in der Tat nähergelegen? – dem Herzog mit der vielsagenden Vorrede: »Durchlauchtigster Herzog! Auch ich war an der Quelle der Wahrheit und schöpfte. Wie tief ich geschöpft, kann nur der beurteilen, von dem ich die Erlaubnis erwarte, noch tiefer zu schöpfen. – Das Volk lechzt schon lange und vergeht vor Durst.« Diese drei Gespräche enthielten allerdings soviel verborgenen politischen Explosionsstoff, daß Lessing gutgemeinte Widmung beim Herzog auf wenig Gegenliebe stieß. Im Grunde handelte es sich bei diesen Texten keineswegs um einen freimaurerischen Dialog für Insider; sie enthielten vielmehr nicht ganz ungefährliche politische Thesen, die der Herzog unmöglich durchgehen lassen durfte. Schon daß Lessing in seiner Vorrede das Volk mit ins Spiel brachte, als befände es sich schon mitten auf dem Weg zur Freiheit, mußte wie eine offene Provokation klingen. Ferdinand untersagte daher auch prompt den Druck einer vierten und fünften Folge, die dann ohne Lessings Wissen 1780 im Frankfurter Verlag Börner erfolgte.

Offenbar treibt Lessing in diesen Tagen ein Spiel mit dem offenen Feuer. In seinem »Gespräch über die Soldaten und Mönche« wagt er sich bereits bis hart an die Grenze der Konspiration vor. In diesem Dialog, den Bruder Karl im Nachlaß vorfand und den er 1795 in seiner Lessing-Biographie zum erstenmal vorlegte, läßt sich Lessing unbekümmert über die damals bereits von vielen empfundene Landplage staatlicher und geistlicher Institutionen aus. Daß stehende Heere und Mönchsorden nicht einmal notwendige Übel sind, daran läßt er nicht den geringsten Zweifel.

»A. Muß man nicht erschrecken, wenn man bedenkt, daß wir mehr Mönche haben als Soldaten?

B. Erschrecken? Warum nicht ebensowohl erschrecken, daß es weit mehr Soldaten gibt als Mönche? Denn eins gilt nur von dem und jenem Lande in Europa und nie von Europa überhaupt. Was sind Mönche und was sind denn Soldaten?
Du willst sagen, daß es weit mehr Soldaten gibt als Mönche.

A. Nein, nein, mehr Mönche als Soldaten.

B. In dem und jenem Lande von Europa magst du recht haben. Aber in Europa überhaupt? Wenn der Landmann seine Saat von Schnecken und Mäusen vernichtet sieht, was ist ihm dabei das Schreckliche? Daß die Schnecken mehr sind oder die Mäuse? Oder daß es der Schnecken oder der Mäuse so viele gibt?

A. Das versteh' ich nicht.

B. Weil du nicht willst. – Was sind denn Soldaten?

A. Beschützer des Staates.

B. Und Mönche sind Stützen der Kirche.

A. Mit Eurer Kirche!

B. Mit Eurem Staate!

A. Träumst du? Der Staat! Der Staat! Das Glück, welches der Staat jedem einzelnen Gliede in diesem Leben gewährt.

B. Die Seligkeit, welche die Kirche jedem Menschen nach diesem Leben verheißt!

A. Verheißt!

B. Gimpel!«

In dem Disput zwischen Ernst und Falk geht es kaum weniger subversiv zu. Auch in diesem Falle werden blauäugigen Zeitgenossen in vergleichsweise idyllischer Umgebung, nämlich auf der Pyrmonter Kurpromenade, penetrante Wahrheiten verpaßt. Auf jeden Fall enthalten sie auch einiges politisches Ekrasit. Das sind dann im eigentlichen Sinne keine Freimaurergespräche mehr. Hier nun wird politisch Kleinholz gehackt, wenn etwa die neuralgischen Punkte des Absolutismus offengelegt werden.

»Falk: Glaubst du, daß die Menschen für die Staaten erschaffen wurden? Oder die Staaten für die Menschen?

Ernst: Jenes scheinen einige behaupten zu wollen. Dieses aber mag wohl das Wahre sein.

Falk: So denke ich auch. Die Staaten vereinigen die Menschen, damit durch diese und in dieser Vereinigung jeder einzelne Mensch seinen Teil von Glückseligkeit desto besser und sicherer genießen könne. – Das Totale der einzelnen Glückseligkeiten aller Glieder ist die Glückseligkeit des Staates. Außer dieser gibt es gar keine. Jede andere Glückseligkeit des Staates, bei welcher auch noch so wenig einzelne Glieder leiden und leiden müssen, ist Bemäntelung der Tyrannei. Anders nicht.«

Die beiden munter drauflos disputierenden Freunde träumen von einem Universalstaat mit der bestmöglichen Verfassung, stellen aber zugleich wieder die Existenz einer solchen Utopie in Frage.

»Ernst: Ein so ungeheurer Staat würde keiner Verwaltung fähig sein. Er müßte sich also in mehrere kleine Staaten verteilen, die alle nach den nämlichen Gesetzen verwaltet würden.

Falk: Das ist, die Menschen würden auch dann noch Deutsche und Franzosen, Holländer und Spanier, Russen und Schweden sein, oder wie sie sonst heißen würden.«

Die Heterogenität der Menschen nach Rasse, Religion und sozialer Stellung, will uns Lessing also mit Nachdruck sagen, darf und kann man nicht ungestraft ignorieren.

Lessing wünscht sich Männer an der Spitze des Staates, die mit einem untrüglichen Realitätssinn ausgestattet sind und genau wissen, »wo Patriotismus Tugend zu sein aufhört«. In jedem Staate, so meint er, kämen Männer der staatsmännischen Idealvorstellung am nächsten, »in deren Gesellschaft der Hohe sich gern herabläßt und der Geringe sich dreist erhebt«. Mit dergleichen gesellschaftlichen Nivellierungstendenzen brüskiert Lessing wohlwissend die hierarchische Ordnung, auf der der Absolutismus basiert.

Lessing muß gewußt haben, daß er sich mit solchen Ideen bis an die Grenze der Illoyalität vorgewagt hat. Wie Dissidenten in modernen Diktaturen bedient er sich bereits der Flüstersprache, um gefährliche Wahrheiten auszusprechen.

»Ernst: Ich möchte das nicht laut sagen.

Falk: Warum nicht?

Ernst: Eine Wahrheit, die jeder nach seiner eigenen Lage beurteilt, kann leicht mißbraucht werden.

Falk: Weißt du, Freund, daß du schon ein halber Freimaurer bist?

Ernst: Ich?

Falk: Du. Denn du erkennst ja schon Wahrheiten, die man besser verschweigt.

Ernst: Aber doch sagen könnte.

Falk: Der Weise kann nicht sagen, was er besser verschweigt.«

Lange hat man wohlweislich darüber hinweggesehen, wieviel revolutionären Sprengstoff diese Dialoge enthalten. Lediglich der Herzog, dem diese Schrift dediziert war, witterte als Betroffener mit sicherem Instinkt heraufziehende Gefahren für die Dynastien. Er verbot daher den Weiterdruck aus allzu naheliegenden Gründen. Ihm mochte es den Atem verschlagen haben, wenn er lesen mußte, das Volk lechze schon lange nach dergleichen Wahrheiten und vergehe sogar bereits vor Durst nach ihnen.

Das Druckverbot des Herzogs an seinen Bibliothekar, der in seinem kleinen Haus neben der Wolfenbütteler Bibliothek seinen notgedrungen trübseligen Gedanken nachhing, fiel dann auch höchst ungnädig aus. »Legen Sie mir es aber ja nicht vor

Stolz und Besorgnis aus, wenn ich gewünscht hätte, daß Sie vorher meine Bestimmung zu dem öffentlichen Drucke gefragt hätten«, heißt es da. »Besorgnis, ich gestehe es Ihnen aufrichtig, ich bin nicht ganz frei. Ich überlasse diesen Ausdruck Ihrer eigenen tiefen Einsicht und Auflösung. Sie wissen, da ich Sie selbst für einen Freimaurer, Sie mögen regelmäßig oder nicht regelmäßig aufgenommen sein, halte, wie freiwillig und feierlich sich ein solcher verpflichtet, nichts von den wesentlichen Kenntnissen der Gesellschaft drucken zu lassen. Sie tun es...«

Auch vom Berliner Landesgroßmeister bekommt Lessing in gereiztem Ton zu hören, sich nie mehr über die Freimaurerei in der Öffentlichkeit auszulassen, ohne »zuvörderst derjenige zu werden, welcher Sokrates ehedem den Atheniensiern war. Allein, dem widrigen Schicksal zu entgehen, welches leider seine Tage verkürzte, müssen Sie den Zirkel nicht überschreiten, den Ihnen die Freimaurerei jedesmal vorzeichnet, und jederzeit eingedenk bleiben, daß wir nur hinter verschlossenen Türen von der Freimaurerei reden dürfen.«

Offenbar war Lessing in seinem Wahrheitshunger einen Schritt zu weit gegangen, indem er sich vermessen hatte, einen Stab für die Sache der Freimaurerei zu brechen, und dabei Ideen entwickelt hatte, die für den bestehenden Staat eine zumindest latente Gefahr darstellten. Für sein Empfinden hatte er weiter nichts unternommen, als ein paar wesentliche Strukturen seines Zeitalters offengelegt.

Im Grunde sind seine Freimaurergespräche trotz allem eine lesenswerte Apologie des Logenwesens geblieben. Die Freimaurer können zumindest ihre Existenzberechtigung aus ihren karitativen Taten herleiten.

»Wie konnten sie mir nicht gleich einfallen, diese Taten, diese sprechenden Taten«, ereifert sich sein Gesprächspartner Ernst gleich im ersten Gespräch. »Fast möchte ich sie schreiende nennen. Nicht genug, daß die Freimaurer einer den anderen unterstützen, auf das Kräftigste unterstützen: denn das wäre nur die notwendige Eigenschaft einer jeden Bande. Was tun sie nicht für das gesamte Publikum eines jeden Staates, dessen Glieder sie sind.«

Ganz allgemein kann man diese »Gespräche für Freimaurer« jedoch als eine der radikalsten, allerdings auch fundiertesten Systemkritiken des ausgehenden Absolutismus verbuchen. Kein Zweifel, Lessings Humanitätsideal zielt in letzter Konsequenz auf eine kosmopolitische, klassenlose, überkonfessionelle und tolerante Gesellschaft hin. Er überbot in dieser Radikalität seines Denkens noch die Revolutionäre, die bald nach seinem Tode Geschichte machen sollten und damit einen Furor ohnegleichen anrichteten. Er hing durchaus dem utopischen Gedanken an, die Menschheit wäre am besten bedient, »wenn sie keiner Regierung mehr bedürfte«. Offenbar war er bei den Ameisen in die Schule gegangen und hatte von ihnen gelernt, wie ein Staat auch ohne eine weit ausgefächerte Hierarchie und ohne alle Unterdrückungsmechanismen perfekt und reibungslos funktionieren kann.

Entschieden höher als in seiner Freimaurerschrift greift Lessing von Anfang an in seiner »Erziehung des Menschengeschlechts«, die er ein Jahr vor seinem Tode vorlegt. In dieser programmatischen Schrift entwickelt er in hundert prägnant formulierten Paragraphen die Grundlinien einer religiös fundierten Geschichtsmetaphysik. Von dieser Schrift ging noch einmal eine geradezu elektrisierende Wirkung auf sensible Zeitgenossen aus. So hat es jedenfalls die kluge und instinktsichere Elise Reimarus empfunden, die nach der Lektüre dieser neuen Schrift deren Autor wissen ließ: »Meine Lieblingsstellen gehen von Paragraph 76 an bis zu Ende. Ich habe bei einigen laut aufweinen müssen. Überhaupt sind Sie der einzige Philosoph, den ich kenne, der Wahrheiten auf diese Art, wie durch einen elektrischen Schlag, fühlbar zu machen und durch Mark und Bein zu führen weiß.« Es versteht sich von selbst, daß diese Worte nicht nur als unverbindliches Kompliment einer unerschütterlichen Lessing-Enthusiastin zu werten sind.

In der Tat war der späte und gereifte Lessing mit diesem Alterswerk weit über die Grenzen der Aufklärung, die sein Leben und Denken geprägt hatte, hinausgelangt. Er hatte damit den Sperrbezirk, der ihn noch von der Hochzeit des Deutschen Idealismus und der dichterischen Klassik trennte, vehement durchbrochen und damit den Blick der Menschheit für ihre eigentliche Aufgabe geweitet. Nicht nur seine Gegner blieben angesichts so sublimer Erkenntnisse, mit denen er überraschte, weit hinter ihm zurück, auch die meisten seiner Freunde erkannten mit einem Male einen neuen Lessing, dem sie sich nur zögernd nähern konnten.

Wie in der Politik, in der Lessing nichts von gewaltsamen Eruptionen erwartet, setzt er auch in der Entwicklungsgeschichte der Menschheit alles auf die gestaltende und dauernd umformende Kraft der Zeit. Geduld hat er längst zur Kardinaltugend erhoben und den Blick von den höchst ephemeren Zeitphänomenen hinweg auf die Ewigkeit gerichtet. Was die »Erziehung des Menschengeschlechts« aber anbelangt, so hat er sich damit immer weitere Perspektiven erobert.

In Paragraph 90 seiner letzten Schrift heißt es daher auch sinnvollerweise: »Der Schwärmer tut oft sehr richtige Blicke in die Zukunft; aber er kann diese Zukunft nur nicht erwarten. Er wünscht diese Zukunft beschleunigt und wünscht, daß sie durch ihn beschleunigt werde. Wozu sich die Natur Jahrtausende Zeit nimmt, soll in dem Augenblicke seines Daseins reifen. Denn was hat er davon, wenn das, was er für das Bessere erkennt, nicht noch bei seinen Lebzeiten das Bessere wird?«

Lessing hat sich mit zunehmenden Jahren eine Schicksalsgläubigkeit errungen, die ihm in der letzten Phase seines körperlichen Zerfalls eine stille und nachhaltige Würde verleiht. »Geh deinen unmerklichen Schritt, ewige Vorsehung! Nur laß mich dieser Unmerklichkeit wegen an dir nicht verzweifeln«, artikuliert er noch einmal sein Lebensgefühl. »Laß mich an dir nicht verzweifeln, wenn selbst deine Schritte mir scheinen sollten, zurückzugehen! Es ist nicht wahr, daß die kürzeste Linie immer die gerade ist.«

Von seinem Lieblingsphilosophen Leibniz ausgehend, erkennt Lessing in jeder Monade den Drang zur letzten Vollkommenheit. Zugleich muß sie aber den Weg aufwärts in Etappen vollziehen, die ihr vorgeschrieben sind. In der Geschichte der menschlichen Gattung wiederholt sich nämlich im großen die Entwicklung des einzelnen Individuums. Mensch und Menschheit unterstehen damit einem Determinismus, dem sich niemand entziehen kann. Wie ein weiser Lehrer dem Kinde diejenigen Erkenntnisse verhüllt, die seine geistige Kapazität überfordern, so hält es Gott auch mit dem gesamten Menschengeschlecht.

Die Vorsehung bedient sich der Offenbarung als eines der effektivsten Bildungsmittel, um die Menschen auf eine höhere Stufe ihrer Entwicklung zu befördern. In ihrer Sehnsucht nach Vollkommenheit ist diese Menschheit nämlich in einem unendlichen geistigen Entwicklungsprozeß begriffen. Erst in einer zukünftigen Etappe seines Entwicklungsweges wird der Mensch in voller Bewußtseinsreife fähig sein, das Gute um des Guten willen und nicht mehr bloß aus Furcht oder Hoffnung zu vollbringen. Die Zeit wird kommen, in der sich die Menschen im Dienst des Göttlichen zu ihrer ganzen Größe und zur Erfüllung ihrer irdischen Bestimmung entfalten werden. Das Streben nach Vollkommenheit verleiht ihnen höhere Erkenntniskräfte als die Vernunft, deren Grenzen sich Lessing in seinem »mystischen« Alter immer bewußter wurde. Die Offenbarung, die er nunmehr in sein hoch aufgetürmtes Gedankengebäude einfügt, betrachtete er als ein Gnadengeschenk Gottes, das ihn über alle Vernunft erhebt. Um endlich auch die irrationalen Kräfte zu spüren, dazu bedarf es keineswegs des Wunders, wohl aber der Bejahung und Annahme eines immanenten Weltwillens.

Da dieser erhabene Weltwille nicht ohne die Attribute von Güte und Weisheit zu denken ist, mußte der Weg, auf dem er die Menschheit führt, der kürzeste und leichteste sein. In diesem Sinne stellten die Schriften des Alten Testaments vorwiegend Elementarbücher für das im Denken noch ungeübten israelitische Volk dar. Sie artikulierten sich noch in Bildern. Aber an ihnen reifte dann eben doch die Vernunft. Sie spiegelten in jedem Fall das irdische Leben, weil die noch unentwickelten Gemüter dem Glauben an die Unsterblichkeit noch nicht gewachsen waren. Das Neue Testament hingegen wuchs über die noch unentfaltete menschliche Entwicklungsstufe hinaus, mutete der inzwischen gereiften Menschheit bereits eine anspruchsvollere Gottesvorstellung zu, eine absolut positive Ethik und schließlich den Gedanken an eine Dreieinigkeit und an den Gottessohn.

Lessing bewegt sich mit seiner »Erziehung des Menschengeschlechts« ganz auf der Höhe seines religionsphilosophischen Denkens, dessen Probleme ihn mit zunehmenden Jahren immer mehr beschäftigt hatten. Der Kamenzer Pfarrerssohn, von vielen bereits als Ketzer und Atheist verlästert und verteufelt, kehrte ganz am Ende seines Lebens wieder zu seiner ureigenen geistigen Domäne zurück. Daß er in seinen theologischen Einsichten unzweifelhaft Fortschritte zu verzeichnen hatte, belegt leicht ein Vergleich mit seinen frühen theologischen Schriften. Der dezidierte Aufklärer räumt nun dem Irrationalen einen unveräußerlichen Platz in seinem Denken ein. Er hatte nach langen Überlegungen und inneren Kämpfen den Übergang zum Irrationalismus einer jüngeren Generation vollzogen. Damit hatte er eigentlich schon den Standpunkt der aufklärerischen Parteigänger seiner Zeit überwunden. Die Kluft zwischen Offenbarung und Vernunft war damit überbrückt. Die Offenbarung wurde von ihm als eine unumstößliche historische Tatsache im Entwicklungsprozeß der Menschheit respektiert.

Revolutionierend aber geradezu ist die Tatsache, daß Lessing wie so viele große Deutsche vor ihm den Gedanken der Seelenwanderung als den eines Mittels zur weiteren Vervollkommnung der menschlichen Seele in seinen großen Entwicklungsprozeß mit einbezieht. Unser bedeutendster Aufklärer, so etwa läßt sich sagen, mündet schließlich, was sehr zu denken geben muß, in einen metaphysischen Idealismus des unendlichen Werdens ein. Könnte der große göttliche Erziehungsplan, so fragt er sich, überhaupt erfüllt werden, würde dem Menschen nicht die Chance geboten, in immer neuen Inkarnationen eine neue Stufe seiner Menschwerdung zu ersteigen?

Der drittletzte Paragraph der »Erziehung des Menschengeschlechts« klingt bereits in der Frage aus: »Warum sollte ich nicht so oft wiederkommen, als ich neue Kenntnisse, neue Fertigkeiten zu erlangen geschickt bin? Bringe ich auf einmal so viel weg, daß es der Mühe wiederzukommen etwa nicht lohnt?«

Für Lessing hatte es schon lange festgestanden, »daß mehr als fünf Sinne für den Menschen sein können«. Der Mann, der so ganz auf die Ratio gesetzt hatte, stimmte mit seinem Idol Shakespeare durchaus darin überein, daß es mehr Dinge zwischen Himmel und Erde geben würde, als unsere Schulweisheit sich träumen läßt.

In einer im Oktober 1778 niedergeschriebenen Bemerkung zu Joachim Heinrich Campes »Philosophischen Gesprächen«, in der von der Verschiedenheit der geistigen Fähigkeiten unter den Menschen die Rede ist, meint Lessing: »Ist es denn schon ausgemacht, daß meine Seele nur einmal Mensch ist? Ist es denn schlechterdings so ganz unsinnig, daß ich auf keinem Wege der Vervollkommnung wohl durch mehr als eine Hülle der Menschheit hindurch müßte? Vielleicht wäre auf diese Wanderung der Seele durch verschiedene menschliche Körper ein ganz neues eigenes System zu gründen. Vielleicht wäre dieses neue System kein anderes als das ganz älteste.«

Der Gedanke der Reinkarnation, der Lessing in den späten Jahren immer mehr beschäftigt hat, findet nun in seinem letzten Werk seine klarste und bewußteste Form seit langem. Im Gefühl seines bevorstehenden Todes erst konnte er sein letztes Vermächtnis an die Menschheit in solcher Klarheit formulieren.

Lessing sieht die Menschheitsgeschichte in drei großen Abschnitten verlaufen. Wie durch eine Schule führt der göttliche Erzieher seine Zöglinge von Klasse zu Klasse. Auf jeder Stufe dieses Reifeprozesses wird ein neues geistiges Prinzip errungen. Welchen Anteil aber nimmt der einzelne Mensch an der Fülle der göttlichen Entwicklungen, da ein einzelnes Menschenleben doch immer nur an das winzige Fragment einer einzigen Stufe geknüpft bleibt?

Wie aber sieht die große Geschichtsvision dieses klarsten Denkers aus?

»§ 92. Und wie? wenn es nun gar so gut als ausgemacht wäre, daß das große Rad, welches das Geschlecht seiner Vollkommenheit näher bringt, nur durch kleinere schnellere Räder in Bewegung gesetzt würde, deren jedes sein Einzelnes eben dahin liefert?

§ 93. Eben die Bahn, auf welcher das Geschlecht zu seiner Vollkommenheit gelangt, muß jeder einzelne Mensch (der früher, der später) erst durchlaufen haben. In einem und demselben Leben durchlaufen haben? Kann er in eben demselben Leben ein sinnlicher Jude und ein geistiger Christ gewesen sein? Kann er in ebendemselben Leben beide überholt haben?

§ 94. Das wohl nun nicht! – Aber warum könnte jeder einzelne Mensch auch nicht mehr als einmal auf dieser Welt gewesen sein?

§ 95. Ist diese Hypothese darum so lächerlich, weil sie die älteste ist? Weil der menschliche Verstand, ehe ihn die Sophisterei der Schule zerstreut und geschwächt hatte, sogleich darauf verfiel?«

Lessing hat sich bereits die naheliegende Frage vorgelegt, warum in aller Welt der Mensch die Spuren eines vorausgegangenen Erdenlebens so schnell vergessen kann. Er hat sogar in den beiden letzten Paragraphen seiner Programmschrift eine plausible Erklärung dafür parat.

»§ 99. Wohl mir, daß ich es vergesse. Die Erinnerung meiner vorigen Zustände würde mir nur einen schlechten Gebrauch des gegenwärtigen zu machen erlauben. Und was ich auf jetzt vergessen muß, habe ich denn das auf ewig vergessen?

§ 100. Oder, weil so zuviel Zeit für mich verloren gehen würde? Verloren? Und was habe ich denn zu versäumen? Ist nicht die ganze Ewigkeit mein?«

Großartiger als mit solchen Worten könnte Lessings Lebenswerk gar nicht ausklingen. Für diesen Denker war nicht nur die

Unsterblichkeit eine »ausgemachte Wahrheit«, für ihn stand es darüber hinaus mit der Sicherheit eines Naturgesetzes fest, er würde eines Tages wiederkommen und noch einmal diesen irdischen Plan betreten, um den gewaltsam abgebrochenen Erziehungsprozeß wieder aufzunehmen. Kein Mensch, versichert er uns, und sei er noch so gering, kann aus der Welt herausfallen. Jeder hat die Chance, seinen Schicksalsfaden da wieder aufzunehmen, wo der Tod ihn erbarmungslos zerschnitten hat. Jeder kann sich wieder mit einem neuen Körper verbinden, um sich durch immer neue Erfahrungen und Erkenntnisse zu steigern.

Mit seinem couragierten Eintreten für den Reinkarnationsgedanken, der so ganz und gar nicht ins Konzept der Konfessionskirchen paßte, distanzierte sich Lessing betont von der »unendlichen Langeweile« der kirchlichen Unsterblichkeitsvorstellung mit Höllenstrafen und Letztem Gericht. Sein Gott strahlte Güte und Wohlwollen aus, indem er einer mit Blindheit geschlagenen Menschheit den Weg zu einem höheren Menschentum wies.

Daß Lessing auch das Alte Testament als eine nicht zu übergehende historische Tatsache, die man in der Entwicklungsgeschichte der Menschheit einfach nicht ignorieren kann, anerkannte, unterscheidet ihn fundamental von Reimarus, der den Offenbarungscharakter des Alten Testaments kategorisch leugnete.

Es dauerte bis Ostern 1780, ehe die »Erziehung des Menschengeschlechts« bei Voß in Berlin erscheinen konnte. Lessing zog es auch diesmal vor, nicht als Verfasser, sondern nur als Herausgeber dieser Schrift zu erscheinen, die sicherlich das Spekulativste darstellt, was Lessing überhaupt jemals aus seiner Werkstatt entlassen hat. Wieder war der große Wahrheitssucher unterwegs gewesen, letzte Wahrheiten einzusammeln und sie in der prägnantesten Form, die man sich überhaupt denken konnte, weiterzureichen. Er war, auf den bereits überwachsenen Pfaden Leibnizens und Spinozas weiterschreitend, hoch über seine Zeit hinausgewachsen.

Ein Jahr nur nach Lessings philosophischem Vermächtnis er-

Lessings Silhouette und Autogramm, 1780

schien in Deutschland Immanuel Kants revolutionierende »Kritik der reinen Vernunft«. In seinen späteren Phasen hat Kant nie seine Berührungspunkte mit Lessing geleugnet. Auch Friedrich von Schiller greift noch einmal den Faden da auf, wo Lessing ihn hatte liegen lassen müssen. Er läßt seine »ästhetische Erziehung des Menschen« dort enden, wo auch Lessings Vernunfterziehung ihren Kulminationspunkt erreicht hatte.

Generell läßt sich unter allen Umständen sogar sagen, daß die »Erziehung des Menschengeschlechts« überhaupt erst eine theologisch fundierte Geschichtsphilosophie bei uns zulande initiiert hat. Vor allem Herders »Ideen zur Philosophie der Geschichte der Menschheit« ist ohne Lessings denkerische Vorarbeit nicht vorzustellen. In diesem grandiosen Weltgemälde kann sich Herder immer wieder auf sein Vorbild Lessing berufen, mit dem er über weite Strecken hin übereinstimmt. Auch Herders letztes Wort ist die Humanität.

Bei aller Kritikfähigkeit hat sich Lessing zwar entschieden von den ausgetretenen Pfaden eines konventionellen Konfessionalismus, nie aber vom Christentum selbst entfernt. Aus den letzten Jahren seines Lebens stammt noch eine Aufzeichnung, die man in seinem Nachlaß vorfand und die gründlich mit der festgefahrenen Legende aufräumt, Lessing wäre als dezidierter Heide aus diesem Leben geschieden.

»Ich habe gegen die christliche Religion nichts, ich bin vielmehr ihr Freund und werde ihr zeitlebens hold und zugetan bleiben«, lautet sein eindeutiges Credo. »Sie entspricht der Absicht einer positiven Religion so gut wie irgendeine andere. Ich glaube sie und halte sie für wahr, so gut und so sehr man nur irgendetwas Historisches glauben und für wahr halten kann. Denn ich kann sie in ihren historischen Beweisen schlechterdings nicht widerlegen. Ich kann den Zeugnissen, die man für sie anführt, keine anderen entgegensetzen, es sei nun, daß es keine anderen gegeben oder daß alle anderen vertilgt oder geflissentlich entkräftet werden... Ich kann die Möglichkeit der unmittelbaren Einwirkung des heiligen Geistes nicht leugnen und tue wissentlich gewiß nichts, was diese Möglichkeit, zur Wirklichkeit zu gelangen, hindern könnte.«

Der geschworene Rationalist Lessing bekennt sich zur Goetheschen Einsicht, in der Religion müsse mehr empfunden und gefühlt als eingesehen und erkannt werden. Selbst bei der Beurteilung des Phänomens Jesu Christi schließt er das Gefühlsmoment nicht aus. Noch 1780 schrieb er in acht knappen Paragraphen einen Exkurs über die »Religion Christi«, die man dann in seinen nachgelassenen Papieren vorfand. Offenbar lag ihm daran, so markant wie nur möglich die Trennungslinien zwischen der Religion Christi und der christlichen Religion zu ziehen, die er mittlerweile als »zwei ganz verschiedene Dinge« anzusehen gelernt hatte.

»Jene, die Religion Christi, ist diejenige Religion, die er als Mensch selbst erkannte und übte«, heißt es im dritten Paragraphen. »Es ist die Religion, die jeder Mensch mit ihm gemein haben kann, die jeder Mensch nur so viel mehr mit ihm gemein zu haben wünschen muß, je erhabener und liebenswürdiger der Charakter ist, den er sich von Christo als bloßem Menschen macht.«

Ganz im Gegensatz zu jener Religion Christi ist die christliche Religion »diejenige, die es für wahr annimmt, daß er mehr als Mensch gewesen und ihn selbst als solchen zum Gegenstand ihrer Verehrung macht«. Christus ist für Lessing der legitime Führer in das Reich der Zukunft, das er sich ersehnt, wohlgemerkt jedoch nicht die Kirche, die seinen Namen trägt.

Die Gewißheit der Seelenwanderung nahm Lessing am Ende seines Lebens alle Schrecken, die sich für die meisten mit dem Gedanken an den Tod verbinden. Er sah dem Ende seiner irdischen Wanderung, wie seine Freunde bestätigten, mit auffallender Gelassenheit entgegen.

»Über die Bekümmerungen um ein künftiges Leben verlieren Toren das gegenwärtige«, warnte er Neugierige. »Warum kann man ein künftiges Leben nicht ebenso ruhig abwarten als einen künftigen Tag? Dieser Grund gegen die Astrologie ist ein Grund gegen alle geoffenbarte Religion. Wenn es auch wahr wäre, daß es eine Kunst gäbe, das Zukünftige zu wissen, so wollten wir diese Kunst lieber nicht lernen. Wenn es auch wahr wäre, daß es eine Religion gäbe, die uns von jenem Leben ganz unzweifelhaft unterrichtet, so sollten wir lieber dieser Religion kein Gehör geben.«

Lessing starb schließlich in der Gewißheit, daß der große Erziehungsplan der Menschheit noch keineswegs abgeschlossen ist. Aber eines Tages wird der Mensch keiner transzendenten Führung und Lenkung mehr bedürfen. Das wird die Menschheitsära sein, in der die Offenbarungswahrheiten sich mit den Vernunftswahrheiten decken werden und für die ihm nur der Name eines dritten Reiches einfallen will.

Nach dem Abschluß seiner »Erziehung des Menschengeschlechts« ist Lessing als Autor im wesentlichen verstummt. Er bereitete lediglich noch die Edition von zwei »Wolfenbütteler

Beiträgen« vor, die dann allerdings erst nach seinem Tod die Öffentlichkeit erreichten. Es waren dann vorwiegend philosophische Gedanken, die ihn noch bis zu seinem Tod in Spannung hielten. Er legte sich bei seinen Reflexionen keineswegs auf ein bestimmtes System fest. Allerdings verfuhr er immer noch nach dem Grundsatz, es wäre ein und dasselbe, »der Wahrheit und Leibniz näherzukommen«. Ganz zuletzt begann ihn aber Spinoza zu faszinieren. Dessen Gedanken von der Gleichsetzung von Gott und Welt nachzuvollziehen, bereitete ihm nicht die geringsten Schwierigkeiten.

Auch wenn der jüdische Philosoph damals eine gänzlich unerwartete Renaissance erlebte, so verfiel Lessing doch keineswegs einem modischen Spinoza-Kult. Darin unterschied er sich wohltuend von Herder, der Spinozas Ethik für die höchste Moral der Vernunft hielt und dessen Pantheismus er noch über die Lehren des heiligen Johannes erhob. Auch Goethes pantheistische Anwandlungen sind bekannt. Auf seiner Rheinreise im Jahre 1774 machte er bei Friedrich Heinrich Jacobi in Düsseldorf ausgiebig Station. Die Freundschaft, die ihn mit diesem verband, entzündete sich an beider glühendem Bekenntnis zur Lehre des Spinoza.

Der gleiche Jacobi gehörte zu den aufrichtigsten Bewunderern Lessings. Er suchte diesen im Sommer 1780 auf, und in der Zeit zwischen dem 5. und 10. Juli entspann sich zwischen den beiden ein lebhafter Disput über die wichtigsten Fragen der Religionsphilosophie, die damals nicht nur ihnen förmlich auf den Nägeln brannten. Lessing überraschte seinen Gesprächspartner mit seinem unumwundenen Geständnis zum Pantheismus. Den Aufklärer Lessing hatte man sich nur schwerlich als Vertreter einer Lehre vorstellen können, die Gott in allem erkannte, was da kreucht und fleucht.

Jacobi hat die Gespräche dieser Tage nach Lessings Tod in einem Gedächtnisprotokoll veröffentlicht und damit bei der geistigen Elite dieses Landes so etwas wie eine Sensation ausgelöst. Aber es besteht kein Grund, dem Wahrheitsgehalt dieser Aufzeichnungen aus Lessings letzten Tagen zu mißtrauen. So hatte Jacobi dem Älteren am 6. Juli Goethes »Prometheus« zu lesen gegeben und dann über dessen Reaktion auf diese Lektüre berichtet: »Lessing, nachdem er das Gedicht gelesen und indem er mir's zurückgab: Ich habe kein Ärgernis genommen; ich habe das schon lange aus der ersten Hand. Ich: Sie kennen das Gedicht? Lessing: Das Gedicht habe ich nie gelesen, aber ich finde es gut. Ich: In seiner Art ich auch, sonst hätte ich es Ihnen nicht gezeigt. Lessing: Ich meine es anders... Der Gesichtspunkt, aus welchem das Gedicht genommen ist, das ist mein eigener Gesichtspunkt. Die orthodoxen Begriffe von der Gottheit sind nicht mehr für mich, ich kann sie nicht genießen. Ich: Da wären Sie ja mit Spinoza ziemlich einverstanden. Lessing: Wenn ich mich nach jemandem nennen soll, so weiß ich keinen anderen. Ich: Spinoza ist mir gut genug, aber doch ein schlechtes Heil, das wir in seinem Namen finden! Lessing: Ja! Wenn Sie wollen. Und doch... Wissen Sie etwas Besseres?«

Jacobi gibt seinem Mentor zu verstehen, er hätte die Reise nach Wolfenbüttel angetreten, um bei Lessing stichhaltige Argumente gegen Spinoza entgegenzunehmen. Nun finden sich beide in einer unerwarteten Übereinstimmung.

Im übrigen war Lessing aus dem mörderischen Schlagaustausch mit der lutherischen Orthodoxie nicht ohne Blessuren hervorgegangen. Aber obwohl er zum Entsetzen seiner Freunde körperlich hart angeschlagen war, rang er sich täglich ein respektables Arbeitspensum ab. Er hatte mit seinen körperlichen und geistigen Kräften niemals hausgehalten. Auch nun sah man ihn in seiner Wolfenbütteler Eremitage von früh um sechs bis in die Nacht hinein an seinem Schreibtisch sitzen. Die Themen, die sich ihm zur Behandlung geradezu aufdrängten, waren noch Legion. Noch bei seinem Tode blieb so vieles von dem unerledigt, was er noch so gerne unter Dach und Fach gebracht hätte.

Noch aber blickt eine Welt auf den einsam dahinkränkelnden Mann im Wolfenbütteler Kammerdienerhäuschen. Als Kritiker gilt er nach wie vor als eine deutsche Institution, an die niemand, der einen Platz in unserer Gelehrtenrepublik beanspruchte, vorüberkann. Aber sein geschundener Körper versagt ihm immer mehr die Hilfe bei seinen geistigen Exkursionen. Er fühlt sich zuweilen wie von einem tiefen Seelenschlaf befallen, für den er selbst keine rechte Erklärung hat. Im letzten Jahr seines Lebens verliert er immer mehr mitten im lebhaftesten Gespräch den Faden, oder er versinkt unversehens in einen tiefen Schlaf. Aber dann gibt es auch wieder Augenblicke, in denen der alte Causeur wieder ganz präsent ist.

Im Herbst 1778 hatte er sich noch einmal gewaltsam aus seiner Einsamkeit befreit und sich zu einer Reise nach Hamburg aufgerafft. Der Umgang mit den von ihm verwalteten Büchern begann ihn merklich einzuschläfern. Wie immer sehnte er sich nach menschlicher Kommunikation, nach Umgang mit Menschen von Format, mit denen er sich austauschen konnte. In Hamburg konnte er immer noch mit einer Gemeinde von Freunden rechnen, die sich nichts sehnlicher erhoffte, als den immer anregenden Lessing wieder einmal in ihrer Mitte zu sehen. Man scharte sich wie in den besten Zeiten um den Teetisch der intelligenten Tochter jenes Reimarus, dessen Nachlaß den ganzen polemischen Wirbel ausgelöst hatte.

Stieftochter Amalie, die Lessings Haus seit Evas Tod vorstand, war mit von der Partie. Aus den geplanten vierzehn Tagen wurden am Ende dann eben doch fünf lange Wochen, die angesichts von Lessings seelischem Tief eine durchaus therapeutische Funktion für ihn besaßen. Aber auch in Hamburg besserte sich seine Schlafsucht nicht. »In den heitersten Zirkeln seiner Freunde«, entsinnt sich Bruder Karl später, »wenn diese abends um ihn her laut wurden, überfiel ihn ein unüberwindlicher Trieb zum Schlummer, aus dem er sich endlich, angeregt oder von selbst, gewöhnlich mit der Frage: ›Nun, was gibt's?‹ wieder aufraffte.«

Nach Wolfenbüttel heimgekehrt, gibt er sich für eine Weile der falschen Hoffnung hin, wenigstens diese Malaise nun endlich überwunden zu haben. »Meine Schlafsucht hat sich ganz verloren, und wenn Sie dieselbe nicht etwa mit der Zeit in meinem Nathan wiederfinden, so habe ich von Glück zu sagen«, berichtet er Elise Reimarus, die keinen Augenblick nachläßt, an seinem Schicksal Anteil zu nehmen.

Lessing hatte sich natürlich getäuscht. Die Wochen und Monate, die ihm jetzt noch blieben, bedeuteten für ihn nur noch ein einziges Aufbäumen gegen die schleichende Auflösung seiner Physis. Dazu kam, daß die Augen zunehmend ihren Dienst versagten. Selbst starke Augengläser, die man ihm verschrieb, konnten dieses Übel nicht korrigieren. Im Sommer hatte er über starke Fieberanfälle zu klagen. Sie sollten sich dann bis zu seinem Tode ständig wiederholen. »Das Übel verschlimmerte sich bald wieder von Tag zu Tag«, berichtet Karl Lessing in seiner Biographie. »Er wurde dabei zuerst engbrüstig und war nicht imstande, zwanzig Schritte zu gehen, ohne sehr müde zu werden und ausruhen zu müssen. Das Feuer seiner Augen verlosch, und die Lebhaftigkeit seiner Unterhaltung wurde immer seltener. Er hatte keine einzige heitere Stunde mehr.«

Das makabre Auslöschen eines Feuergeistes also, dessen Energien ein ganzes im jähen Aufsteigen begriffenes Jahrhundert überstrahlt hatten. »Alle Welt, die ihn in Braunschweig seit einem Jahr gesehen, sagt, er sei sehr verändert – und so graut mir, ihn zu sehen«, beklagt Elise Reimarus diesen Zustand. »Ich wüßte nicht, was mich so traurig macht, als die Ruinen eines großen Mannes zu sehen.« Lessing, offenbar bereits vom Tode gezeichnet, schwankt zwischen Hoffnung und Resignation hin und her. In einem Brief an seine Stieftochter Amalie ringt er sich den Stoßseufzer ab: »Ganz gesund werde ich hier doch nicht, und ich sehne mich schon gewaltig wieder in meine Ordnung.«

Bezeichnend auch ein Passus aus einem Brief Elises an eine Schwester Jacobis, in dem es heißt: »Als ich ihm die herrliche Stelle aus Ihres Bruders Brief vorlas, die so anfängt: ›Ich selbst lebte lange nicht mehr, wenn es keine Büsche und Bäume ...‹, fiel mir Lessing bei diesen Worten plötzlich ein: die gehören nun zu meinem Leben nicht. Desto schlimmer, sagt' ich und las weiter, ›und keine Kinder und Kindesgleichen gäbe. Aber da herum ist so was Frommes und Seliges, das Genügen bereitet.

Aus dem Hantieren damit entspinnt sich ein Hang, der nicht nachläßt und der allem Ekel widersteht. Die schwärzeste Misanthropie und was noch schwärzer sein mag, wird dabei zur bloßen Spekulation und kann wenigstens nicht ins Blut treten‹ – da hob ich meine Augen und sah, was ich kaum an Lessing zu sehen hoffen durfte: sein Gesicht war feuerrot, und seine Augen schwammen in Tränen.«

Zu sprechen bleibt noch von Lessings Stieftochter Amalie, die nach Evas Tod dem Wolfenbütteler Hauswesen vorsteht. Die 14jährige, eben zur Frau erwachend, strahlt eine gleichbleibende Heiterkeit aus, die Lessing sehr wohl zu schätzen weiß. Allerdings bietet das enge Zusammenleben der beiden ausreichend Stoff für den Stadtklatsch in Wolfenbüttel und anderswo. Auch Elise Reimarus sieht diese Beziehung nicht ohne Skepsis und läßt Lessing ihre Vermutungen unverblümt wissen. Darauf geht am 7. Mai 1780 eine lange Epistel von Wolfenbüttel nach Hamburg hinüber, die sich ausführlich mit dem »freundschaftlichen Wink« Elises auseinandersetzt.

»Aber liebe, liebste Freundin«, heißt es da, »sollte ich nicht ein wenig schmählen (oder haben Sie es lieber, wenn ich Sie ganz in der Stille bei mir ein wenig auslache?), daß ein solches Gerede seiner Ruchbarkeit wegen endlich auch bei Ihnen Glauben gefunden?

Und womit beweist man es, daß ich in meine Stieftochter verliebt bin? Weil ich mich nicht von ihr trennen will? Weil ich sie noch nicht von mir gestoßen habe? Denn, wahrlich, nicht viel weniger als von mir stoßen hätte ich sie müssen, wenn ich sie dem kalten Anerbieten ihrer Anverwandten hätte überlassen wollen!

Oder weiß man es etwa, daß ich Ursache bin, daß sie meinetwegen bereits eine Partie ausgeschlagen? Kann sein, daß sie an einem lustigen Tage in Hamburg schon mehrmalen versprochen worden, worüber man den Gecken von Stiefvater in äußerster Verzweiflung zu sehen geglaubt! Hier ist uns sowas noch nicht vorgekommen.

Kurz, liebste Freundin, denn ich pläsentiere nicht gern über etwas, worüber sich so leicht pläsentieren läßt – kurz, schaffen Sie dem guten Mädchen einen Mann, oder machen Sie, daß derjenige ihrer mütterlichen Anverwandten, den sie kennt und liebt, sie zu sich verlangt, oder auch, daß eine verständige und gefällige Freundin in Hamburg sie bei sich zu haben wünscht, und sehen Sie, wie ich dann handeln werde! Nur antragen soll sie mit meinem Willen sich keinem von diesen, und ich will es durchaus nicht sein, der sie nötigt, sich stockfremden Leuten in die Arme zu werfen oder ihre Zuflucht in ein Land zu nehmen, wohin ihre Mutter aus sehr guten Gründen so ungern zurück wollte. Wer diese meine Gesinnung gegen sie Liebe nennen will, der kann seine Worte brauchen, wie er will! Auch ist es allerdings Liebe, und ich gestehe gern, daß mir das Mädchen diese Liebe auf alle Art, die ich nur wünschen kann, erwidert.

Ich habe Ihnen, meine Beste, soviel ich mich erinnere, bereits auch unaufgefordert gestanden, daß ihre häuslichen Tugenden es allein sind, die mir das Leben, das ich leider fortführen muß, noch erträglich machen. Ich hätte hinzufügen können, wenn ich es nicht getan habe, daß ich vor dem Augenblicke zittere, der sie von mir nehmen wird, ob ich ihn schon meines eigenen Nutzens wegen keinen Augenblick verschieben will. Denn ich werde in eine schreckliche Einsamkeit zurückfallen, in die ich mich schwerlich mehr so gut möchte finden können als ehedem und der ich also zu entgehen, mich leicht auf das andere Ende werfen könnte, so daß ich mein Leben beschlösse, wie ich es angefangen habe: als ein Landstreicher, und als ein weit ärgerer als ehedem, indem mich die Lust zum Studieren auch nicht einmal so lange mehr an einem Orte halten würde, als sie in meiner Jugend, in der Neugierde und Ehrgeiz alles über mich vermochte, getan hat.

Nun gut! werden Sie mir ins Wort fallen. Gesetzt, daß Sie ohne ihre eigene Gefahr ein junges reizendes Mädchen länger um sich wissen können, denken Sie doch an das Mädchen selbst! – Ich habe daran gedacht, meine Beste! Und sehen Sie, da hat sich ein Zufall meiner Tugend angenommen und hat mich auch hier in dem Glauben bestärkt, daß sich der Zufall immer der Tugend eines Mannes annimmt, der mit Gewalt kein Schurke sein will. Ich bin nämlich hinter ein Geheimnis ihres kleinen Herzens gekommen, aus welchem ihr 53jähriger Stiefvater zur äußersten Kränkung freilich seiner Eitelkeit ersehen, daß er es nun ganz und gar nicht ist, der ihr gefährlich werden könnte...

Lassen Sie mich also nur noch mit einem Worte das Ding auch von der dritten Seite betrachten, von der es betrachtet werden könnte. – Diese dritte Seite ist das Publikum, in dessen Augen das Mädchen doch immer verlieren könnte. Denn was ich darin verlieren kann, will nicht viel sagen. Von mir ist es doch nur schon der Schlimmste zu glauben geneigt, und nun erst anfangen, mich nach seinen Capricen zu richten, würde mir nur eine schwache Seite mehr geben. – Also, das Mädchen, dem ich so wohl will! – Ach, meine Freundin! Ein Mädchen ist bestimmt, ihr Glück durch die Augen eines Einzigen, nicht durch die Stimme des Publikums zu machen, und was die Augen dieses Einzigen nicht sehen, das hören sie nicht. Wir sehen nur mit unsern Ohren, wenn wir für alle Liebe untauglich zu werden anfangen.

Aber ich bin nicht ein Tor, liebe Freundin, daß ich vergessen zu haben scheine, die schlimmste Anklage sei in gewissen Dingen eigene Verteidigung?«

Als Malchen im Sommer 1780 vorübergehend zu Verwandten nach Eschweiler reist, läßt sie Lessing in einer hochdepressiven Stimmung zurück. Die Einsamkeit überwältigt ihn, und offenbar läßt er seinem Trennungsschmerz freien Lauf. Als ihn eben in diesen Tagen Friedrich Heinrich Jacobi aufsucht, findet er den Freund in einem beklagenswerten Zustand an.

»Er klagte mir, daß ihn alles verließe«, berichtet Jacobi später Elise Reimarus. »Selbst eine gewisse Person, die ihm seit Jahren mit der innigsten Freundschaft zugetan gewesen, und von der er gewiß wäre, daß sie ihm sogar ihre Hand nicht versagt haben würde, auch diese entferne sich jetzt von ihm.«

»Beim Gute-Nacht-Gehen bat mich Lessing, ihn am folgenden Morgen in seinem Absteigequartier zu besuchen, damit wir gewiß ungestört blieben«, heißt es in einem anderen Bericht Jacobis. »Ich fand ihn sehr bewegt. Er erzählte mir seine Lage, was er seit dem Streit über die Fragmente von Menschen erfahren habe, wie sein Gemüt davon angegriffen, das Leben verekelt worden. Bei zwei Zügen besonders, die er mir erzählte, veränderte sich sein Gesicht auf eine Weise, die mir unvergeßlich bleiben wird – des edlen Mannes Herz ist gebrochen.«

Um ihn seiner drückenden Isolation zu entziehen, versuchte Jacobi mit all seinen Überredungskünsten, Lessing zu einer Reise nach »Berlin, Dresden, Leipzig und da weiter herum« zu bewegen. Lessing lehnte ab. Jacobi begab sich allein nach Hamburg und besuchte hier auch die Familie Reimarus. Nach der Abreise des quirligen Rheinländers schrieb Elise an Lessing: »Noch vorgestern saß er da auf dem nämlichen Sofa, auf dem Sie zu schlafen pflegten, und hätten wir Geister zitieren können, Sie hätten mitten drinnen gesessen.«

Auf seiner Rückreise von Hamburg bricht Jacobi mit dem Freund dann doch noch zu einem Besuch Gleims nach Halberstadt auf. Aber dort wollte sich die alte Ungezwungenheit mit alten Freunden nicht mehr so recht einstellen. Man hatte sich, wie sich nun zeigen sollte, ein wenig auseinandergelebt, so sehr Gleim, der seit jeher einen Freundschaftskult getrieben hatte, sich auch bemühte, Gegensätze zu übertünchen. Herder gegenüber äußerte sich der Gastgeber später äußerst freimütig, beide Gäste wären »krank und milzsüchtig« gewesen und die rechte Stimmung wie früher hätte nicht aufkommen können. Doch zeigte der alte Gleim noch lange Besuchern Lessings Lieblingsplatz in seinem Garten am Stadtwall. An die Tapetentür des Gartenhauses hatte Lessing damals übrigens seine Lieblingsworte jener Jahre eingeschrieben: »Dies in lite«, was nicht mehr oder weniger besagen will als die Einsicht, die Tage der Menschen gingen in einem endlosen Streit dahin.

Das alles mochte für Lessings Leben in der Tat so der Fall gewesen sein. Seinem galligen Temperament entsprechend war er dem Kampf nie ausgewichen. Der Kampf war in Wahrheit sein stimulierendes Lebenselement. Ohne ihn konnte er sich ein produktives Dasein gar nicht erst vorstellen. Immer wieder luden sich seine Imaginationskräfte erst am Widerstand auf. Nun starb er wirklich langsam dahin, nachdem die kalte Flamme seines Zorns schwächer und schwächer brannte und er im harten Disput nicht mehr so schlagfertig wie gewohnt seinen Part vertreten konnte. Jacobi erlebte das Verlöschen eines großen Geistes, dessen Schlagkraft gelähmt war. »Ich widerlegte einige seiner Behauptungen so nachdrücklich, daß er nicht weiterkonnte«, überlieferte er eine Schreckensszene nach Lessings Tod. »Sein Gesicht wurde entsetzlich; ich habe nie so ein Gesicht gesehen.«

Die Halberstädter Reise hat Lessing zweifellos noch einmal von seinen körperlichen Miseren abgelenkt. Er fühlte sich nach seiner Heimkehr sogar ein wenig regeneriert und raffte sich am 7. Oktober noch einmal zu einer Hamburg-Reise auf. Allerdings hatte er für dieses Unternehmen seinen Freund, den Münzmeister Knorre, in Anspruch nehmen müssen, der ihm ein Darlehen von 200 Talern gewährte. Und wieder empfing ihn seine Hamburger Gemeinde mit gewohntem Enthusiasmus. Auf Grund der Hiobsbotschaften, die von Wolfenbüttel über Lessings Befinden herübergeweht waren, machte man sich auf das Schlimmste gefaßt. »Lessing ist hier«, konnte Elise Reimarus aber bereits am 9. Oktober abwiegelnd an Nicolai schreiben; »und sei es, daß der Umgang mit lebendigen Freunden ihm doch besser bekommt als der mit den toten und selbst der Streit mit Feinden – er ist fast ganz der Alte. Was das sagen will, brauche ich Ihnen nicht zu erklären.«

Man fand Lessing ganz allgemein ungewöhnlich frisch und vital. Ein paar Tage später hieß es daher bereits in einem anderen Brief Elises ungemein optimistisch: »Jeden Tag, den er hier ist, hat er gewonnen, teils durch den Umgang mit Freunden und teils durch körperliche Bewegungen, wozu Arzt und Freund ihn hier verdammen. Doch steh ich nicht dafür, daß er nicht in seinen Seelenschlaf zurückfällt, sobald das ewige

Einerlei seiner Lage in Wolfenbüttel wiederkommt und dazu seine Bequemlichkeit, nichts zu tun, was ihn aus dieser Lage reißt.«

Lessings Stimmung pendelt in diesen Tagen zwischen überreizter Euphorie und einer lähmenden Hoffnungslosigkeit. Nach wenigen Tagen bereits ist es so weit gekommen, daß er sich nach seiner geordneten Arbeit in Wolfenbüttel zurücksehnt. Er klammert sich nun förmlich an die Arbeit und verordnet sich einen »fleißigen Winter«. Er verfügt sogar noch über die erstaunliche Energie, mit der Schröderschen Bühne in Hamburg einen Vertrag abzuschließen, der ihn verpflichtet, jährlich zwei Stücke gegen ein Honorar von je 50 Louisdor zu schreiben.

Natürlich waren all diese Pläne nicht mehr zu realisieren. Schröder, dem der beklagenswerte Zustand Lessings nicht entgangen war, hatte begriffen, daß von diesem fürs Theater nun nichts mehr zu erwarten war. In Wolfenbüttel will ihm dann auch nichts mehr so recht gelingen. Elise Reimarus bestürmt ihn, auf keinen Fall vor der Krankheit zu kapitulieren. »Es wäre das erstemal in Ihrem Leben, daß Sie einem Feind nachgeben, bedenken Sie das!« bekommt er von ihr zu hören.

Zweifellos ist Elise in diesen kritischen Tagen der Mensch, der am entschiedendsten in sein Leben hineinwirkt. Angesichts seiner schwindenden Kräfte hat er kaum noch mit dem Gedanken gespielt, diese geistreiche Frau an sich zu binden, obwohl sie zweifellos seinem Ruf gefolgt wäre. Er beschwört sie nur immer wieder: »Behalten Sie mir Ihre Freundschaft auf alle Fälle, die ich in keinem zu mißbrauchen oder höher zu stimmen versuchen werde.«

Obwohl er Grund gehabt hätte, die Zukunft bereits abzuschreiben, rang Lessing immer wieder mit neuen Dramenstoffen. Calderons »Richter von Zalamea« beschäftigte ihn vor allem. Es muß ihn noch ungemein gereizt haben, diesen Bühnenklassiker nach seinem eigenen Konzept von Grund auf zu überarbeiten. Daraus wurde dann so wenig wie aus seinen bereits seit längerem geplanten Bearbeitungen alter englischer Dramen.

»Weil ich gern Weihnachten wieder nach Hamburg kommen möchte«, läßt er Elise wissen, »habe ich seit meiner Rückkunft auf nichts als auf das dramatische Stück gedacht, ohne das ich nicht kommen darf. Aber können Sie wohl glauben, wie weit ich schon damit bin? Weihnachten wird kommen, und ich bin noch nicht mit mir einig, ob es eine Komödie oder Tragödie werden soll. So verdutzt, so unentschlossen, so mißtrauisch in mich selbst bin ich in allem und jedem Stücke.«

Es kam noch hinzu, daß ihm bei seiner Rückkehr von Hamburg die Nachricht des Herzogs in Aufregung versetzte, der Corpus evangelicorum habe ihn aufgefordert, Lessing als Herausgeber der schändlichen »Fragmente eines Ungenannten« zur Rechenschaft zu ziehen. Zu Ehren Ferdinands muß allerdings wieder einmal gesagt werden, daß er sich schützend vor seinen Bibliothekar stellte, der für so viel Trouble gesorgt hatte.

So ganz von aller Welt verlassen war Lessing in Wolfenbüttel jedoch nun auch wieder nicht. Immerhin galt er nach wie vor als der bedeutendste Schriftsteller in diesem Land. Sein Kampf gegen die lutherische Orthodoxie hat seinen Bekanntheitsgrad eher noch erhöht. Immer noch geben sich die Besucher bei ihm die Klinke in die Hand. Besonders der junge Dramatiker Johann Anton Leisewitz umkreist die mächtige Gestalt Lessings wie ein Gestirn. Leisewitz hat sich durch sein Trauerspiel »Julius von Tarent« schon früh einen Namen gemacht. Man hielt dieses Opus, immerhin ein Geniestreich, sogar für ein Kind der Goetheschen Muse. Leider hat der Dichter an diesen Erfolg nicht wieder anknüpfen können. Nun lebte er als Rechtsanwalt in Braunschweig und suchte Lessings Nähe. Ihm verdanken wir dann – welch ein Glücksfall! – die wenigen authentischen Zeugnisse, die wir über Lessings Alltag in der Zeit seiner Krankheit besitzen.

Unter dem 17. Juli 1780 hatte Leisewitz einen Besuch im Hause Lessing so beschrieben: »Ich stand heute nicht sehr früh auf und ließ Postpferde bestellen, um nach Wolfenbüttel zu fahren. Ich bekam erst nahe bei Wolfenbüttel etwas Mut wieder. Ich kam da um 10 Uhr an, nachdem es gerade drei Jahre sein wird, daß ich dagewesen bin und nachdem ich mir diesen Spaziergang sehr oft vorgenommen habe.

Wir fuhren zwar des Postillons und der Pferde wegen vor dem Goldenen Engel vor, gingen aber, ohne einmal in das Haus zu treten, obgleich nicht auf dem kürzesten Wege, so unbekannt war mir Wolfenbüttel geworden, zu Lessingen. Wir trafen ihn beim Frisieren an und gingen kurz darauf miteinander auf die Bibliothek. Langer war da und nachher kamen der Hofgerichtsassessor von Brocks, Kalm und Schleitz aus Braunschweig und aus Hamburg hin. Sie scheinen mir alle ziemlich leer, ich hingegen brillierte.

Thaer und Lessing gingen um die Galerie – ich konnte für Schwindel nicht mit und blieb in der Tür sitzen. Wir gingen wieder zu Lessing, wo bald hernach Langer hinkam. Wir waren einige Zeit auf dem Hofe vor der Tür, aßen im Gartensaale. Die Konversation war sehr angenehm. Eine Saillie (Bonmot) von Lessing, Langer und mir holte die andere... Nach Tische ward Kaffee getrunken und Tabak geraucht, teils im Garten, teils im Saale.«

Aber auch über die dahinschwindenden Kräfte Lessings weiß Leisewitz in einem Brief an Lichtenberg zu berichten: »Lessing bemerkte schon seit langer Zeit eine Abnahme seiner Gesundheit, und die ersten Schwachheiten ließen einen Schlagfluß befürchten. Er fühlte eine gewisse Lähmung nahe Schwere, eine unnatürliche Neigung zum Schlafe, die ihn oft in Gesellschaften, wenn er noch den letzten Bissen oder das letzte Wort im Munde hatte, überfiel. Zuweilen konnte er das Wort, das er suchte, nicht finden, sagte unwillkürlich ein anderes, und zuweilen kam ihm sogar ein Buchstabe statt eines anderen in die Feder. Lessing war in gewissen Augenblicken nicht imstande, zwei Zeilen orthographisch zu schreiben. Unterdessen waren das lange Zeit Übel eines einzigen Augenblicks und bloß körperliche Übel, sein Geist blieb immer noch so sehr derselbe, daß verschiedene seiner vertrautesten Freunde seine Krankheit für Einbildung hielten.«

In Leisewitz' Tagebuch taucht auch zuweilen schon der Name von Alexander Daveson auf. Dieser Sohn eines Schutzjuden, der in Braunschweig einen Kunsthandel betrieb und nach dem Tode des alten Herzogs im Gefängnis landete, sah man immer öfter in der Umgebung Lessings, der ihn nach seiner Freilassung bei sich aufnahm, und der schließlich auch zu denen gehörte, die am Sterbebett des Dichters anwesend waren. Später führte dieser Daveson das unruhige Leben eines Publizisten und machte im ganzen dem Namen Lessings wenig Ehre.

Lessing hätte ihn gern nach Berlin abgeschoben und schrieb daher am 19. Dezember 1780, also nur wenige Wochen vor seinem Tode, ein Billet an Moses Mendelssohn.

»Er will von Ihnen nichts, lieber Moses«, heißt es da in bezug auf Daveson, »als daß Sie ihm den kürzesten Weg nach dem europäischen Land vorschlagen, wo es weder Christen noch Juden gibt. Ich verliere ihn ungern, aber sobald er glücklich da angelangt ist, bin ich der erste, der ihm folgt.«

Bei dieser Gelegenheit erinnert sich Lessing nicht ohne Wehmut an seine frühen Berliner Tage, die er nicht mehr zurückrufen kann. »Auch ich war damals ein gesundes, schlankes Bäumchen, und bin itzt ein so fauler, knorrichter Stamm«, beklagt er sein Los. »Ach, lieber Freund, diese Szene ist aus. Gern möchte ich Sie freilich noch einmal sprechen.« Mit diesem Brief an Mendelssohn hatte es dann so sein Bewenden.

Am 21. Januar schwingt sich Lessing auch noch einmal zu einem letzten Brief an Elise Reimarus auf. Damals hält er sich bereits für »kränker als jemals« und für »so gut wie blind«. Gerade in diesen Tagen hatte ihn Jacobi auf sein feudales Düsseldorfer Schloß Pempelfort eingeladen, in dem Goethe einige der glücklichsten Tage seines Lebens verbracht hatte und in dem auch Hamann später noch die Gastfreundschaft dieses gefühlvollen Rheinländers genießen wird. Malchen sollte, versteht sich, in seiner Begleitung anreisen, und man wollte von Düsseldorf einen Abstecher nach Paris machen. »Wahrhaftig, mein lieber Lessing«, hatte es in einem der Briefe Jacobis geheißen, »Sie gehen in dem Wolfenbüttel zugrunde, und das sollen Sie mir nicht, beim großen Pan und bei allen seinen Elementen.«

Selbstredend ist Lessing damals nicht mehr in der Lage, eine solche Reise auch nur zu planen. Es steht schlecht um ihn, und man hat allen Grund, sich ernsthafte Gedanken um ihn zu machen. Am 28. Januar aber nimmt er noch einmal alle Kräfte zusammen und fährt nach Braunschweig hinüber. Damals kann er noch nicht ahnen, daß er sein Haus in Wolfenbüttel nie mehr betreten wird. Die Chronologie der folgenden düsteren Tage klingt dann nur noch wie ein Bulletin am Bett eines Sterbenden. Am 29. Januar verbringt er noch einige anregende Stunden mit Eschenburg und Leisewitz. Am 1. Februar legt er sogar noch einmal Hoftracht an, um einer Einladung des Herzogs zu folgen. Der 2. Februar sieht ihn bei der Herzogin-Mutter. Am Tag darauf legt ihm Leisewitz eine Erwiderung des Abtes Jerusalem auf Friedrich des Großen soeben erschienene Marginalien zur deutschen Literatur vor.

Unter normalen Umständen hätte Lessing mit gewohnter Entschiedenheit diesen Ausführungen Friedrichs gekontert. Schließlich hatte dieser so wenig literarisches Qualitätsgefühl entwickelt, daß er Goethes »Götz von Berlichingen« in einem durchaus abschätzigen Sinne als ein Beispiel jener neudeutschen Dramatik verstanden wissen wollte, die auf Shakespeares Spuren zu wandeln sich bemühte, ohne etwas Akzeptables dabei zustande zu bringen. Wahrscheinlich sah sich Goethe durch dieses notorische Fehlurteil des Preußenkönigs sogar ermuntert, eine Reise zu Lessing zu planen, die dann nicht mehr zustande kam. Für Lessing wie Goethe stand natürlich fest, daß dem König wieder einmal seine Animosität gegen die deutsche Literatur die Feder geführt hatte. Diese Einsicht gehört zu den letzten Enttäuschungen in Lessings Leben.

Am Abend des 3. Februar erleidet Lessing einen Schlaganfall, und er verbringt ohne ärztliche Versorgung eine unruhige Nacht. Trotzdem trifft ihn ein Bekannter, der ihn besuchen will, am Morgen unter den Händen des Friseurs an.

Leisewitz berichtet dann äußerst detailliert den weiteren Verlauf dieser Krankheit zum Tode.

»Es kostete viel Mühe«, so heißt es da, »ihn von seiner Rückreise nach Wolfenbüttel abzubringen und ihn zu überreden, den Leibmedikus Bruckmann kommen zu lassen. Dieser ließ ihm sogleich eine Ader schlagen und Zugpflaster legen. Er fing nun auch an, Blut auszuwerfen, schien sich aber doch gleich den folgenden Tag ziemlich erholt zu haben. Während seiner Krankheit war er sehr ruhig, gelassen und zuweilen munter, oft und lange außer Bett, nahm viel Besuch an und ließ sich vorlesen.

Zu einer Zeit schien er sich seinem Tode sehr nahe, zu einer anderen sehr entfernt zu denken. Auf seine gänzliche Genesung hoffte er unterdessen nicht und erklärte einmal, er sei auf Leben und Tod gefaßt. Er hatte in seinem ganzen Leben einen ungemein folgsamen Schlaf, der sogleich kam, wenn es ihm nur einfiel, die Augen zu schließen, und versicherte oft, nie geträumt zu haben. Dieses Glück behielt er bis an sein Ende und sagte noch kurz vorher: Wenn er den ganzen Tag geschlafen hätte, freue er sich auf die Nacht. Unterdessen kamen die Anfälle der Engbrüstigkeit von neuem wieder, und es war umsonst, daß seine Ärzte, Leibmedikus Bruckmann und Hofrat Sauer, alles anwandten, was die Freundschaft fordern und die Kunst leisten konnte.«

Inzwischen hatte man ihm sein Sterbelager in seinem Braunschweiger Quartier im Hause des Weinhändlers Angott bereitet. Dorthin hatte man auch Malchen gerufen, die ihren Stiefvater noch ein wenig pflegen zu können hoffte. Aber die Brustwassersucht und die Verknöcherungen waren so irreversibel, daß die Ärzte Lessing nur noch wenige Tage gaben. Als Elise Reimarus ihn bestürmte, den Hamburger Freunden doch wenigstens ein Lebenszeichen zu geben, war er nicht mehr imstande, auch nur einen Satz zu Papier zu bringen. Noch am 9. Februar hatte er von Herder, der über seine Erkrankung nicht informiert war, ein Billet erhalten: »Leben Sie wohl, lieber Lessing, und werden Sie bald und völlig gesund.«

Ganz zuletzt hatte Lessing noch Grund, sich über die Verordnung der Geistlichkeit in Jülich und Kleve zu alterieren, die den Abendmahlsbesuch durch Geld- und Ehrenstrafen erzwingen wollte. Lessing hatte einige Zeit vorher bereits an Jacobi die Frage gerichtet, ob denn wohl der Leibhaftige in die geistlichen Herren gefahren wäre. »Sie sind es wert«, so lautete damals seine Meinung, »daß sie von dem Papstum wieder unterdrückt und Sklaven einer grausamen Inquisition werden! Was Sie Näheres von diesem unlutherischen Schritte wissen, das melden Sie mir doch.«

Über den 15. Februar 1781, Lessings Todestag, liegt der folgende authentische Bericht von Elise Reimarus vor, die sich auf das Zeugnis einer »sicheren Freundin« beruft.

»Am Sterbetage außerordentlich heiter, ungeachtet er seinen Lohnlakai, der den Tag eine Leiche anzurichten hatte, zweimal sagen lassen, er solle machen, daß er damit fertig würde, um die seine noch zu besorgen. Kurz vor seinem Tode läßt er sich von Daveson aus Schlözers Briefwechsel vorlesen, springt auf einmal aus dem Bette, geht in ein anderes Zimmer, kommt zurück, den Todesschweiß an jedem Haar hängend, legt sich selbst nieder ins Bett, sagt zu seiner bestürzten Tochter: sei ruhig, Malchen – reicht dem Wundarzt seinen Arm, und indem man ihm sagt, sich nicht zu ängstigen, entschlummert er mit lächelndem Blick.« Er starb nicht anders, als er es selbst von sich gefordert hatte: »entschlossen, ruhig, besonnen bis zum letzten Augenblick.«

Der Braunschweiger Lessing-Experte Carl Schiller hat nach den Protokollen von Amalie König, die bereits ein Jahr nach Lessings Tod den Postrat Georg Henneberg in Braunschweig heiratete, folgenden Bericht von Lessings letzten Stunden rekonstruiert: »Am Abend dieses verhängnisvollen Tages saß nun die bekümmerte Tochter vor der Schwelle des Krankenzimmers, um vor des geliebten Vaters Augen die Tränen zu verbergen, durch welche sie nur ihrem angstgepreßten Herzen Luft zu schaffen vermochte. Man hatte dem Kranken vermeldet, daß im Vorzimmer Freunde zum Besuch seien. Da öffnete

Lessings Totenmaske

sich die Tür und Lessing tritt herein, ein Bild des herzzerschneidenden Anblicks! Das edle Antlitz schon durch hypokratische Züge markiert und von kaltem Todesschweiß bedeckt, leuchtet von himmlischer Verklärung. Stumm und unter einem unaussprechlich seelenvollen Blicke drückt er seiner Tochter Hand. Darauf neigt er sich freundlich gegen die übrigen Anwesenden, und mit so entsetzlicher Anstrengung es auch geschieht, nimmt er ehrerbietig seine Mütze vom Haupte. Aber die Füße versagen den Dienst. Er wird zum Lager geführt, und ein Schlagfluß endete, auch die ängstlichsten Besorgnisse überraschend, das teure Leben.«

Lessing war dem Tod also ohne Zittern und Zagen entgegengetreten. Für ihn bedeutete er »nichts Schreckliches, sondern das erwünschte Ende von allen Schrecken«. Schließlich war er es gewesen, der den Tod als den sanften Genius der Antike gesehen hatte, frei von allen Zügen der Auflösung und Verwesung. Da er zum Zeitpunkt seines Todes zwar nicht alt, aber lebenssatt war, sträubte er sich nicht, seinen eigenen Tod zu bejahen.

Es war also der Abend des 15. Februar 1781, als Lessing dieser Erde entrückt wurde, auf der er so viele unverwischbare Spuren zurückgelassen hatte. Seine Zeitgenossen spürten es sehr wohl: Ein großes Licht, das wie ein fernes Gestirn in das Dunkel seines Jahrhunderts hineingestrahlt hatte, war mit einem Male erloschen. Nicht nur seine engsten Freunde empfanden diesen Verlust, den das eben zu sich erwachende geistige Deutschland erlitten hatte. Daß seine »Entelechie« unzerstörbarer Natur war, verspürten noch am ehesten die Weimarer Klassiker, denen er den Weg geebnet hatte. Goethe und Schiller zollten noch in ihren »Xenien« dem großen Aufklärer ihre volle Bewunderung:

»Vormals im Leben ehrten wir dich wie einen der Götter.
Nun du tot bist, so herrscht über die Geister dein Geist.«

»In der größten Bestürzung über den unersetzlichen Verlust meines geliebten Stiefvaters, des Herrn Hofrates und Bibliothekars Gotthold Ephraim Lessing, der am 15ten Februar, abends zwischen acht und neun Uhr, im 53. Lebensjahr der Welt durch einen Stickfluß entrissen wurde, erteile ich Ew. Wohlgeb. die traurige Nachricht von diesem gewiß auch Ihnen schmerzhaften Todesfalle mit der festen Erwartung eines Beileids, welches die Allgemeinheit und die Größe dieses Verlustes schon sehr lebhaft erwecken, und die nähere Verbindung, worin Ew. Wohlgeb. mit meinem unvergeßlichen Vater standen, noch lebhafter und herzlicher machen muß«, hieß es dann in der Todesanzeige Amaliens.

Die Obduktion des Leichnams ergab eine Fülle von Anomalien, die zu Lessings Tod geführt hatten. Er hatte sich tapfer gegen den Tod angestemmt, ehe er die Waffen vor ihm streckte. Am 20. Februar wurde Lessing dann auf Staatskosten auf dem Braunschweiger Magni-Kirchhof in Gegenwart vieler seiner Freunde und Verehrer beigesetzt. Auch die auswärtigen Weggefährten meldeten sich zu Worte. Herder beklagte Gleim gegenüber den schweren Verlust mit den Worten: »Ich kann nicht sagen, wie mich sein Tod verödet hat. Es ist, als ob dem Wanderer alle Sterne untergingen und nur der dunkle wolkige Himmel bleibe.« Und von Hamann liegt der Ausspruch vor: »Wie lange wird's sein, daß für Deutschland wieder ein Lessing geboren wird?«

Lessings Grabmal auf dem Braunschweiger Magni-Friedhof

Und wieder war es Herder, der dem Toten in Wielands »Teutschem Merkur« den ersten bedeutenden Nekrolog widmete: »Wo bist du nun, edler Wahrheitssucher, Wahrheitskenner, Wahrheitsverfechter? Was siehst, was erblickst du jetzt? Dein erster Blick, da du über die Grenzen dieser Dunkelheit, dieses Erdennebels hinwegwarst, in welch anderem, höherem Lichte zeigte er dir alles, was du hienieden sahst und suchtest? Wahrheit forschen, nicht erforscht haben, nach Gutem streben, nicht alle Güter bereits erfaßt haben, war hier dein Blick, dein strenges Geschäft, dein Studium, dein Leben. Augen und Herz suchtest du dir immer wach und wacker zu erhalten, und warst keinem Laster so feind als der unbestimmten, kriechenden Heuchelei, unserer gewohnten täglichen Halblüge und Halbwahrheit, der falschen Höflichkeit, die nie dienstfertig, der gleißenden Menschenliebe, die nie wohltätig sein will und sein kann; am meisten (deinem Amt und Beruf nach) der langweiligen schläfrigen Halbwahrheit, die wie Rost und Krebs in allem Wissen und Lernen von frühauf an menschlicher Seele nagt. Dies Ungeheuer und ihre fürchterliche Brut gingst du wie ein Held an und hast deinen Kampf tapfer gekämpft. Viele Stellen in deinen Büchern, voll reiner Wahrheit, voll männlichen, festen Gefühls, voller ewiger Güte und Schönheit, werden, solange Wahrheit Wahrheit ist und der menschliche Geist das, wozu er geschaffen ist, bleibt, – sie werden aufmuntern, belehren, befestigen und Männer wecken, die auch wie du der Wahrheit durchaus dienen, jeder Wahrheit, selbst wo sie uns im Anfange fürchterlich und häßlich vorkäme, überzeugt, daß sie am Ende doch gute, erquickende, schöne Wahrheit werde. Wo du irrtest, wo dich dein Scharfsinn und dein immer tätiger, lebendiger Geist auf Abwege lockte, kurz, wo du ein Mensch warst, warst du es gewiß nicht gern und strebtest immer, ein ganzer Mensch, ein fortgehender, zunehmender Geist zu werden.«

Moses Mendelssohn aber, der spontan bekannte, in Lessing den »einzigen, den edelsten Freund« verloren zu haben, drückte seine maßlose Trauer in einem Brief an Karl Lessing so aus: »Nicht ein Wort, mein Bester, von unserem Verluste, von der großen Niederlage, die unser Herz erlitten. Das Andenken des Mannes, den wir verloren, ist mir jetzt so heilig, um es durch Klagen zu entweihen. Es erscheint mir nunmehr in einem Lichte, das Ruhe und erquickende Heiterkeit auf die Gegenstände verbreitet. Nein! Ich rechne nicht mehr, was ich durch diesen Hintritt verloren. Mit gerührtem Herzen danke ich der Vorsehung für die Wohltat, daß sie mich so früh in der Blüte meiner Jugend hat einen Mann erkennen lassen, der meine Seele gebildet hat, den ich bei jeder Handlung, die ich vorhatte, bei jeder Zeile, die ich hinschreiben sollte, mir als Freund und Richter vorstellte, und den ich mir zu allen Zeiten noch als Freund und Richter vorstellen werde, so oft ich einen Schritt von Wichtigkeit zu tun habe.

Wenn sich in diese Betrachtung noch etwas Melancholisches

mit einmischt, so ist es vielleicht die Reue, daß ich seine Führung nicht gehörig benutzt habe, daß ich nicht geizig genug war nach seinem lehrreichen Umgang, daß ich manche Stunde vernachlässigte, in der ich mich mit ihm hätte unterhalten können. Ach, seine Unterhaltung war eine ergiebige Quelle, aus welcher man unaufhörlich neue Ideen des Guten und Schönen schöpfen konnte, die er wie gemeines Wasser von sich sprudelte, zu jedermanns Gebrauch.

Die Milde, mit welcher er seine Einsichten mitteilte, setzte mich zuweilen in Gefahr, das Verdienst zu verkennen; denn sie schien ihn in keine Unkosten zu setzen, und zuweilen schob er sie den meinigen so mit unter, daß ich sie nicht mehr unterscheiden konnte.

Alles wohl überlegt, mein Liebster, ist Ihr Bruder gerade zur rechten Zeit abgegangen. Nicht nur in dem Plane des Weltalls zur rechten Zeit; denn da geschieht eigentlich nichts zur Unzeit, sondern auch in unserer engen Sphäre, die kaum eine Spanne zum Durchmesser hat, zur rechten Zeit. Fontenelle sagt von Kopernikus, er machte sein neues System bekannt und starb. Der Biograph Ihres Bruders wird mit eben dem Anstande sagen können: er schrieb ›Nathan den Weisen‹ und starb. Von einem Werk des Geistes, das ebensosehr über ›Nathan‹ hervorragte, als dieses Stück in meinen Augen über alles, was er bis dahin geschrieben, kann ich mir keinen Begriff machen.

Er konnte nicht höher steigen, ohne in eine Region zu kommen, die sich unseren sinnlichen Augen völlig entzieht, und dies tat er. Nun stehen wir da wie die Jünger des Propheten und staunen den Ort an, wo er in die Höhe fuhr und verschwand. Noch einige Wochen vor seinem Hintritt hatte ich Gelegenheit, ihm zu schreiben, er solle sich nicht wundern, daß der große Haufen seiner Zeitgenossen das Verdienst dieses Werkes verkenne, eine bessere Nachwelt werde noch fünfzig Jahre nach seinem Tode daran lange Zeit zu kauen und zu verdauen finden. Er ist in der Tat mehr als ein Menschenalter seinem Jahrhundert zuvorgeeilt.«

In der Tat hatte Lessings Stunde noch nicht geschlagen. Er hatte an dem Schicksal seines Vorläufertums schwer zu tragen gehabt, aber er zerbrach nicht daran. Immerhin entzog er sich dieser Welt, nicht ohne für die Vernunft in diesem Lande eine Schlacht geschlagen und den Menschen viele Lichter aufgesteckt zu haben. Die Spuren eines solchen Lebens konnten nicht verwischen. Schließlich hat er die Deutschen aus ihrem geistigen Schlummer zu ungewöhnlichen Taten des Geistes erweckt. Seit den Tagen Luthers und Huttens hatte niemand mehr die deutsche Sprache so souverän und kämpferisch gehandhabt wie er. Dieser monomanische Wahrheitssucher hatte seine Landsleute und darüber hinaus alle Welt gelehrt, daß der Besitz der Wahrheit »ruhig, träge und stolz« macht. Es bestand also in der Stunde seines Todes durchaus Grund, um einen solchen Mann zu trauern, der, nur auf sich gestellt, eine ganze Welt herausforderte, weil er nicht anders vor seinem Gewissen bestehen konnte. Man wird nicht sagen wollen, daß er in einem Lande, in dem Zivilcourage und Tapferkeit des Herzens bestenfalls nur noch Sekundärtugenden sind, kongeniale Nachfolger gefunden hätte, die den Kampf dort aufnahmen, wo ihm das Schwert des Geistes aus den Händen gewunden wurde. Um so mehr gewinnt Goethes Wort an Glanz und Bedeutung, das er ein Menschenalter nach Lessings Tod prägte: »Ein Mann wie Lessing täte uns not!«

Zeittafel

1729	22. Januar. Lessing als Sohn des Pfarrers Johann Gottfried Lessing und seiner Frau Justine Salome, geb. Feller in Kamenz in der Oberlausitz geboren
1741–46	Schüler der Fürstenschule St. Afra in Meißen
1746–48	Studium an der Leipziger Universität. Erste Kontakte mit dem Theater
1748	Die Neuberin führt Lessings »Jungen Gelehrten« auf. Flucht vor Gläubigern nach Wittenberg. Ab November in Berlin
1749	Entstehung des Lustspiels »Die Juden« und des Dramenfragments »Samuel Henzi«
1750	Zusammenleben mit Christlob Mylius. Journalist bei der »Berlinischen Privilegierten Zeitung«, der späteren »Vossischen Zeitung«
1751	»Kleinigkeiten«. Übersetzung der »Kleineren Historischen Schriften« Voltaires
1752	Lessing in Wittenberg. Promotion zum Magister
1752–55	Berlin-Aufenthalt. Geistige Kontakte mit Friedrich Nicolai und Moses Mendelssohn
1753–55	Lessings »Schriften« in sechs Bänden
1754	»Vade mecum für den Herrn Samuel Gotthold Lange«. Mylius stirbt in London. Lessings Nachruf auf Mylius
1755	»Miß Sara Sampson«
1756	Reise mit Johann Gottfried Winkler bis Amsterdam. Begegnung mit Gleim, Klopstock und Ekhof
1757	In Leipzig Freundschaft mit Ewald von Kleist
1758–60	Berlin. Beiträge für die »Bibliothek der schönen Wissenschaften und freien Künste«. Arbeit am »Faust«
1759	»Briefe, die neueste Literatur betreffend«. »Das Theater des Herrn Diderot«. »Philotas«. »Fabeln«. Herausgabe der Sinngedichte Friedrich von Logaus mit Ramler
1760–65	Breslau. Sekretär des Generals von Tauentzien. Arbeit an der »Minna von Barnhelm« und am »Laokoon«
1764	Schwere Erkrankung in Breslau
1765–67	Vierter Berlin-Aufenthalt
1766	Der »Laokoon« erscheint. Reise nach Pyrmont, Göttingen und Kassel

1767	»Minna von Barnhelm«
1767–70	Übersiedlung nach Hamburg. Dramaturg am Nationaltheater. »Hamburgische Dramaturgie«. Druckerei mit Johann Joachim Bode. Verkehr mit den Schauspielern Schröder und Ekhof und den Familien König und Reimarus
1769	Polemik mit dem Hallenser Professor Klotz. »Briefe antiquarischen Inhalts«. »Wie die Alten den Tod gebildet«. Abschluß der »Hamburgischen Dramaturgie«. Zusammentreffen mit Herder
1770	7. Mai: Lessing Bibliothekar in Wolfenbüttel. »Wolfenbütteler Beiträge«. »Belengarius Turonensis«
1771	Verlobung mit Eva König
1772	13. März: Uraufführung der »Emilia Galotti«
1774	Oktober: »Fragmente eines Ungenannten« beginnen zu erscheinen
1775	Reise nach Leipzig, Berlin, Dresden und Wien. Empfang bei der Kaiserin. Italienreise mit dem Prinzen Leopold von Braunschweig
1776	8. Oktober: Lessing heiratet Eva König. Herausgabe von Karl Wilhelm Jerusalems »Philosophischen Aufsätzen«
1777	Reise nach Mannheim. 25. Dezember: Geburt und Tod eines Sohnes
1778	10. Januar: Tod Eva Lessings. »Anti-Goeze«. »Ernst und Falk. Gespräche für Freimaurer«, Teil I–III
1779	»Nathan der Weise«
1780	»Die Erziehung des Menschengeschlechts«. Kontakt mit Jacobi. Besuch bei Gleim in Halberstadt
1781	15. Februar: Lessing stirbt in Braunschweig

Bibliographie

Werkausgaben

Sämtliche Schriften. Hrsg. von Karl Lachmann. 14 Bde. Berlin 1838–1840

Sämtliche Werke. Hrsg. mit Einl. von Hugo Göring. 20 Bde. Berlin, Stuttgart 1883–1885

Werke. Hrsg. von Robert Boxberger und Hugo Blümner. 14 Bde. Berlin, Stuttgart 1883–1890

Sämtliche Schriften. Hrsg. von Karl Lachmann. 3. durchgesehene und vermehrte Aufl., besorgt durch Franz Muncker. 23 Bde. Stuttgart, Leipzig, Berlin 1886–1924

Werke. Hrsg. von Georg Witkowski. Kritisch durchgesehene und erläuterte Ausgabe. 7 Bde. Leipzig 1911

Werke. Vollständige Ausgabe in 25 Teilen. Hrsg. mit Einl., Anm. sowie einem Gesamtregister von Julius Petersen und Waldemar von Olshausen. 20 Bde. Berlin, Leipzig, Wien, Stuttgart 1925–1929

Ausgewählte Werke. Ausgewählt und mit einem Nachwort versehen von Wolfgang Stammler. 3 Bde. München 1950

Gesammelte Werke. Hrsg. von Paul Rilla. 10 Bde. Berlin-Ost 1954

Gesammelte Werke. Hrsg. von Wolfgang Stammler. 2 Bde. München 1959

Werke. Hrsg. von Kurt Wölfel. 2 Bde. Frankfurt a. M. 1967

Werke. Hrsg. von Herbert G. Göpfert. 8 Bde. München 1971–1979

Werke in drei Bänden. Hrsg. von Just Perfahl. München 1972

Werke und Briefe in 12 Bänden. Hrsg. von Wilfried Barner. Frankfurt a. M. 1985

Briefe und Lebenszeugnisse

Briefwechsel zwischen Lessing und seiner Frau. Neu hrsg. von Alfred Schöne. Leipzig 1870

Briefwechsel zwischen Lessing und Eva König. Mit Einl. und Anm. von Edmund Dörfel. 2 Bde. Stuttgart 1892

Lessings Briefe in einem Band. Ausgew. und erl. von Herbert Greiner-Mai. Berlin, Weimar 1983

Lessing im Urteile seiner Zeitgenossen. Hrsg. von Julius W. Braun. 3 Bde. Berlin 1884–1897

Gotthold Ephraim Lessing. Hrsg. von Gerhard und Sibylle Bauer. Darmstadt 1968. Wege der Forschung, Bd. 211

LESSING – ein unpoetischer Dichter. Dokumente aus drei Jahrhunderten zur Wirkungsgeschichte in Deutschland. Hrsg. und eingel. und kommentiert von Horst Steinmetz. Frankfurt a. M., Bonn 1969

DAUNICHT, RICHARD: Lessing im Gespräch. Berichte und Urteile von Freunden und Zeitgenossen. München 1971

LESSING: Dokumente zur Wirkungsgeschichte 1755–1960. 2 Bde. Hrsg. von Edward Dvoretzky. Göppingen 1971

LESSING: Epoche, Werk, Wirkung. Hrsg. von Wilfried Barner und Gunter Grimm. München 1975

Lessing im Spiegel der Theaterkritik 1954–1979. Hrsg. von Dietrich Diederichsen und Bärbel Rudin. Berlin 1980

Das Bild Lessings in der Geschichte. Hrsg. von Herbert G. Göpfert. Heidelberg 1981

Lessing. Nachruf auf einen Aufklärer. Sein Bild in der Presse 1781, 1881 und 1981. Hrsg. von Klaus Bohnen. München 1982

Lessing heute. Beiträge zur Wirkungsgeschichte. Hrsg. von Edward Dvoretzky. Stuttgart 1981

Lessing und der Kreis seiner Freunde. Hrsg. von Günter Schulz. Heidelberg 1985

Darstellungen

BAUER, FRANZ: Gotthold Ephraim Lessing. Das Erwachen des bürgerlichen Geistes. Berlin 1949

BOLLACHER, MARTIN: Lessing: Vernunft und Geschichte. Untersuchung zum Problem religiöser Aufklärung in den Spätschriften. Tübingen 1978

BORINSKI, KARL: Lessing. 2 Bde. Berlin 1900

BOTHE, BERND: Glauben und Erkennen. Studien zur Religionsphilosophie Lessings. Meisenheim 1972

BRIEGLER, KLAUS: Lessings Anfänge 1742–1746. Zur Grundlage kritischer Sprachdemokratie. Frankfurt a. M. 1971

CLAUS, MADELEINE: Lessing und die Franzosen. Höflichkeit, Laster, Witz. Rheinfelden 1983

DANZEL, THEODOR W. UND G. E. GUHRAUER: Gotthold Ephraim Lessing. Sein Leben und seine Werke. 2 Bde. Leipzig 1850–1854

DILTHEY, WILHELM: Das Erlebnis und die Dichtung. Lessing, Goethe, Novalis und Hölderlin. Leipzig und Berlin 1919

DREWS, WOLFGANG: Lessing in Selbstzeugnissen und Bilddokumenten. Reinbek bei Hamburg 1962

DÜNTZER, HEINRICH: Lessings Leben. Leipzig 1852

EICHLER, SIGLINDE: Die Prosafabel Lessings in seiner Theorie und Dichtung. Bonn 1974

ERNST, ADOLF WILHELM: Lessings Leben und Werke. Stuttgart 1903

FITTBOGEN, GOTTFRIED: Die Religion Lessings. Leipzig 1923

GÖBEL, HELMUT: Bild und Sprache bei Lessing. München 1971

GÖRING, HUGO: Lessings Leben. Leipzig 1884

HAUG, MARTIN: Entwicklung und Offenbarung bei Lessing. Gütersloh 1928

HASSELBECK, OTTO: Illusion und Funktion. Lessings Beitrag zur poetologischen Diskussion über das Verhältnis von Kunst und Wirklichkeit. München 1979

HENNING, HANS: Lessings »Emilia Galotti« in der zeitgenössischen Rezeption. Leipzig 1981
HILDEBRANDT, DIETER: Lessing. Biographie einer Emanzipation. München 1979
HOENSBROECH, MARION GRÄFIN: Die Lust der Kritik. Lessings Schriften und Dramen. München 1976
HOLL, KARL: Gotthold Ephraim Lessing. In: Die großen Deutschen. Bd. 2. Berlin 1935
HOMANN, RENATE: Selbstreflexion der Literatur mit Studien zu Dramen von G. E. Lessing und H. v. Kleist. München 1986
KELLER, ERNST: Kritische Intelligenz. G. E. Lessing, F. Schlegel und L. Börne. Studien zu ihren literaturkritischen Werken. Bern, Frankfurt a. M. 1976
KESTEN, HERMANN: Gotthold Ephraim Lessing. Ein deutscher Moralist. Mainz, Wiesbaden 1960
KLEIN, FRIEDRICH FRANZ: Lessings Weltanschauung. Wien, Leipzig 1931
LEISEGANG, HANS: Lessings Weltanschauung. Leipzig 1931
LESSING, KARL GOTTHELF: G. E. Lessings Leben (1793–1795). Hrsg. von Otto F. Lachmann. Leipzig 1888
MANN, OTTO: Lessing. Sein und Leistung. Hamburg 1949
MANN, THOMAS: Rede über Lessing. In: Adel des Geistes. Stockholm 1948
MEHRING, FRANZ: Die Lessing-Legende. Eine Rettung. Stuttgart 1893
NÖLLE, VOLKER: Subjektivität und Wirklichkeit in Lessings dramatischem Werk. Berlin 1977
OEHLKE, WALDEMAR: Lessing und seine Zeit. 2 Bde. München 1919
REDLICH, KARL CHRISTIAN: Lessing. In: Allgem. Deutsche Biographie. Bd. 19. Leipzig 1884
REH, ALBERT M.: Die Rettung der Menschlichkeit. Lessings Dramen in literaturpsychologischer Sicht. Bern 1981
RIEDEL, VOLKER: Lessing und die römische Literatur. Weimar 1976
RIEMANN, ROBERT: Gotthold Ephraim Lessing. Leipzig 1910
RILLA, PAUL: Lessing und sein Zeitalter. München 1973
RITZEL, WOLFGANG: Gotthold Ephraim Lessing. Stuttgart, Berlin, Köln 1966
RÜSKAMP, WULF: Dramaturgie ohne Publikum. Lessings Dramentheorie und die zeitgenössische Rezeption in »Minna von Barnhelm« und »Emilia Galotti«. Ein Beitrag zur Geschichte des deutschen Theaters und seines Publikums. Köln 1984
SADJI, AMADOU BOOKER: Lessing und das französische Theater. Stuttgart 1982
SCHILSON, ARNO: Geschichte im Horizont der Vorsehung. E. G. Lessings Beitrag zu einer Theologie der Geschichte. Mainz 1974
SCHMIDT, ERICH: Lessing. Geschichte seines Lebens und seiner Schriften. 2 Bde. Berlin 1884–1892
SCHNEIDER, HEINRICH: Das Buch Lessing. Briefe, Schriften, Berichte. Ebenhausen b. München 1928
SCHNEIDER, HEINRICH: Lessing. Zwölf biographische Studien. Bonn, München 1951
SCHULZ, HARALD: Lessings Toleranzbegriff. Eine theologische Studie. Göttingen 1969
SCHULZE, JOHANNES: Lessings Glaube. Dresden 1929

SEIDEL, SIEGFRIED: Gotthold Ephraim Lessing. Leipzig 1981

STADELMAIER, GERHARD: Lessing auf der Bühne. Ein Klassiker im Theateralltag 1968–1974. Tübingen 1980

STAHR, ADOLF: G. E. Lessing. Sein Leben und seine Werke. 2 Bde. Berlin 1859

STERNBERGER, DOLF: Gotthold Ephraim Lessing. In: Die großen Deutschen. Bd. 2. Berlin 1958

TER-NEDDEN, GISBERT: Lessings Trauerspiele. Der Ursprung des modernen Dramas aus dem Geist der Kritik. Stuttgart 1986

THIELICKE, HELMUT: Vernunft und Offenbarung. Studien zur Religionsphilosophie Lessings. Gütersloh 1936

WEGNER, ALBERT MALTE: Lessing. Das Erwachen des deutschen Geistes. Leipzig 1931

WEHRLI, BEATRICE: Kommunikative Wahrheitsfindung. Zur Funktion der Sprache in Lessings Dramen. Tübingen 1983

WESSELS, HANS-FRIEDRICH: Lessings »Nathan der Weise«. Seine Wirkungsgeschichte bis zum Ende der Goethezeit. Königstein 1979

WIESE, BENNO VON: Lessing. Dichtung, Ästhetik, Philosophie. Leipzig 1931

WITKOWSKI, GEORG: Lessing. Bielefeld, Leipzig 1921

Werkregister

Personenregister